Ética nas empresas

Ética nas empresas

Eduardo Soto Pineda
*Diretor da Unidade de Estudos
Trabalhistas do EGADE,
Instituto Tecnológico e de Estudos
Superiores de Monterrey,
Campus Monterrey*

José Antonio Cárdenas
*Diretor de Extensão Universitária
e Educação Permanente
da Universidade Regiomontana*

Tradução
Miguel Cabrera

Revisão Técnica
Maria do Carmo Whitaker
*Mestre em Direito pela Universidade de São Paulo – USP
Docente dos cursos de Ética da Fundação Armando Álvares Penteado – FAAP
e da Escola Superior de Advocacia – ESA/SP
Coordenadora do site www.eticaempresarial.com.br*

Bangcoc   Bogotá   Beijing   Caracas   Cidade do México
Cingapura   Lisboa   Londres   Madri   Milão   Montreal   Nova Delhi
Santiago   São Paulo   Seul   Sydney   Taipé   Toronto

The McGraw·Hill Companies

Ética nas empresas
Primeira edição
ISBN 978-85-7726-040-9

A reprodução total ou parcial deste volume por quaisquer formas ou meios, sem o consentimento escrito da editora, é ilegal e configura apropriação indevida dos direitos intelectuais e patrimoniais dos autores.

© 2009 McGraw-Hill Interamericana do Brasil Ltda.
Todos os direitos reservados.
Av. Brigadeiro Faria Lima 201, 17º. andar
São Paulo – SP – CEP 05426-100

© 2009 McGraw-Hill Interamericana Editores, S.A. de C. V.
Todos os direitos reservados.
Prol. Paseo de la Reforma 1015 Torre A Piso 17, Col. Desarrollo Santa Fe, Delegación Álvaro Obregón
México 01376, D. F., México

Tradução da primeira edição em espanhol de *Ética en las organizaciones*
© 2007 McGraw-Hill Interamericana Editores, S.A. de C. V.
ISBN da obra original: 978-970-10-6264-7

Coordenadora editorial: *Guacira Simonelli*
Editora de desenvolvimento: *Alessandra Borges*
Supervisora de pré-impressão: *Natália Toshiyuki*
Preparação de texto: *Gisélia Costa*
Produção editorial: *Nilcéia Esposito*
Diagramação: *ERJ Composição Editorial*

**Dados Internacionais de Catalogação na Publicação
(CIP)(Câmara Brasileira do Livro, SP, Brasil)**

> Soto Pineda, Eduardo
>   Ética nas empresas / Eduardo Soto Pineda,
> José Antonio Cárdenas ; tradução Miguel Cabrera ;
> revisão técnica Maria do Carmo Whitaker. --
> São Paulo : McGraw-Hill, 2008.
>
>   Título original: Ética en las organizaciones.
>   ISBN 978-85-7726-040-9
>   1. Ética empresarial I. Cárdenas, José Antonio.
> I. Título.
>
> 08-08028   CDD-658.4

Índices para catálogo sistemático:
1. Ética : Administração de empresas   658.4

A McGraw-Hill tem forte compromisso com a qualidade e procura manter laços estreitos com seus leitores. Nosso principal objetivo é oferecer obras de qualidade a preços justos e um dos caminhos para atingir essa meta é ouvir o que os leitores têm a dizer. Portanto, se você tem dúvidas, críticas ou sugestões entre em contato conosco — preferencialmente por correio eletrônico mh_brasil@mcgraw-hill.com — e nos ajude a aprimorar nosso trabalho. Em Portugal use o endereço servico_clientes@mcgraw-hill.com.
Teremos prazer em conversar com você.

Impreso en Colombia - Printed in Colombia
Impreso por Quebecor World Bogotá S.A.

Sumário

Prefácio IX

1 A ética e as decisões nos negócios 1
   Objetivos 1
   O mundo atual 3
   A ética nos negócios: prática contemporânea 4
   O que é ética e o que é moral? 5
   Ética ou conhecimento 6
   Os valores 8
   O sentido comum 13
   A moral ou a prática 13
   O processo de decisão 14
   O que são dilemas éticos? 15
   A ética na administração 17
   O processo da reflexão ética 18
   A indecisão nunca foi eficaz 20
   Conclusões 21
   Bibliografia 22

2 Habilidades éticas em face do desafio da globalização 23
   Objetivos 23
   O impacto da globalização na ética 23
   Qual é a realidade? 25
   A cara e a coroa da globalização 28
   Princípios éticos para a globalização 35
   Caso prático: Habilidades mal utilizadas que questionam a ética 37
   Em busca de uma sociedade solidária 40
   Conclusões 43
   Caso prático: Alberto Fujimori 44
   Perguntas sobre o caso 60
   Bibliografia 60

3 Da responsabilidade social ao empreendedor social 63
    Objetivos 63
    O que é um empreendedor social? 63
    A nova função das organizações no começo do milênio 69
    A implantação da responsabilidade social corporativa 77
    A responsabilidade do empreendedor social 88
    Quando a ética transcende responsabilidades 92
    Caso prático: Peñoles 94
    Objetivo do projeto 110
    Bibliografia 111

4 A ética na administração 113
    Objetivos 113
    A ética na administração 113
    Por que os líderes devem ser éticos? 115
    Problemas éticos que os líderes enfrentam 116
    Modelos de moralidade da administração 118
    Administração imoral 119
    Administração moral 120
    Tomada de decisão ética 122
    Determinação do clima ético da organização 124
    Novas tendências da ética na administração 125
    Doze mitos na ética nos negócios 131
    Conclusões 137
    Bibliografia 138

5 Ética e liderança 141
    Objetivos 141
    Introdução 141
    A verdadeira liderança política 141
    Como surge o líder 142
    O que não é ser líder 145
    Filosofia da liderança política 147
    Forças divisórias 147
    Forças de inércia 150
    A filosofia em ação 152
    Na era pós-Enron, necessitamos de mais diretores éticos? 159
    O que é liderança? 164
    Conclusões 168
    Caso prático: Donald Rumsfeld, ex-secretário de defesa 169
    Perguntas sobre o caso 183
    Bibliografia 183

6 A conduta ética do empreendedor 187
  Objetivos 187
  Introdução 187
  A ética e o jovem empreendedor 188
  O ecossistema empresarial: a comunidade empresarial e a empresa emergente 190
  A prática dos negócios: incompatibilidade entre fazer negócio
    e a gestão socialmente responsável 194
  A pequena empresa e sua cadeia de suprimento: a ética
    de comprar e vender 196
  O empreendedor e sua função na economia do século XXI além
    da ética profissional 203
  Conclusões 206
  Caso prático: A morte da Fundição Monterrey 206
  Perguntas sobre o caso 217
  Bibliografia 217

7 Ética e vantagem competitiva 221
  Objetivos 221
  Introdução 221
  A responsabilidade da empresa na economia pós-moderna 222
  A responsabilidade social de ser competitivo 225
  Ética e geração de riqueza: a tomada de decisão racional 227
  Geração de bem-estar: a tomada de decisão fundamentada em valores 230
  O imperativo econômico da gestão responsável da empresa 233
  Conclusões 235
  Caso prático: Ford-Firestone: a responsabilidade social da cadeia
    de suprimentos 235
  Bibliografia 250

8 A ética e os processos humanos de negócio 253
  Objetivos 253
  Introdução 253
  Alinhamento dos processos humanos: o planejamento responsável
    dos recursos humanos 255
  Atração de talento: proposta de valor e indução real 259
  A distribuição interna da riqueza: gestão do desempenho
    e distribuição de benefícios 263
  A estrutura da organização e a ética empresarial 270
  Conclusões 272
  Caso prático: Wal-Mart 272
  Perguntas sobre o caso 278
  Bibliografia 278

9 Cultura e ética organizacional 283
    Objetivos 283
    Introdução 283
    Sociedade e cultura: as dimensões culturais das nações 284
    Ética e culturas nacionais 287
    Resolução de conflitos éticos entre culturas 291
    Os países ibero-americanos: traços culturais e conduta esperada 293
    Os ibero-americanos são socialmente responsáveis? 296
    A cultura organizacional: formalizar a estratégia de negócios 302
    Conclusões 307
    Caso prático: Panamá e o pacto mundial das Nações Unidas 308
    Perguntas sobre o caso 321
    Bibliografia 321

10 A ética na organização multinacional 323
    Objetivos 323
    Introdução 323
    A nova era da empresa: a gestão além das fronteiras 324
    A empresa transnacional e a moralização da sociedade 327
    O dirigente responsável na empresa transnacional 329
    O código de conduta da empresa transnacional 330
    O imperativo global: a gestão de negócios responsável 334
    Conclusões 337
    Caso prático: Mattel: A ética no mercado de brinquedos 337
    Perguntas sobre o caso 353
    Bibliografia 353

Índice remissivo 355

Prefácio

O setor privado desempenha um papel muito importante na vida das pessoas e das comunidades em todo o mundo nos dias atuais. Não destaca-se somente na função de gerador de empregos e de riqueza, mas também como agente de desenvolvimento em todas as sociedades que participa. As empresas privadas, imersas em uma comunidade maior, devem comportar-se como cidadãs responsáveis, ajustadas à ética corporativa e ao respeito pelas pessoas e ao meio ambiente. Em outras palavras, a empresa não tem apenas uma função econômica, mas também uma série de obrigações éticas para com a sociedade.

O interesse acadêmico em pesquisar mais profundamente alguns aspectos desta ética dos negócios renasceu durante as três últimas décadas. A presente pesquisa avançou simultaneamente em diversas frentes estreitamente relacionadas e com visões distintas, emanando de várias disciplinas como filosofia, administração e ciências sociais. Dessa maneira, os autores destacam o que acontece no atual panorama dos negócios de uma perspectiva global e contemporânea, um mundo marcado por uma economia social de mercado dominante e por uma crescente e feroz concorrência em um ambiente altamente dinâmico. A preocupação pela ética nos negócios não é, entretanto, uma novidade desta época. Desde tempos imemoriais até acontecimentos recentes, a história nos mostra que são comuns as inquietações sobre as práticas comerciais predatórias ou injustas.

As coincidências intelectuais entre os autores conferem a esta obra um excelente balanço objetivo, projetado tanto no fundo como na forma do texto. Por um lado, todos eles concordam que a ética dos negócios está à altura das pessoas que neles participam. Além disso, todos estão de acordo que a ética nos negócios é um conceito fundamental, e que não é corriqueiro que negócios se desenvolvam com ou sem ela. O resultado é que nenhum dos autores considera que os negócios sejam uma zona livre no aspecto ético. Em outras palavras, os leitores que procuram uma condenação generalizada de todos os aspectos das atividades de negócios, não a encontrarão aqui; os leitores que esperam um elogio imerecido ao mundo dos negócios, ficarão igualmente desiludidos. Há uma grande diferença entre a forma como os negócios deveriam ser conduzidos e a maneira como algumas vezes isso acontece. Nenhum dos autores se desviou dessa visão.

Por outro lado, encontramos nesta obra também um bom equilíbrio entre a teoria e a prática, provando que a ética nos negócios é na realidade uma disciplina aplicada. Desde seu nascimento, o estudo sistemático da ética empresarial é sem dúvida um esforço que envolve enfoques de disciplinas muito diversas, aproveitando o grande acervo de experiências de diversos campos e utilizando conhecimentos muito variados. Como nos mostram os autores, dentro dos ensaios mais teóricos do livro encontramos uma enorme influência de acontecimentos e práticas reais do mundo empresarial, enquanto nos artigos oriundos de uma disciplina acadêmica específica se apresenta, por sua vez, um claro marco teórico. O uso de casos reais e experiências pessoais neste livro valida o que os próprios autores afirmam: na ética dos negócios houve uma tentativa genuína de garantir que a prática informe à teoria, e que a teoria esclareça a prática.

Na primeira seção deste livro os autores nos permitem conhecer uma visão da ética dos negócios por meio de teorias normativas, utilizando alguns casos reais como aplicações práticas. Cada capítulo nesta primeira parte, que também é a mais extensa, propõe e analisa uma concepção distinta sobre a ética nos negócios.

Os capítulos da segunda parte são igualmente variados e nos falam de habilidades, responsabilidade, liderança, cultura, vantagem competitiva e outros temas de grande interesse. Diferentemente da primeira parte, o objetivo principal aqui não é relacionar os negócios com teorias normativas específicas. A razão desta mudança na ênfase está no desenvolvimento acadêmico da ética nos negócios, e embora aproveite o trabalho realizado na seção anterior, também são apresentados os interesses e a experiência dos pesquisadores de uma disciplina específica da administração ou das ciências sociais, concentrando nesse ponto de vista. Assim, na segunda parte desta obra estão incluídos artigos que colocam os problemas éticos nos negócios dentro do contexto de disciplinas como administração, finanças, contabilidade, marketing, direito e economia.

A terceira linha de pesquisa abrange uma série de problemas complexos que surgiu na ética nos negócios como conseqüência das tentativas de aplicar pesquisas normativas e disciplinadoras a problemas específicos. Desse modo, existem artigos sobre a ética nos negócios no panorama internacional, os direitos dos trabalhadores, a ética no trabalho e a ética e o meio ambiente. Nesta parte da obra também há um capítulo sobre a moral corporativa, um problema que tem suas origens nas preocupações filosóficas sobre a atribuição adequada da responsabilidade moral, além de outros artigos sobre as intrincadas relações entre a ética nos negócios e a religião, por exemplo. O livro nos apresenta também o movimento pela responsabilidade corporativa, fundamentada em uma ética empresarial, mas não se confunde com ela, pois vai além da mera formulação de valores e postulados éticos.

Os capítulos restantes ou se derivam ou estão motivados pelas experiências das pessoas em corporações que implantaram programas de ética corporativa. Abordam os problemas práticos envolvidos em empreender e dirigir um programa de ética dentro de um ambiente histórico, econômico, regulamentar e jurídico específico.

São, portanto, exemplos da quarta linha de pesquisa, ou seja, - a tentativa de aplicar a ética nas organizações.

Finalmente, acrescento uma explicação pessoal e um breve alerta sobre o fato de que mesmo que os capítulos do livro sejam tão completos e pareçam exaustivos, demonstrando o esforço dos autores ao lidar com restrições de tempo e espaço, não são, nem têm a intenção de ser, a última palavra sobre a questão específica abordada, e realmente suas contribuições nos entusiasmam. Espero que a bibliografia e as leituras recomendadas sejam úteis para aqueles que desejam conhecer outros pontos de vista, e tenho certeza que desfrutarão horas agradáveis e edificantes com a leitura desta magnífica obra.

Armando J. García Segovia
Vice-presidente Executivo de Desenvolvimento da Cemex

Introdução

Considero uma honra o convite dos autores para escrever estas linhas sobre uma questão tão importante nestes primeiros anos do século XXI.

Os grandes avanços científicos e tecnológicos transformaram a vida em nosso planeta. Entretanto, esse incrível progresso não foi acompanhado por critérios éticos, humanos ou ecológicos que permitissem um equilíbrio com os princípios fundamentais da conduta humana.

A classe política e, nos últimos anos, muitos líderes empresariais, fizeram com que os cidadãos deixassem de confiar em seus governantes e empresários em quase todos os países do mundo. Como resultado, um grande número de controles e normas de conduta foi incorporado para impor barreiras aos abusos do poder. Nem o desinteresse da sociedade pelos processos políticos nem os procedimentos burocráticos são soluções efetivas. Muito menos pretender que leis mais exigentes ou sistemas modernos melhorem a situação. Um líder sempre será o reflexo da empresa ou organização; as aptidões e o talento do líder são elementos fundamentais para encontrar a diferenciação e o posicionamento da empresa dentro de seu contexto competitivo. Existem diferentes estilos de liderança de acordo com a situação que deve ser enfrentada e a sua própria visão de responsabilidade. Entretanto, pode-se assegurar que seus desafios mais importantes são a prosperidade e o crescimento a longo prazo. Não existem líderes perfeitos, nem pretendemos defender essa concepção. A maioria tem um talento inato que sempre requer ser complementado com outros líderes na organização. Mesmo assim, tudo o que fazemos é suscetível de melhoria, como também o são os estilos e habilidades executivas das pessoas.

Os autores de *Ética nas empresas* nos apresentam exemplos e casos que mostram a complexidade da questão. Paralelamente, refletem a respeito dos valores e condutas que, incorporados a nossa vida diária, nos permitem assumir nossas responsabilidades de maneira efetiva e respeitosa no ambiente empresarial e social em que nos desenvolvemos. Respeito também pelas instituições, pelas pessoas, por nosso planeta. Respeito por nossos colegas e superiores, pelos fornecedores e pelos clientes, por tudo o que nos rodeia. Honestidade, consistência entre o que dizemos e o que fazemos. Princípios e valores que são a base de um comportamento ético que beneficia toda a sociedade, as empresas e a própria economia.

A ética na administração chegou a ser uma preocupação vital das organizações nas últimas décadas. A mesma globalização na qual estamos imersos provocou a aplicação urgente de princípios e valores fundamentais para evitar maiores conseqüências nas economias de vários países.

Devemos considerar também o alto nível de competitividade, característico em virtualmente todas as atividades empresariais. E não me refiro apenas aos mercados formais; também é necessário mencionar o chamado mercado informal, que na maioria dos casos se encontra fora da legalidade. Não encontrar solução para esta realidade desfavorece um ambiente de alta produtividade e desenvolvimento que todos os países merecem. A responsabilidade social também é abordada, assim como sua evolução até o empreendedor social, como característica de um novo estilo de liderança. As empresas não se medem mais unicamente pela rentabilidade ou participação no mercado. Seu compromisso com a sociedade é agora um ativo importante.

Em resumo, o livro nos oferece a oportunidade de nos aprofundarmos nos grandes desafios dos líderes do início do século XXI. Com casos detalhados e definições precisas sobre os conceitos éticos que devemos empregar em todas as decisões que tomamos, os autores nos transmitem as principais áreas de preocupação e as alternativas que temos para agir de acordo com princípios e valores fundamentais. Tenho certeza de que esta obra ajudará muito a comunidade empresarial e política a tomar consciência de sua atuação e sua responsabilidade frente a um ambiente cada vez mais complexo e diverso.

WALTER WESTPHAL URRIETA
Diretor-geral de Farmácias Benavides, S.A de C.V.

Eduardo René Soto Pinheiral

Professor-titular do Instituto Tecnológico y de Estudios Superiores de Monterrey (ITESM), Doutor em Organização de Empresas, master em Psicologia Aplicada à Empresa e master em Toxicomania Aplicada ao Campo Trabalhista. Estudos de aperfeiçoamento em Metodologia do Caso (Harvard Business School); e Programação Neurolingüística (Calgary University do Canadá). Leciona as disciplinas de Comportamento Organizacional, Estratégias Globalizadas e Ética Empresarial.

Publicações recentes: *Las Pymes latino-americanas* (1998); *Gestión de cambio* (2000); *Comportamiento organizacional: impacto de las emociones* (2001); *Restricciones organizacionales* (2001); *Toma de decisiones y control emocional* (2002). Próximas publicações: *Institucionalizando la ética en la empresa*, *Complejidad y caos en las organizaciones y Manual de consultoría para Pymes*..

Dedicatória

Para René, meu inesquecível pai (descanse em paz); para Gabriela, minha mãe, que segue lutando por sua vida, que se esgota a cada minuto; para Dochy, minha esposa, que assumiu o papel de filha e há meses ajuda na sobrevivência de minha mãe, dando-lhe qualidade de vida em sua agonia. Para minha filha Lorena, que com carinho e responsabilidade me ajuda em meus livros e lições.

Agradecimentos

Escrever é uma atividade eminentemente pessoal e, por isso, pode resultar solitária. Os pensamentos demoram a amadurecer e desenvolver-se; podem tornar-se tão absorventes que os outros aspectos da vida passam para um segundo plano por algum tempo. E, naturalmente, isto faz com que a vida se torne, às vezes, difícil para os membros da família e para os grandes amigos. Felizmente, todos eles souberam compreender e estar à altura das circunstâncias, e me apoiaram incondicionalmente.

Agradeço também aos meus colegas Bryand Husted, Simón Dolan, Ceferí Soler, Alfons Sauquet, Luis Ovalle e Ramón Ramos, amigos que contribuíram com seus conselhos para melhorar o nosso trabalho. A meus amigos de SUMAQ, Antonio Montes, Marcos Gorgojo, Ernesto Gore, Patricio Donoso, Marlene de Estrella, Ligia Maura, María H. Jaen, Martha C. Bernal e Gabriel Aramouri. O meu pensamento está sempre com vocês.

A meu amigo e professor Oscar Johansen, que desde que nos conhecemos continua sendo meu mentor, conselheiro e guia, ano após ano, em toda obra que empreendo. É um orgulho contar com a sua amizade. Obrigado, Oscar.

Finalmente, não posso esquecer meus colaboradores em Monterrey: Antonio Martínez, incansável ajuda; Pilar, que ultimamente foi uma excelente colaboradora, e em Barcelona (ESADE), minhas colaboradoras de sempre: María Jesús e Josefina.

Com carinho, Eduardo
2007

José Antonio Cárdenas Marroquín

Catedrático, consultor e pesquisador mexicano. Engenheiro químico administrador pelo ITESM. Professor de Administração em Tecnologia pelo Instituto Tecnológico de Massachussets (MIT), e mestre em Administração de Recursos Humanos pela Universidade de Utah. Atualmente, é aspirante ao grau de doutorado em Inovação Educativa.

Foi autor de diversas publicações em revistas especializadas e participou como co-autor em vários livros; é membro do ERIAC Capital Humano e do Comitê de Educação da Confederação Patronal da República Mexicana, entre outras associações.

Dirigiu o Centro de Desenvolvimento Humano do Vitro, grupo vidreiro internacional, durante mais de sete anos, e atualmente ocupa o cargo de diretor de Extensão Universitária e Educação Permanente na Universidade Regiomontana.

Dedicatória

A minha esposa Elvira, com todo meu amor, por ser meu apoio e inspiração; aos meus filhos Eugenio, Alejandra e Cordelia, meu legado; a meu neto Juan Carlos, minha ilusão.

Agradecimentos

Agradeço a minha esposa Elvira por seus comentários, correções e pontos de vista sobre o fundamento prático da moral e com relação ao sentido comum da responsabilidade social.

Agradeço especialmente a Rodrigo Guerra Botello, reitor de minha universidade, que com sua conduta profissional e acadêmica exemplar foi muito mais do que apoio e inspiração para esta obra.

Agradeço a Juan Zapata Novoa e Fernando González González, inquietos intelectuais, pelas intermináveis discussões sobre o tema que nos ocupa e suas discretas orientações e advertências.

Agradeço às dezenas de alunos de minhas cadeiras de filosofia empresarial e ética de negócios em diferentes instituições educativas, cujas inquietações foram, em grande parte, a plataforma para o processo de pesquisa associado a nosso trabalho.

José A. Cárdenas M.
2007

Ética nas empresas

É oportuno lembrar um dos pais da ciência econômica, Adam Smith, que foi professor de filosofia moral em Glasgow antes de lecionar economia. Esta mesma economia, como a concebemos hoje em seu grande domínio, a economia de mercado, teve seu ponto de partida nos valores éticos desse grande construtor intelectual, e considero que o mesmo está ocorrendo em nosso tempo. É muito sintomático que alguns anos atrás o Prêmio Nobel fosse dado a Amartya Sen, cuja obra-chave para esse reconhecimento mundial, entre outras razões, foi *Ethics and economics*. Isso significa que a questão já está além da filosofia, para passar àqueles diretamente relacionados com a vida econômica.

Os autores desta obra esforçaram-se para destacar que vivemos em uma época histórica em que os desafios éticos estão diante de nós e são, portanto, intransferíveis. O tema aparece em diversas dimensões. Por um lado, estão os benefícios gigantescos que as revoluções tecnológicas em plena ebulição nos apresentam. Esta onda de inovações nos instrumentos da nova economia, as novas tecnologias, cria oportunidades imensas para a humanidade. Entretanto, tudo isso significa que os bens e serviços que a civilização dispõe não estão certamente distribuídos com eqüidade.

Ao ler este livro, temos a impressão de que os autores desejam manifestar a transformação gigantesca que a sociedade contemporânea atravessa e descrever a essência da nova sociedade com as diferentes forças éticas que surgirão dela. São tantos os acontecimentos que colapsam a imaginação que, em todo caso, um dos autores insiste que não pretendem dar receitas nem uma lista de sugestões concretas quanto a medidas políticas morais a serem aplicadas, nem muito menos diretrizes e conselhos diretores empresariais para suprimir a corrupção; não é esse o propósito deste livro.

O objetivo é tentar situar a transição avassaladora que enfrentamos no presente no mundo trabalhista de modo geral, para desta forma tentar prever quais serão os comportamentos eticamente adequados que necessitaremos no futuro, e recorrer com mais consciência à riqueza das decisões que advoguem pela responsabilidade social das empresas, que não são decisões casuísticas, mas avalizadas pela vivência. De alguma maneira, os autores tentam maximizar os efeitos transformadores no comportamento ético das pessoas e das organizações, que ficaram traumatizadas com as mudanças iniciadas em meados dos anos setenta, e tiveram seu ápice vinte anos depois, com a queda da multinacional Enron, simbolizando o modo como muitas empresas poderiam estar agindo com seus funcionários.

Eduardo descreve, nos primeiros capítulos, o impacto da globalização na atitude ética e sua incidência na liderança, com um estilo muito pessoal. Não há dúvida de que nos últimos vinte anos atravessamos um ponto de inflexão na história do mundo. Por isso, toda explicação de acordo com a experiência e o conhecimento alcançados até agora é questionada ou simplesmente anulada. São inúmeros os exemplos de condutas extravagantes das pessoas e dos mercados financeiros, mas também são muitas as tendências fundamentais sobre o rumo do progresso tecnológico e do novo tipo de funcionário procurado pelas empresas, igualmente atípicas ou inescrutáveis. Essa questão será analisada no capítulo sobre personalidade, deixando explícitas as características necessárias para melhorar e otimizar o processo de seleção em um ambiente globalizado. Com esse marco de referência como pano de fundo, somos avisados que mudanças ainda mais radicais se aproximam, e que aplicando a inteligência emocional às novas perspectivas, é possível que não sejam tão impactantes.

O texto transforma em "autores-atores" àqueles que lêem suas páginas. Impulsiona o desejo de iniciativa e de autonomia; motiva cada leitor a ter confiança em si mesmo para entender melhor as mudanças, os protagonistas da mudança de atitude com o meio ambiente e a responsabilidade das empresas nesta mudança.

Para que a ação seja boa, têm de sê-lo o objeto, o fim e as circunstâncias. Atuar eticamente consiste, como já vimos, em procurar o bem próprio e o dos demais (e o conceito de "bem" é muito amplo), agindo por motivações superiores (imanentes ou transcendentes), sem recusar o bem próprio nem as demais motivações, que não têm por que ser imorais.

Alternativamente, agir eticamente é observar princípios não inventados, mas derivados do homem, dos bens que tenta conseguir e das suas motivações. A ética dos fins não é, portanto, distinta e independente da ética dos princípios.

Eduardo descreve muito bem nestes primeiros capítulos que as duas possíveis relações estabelecidas entre as ações humanas e seu modo de ser (Ithos) são a bondade ou a maldade, a que ele chama genericamente de moralidade. O bem e o mal morais são o bem e o mal que as ações têm, por serem humanas. O bem moral coincide com o da pessoa, na medida exata em que está em jogo a liberdade de ação, e se realiza por meio dela. Segue descrevendo que a ética pretende dirigir os atos livres para o bem perfeito ou fim último da pessoa. Portanto, conclui acertadamente que a ação ética é a que cada sujeito realiza livremente dirigindo-se a si mesmo para seu fim último, ou felicidade. Uma análise ética da ação consiste em definir por que e quais são as ações do homem que o levam a seus fins últimos, e quais não.

Em nossa opinião, a decisão ética é o impulso do espírito pelo qual a pessoa se orienta para a busca do bem, que precisa completar-se com o conhecimento de o que esse bem reclama. Esse movimento para a determinação, que faz possível o bem, pode requerer em algumas ocasiões, uma reflexão profunda e de longo prazo; em outras, realiza-se de modo inato, inconsciente, como fruto espontâneo do saber e da experiência, mas nunca está ausente. E a partir daí (da necessidade do desejo do bem ao conhecimento dos que o fazem possível, e da possibilidade de que nesse processo se introduza o erro) deriva uma importante conseqüência: uma decisão ética. Uma decisão ética séria e profunda pode ser insuficiente, em determinadas circunstâncias porque, devido a um erro de metodologia, pode não resultar na realização efetiva do que se almejava.

Na segunda parte do livro, José Antonio aborda o tema da ética e da responsabilidade social do ponto de vista de diversos aspectos da realidade da organização pós-moderna. Destacam-se as considerações éticas relacionadas com os empreendedores e as empresas emergentes, assunto que não é comum encontrar na literatura especializada. Ele propõe analisar a pequena empresa como parte de um ecossistema e com uma relação direta com os princípios morais de seus dirigentes. Por outro lado, insiste em uma forte ligação entre a conduta ética da empresa e sua capacidade de produzir resultados financeiros e manter-se competitiva, sendo a responsabilidade moral da organização de especial importância diante da perda de confiança do público, gerada pelos recentes casos de escândalos corporativos já mencionados.

José Antonio insiste concretamente no papel e na responsabilidade do administrador de recursos humanos quanto à conduta ética e à responsabilidade social da empresa. Mediante uma acertada simplificação do impacto das decisões éticas sobre o trabalhador, propõe que a função principal da gestão de recursos humanos do ponto de vista moral consiste precisamente em evitar ou minimizar o estresse laboral nos indivíduos sob sua responsabilidade ou influência, por que isso representa tratar o indivíduo como pessoa, objeto de respeito e dignidade.

Nos últimos capítulos, Cárdenas reforça a obrigação das corporações de não apenas serem capazes de aglutinar diversos estilos de gestão, mas também de fomentar uma cultura organizacional que respeite e se ajuste aos diferentes valores, preferências e motivações dos indivíduos que trabalham nelas. Insiste que a cultura nacional e o conjunto de valores observados por uma organização coexistem em um sistema complexo que influencia significativamente no código de ética pessoal de cada trabalhador. Do mesmo modo, em relação às corporações multinacionais, argumenta que essas empresas requerem um esquema que lhes permita operar em diferentes países e culturas, obtendo resultados financeiros sem sacrificar a conduta ética e a responsabilidade social. Desta maneira, estes enormes conglomerados enfrentam um dilema não resolvido de impor um único código de ética para todas suas operações internacionais, ou de estimular um clima de moralidade que responda às diferentes culturas nacionais.

Os autores têm formação tanto em engenharia como em administração. Mas, e como acontece em todas as disciplinas, por não ter explicações lógicas em sua formação para "tanta novidade", que nos leva a manter incertezas e dúvidas, também começam a entrar no "mundo ético-filosófico", e, diante da rapidez dos fatos, tentam entregar neste livro soluções fundamentadas na intuição ética - "um modo mais dinâmico para ajudar a administrar as organizações pela contradição". Ou seja, pretendem entender o tempo, a evolução, o movimento, e principalmente pensar, refletir como seres humanos para resolver os problemas que nos afetam, pois, afinal, são problemas de seres humanos. Essa atitude é um processo próprio de um organismo vivo que cresce segundo sua própria lógica, e é livre para tomar uma direção que não estava prevista.

Os tempos que estamos vivendo são confusos porque muitas das coisas que davam forma a nossa vida estão desaparecendo. As instituições em que nos apoiávamos, especialmente a organização do trabalho, não são mais tão seguras ou tão corretas. O pior é que não temos ajuda nem resposta para a corrupção que se abate sobre a sociedade. Olhamos para os gurus sem resposta que em outros tempos tinham a solução "para todos os nossos problemas". Hoje se declaram incompetentes, limitando-se a encontrar um sentido para a incerteza.

Colaboramos neste trabalho com o propósito de procurar respostas junto aos autores e de oferecer opções para atingir certo senso de coesão. Acreditamos que utilizar ao máximo nossas melhores habilidades éticas nos ajudará a descobrir o futuro. Este livro tenta encontrar algum sentido em toda esta confusão que nos rodeia, por isso os autores trataram de organizá-la para que comecemos a entender o que realmente está acontecendo no mundo. Essa é a intenção do que é apresentado neste livro. Desejo convencer os leitores de que existe, afinal, algum sentido em todo o enorme absurdo que nos rodeia.

O enfoque para a ação fundamenta-se em aceitar que não existem respostas simples ou corretas para a vida, que a vida está cheia de contradições e surpresas, e que de fato está cheia de paradoxos. Por outro lado, se pudermos aprender a entender e aceitar esses paradoxos, poderemos encontrar um caminho através deles, poderemos conviver com eles e administrá-los. Eduardo Soto e José Antonio Cárdenas nos indicam o caminho para fazê-lo.

Dr. Enrique Vogel,
Diretor-administrativo e Financeiro do ITESM Campus Monterrey

1
A ética e as decisões nos negócios

> **OBJETIVOS**
>
> - Devido ao fato de a ética nos negócios ser fundamental, o objetivo deste livro é esclarecer, por meio de exemplos, as possíveis dúvidas, atenuando a complexidade das decisões tomadas diante de dilemas de difícil solução, sempre seguindo a mais rigorosa ética.

A reflexão sobre a ética na empresa começou a proliferar nos anos 1970 e coincidiu com a reivindicação da necessidade de passar das palavras aos fatos. A necessidade de institucionalizar e fazer operacional toda essa reflexão na *praxis* empresarial foi concretizada principalmente no desenvolvimento de códigos de ética e outros documentos de autocontrole. Os códigos de ética e documentos têm o objetivo fundamental de melhorar a atuação ética das pessoas na organização, gerando mais legitimidade social e uma cultura corporativa coerente. Mas os resultados desse desenvolvimento são, de certo modo, contraditórios. Embora por um lado, muitas das grandes empresas em todo o mundo tenham elaborado códigos de ética, por outro, o ceticismo com esse tipo de documento é cada vez maior devido à falta de um fundamento filosófico coerente e a um processo inadequado em sua elaboração. Este livro pretende solucionar, de alguma maneira, essas duas. Oferece definição precisa e fundamentação dos códigos de ética, propondo um processo para seu desenvolvimento, processo esse já implantado em importantes organizações ao redor do mundo nos últimos anos, e que pode ajudar outras empresas a melhorar seu nível ético.

Em princípio, a ética nos negócios não difere em nada da ética na medicina ou em outras áreas, e os princípios éticos gerais se deduzem do imperativo categórico[1] ou de alguma versão moderna dele, para depois ser aplicado ao contexto dos negócios.

---

[1] N.E.: A expressão "imperativo categórico" foi criado pelo filósofo Immanuel Kant, sendo um dos principais paradigmas de sua filosofia e tem, basicamente, o mesmo sentido de mandamento.

Recentemente, alguns acadêmicos adotaram um enfoque diferente no qual talvez se combinem ambas as tendências da ética nos negócios. A seguir, descrevemos algumas características desse novo enfoque e explicamos como se encaixam dentro de certas correntes intelectuais mais gerais, com nomes que têm conotações políticas, como pós-modernismo e pragmatismo.

Durante os primeiros 50 anos ou mais de sua existência, a ética nos negócios se desenvolveu principalmente em torno de duas correntes de pensamento. A primeira, embutida na frase *negócios e sociedade ou problemas sociais da administração de empresas*, trata de situar os negócios como uma atividade essencialmente econômica, dentro de uma matriz social geral. Os estudiosos que aceitaram este enfoque fazem parte fundamentalmente das escolas de administração e adotaram muitos dos métodos de seus colegas, em particular os das ciências sociais. O segundo enfoque, também embutido na expressão *ética nos negócios*, foi analisado como um campo no qual os filósofos trabalham dentro da tradição kantiana ou analítica. Esses estudiosos chegaram a ver a ética nos negócios como um campo no qual os filósofos éticos podem aplicar suas teorias, que em grande medida são kantianas.

De acordo com o pensamento de Simon, todas as decisões têm um componente de valor e uma decisão má, negligente ou equivocada de um responsável por parte do negócio que pode afetar e afundar toda uma organização. Pode parecer exagero, mas é necessário lembrar às empresas, que estão competindo diariamente para ocupar posição de destaque nas listas de melhor gestão, o seguinte fato histórico negativo:

Em 1989, nas costas do Alaska, o petroleiro *Exxon Valdés* deixou vazar uma quantidade impressionante de petróleo, provocando uma catástrofe ecológica de proporções tão terríveis que ainda não foi possível reestabelecer o equilíbrio ecológico dessa região do planeta. Nessa época, a prestigiosa revista *Fortune* situava esta *holding* norte-americana entre as seis melhores empresas do planeta. Com esse desastre, caiu para o 110º lugar.

Diante desse fato, seria possível pensar que "foi azar" ou que "um erro pode ocorrer com qualquer um". Enfim, pode-se minimizar o fato, mas o que realmente causou repúdio mundial foi a falta de resposta imediata por parte da empresa, deixando evidente a carência de recursos técnicos adequados e próprios para esse tipo de problema. É necessário acrescentar a lentidão nas decisões, assim como o envio ao lugar da catástrofe de pessoal de nível médio e pouco qualificado. O estado de embriaguez do capitão do *Exxon Valdés* passou para o segundo plano naquele fim de semana em que a burocracia ficou em evidência mais uma vez, diante do fato de proporções gigantescas no qual uma multinacional não soube dar soluções a tempo. Esse ato de "irresponsabilidade social de uma multinacional" pode ser catalogado como um marco importante que sensibilizou a opinião mundial sobre os desastres ecológicos causados por empresas diante da apatia generalizada da sociedade mundial. Por sorte, existe cada vez mais consciência de que o planeta é de todos, apesar de ainda não haver acordos entre todos os países, e as potências continuarem negando-se a seguir o Protocolo de Kioto. É absurdo que ainda em 2005 algumas potências tenham condicionado sua aprovação às decisões transcendentais para melhorar a qualidade de vida do planeta e evitar sua destruição.

Fatos como esse são os que realmente interessam comentar para convidar à reflexão e evidenciar a importância da ética nas decisões empresariais. Infelizmente, o impulso recente que a ética empresarial recebeu nas organizações não está voltado para a função que ela tem nas decisões. Os diretores e gerentes aplicam a ética para sancionar e controlar condutas. Todos os dias as empresas se gabam diante de seus concorrentes, ou entre seus próprios funcionários, de implantar "códigos de ética" em suas empresas, comprometendo-se a informar à diretoria que tudo é muito bem executado ou que um trabalhador eventualmente transgrediu alguma norma da empresa. Quer dizer, os códigos de ética são utilizados para *controlar*. Isso não é nada mais do que se aproveitar de forma interesseira da "ética", fato que desacredita o objetivo real das decisões éticas na organização, e também frustra e impede que o resto das pessoas a utilize da maneira adequada. A ética, em sentido rigoroso, faz parte do processo de tomada de decisões da organização. É possível, e de fato acontece na prática, que faça aumentar os recursos para atividades da área e que assegure que se tomem as decisões mais adequadas e oportunas.

Existe a crença entre alguns diretores de que a principal finalidade da ética nas organizações é mudar a conduta dos indivíduos, e não refletem que o que a ética faz realmente é melhorar as decisões nas relações com grupos sociais. Por outro lado, as decisões políticas também podem beneficiar-se da reflexão ética.

A esse respeito, afirmam De Mulder e Ortiz: "A avaliação de critérios de responsabilidade social sustenta também um crescente impacto nas decisões de investimento, principalmente para investidores institucionais. Em muitos países surgiram os fundos de investimento éticos, um primeiro passo para uma não muito distante avaliação mais homogênea e universal de indicadores de impacto social nas empresas".

O MUNDO ATUAL

O mundo atual muda a um ritmo vertiginoso. O panorama se altera de uma hora para outra. O Muro de Berlim desapareceu. As duas Alemanhas se reunificaram. "O Império do Mal" (a União Soviética) não existe mais. O comunismo está agonizando. O *apartheid* está morto e Nelson Mandela, além de ser um homem livre, já foi presidente da República Livre Sul-Africana, onde instituiu um fórum público, a Comissão da Verdade, para analisar abertamente seus piores pecados. Esta é a era da globalização. A cooperação econômica está substituindo as diferenças ideológicas. A União Européia, o Tratado de Livre Comércio da América do Norte e a APEC (Cooperação Econômica Ásia-Pacífico) são provas da cooperação regional. A introdução do euro foi o primeiro passo para um Estado econômico unificado na Europa. A Organização Mundial de Comércio representa o surgimento da cooperação econômica e o livre comércio em todo o mundo. As conseqüências para as empresas são de proporções formidáveis: a Daimler Benz é proprietária da Chrysler

Corporation; a British Petroleum adquiriu a Amoco; a Bankers Trust Company estava se preparando para fazer parte do Deutsche Bank; a Random House é propriedade da Bertelsmann, e o Citigroup está em toda parte.

A ÉTICA NOS NEGÓCIOS: PRÁTICA CONTEMPORÂNEA

Esta é a era da técnica. A fibra óptica e os satélites formam uma única rede de informação mundial. Na atualidade, é possível comunicar qualquer coisa, a qualquer pessoa, em qualquer parte e por meio de qualquer forma (voz, dados, texto, imagens) à velocidade da luz. Os computadores pessoais têm mais capacidade de cálculo atualmente do que os grandes computadores que a NASA utilizou para levar o homem à Lua.

É uma era de reengenharia, reestruturação, ajuste do tamanho das empresas, reorganização e organizações menos hierárquicas. À medida que os trabalhadores substituem, a contragosto, o conforto do velho contrato social por certos entendimentos ainda por definir, os efeitos no valor e na dignidade humanos têm sido drásticos. A dependência da empresa e a lealdade foram substituídas pelo distanciamento e, algumas vezes, pelo cinismo. Existe o desafio de encontrar novas formas para recriar as interdependências e procurar novas maneiras de experimentar a "comunidade" nas organizações.

É a era da informação. Comenta-se que o conhecimento se duplica a cada cinco anos, e de vez em quando surge a pergunta de por que se tomam decisões no curto prazo. Na atualidade, a informação está instantaneamente à disposição, e é abundante em todo o globo. O segredo da liderança, chega-se a descobrir, é que não há segredos. Simplesmente, nesta era da informação não é mais possível ocultar nada, como, por exemplo:

- um vazamento de petróleo no Alasca;
- a fusão acidental do núcleo do reator em Chernobyl;
- um relacionamento íntimo com o presidente na Casa Branca;
- práticas de trabalho infantil no Vietnã;
- corrupção nos mercados emergentes;
- os efeitos nocivos, causadores de câncer, do tabaco;
- as práticas de venda inaceitáveis na indústria de valores e seguros;
- a ausência de mulheres e de minorias nos conselhos de administração e na alta direção das empresas;
- a diferença cada vez mais notável nas remunerações de executivos e trabalhadores de baixo escalão.

A informação é como um vírus que exige a verdade, e a verdade requer liberdade. Quando as pessoas adquirem consciência de que existem opções, as revoluções acontecem. Por sinal, esta é uma era de revoluções. Talvez, parafraseando o título da famosa obra de Alvin Toffler (1970), estamos experimentando o "choque do futuro", ou seja, a "desorientação provocada pela mudança prematura acelerada". Devido à velocidade de mudança no mundo atual, o homem se confunde e se desorienta. À medida que os mapas e as fronteiras nacionais, familiares em outras épocas, são eliminados, o ser humano caminha às cegas para o futuro, procurando compreender a nova ordem mundial e seu lugar nesse futuro. É o fim de uma era e o princípio de uma época ainda indefinida. Além disso, o homem tem a oportunidade de participar de sua definição. É o chamado da liderança.

O QUE É ÉTICA E O QUE É MORAL?

Se vamos falar de ética, é conveniente conceituar muito bem o que vamos explicar. Talvez alguns dos problemas mais graves que atentam contra a conversação e a complicam são as diferenças entre o pensamento e a palavra utilizada para comunicá-lo. Por exemplo, quando alguém afirma que se deve incluir a ética como matéria nas escolas de negócios, o que se deseja expressar realmente? Aparentemente, os estudantes tendem a confundir os termos ética e moral, utilizando-os indistintamente, como sinônimos. De acordo com o dicionário, moral é o conjunto de regras de conduta desejáveis num grupo social.

Porém, existem diferenças entre ética e moral. Segundo a etimologia de cada um dos dois termos, ética vem do grego *ethos*, que significa costume.

O QUE SE ENTENDE POR ÉTICA OU MORAL?

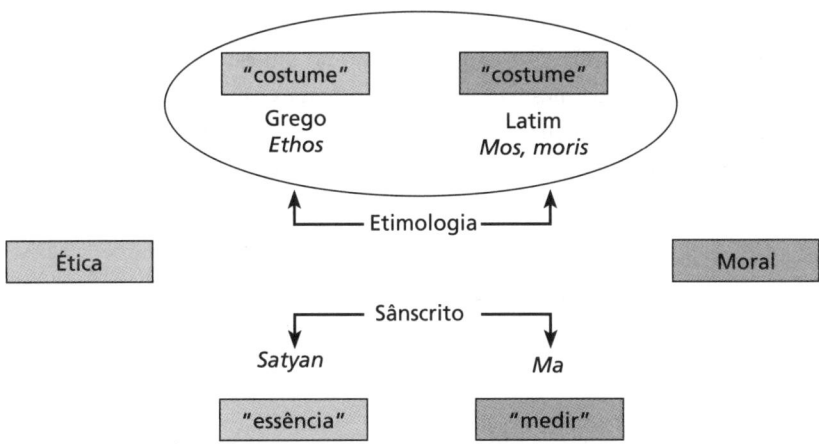

Podemos concluir que a ética tende mais para a teoria, enquanto a moral tende mais para a prática.

Por outro lado, moral vem do latim *mos, moris*, que também significa costume. Isso apoiaria a idéia de que ambos os conceitos são sinônimos. Entretanto, se nos aprofundarmos na etimologia, observaremos que ética parece vir do sânscrito *satyan*, que significa essência, e parece que a raiz sânscrita do termo moral é "ma", que significa medir. Por isso, faz mais sentido esta última raiz, pois apresenta um sentido muito mais lógico do que se deseja expressar, ou seja: uma situação pode ser ao mesmo tempo ética e moralmente possível, pois se pode medir o fato em função do questionamento ético feito.

Mas, se a ética é a teoria e a moral é a prática, poderíamos supor que da pesquisa da ética (se for suficientemente acertada e ampla) deveriam inferir-se, por exemplo, princípios morais, da mesma maneira que ao estudar a gravidade derivam-se princípios para a construção de aparelhos que voam.

Em um rigoroso sentido ético, um juiz que administra a justiça representa em essência "teórica" uma irrepreensível conduta que dá confiança a toda uma sociedade para julgar a outro indivíduo; mas na prática seu critério para administrar justiça pode ser moralmente questionável, já que pode medir o fato minimizando os acontecimentos.

Considerando essa diferenciação entre ética e moral, podem surgir as seguintes questões: quando se fala de ensinar ética, de que se trata: do estudo da ciência ou da prática? Fala-se de ética ou de moral? Essas questões são muito pertinentes, já que podem descrever não somente dois campos diferentes, mas também representam dois métodos de ensino e dois objetivos diferentes.

ÉTICA OU CONHECIMENTO

A ética é uma das três áreas da filosofia. As outras são a epistemologia, ou teoria do conhecimento, e a metafísica. O campo de estudo da ética é o julgamento moral. É um campo próprio da filosofia, e não pode ser atribuído a outro especialista porque o julgamento moral não é uma atividade para peritos, mas um campo onde todos têm autoridade. A ética pode ser considerada como um estudo teórico que trata de esclarecer os conceitos, da mesma forma que os demais campos da filosofia.

A ética é o estudo sistemático da natureza dos conceitos axiológicos, como "bem", "mal", "correto", "equivocado" etc., e dos princípios gerais que justificam

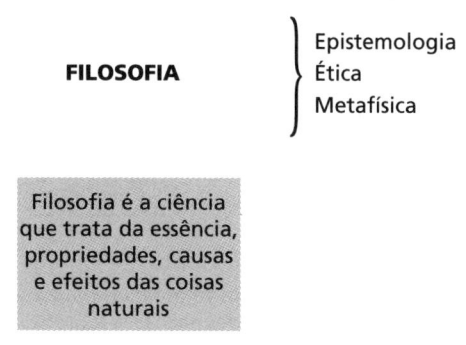

FILOSOFIA
- Epistemologia
- Ética
- Metafísica

Filosofia é a ciência que trata da essência, propriedades, causas e efeitos das coisas naturais

sua aplicação a alguma ação ou ato. Sua importância está em sua relação com as noções fundamentais de moralidade, que podem ter grandes conseqüências na conduta das pessoas.

A ética comparada é uma área muito particular do estudo da ética, que examina as regras e os ideais desenvolvidos através do tempo e do espaço nas diferentes sociedades que existem ou existiram neste planeta, e o seu papel nas questões relativas à conduta das pessoas. Seu material de trabalho vem dos diferentes códigos encontrados em toda a sociedade, tanto através das tradições orais ou escritas como das hipóteses tácitas que se encontram por trás do marco constitucional legal. Tais códigos se desenvolveram naturalmente e, desta forma, existiram muito antes de que o homem começasse a pensar neles.

A teoria filosófica da ética se diferencia da tarefa ordinária do homem que, ao tomar decisões, desenvolve julgamentos morais. Porém, muitos estudiosos da filosofia-ética sustentam que o exame ou *teste* principal que se pode aplicar a todo um sistema ético-teórico é se esse sistema pode harmonizar-se com o que poderíamos denominar ética, ou julgamentos morais produtos do sistema comum. Ou seja, com esses julgamentos éticos que sentimos que estamos obrigados a expressar da melhor forma possível no dia-a-dia, e que se produzem pela necessidade das ações, e não pelas reflexões especulativas. Em outras palavras, encontram-se fora dos argumentos filosóficos.

Etapa de desenvolvimento moral (em cada etapa sucessiva, o julgamento moral de um indivíduo depende cada vez menos das influências externas)

Nível	Descrição da etapa
Pré-convencional: influenciado exclusivamente pelo interesse pessoal. As decisões visam o benefício próprio, definido pelas recompensas e castigos derivados dos diferentes tipos de conduta.	• Adesão às regras para evitar o castigo físico. • Obediência às regras apenas quando em interesse próprio imediato.
Convencional: influenciado pelas expectativas dos outros. Compreende obediência à lei, resposta às expectativas de outras pessoas importantes e um senso geral do que se deve esperar.	• Cumprimento do que as pessoas próximas esperam. • Manutenção da ordem convencional ao cumprir obrigações que foram aceitas.
Cognitivo: influenciado por princípios éticos pessoais do que é correto. Pode estar ou não de acordo com as regras ou leis da sociedade.	• Valorização dos direitos dos demais e adesão a valores e direitos não relativos, sem se importar com a opinião da maioria. • Decisão própria da aplicação dos princípios éticos, mesmo que violem a lei.

Dificilmente poderíamos afirmar que a ética ou os julgamentos morais do senso comum são infalíveis, mas sua relação com a filosofia da ética pode ser comparada com a relação que existe entre as percepções pessoais comuns e as ciências físicas. Da mesma forma que o cientista deve partir da percepção dos objetos físicos, o filósofo deve partir dos julgamentos éticos do sentido comum, porque são esses os seus dados. Ambos tentarão transformar seus dados em um sistema coerente, e também fazê-los coerentes com outros sistemas.

A ética nos negócios também contém normas e princípios morais que regem o comportamento. A diferença entre uma decisão comum e uma decisão ética está no papel principal que os valores e os julgamentos desempenham nas decisões éticas. Os diretores de empresas são particularmente vulneráveis às condutas sem ética por diversas razões. Por exemplo, os serviços têm poucos atributos para a busca da conduta ética e, por isso, é difícil avaliá-los antes de tomar a decisão de contratá-los. Muitas vezes são técnicos, ou especializados, ou possuem ambas as características, e isso dificulta mais ainda a possibilidade de que o consumidor comum os avalie. Os serviços são vendidos sem garantias nem compromissos, e com freqüência são oferecidos por pessoal não supervisionado, que atua externamente à empresa.

Os problemas éticos mais comuns são o conflito de interesses, a confidencialidade nas relações da organização, a honestidade, a justiça e a integridade das atividades de comunicação da empresa. A conduta dos diretores durante a tomada de decisão ética reflete os princípios morais que seguem. As ciências morais, como a teologia, a deontologia e o relativismo, são os princípios ou regras que regem os diretores quando decidem o que é bom ou mau.

As pessoas podem tomar decisões éticas distintas em situações similares, devido ao desenvolvimento cognitivo do que é moral e de alguns outros fatores, entre eles os valores pessoais, as diferenças culturais, a cultura da empresa, a estrutura da organização, a oportunidade, os sistemas de premiação, os terceiros interessados e as pressões geradas pela realização de atividades em um ambiente competitivo. Os funcionários que lidam freqüentemente com questões éticas sofrem constantemente tensões relacionadas ao trabalho, como frustração, ansiedade, baixo desempenho e insatisfação; e tudo isso gera rotatividade de pessoal.

As organizações aplicam uma série de estratégias que pretendem controlar a conduta ética dos funcionários, incluindo a socialização, a elaboração e aplicação de códigos de ética, a capacitação dos líderes, a capacitação para conhecer o serviço/produto, a monitoração do desempenho dos funcionários e sua educação para alcançar os benefícios das relações de longo prazo com os clientes.

OS VALORES

Sem perder de vista o aspecto econômico, o termo valor é utilizado aqui mais com o significado de nível de qualidade de vida humano, com um matiz ético-moral, como o conjunto de tudo o que faz parte da axiologia (do grego *axioma*, que originalmente significa dignidade), considerada como o fundamento do que deve ser o homem. A axiologia se ocupa justamente com aquilo que, pelo seu alto valor e valia, é suscetível de ser mantido e enaltecido e é considerado o fundamento de algo que não precisa ser demonstrado, por ser evidente e reconhecido por todos. Geralmente, isto não é mais aceito na atualidade, pois é cada vez mais predominante a concepção e as análises que assumem os valores como relativos. Os valores têm características que se resumem em:

1. A valia, dizer que todo valor é polivalente, é adequada e nesse sentido pode ser desejável ou indesejável. Isto é um desvalor.
2. Objetividade, já que não dependem das preferências individuais, mas se assume que existem em uma esfera ontológica diferente do ser propriamente dito.
3. São dependentes tanto entre si como em sua relação com as coisas. São predicados do ser; em alguns casos se considera que são objetivos do ser, ou deveres do ser, o que constitui a deontologia (*deon, ontos* = dever).
4. Polaridade. Este componente do valor faz com que cada valor tenha seu oposto: a um valor positivo se contrapõe um valor negativo. Os valores negativos são denominados *desvalores*. A polaridade pode variar conforme as escalas de valores: o que é valor positivo em uma, pode ser negativo em outra.
5. Os valores são entidades não mensuráveis nem precisáveis, e têm validade qualitativa, mas não quantitativa. Alguns falam de uma hierarquia dos valores, mas a ordem é um processo subjetivo que faz com que as hierarquias valorativas ou as tabelas de valores sejam bastante diversos.

Os valores são cambiantes porque surgiram em diferentes épocas históricas, pela diferente perspectiva em cada momento histórico quanto à concepção do mundo, e porque dependem da cultura em geral e de componentes religiosos, raça e outros fatores que sofrem mudança com o tempo.

Pelo que se disse anteriormente, é claro que a questão dos valores está sempre em revisão. A seguir são apresentados aqueles que se podem considerar fundamentais em nossa cultura e que afetam a vida cotidiana.

1. Valores éticos (morais), onde a contraposição é entre bem e mau, e o desejável é a consecução do bem (Wolf).
2. Valores morais (éticos), cujos pólos vão do justo ao injusto, com a busca da eqüidade e da justiça.
3. Valores eróticos, cuja polaridade vai do erótico propriamente dito (de *eros*, amor) à rejeição (o fóbico) na busca do amor.
4. Valores vitais, nos quais se contrapõem a vida (*bios*) e a morte (*tanatos*), e está em jogo a concepção da imortalidade como sobrevivência.
5. Valores bioéticos, cuja polaridade se encontra entre o bem-estar e o mal-estar humanos, e o desejável é o fomento da qualidade da vida do homem.
6. Valores estéticos, nos quais se contrapõem o belo e o feio, na essência da concepção da arte.
7. Valores do conhecimento, verdadeiro–falso, com a possibilidade de alcançar a sabedoria.
8. Valores religiosos, nos quais se confronta o sagrado com o profano na busca da santidade.

> **O que é um valor?**
> É um grau de utilidade ou aptidão das coisas para satisfazer necessidades ou proporcionar bens e satisfação.

9. Valores místicos, que vão do finito (finitude) ao infinito, e cujo caminho é o êxtase.
10. Valores espirituais, que vão da imanência à transcendência, com a busca dessa última, como na eternidade no mais alto sentido. Há quem considere que todo valor envolve um componente espiritual.
11. Valores hedonísticos, com a polaridade desagrado–agrado, e que se orientam para a busca do prazer. A aproximação de cada valor é fonte de valor hedonístico agradável; a frustração na consecução de um desvalor gera desagrado, dor.
12. A liberdade é um valor cuja polaridade vai da submissão ao poder, com a busca de um tênue equilíbrio comprometido entre ambas as polaridades.
13. A paz é um valor cujo alcance vai da serenidade à violência.
14. Valores de qualidade humana, entre eles a dignidade, a decência, a fidelidade, a lealdade e a honestidade, com seus opostos nos desvalores indignidade, corrupção, infidelidade, deslealdade e desonestidade.
15. Valores ambientais referidos aos aspectos ecológicos da qualidade de vida e a impulsos vitais biófilos; correspondem a uma ecofilia e oscilam entre a convivência com o ambiente e sua destruição, o que leva ao desvalor do aniquilamento do frágil equilíbrio telúrico.

O conjunto dos valores positivos, desejáveis, variáveis para todos, hierarquizados em uma escala de valores também diferente para todos, é o que agora se adequa ao conceito da dignidade humana e constitui o fundamento das colocações humanísticas. Com efeito, o ser humano, de certa forma soberbo e suposto dominador de seu ambiente ecológico interno, quer dizer, de si próprio e de seu ambiente ecológico externo, atribuiu-se todos os elementos valiosos para se diferenciar dos outros animais, e cada vez mais desde a época do Renascimento, em razão de:

- sua espiritualidade, sua possibilidade de atingir o êxtase místico e a noção da infinitude;
- seu esforço por chegar à santidade em uma comunicação religiosa, sob o império do sagrado, e em alguns casos acreditando em Deus. Muitas vezes, o Deus em que acredita foi elaborado em sua mente na medida de seus próprios desejos;
- sua busca da sabedoria mediante o conhecimento e a distinção entre o verdadeiro e o falso.

O animal humano é o gerador do estético, e é o único criador voluntário e não instintivo da beleza através de uma construtividade fina e delicada; o único ser da Criação suscetível de se esforçar para melhorar sua qualidade de vida e de contrapor as forças construtivas às destrutivas para prolongar sua existência terrena e se aproximar da possibilidade de ser imortal. É o único animal poeta que concebe a possibilidade de atingir a eternidade através de um amor sublime e desinteressado, que utiliza os valores ético-morais para a realização do bem, da bondade, da eqüidade e da justiça. Além disso, é também o único ser da criação suscetível de ficar fora de si, em muitos casos utilizando drogas enteógenas[2], que o tornam criador de deuses, e, por último, é o único animal orientado para a busca do prazer, e que considera que tem a possibilidade de não buscá-lo egoistamente para, deste modo, no sacrifício, atingir valores ainda mais valiosos para os outros.

Os valores éticos se sustentam no campo da moral; na vida de alteridade[3] e no encontro com outros, consigo mesmo e com o que rodeia o homem. Os valores éticos realçam a liberdade do ser humano e o ajudam a guiar suas ações e opções individuais. Os administradores pretendem liderar o clima ético nas organizações procurando a maneira como esses valores se inserem nos negócios.

O que são os princípios e valores empresariais?

Os princípios empresariais unem as razões de ser ou de existir de uma empresa com a maneira como ela desempenha sua função na sociedade, integrando valores como honestidade, confiança, respeito, justiça e ética. Esses valores se tornam práticas empresariais na hora de tomar decisões. Portanto, as práticas empresariais são um reflexo fiel dos princípios e valores de uma empresa.

Os princípios empresariais foram elaborados para serem utilizados por grandes, pequenas e médias empresas. Aplicam-se no caso de suborno dos funcionários públicos e às transações comerciais dentro do setor privado para manter a empresa sadia e, assim, conseguir uma vantagem competitiva de longo prazo.

> **O que é um princípio?**
> É a norma ou idéia fundamental que rege o pensamento ou a conduta.

Alguns valores éticos no ambiente empresarial

As empresas deveriam fundamentar seus princípios em propósitos responsáveis, voltados à realização de ações com base em valores éticos para a comunidade e os funcionários. A atividade empresarial de uma organização afeta muitos grupos interessados, ou *stakeholders*, que são os fornecedores, acionistas, clientes, consumidores, concorrentes, comunidade geral etc.

Exige-se da atividade empresarial uma atitude responsável voltada a essa comunidade, porque seu comportamento repercute sobre ela, direta ou indiretamente. Ser responsável significa dirigir a empresa medindo o impacto de sua atuação sobre estes grupos, respeitando seus direitos e interesses legítimos. É necessário evitar o engano e a desinformação. Os sinais que uma empresa emite afetam a muitas pessoas que confiam em suas informações, e que a partir delas tomam decisões que, por sua vez, afetam a outros. A comunidade confiará nesses sinais na medida em que forem honestos.

> A honestidade exige retidão e sinceridade na informação demandada pela comunidade.

Além disso, a confiança necessita do reconhecimento de compromissos implícitos nas promessas. A competência leal e a execução de qualidade real fazem parte da confiança. Sua transgressão prejudica diretamente as pessoas.

---

[2] N.E.: *Enteógena*: palavra de origem grega que significa "manifestação interior do divino". Nome dado à droga causadora de alucinações, utilizada em um contexto religioso. A droga enteógena conduz ao *estado enteogênico*, estado xamânico induzido pela ingestão de substância alteradora da consciência.
[3] N.R.T.: *Alteridade*: é a concepção de que todo homem social interage e interdepende de outros indivíduos, só existindo a partir do contato com o outro. De acordo com Frei Betto, "alteridade é a capacidade de apreender o outro na plenitude de seus direitos, suas capacidades e suas diferenças" (*Adital*, 12/5/2003).

Deve-se dar especial atenção ao modo de agir com justiça, tanto ao oferecer oportunidades dentro da empresa como diante de todos os grupos que têm relação direta ou indireta com a atividade da organização.

Deve-se evitar também a submissão a influências impróprias, favoritismos com base em interesses pessoais ou condutas que afetem a integridade dos executivos. Os administradores devem cuidar para que seus funcionários resistam a esse tipo de influências. Atuar com integridade significa ter uma conduta leal diante de obrigações e tarefas, no que diz respeito à confiança depositada no funcionário. Em seu mais completo sentido, deve-se agir conforme os requisitos morais, mesmo que represente um custo.

Respeito significa reconhecer que os indivíduos mantêm relações fora da empresa, têm autonomia, vida privada, dignidade, direitos e necessidades.

Por outro lado, os executivos devem respeitar a propriedade intelectual e privada, tomando especial cuidado quando a atividade comercial se relaciona com a propriedade alheia, pública ou própria da natureza.

Em resumo, a conduta fundamentada nesses valores beneficia toda a sociedade, a empresa e a economia na qual a empresa está inserida. Os princípios formam a base da confiança e da cooperação; também contribuem com a moral dos funcionários. É especialmente importante para a produtividade o senso de orgulho dos funcionários quando percebem que fazem parte de uma organização que define os valores éticos como um estilo de vida.

Portanto, o ser humano tem valores próprios, que ajusta aos princípios e atitudes diante da sociedade. Os valores e as atitudes têm ação direta na formação dos conhecimentos socioculturais, das tradições e das estruturas de uma sociedade.

Na ciência econômica foi identificado o valor de um objeto com seu preço. Considera-se que o preço é uma medida de seu valor. Quanto mais escassa uma mercadoria, mais valiosa é, por isso, seu preço se eleva. O valor de um objeto depende do quão apreciado ou desejado ele é pelos membros de uma sociedade. Se procurarmos definições de valor que não se limitem a seu sentido econômico, encontraremos o mesmo tipo de imprecisão encontrado nas definições do bem e do mal. O característico do valor, afirma-se, é o que vale. O valor não é um objeto, mas uma qualidade que faz com que os objetos sejam valiosos. Definições como esta não esclarecem muito: repetem o que já se sabe sobre valor.

A primeira coisa em que se pensa diante da pergunta: "O que significa ser valioso?" é "para quem?" O significado no sentido econômico do valor, a apreciação, a preferência, conduz à mesma pergunta. Vários autores responderam a essa pergunta dizendo que é para todos, pretendendo que os valores sejam absolutos e universais. O valor, segundo eles, é uma qualidade objetiva, real, pertencente às coisas, às situações etc. O valor de uma coisa não é gerado pela preferência. É preferida porque é mais valiosa que outras.

Por outro lado, podemos responder à pergunta: "Valioso, para quem?", delimitando quem define o valor das coisas. Podemos considerar que algo é valioso para um indivíduo, para um grupo, para uma cultura. Neste caso, o enfoque é que os valores são relativos, que se originam nas preferências individuais e na evolução das sociedades e das culturas.

O SENTIDO COMUM

O sentido comum, ou "bom senso", é a prática de nossa existência, a expressão das mudanças históricas às quais estamos submetidos. Para o homem comum da Idade Média era de sentido comum afirmar que a Terra era plana, assim como para o homem contemporâneo é de sentido comum declarar que a Terra é redonda. O sentido comum varia de acordo com as diferentes necessidades humanas. Para o homem medieval não era de sentido comum tomar banho todos os dias; mas é para muitos homens na atualidade. Portanto, o sentido comum responde a necessidades reais e concretas.

> Qualquer classe de conhecimento dá certo grau de poder. O conhecimento dos detalhes foi útil em muitas crises. O conhecimento dos detalhes freqüentemente descobre um erro antes que se torne uma catástrofe.
> Aimee Buchanan

A MORAL OU A PRÁTICA

É evidente que neste universo toda sociedade possui uma ética. Esse sistema ético particular contém seus próprios códigos morais formados por regras que definem o que, para essa sociedade concreta, é bom, mau, belo ou feio. Disto podemos deduzir que, enquanto a ética é um conceito universal, a moral é um conceito local. É própria de uma comunidade específica que traduz seu sentido ético em normas particulares de conduta que formam seu código de julgamentos morais. Assim, existe o código moral dos turcos, dos bascos e dos habitantes da Ilha de Páscoa. Podemos não concordar com esses códigos, mas são todos respeitáveis.

> A educação torna a pessoa fácil de ser conduzida, mas difícil de controlar; fácil de governar, mas impossível de escravizar.
> Henry Brougham

É possível encontrar algumas semelhanças entre esses códigos, por exemplo, a proibição do homicídio, da violência corporal, de insultos ou de ataque à honra pessoal, ou o respeito aos direitos de propriedade. De alguma forma estaríamos tentados a pensar que esses valores comuns podem constituir alguma evidência para postular a existência de uma moral universal. Em relação a isso, no século XVIII o filósofo italiano Giovanni Battista Vico conseguiu tornar famosa a sua teoria dos *ricorsi*, para esclarecer a evolução histórica. Segundo ele, toda formação histórica ou nação reproduz em seu curso o mesmo ciclo em três etapas: idade divina ou teocracia, idade heróica e idade humana, que se repetem continuamente. Procurou no sentido comum dos povos os vestígios de um sistema ético-político universal. Em sua opinião, esses vestígios eram três: primeiro, todos os povos têm uma religião; segundo, todos têm a instituição do matrimônio solene ou ritual; e terceiro, todos enterram também seus mortos em cerimônias. Esta filosofia da história constitui o precedente único de um gênero de reflexão que é característico do século XIX. Como disso poderia resultar um argumento fraco, é mais simples observar a própria realidade. Nela encontramos uma grande diversidade de julgamentos morais que aparecem nos códigos éticos das distintas sociedades humanas. É comum, principalmente neste processo de globalização, que qualquer pessoa tenha permanecido durante algum tempo em alguma cultura diferente da própria. Assim, por exemplo, é possível ver que a fala espanhola difere da chilena, da mexicana ou da argentina, apesar de Chile, México e Argentina serem países de origem latina; mas, evidentemente, diferem bastante. Podemos concluir que é possível encontrar vestígios de um sistema ético universal através de certos julgamentos morais comuns, mas o que os caracteriza é sua grande diversidade, que é proverbial. Essas diferenças são evidentes e podem ser superadas lentamente, apesar de a adaptação ser difícil.

Uma conseqüência interessante é que os códigos locais são o resultado dos julgamentos morais que ditaram o sentido comum dessas sociedades durante sua história e, por sua vez, são fundamentados nos valores próprios dessa cultura. O importante é que tais códigos regem essas sociedades, e dirigem ou controlam as condutas na tomada de decisão dos membros das comunidades. O conhecimento é importante para compreender e explicar as razões desta ou daquela conduta e as conseqüências das decisões que as geram.

O PROCESSO DE DECISÃO

Para entender totalmente a ação humana, é preciso deixar clara a interação da inteligência e da vontade, presentes em todo ato livre. Para que um ato seja livre deve ser voluntário, e para isso a razão deve intervir.

As decisões nascem da vontade impulsionada pela inteligência; a vontade não pode pretender nada se não lhe for antes apresentado pelo intelecto. A inteligência não impera sobre a vontade, mas revela seu objetivo à vontade. Esse processo é de particular importância para a questão da decisão, pois, para decidir, é necessário passar por todo ele, porque é a vontade que decide.

Primeiro, se tem uma simples apreensão do bem, isto é, se sabe que um objeto concreto é desejado como um bem concreto; depois é formulado um julgamento (ato da inteligência) e se observa que esse bem é conveniente, que o queremos. Até agora, este bem concreto é o fim. A seguir, vem a deliberação dos meios para alcançá-lo – o julgamento prático determina quais são os meios adequados para o que queremos alcançar e a vontade os escolhe. A inteligência, portanto, não impera sobre a vontade para alcançar o objetivo, e a vontade desfruta o bem conseguido.

Como podemos ver, no processo da ação humana para chegar à decisão, se requer bom uso da inteligência e da vontade conjuntamente. A decisão é ato próprio da inteligência, por isso é tão importante que o empresário, para tomar uma boa decisão, pesquise profundamente os elementos de cada caso e reúna os mais importantes para saber a situação real com objetividade. Também mencionamos que a inteligência não age sozinha para decidir, mas interage com a vontade. O empresário, como todo homem, não é inteligência pura; sua tomada de decisão requer inteligência e vontade. Uma pessoa pode ter muitos conhecimentos, mas se não moldou sua vontade através das virtudes, não implantará suas decisões ou estará influenciada por vícios pessoais como falta de persistência, caprichos, enganos, deslealdade, entre outros. É importante analisar esse processo para ver com maior clareza que se trata de uma ação da pessoa inteira, e influem não apenas as idéias, mas também os hábitos.

Por isso, fica comprovado que a ação humana requer a educação ou a elaboração da vontade. Nenhum homem sensato pensa que é desnecessário educar a inteligência, mas às vezes parece que a vontade não requer educação. O administrador deve ter muito claro que para agir corretamente precisa educar a vontade com a formação de hábitos ou virtudes, pois sem eles seria impossível agir corretamente, de modo eficiente e produtivo, isto é, de modo ético.

Métodos para tomar decisões éticas

Quando se tomam decisões éticas, refletem-se os princípios morais adquiridos durante o crescimento, que são as regras que aplicamos para decidir se algo é certo ou errado.

A teologia[4] se refere ao conseqüencialismo; por isso, os teólogos determinam se suas decisões são morais em função das conseqüências. Se a decisão levou a um resultado desejado qualquer, como um aumento salarial, uma promoção ou um reconhecimento, então essa decisão será aceitável. Por outro lado, o deontólogo, diferentemente do teólogo, pensa que o bem ou o mal inerentes a um ato devem reger o comportamento, independentemente do resultado. Os relativistas, diferentemente dos deontólogos e dos teólogos, costumam supor que as decisões corretas podem deixar de o ser ao longo do tempo. Eles avaliam as decisões éticas subjetivamente, caso a caso, com base em experiências passadas, individuais ou em grupo.

O QUE SÃO DILEMAS ÉTICOS?

O que é um problema ético? De acordo com LaRue Tone Hosmer (1987), "Os problemas éticos são verdadeiros dilemas gerenciais porque representam um conflito entre o desempenho econômico da organização (medido pelas vendas, custos e benefícios) e seu desempenho social (expresso em termos de obrigações com as pessoas, de dentro ou fora da organização)".

Os dilemas éticos são uma realidade diária na empresa. A maioria das pessoas enfrenta dilemas em algum momento, talvez com muita freqüência. Considere o que você faria diante de alguma destas situações:

- Você descobre que um dos produtos da empresa é defeituoso e que o gerente de linha responsável pela sua produção sabe da situação, mas não disse nada.
- Você observa um defeito no desenho de um novo produto, mas, ao informar a pessoa responsável, ela não lhe dá atenção.

> **O que é um dilema?**
> Argumento formado por duas proposições contrárias disjuntivamente, de tal maneira que, negada ou concedida qualquer uma das duas, fica demonstrado o que ele tenta provar (dúvida disjuntiva).

---

[4] N.E.: Teologia, no sentido literal, é o estudo sobre Deus (do grego θεός, theos, "Deus"; + λόγος, logos, "palavra", por extensão, "estudo"). Como ciência tem um objeto de estudo: Deus. Como não é possível estudar diretamente um objeto que não vemos e não tocamos, estuda-se Deus a partir da sua revelação. No Cristianismo isto se dá a partir da revelação de Deus na *Bíblia*. Por isso, também se define "teologia" como um falar "a partir de Deus" (Karl Barth).

- Você fica sabendo que um superior faz uso indevido das propriedades da empresa.
- Você se encontra sob pressão contínua de um superior para enganar um cliente.
- Você é convidado a um elegante clube de golfe por um dos vendedores, que é cunhado de seu médico. Você sabe que este fornecedor está enviando mercadoria defeituosa a sua empresa.
- Você sabe que vários membros do departamento de vendas estão manipulando a contabilidade para simular que atingem suas cotas de venda.

O que deve ser feito? Se for uma situação contínua, você deve deixá-la passar? Deve tentar mudá-la? Se não puder, você deve sair da empresa por causa disso? Como se sentiu durante o processo de decisão? São perguntas difíceis de responder. A realidade é que esses dilemas éticos podem ocorrer em qualquer parte ou a qualquer momento. Pode ser em qualquer área da organização, como operações, serviços, comercial, administração etc.

Esclarecer os dilemas éticos pode ser incômodo

A resposta à última pergunta do parágrafo anterior pode ser complexa, porque se refere aos sentimentos. A emoção pode parecer trivial no mundo árduo dos negócios, mas é uma questão séria. Para a maioria não é fácil escolher a opção mais inteligente ao encarar um dilema, e é natural sentir insegurança, principalmente quando envolve emoções. É possível sentir-se zangado, frustrado, aturdido, assombrado ou molestado por ter de lidar com a situação, por não ter ainda uma solução a oferecer.

Resolver dilemas éticos causa desconforto

É sabido que os problemas éticos têm difícil solução. São preocupantes, cotidianos e, com freqüência, cheios de aspectos intangíveis. Podem causar danos e resultar em uma série de conseqüências para diversos colaboradores.

Portanto, os dilemas éticos são situações nem pretas nem brancas, mas cinzentas. Resolvê-los exige tomar decisões quando as leis, os regulamentos, os estatutos ou as verdades absolutas não oferecem saída. Os dilemas éticos incluem frases como *"e o que aconteceria se...", "talvez...", "por um lado, deveríamos..., mas por outro se o fizermos..., mas mesmo assim eu não..., eles poderiam...".*

Este é um caso real: Elizabeth P. Tierney ficou em uma situação difícil quando seu chefe lhe pediu que aceitasse a solicitação de sua filha para uma vaga na empresa. Leia o seu relato:

O caso da filha do chefe

Relatarei um caso real de uma experiência pessoal com um dilema ético. Eu era executiva em uma importante organização de serviços. Um dia o diretor-geral, que também era presidente do conselho, perguntou-me por telefone se eu recebera a inscrição de sua filha para uma vaga. Disse-lhe que sim, mas fora do prazo. Então ele disse: *"Você não permitirá que uma candidata que atende a todos os requisitos seja excluída só por ter chegado fora de prazo".* E acrescentou: *"Mas não quero influenciar a sua decisão".*

Ao desligar o telefone repeti mentalmente a conversa e analisei as possíveis conseqüências. Mais tarde, nesse mesmo dia, o presidente do sindicato, que temia qualquer turbulência, me procurou. Apesar de tê-lo convidado para entrar e sentar-se, ele preferiu permanecer de pé junto à porta que havia fechado e me disse: *"Acabei de saber que a filha do chefe solicitou ocupar a vaga. Espero que você não a aceite. Ela trabalhou aqui anos atrás, e houve problemas. Haverá confusão se for contratada de novo".* E acrescentou sorrindo: *"Queria que você soubesse, só para ajudar".* E saiu.

O que você faria em uma situação assim? Eu só sabia que queria falar com alguém, mas com quem? Pensei: *"Analise bem tudo o que ouviu de ambos os lados para determinar onde está a verdade, para definir o que é justo".* Tentei considerar todas as alternativas para prever quem seria afetado com a minha deliberação. Mesmo sem você, leitor, conhecer a organização a fundo, que grupos ou pessoas considera que poderiam ser afetados pela minha decisão? Na presente situação, em torno da solicitação da "filha do chefe", foi necessário revisar as opções e tratar desesperadamente decidir o que era justo e correto. Logicamente, eu também era parte envolvida. Que preço eu deveria pagar pela decisão final? Deveria respeitar a data-limite do prazo? E, afinal, o prazo era mesmo totalmente imutável? Era ela a melhor candidata? Era melhor que os demais candidatos? Que histórico tinha na organização? Havia registros? Eram completos e imparciais? Eu estava sendo pressionada? Quem me pressionava? Eu seria vista como um títere do sindicato? Ou do chefe? Que novos problemas trariam a minha decisão? Que precedentes eu estaria estabelecendo? Minha mente girava enquanto as perguntas se amontoavam.

Estava com dor de cabeça e cheia de preocupação. Dedicava tempo e energia para tratar de decidir o que fazer. O problema era não saber em quem podia confiar para falar sobre os prós e os contras, ou não saber quem podia enxergar mais conseqüências de longo alcance do que eu. Em um dado momento, estava segura do que devia fazer, mas minutos depois me ocorria outra coisa. Estava realmente analisando o que era o melhor para a organização ou o que era o melhor para mim? Estava analisando o que era melhor para os candidatos? Será que o que era melhor para os candidatos era também o melhor para a organização?

Levei o problema para casa. Dormi mal e estava irritada. De volta ao escritório, outras tarefas ficaram relegadas, pois não tinha paciência com outros assuntos da empresa. Em essência, estava zangada e me sentia ameaçada; não obstante, sabia que tinha uma responsabilidade diante da organização.

Por isso, se você evitou a pergunta a respeito de seus sentimentos durante o processo de resolver o dilema que está enfrentando, volte agora a ela e lembre-se do que sentiu durante o processo de decisão. Se ficou estimulado diante da provocação, parabéns. Mas o mais provável é que tenha se sentido vazio. Foi assim que me senti, enquanto analisava as possíveis opções e conseqüências durante esse período de 36 horas.

A ÉTICA NA ADMINISTRAÇÃO

Já falamos de ética e de moral. A primeira aparece como um estudo teórico, e a segunda obviamente como um estudo prático de códigos particulares vigentes e próprios de cada sociedade humana. São julgamentos morais concretos que essa comunidade de homens pratica. A seguir, aparece uma questão: de qual das éticas se fala ao considerar que é necessário incluir estudos de ética na administração? Segundo o professor Johansen (1990), de nenhuma das duas éticas, e justifica sua negativa com o seguinte:

"Ambas, a ética e a moral, tendem a ser estudos descritivos e teóricos, e minha impressão é que não estamos pensando nesse tipo de conhecimento". Afirma que o que falta na informação para os estudantes não é isso, "mas que estamos pensando em desenvolver neles um código moral particular que se encontre fundamentado em nosso sistema ético particular. É de nosso interesse insistir no que é bom fazer e no que é conveniente evitar". E acrescenta: "Desejamos formá-los de acordo com atitudes e condutas que nos parecem ser a base de nossa civilização e de nossa cultura, e que, por alguma razão, acreditamos que está se perdendo. Isso é motivado pelas responsabilidades que pensamos que esses estudantes terão no futuro, quando se integrarem à comunidade como profissionais e como atores em papéis que podem ser importantes".

O PROCESSO DA REFLEXÃO ÉTICA

Nesta parte destacamos uma das características elementares nas estruturas das organizações para a tomada de decisão, conforme Argyris e Schön (1978), French (1984) e McCoy (1985). Ao desempenhar uma função dentro dessa estrutura, cada membro da organização toma decisões que afetam não apenas a vida pessoal, mas também todo o grupo relacionado com a organização, isto é, trabalhadores, consumidores, investidores e público em geral. O processo de reflexão ética pode ajudar na tomada de decisões éticas, porque permite a conscientização dos valores e das hipóteses implícitas em todo o processo de tomada de decisões.

> A ética é uma reflexão sobre as decisões que precisam ser tomadas e sobre o desenvolvimento de critérios para hierarquizar as prioridades entre valores e propósitos.
> *Charles McCoy*

Qualquer pessoa acha lógico tomar uma decisão "política" sem utilizar juízos de valor ou hipóteses. Infelizmente, como esses aspectos do processo de tomada de decisão não são tão óbvios como os dados empíricos, é comum ignorá-los, mesmo tendo um papel mais importante na determinação de opções do que todos os outros dados disponíveis. A análise ética facilita a compreensão, a avaliação e a aplicação desses elementos no processo. Nos próximos capítulos trataremos de alguns critérios éticos que permanecem no tempo, precisamente por sua validade transcendental. A seguir apresentamos um pequeno exemplo real:

Saul W. Gellerman analisa por que quem toma as decisões às vezes atua de modo não ético. Com base em três casos corporativos, Gellerman identifica e analisa as raízes da má conduta que a gerência pratica nos ambientes das diferentes empresas. Além disso, oferece recomendações práticas e exemplos para assegurar a conduta ética.

O autor identifica quatro reflexões, sustentadas usualmente, que explicam por que os tomadores de decisão não se comportam de forma ética: 1) a crença de que a decisão não é "realmente" ilegal ou amoral; 2) a crença de que a decisão é para melhor interesse do indivíduo ou da corporação; 3) a crença de que a decisão é "segura" porque nunca será descoberta nem publicada; e 4) a crença de que, já que a decisão ajuda a empresa, esta ignore e até proteja a pessoa que a realiza.

Com referência à primeira reflexão, Gellerman argumenta que, para evitar mal-entendidos, as empresas devem estabelecer guias éticos para todos os funcionários. Quando enfrentam uma situação ambígua, alguns podem concluir que tudo o que não é classificado como indevido deve ser correto. O autor invoca o velho princípio: "Quando a liderança deve operar em zonas limítrofes cinzentas, seu guia mais confiável é 'na dúvida, não faça'".

Na segunda reflexão, a ambição desempenha um papel principal. A gerência ambiciosa procura formas de atrair a atenção para alcançar os resultados esperados, mesmo que de algum modo signifique pôr em risco a organização. Muitos gerentes foram promovidos pelos resultados obtidos dessa forma, sem uma revisão objetiva de seus êxitos. O autor recomenda que uma forma de evitar isso é contratar uma agência auditora independente que informe os diretores externos.

A terceira reflexão, conforme o autor, é talvez a mais difícil de combater, pois muitas das condutas indesejáveis não são detectadas. Como evitar más ações que dificilmente são detectadas? "Tornando-as mais detectáveis", argumenta Gellerman. O autor propõe incrementar a freqüência das fiscalizações e a amostragem aleatória, além de outras técnicas, como inspeções programadas sem aviso.

A quarta reflexão (a crença de que a empresa vai ignorar as ações que são empreendidas em seu interesse) está relacionada com a questão da lealdade à companhia. Gellerman argumenta que, mesmo que os executivos tenham o direito de esperar lealdade por parte de seus funcionários, não podem esperar tal lealdade se ela depender de questões que violam a lei ou a moralidade. Ao contrário, devem pressionar formal e regularmente para que a lealdade à companhia não justifique atos que comprometam sua reputação.

Gellerman conclui que os exemplos mais extremos de má conduta corporativa se devem a erros administrativos. Portanto, uma comunicação mais clara, mais objetiva e com mecanismos mais freqüentes de controle seria mais efetiva para evitar o mau comportamento da liderança.

Entretanto, o fato de optar por determinada decisão simplesmente porque ela é legal, não a torna correta. Considerar o cumprimento da lei como a única meta para chegar à ética, em vez de encará-la como o ponto de partida, pode levar a más decisões, com consequências desastrosas para as pessoas e suas organizações.

A INDECISÃO NUNCA FOI EFICAZ

"As alternativas variam com o problema", afirma Drucker em *The Practice of Management*. "Mas sempre deve considerar-se uma solução possível, porque não tomar nenhuma decisão ou nenhuma ação é uma decisão tão completa como tomar uma ação específica. Mas poucas pessoas percebem isso. Acreditam que podem evitar uma decisão desagradável não fazendo nada. A única forma de evitar que enganem a si próprias com essa conduta é mostrando as conseqüências de uma decisão contra a ação."

> Prontos?
> Apontar, mirar, mirar, mirar...!
> General Patton

Uma maneira de bloquear todas as atividades é ter a administração cheia dos "sim, senhor" e dos "não, senhor". Os "sim, senhor" serão sempre gentis, mas não poderão decidir nada por si próprios. Os "não, senhor" acharão sempre muito mais fácil dizer que não e dar pretextos, do que concordar com qualquer iniciativa.

A indecisão pode provocar frustração, resignação, fracasso, infortúnio e esquecimento. Os vazios deixados pela indecisão vacilante são preenchidos por aqueles que têm as idéias mais claras. Os indecisos são absorvidos como por um aspirador. Uma empresa pode desabar como resultado das decisões nunca assumidas. De fato, os diretores podem não ser culpados de nenhum delito, mas provocam falência pelo que não fizeram.

> O indivíduo a quem lhe é negada a possibilidade de tomar decisões importantes começa a considerar importantes aquelas decisões que lhe permitem tomar.

"O indivíduo a quem lhe é negada a possibilidade de tomar decisões importantes começa a considerar importantes aquelas decisões que lhe permitem tomar." A indecisão gera o desperdício de um tempo muito valioso, e tem um agravante: aumenta os níveis de estresse, pois afasta as pessoas de seus sonhos e de suas metas. Na maior parte das vezes a inatividade não se deve à indecisão, mas ao medo. Porém, cada vez que resolvemos algo que assusta e nos atrevemos a encará-lo, aumenta a auto-estima. É um sucesso impor-se ao medo da decisão. É necessário evitar a qualquer custo cair na armadilha da indecisão, porque é sabido que "não tomar uma decisão é tomar uma decisão errada".

Um dos fatores mais importantes para o sucesso ou fracasso de um diretor é sua habilidade para a análise de problemas e a tomada de decisões. Para abordar adequadamente o problema, é aconselhável responder a questões como: qual é o problema?, quando aconteceu?, como surgiu?, onde aconteceu?, quantas vezes aconteceu?, qual foi seu alcance, grandeza ou custo? quais as suas conseqüências? Uma vez selecionada a causa do problema, deve procurar-se a melhor solução e implementá-la. Para isso é necessário determinar o que fazer, como deve ser feito, quem deve fazê-lo, quando deverá concluí-lo e quanto vai custar. Por último, é necessário estar seguro de que o problema foi resolvido, e para isso é necessário acompanhar muito de perto todo o processo de solução adotado, e comprovar finalmente que o objetivo foi alcançado.

> A ética não é para medrosos!

Alvira, R. "Ética y estética de la empresa", Empresa y humanismo. Pamplona: EUNSA, 1995.

_____. Reivindicación de la libertad. Pamplona: EUNSA, 1988.

Arendt, H. *La condición humana*. Barcelona: Paidós, 1993.

Argandeña, A. "Ética y negocios en la España del siglo XX." Palestra inaugural da Cátedra Ética y Negocios do IESE, publicada parcialmente em *Nuestro Tiempo*, junho de 1999.

Aristóteles. *Ética a Nicómaco*. Madrid: Gredos, 1993.

Asociación de Periodistas de Información Económica. *Ética en la información*. Códigos de conducta y estatutos profesionales (II). Madrid: APIE, 1996.

Barroso, P. *Códigos deontológicos de los medios de comunicación: prensa, radio, televisión, cine, publicidad y relaciones públicas*. Madrid, Ediciones Paulinas, 1984.

Basso, Domingo. *Ética*. Buenos Aires, Abeledo Perrot, 1998.

Beauchamp, T.L., Bowie, N.E. (ed.). *Ethical Theory and Business*. Upper Saddle River, NJ., Prentice Hall, 1997.

Birsch, D., Fielder, J. (ed.) "The Ford Pinto Case: A Study in Applied Ethics". *Business and Technology*. New York, State University of New York Press, 1994.

Bowie, N.E., Freeman, R.E. (ed.). *Ethics and Agency Theory: An Introduction*. Oxford: University Press, 1992.

Brooks, T. *Accountability: It All Depends on What You Mean*. Englewood, CO., Akkad Press, 1995.

Cardona, Carlos. *Metafísica del bien y del mal*. Pamplona, EUNSA, 1987.

Casals Llano, Jorge. "El MERCOSUR: ¿Precursor de una verdadera integración latinoamericana?" Em *Política Internacional*, n. 2, 2003.

Castro, B. *Business and Society: A Reader in the History, Sociology and Ethics of Business*. Oxford, Oxford University Press, 1996.

Codina, Mónica. *De la ética desprotegida*. Navarra, EUNSA, 2004.

Cuervo, Fernando. *Principios morales de uso más frecuente*. Madrid, Rialp, 1994.

Díaz, D.G. "Leonardo Polo." *Hombres y documentos de la filosofía española*, v. VI. Madrid, CSIC 1998, p. 485-488.

Harvard Business Review Staff. *Ethics at Work*. Boston, MA, Harvard Business School Publishing, 1991.

Hoffman, W.M. "Ethics and the Multinational Enterprise", Procedimientos de la Sexta Conferencia Nacional sobre Negocios. Lanham, MD, University Press of America, 1986.

Llano, A. *Humanismo cívico*. Barcelona, Ariel, 1999, p. 15.

Manley, W, Jr. *Executives Handbook of Model Business Conduct Codes*. Upper Saddle River, NJ, Prentice Hall, 1991.

Marx, Karl. *El capital*. Hamburgo, 1867.

Nelson, C.A., Cavey, R.D. *Ethics, Leadership and the Bottom Line: An Executive Reader*. Great Barrington, MA. North River, 1991.

Oakes, G. *The Soul of the Salesman: The Moral Ethos of Personal Sales*. Atlantic Heights, New Jersey, Humanities Press, 1990.

Ohmae, K. *El próximo escenario global. Desafíos y oportunidades en un mundo sin fronteras*. Norma, 2005, p. 189.

Paine, L.S. *Cases in Leadership, Ethics and Organizational Integrity: A Strategic Perspective*. Burr Ridge, IL.: Richard D. Irwin, 1996.

Paul, K. (ed.). *Business Environment and Business Ethics*. Cambridge, MA, Ballinger Publishing Co., 1987.

Primeaux, P.D. *Reinventing the American Dream: The Ethics of Business and the Business of Ethics*. Bethesda, MA, International Scholars, 1999.

Reich, Robert. *El trabajo de las naciones*. Buenos Aires, Javier Vergara Editor, 1993, p. 94.

Rich, A. *Business and Ethics: The Ethics of Economic Systems*. Winonadale, IN, Eisenbrauns, 1997.

Soto, Eduardo. *Comportamiento organizacional: el impacto de las emociones*. México, Thomson Learning, 2000.

Stewart, S., Donleavy, G. (ed.). *Whose Business Values? Some Asian and Cross Cultural Perspectives*. Wilmore, KY.: Coronet Books, 1995.

Walton, C.C. *The Moral Manager*. Cambridge, MA, Ballinger, 1988.

Weber, M. *Economía y sociedad*. Fondo de Cultura Económica. México, 1977.

3
Da responsabilidade social ao empreendedor social

OBJETIVOS

- Neste capítulo o estudante compreenderá a importância de empreender um projeto empresarial que proporcione satisfação e alcance o objetivo de gerar riqueza, riqueza esta que não prejudique o resto da sociedade. Neste capítulo faremos um acompanhamento do processo de evolução e a inter-relação posterior dos campos da responsabilidade social e da ética nos negócios, entrelaçando os enfoques históricos e filosóficos ao analisar os temas. Acredita-se que este método é muito interessante para os leitores, muitos dos quais talvez não estejam familiarizados com o desenvolvimento da responsabilidade social e como ela se relaciona com a ética nos negócios em um sentido histórico ou filosófico. Portanto, um ponto de partida adequado para esta análise é o surgimento do conceito de responsabilidade social como tema de negócios. O objetivo geral é criar um setor social competitivo e eficaz, que estabeleça os elementos necessários para que organizações sociais, apoiadas por outros setores, como financeiro, governamental e acadêmico, consigam pôr em prática suas idéias inovadoras para melhorar a vida de milhões de pessoas.

O QUE É UM EMPREENDEDOR SOCIAL?

Os empreendedores sociais possuem dois atributos importantes: uma idéia inovadora que produz mudança social significativa e uma visão empreendedora ao realizar seus projetos. Esses empreendedores costumam estar a muito tempo trabalhando dentro de um campo social e compreendem o problema. Devido à sua grande experiência, propõem uma idéia inovadora para resolver o problema social, uma idéia que mudará os padrões de trabalho e a conduta na área, que oferecerá uma solução estrutural e duradoura. Possuem a visão, a criatividade e a determinação tradicionalmente associada aos empreendedores de negócios, mas diferentemente destes, os empreendedores sociais estão comprometidos em gerar uma mudança social sistemática, e não são motivados pelo lucro.

Os empreendedores sociais são os autênticos agentes de desenvolvimento e, portanto, quem produz as mudanças radicais no aspecto social, econômico e territorial. Os empreendedores sociais, ao materializarem sua inovação, contribuem e induzem a sociedade a alterar as circunstâncias em que vivem seus semelhantes. Partindo da inovação sobre o concreto e o cotidiano, estimulam em seus semelhantes uma força vital de mudança capaz de transformar o material e o mental.

O empreendedor social autêntico é aquele que aceita e realiza uma transformação social ou inovação, material ou mental, seja um novo produto ou método de trabalho, uma ação política ou um valor social. O empreendedor social é criativo e ao mesmo tempo pragmático. É criativo ao conceber a inovação, por saber o que terá de fazer. Tem de ser em grande medida pragmático, para conseguir que a inovação se materialize e se torne um fato.

Durante muito tempo se confundiu o empreendedor social com o empresário, e este com o capitalista. O empreendedor identifica uma necessidade, concebe e materializa uma inovação. O empresário administra uma empresa que organiza o trabalho com o capital, seu produto, bem ou serviço é vendido para os consumidores e em todas as suas atividades luta por ser competitivo no mercado para obter lucros. Por outro lado, o capitalista é quem possui o capital, tem um objetivo mais simples e egoísta: só lhe interessa uma variável da economia, os juros do capital.

Para ilustrar o que é um empreendedor social, apresentamos a seguir o caso de um empresário brasileiro com consciência social que conseguiu cristalizar sua visão de negócio.

Empreendedor com consciência social

Rodrigo Baggio pode ser descrito como um empresário especialista em informática com consciência social. Com 12 anos, quando seu pai lhe deu de presente um computador Paralógica TK-82, o primeiro modelo que se popularizou no Brasil, este jovem carioca aprendeu por conta própria a elaborar programas. "Desde esse momento, fiquei fascinado pela computação", conta Baggio.

Também demonstrou um interesse precoce pelas questões sociais. Na época em que começava a dominar seu PC se ofereceu para coordenar um programa de esportes para meninos das favelas do Rio. "Esta experiência me comoveu, porque me revelou uma realidade muito diferente da minha", lembra Baggio, hoje com 29 anos.

Aos 15 anos, se ofereceu para ajudar a operar o escritório carioca de uma reserva extrativa na selva amazônica. Em pouco tempo desenhou um programa de informática de administração ambiental para a reserva, que integrava imagens via satélite com dados de estudos de campo. Depois de estudar na Universidade Federal do Rio de Janeiro, Baggio trabalhou como programador na empresa internacional Andersen Consulting.

Mas o mundo das grandes corporações era muito lento para o inquieto Baggio. Aos 22 anos, com ajuda de seu pai, fundou uma empresa de sistemas de informática. Um de seus primeiros clientes foi um grupo de escolas privadas que ficou tão impressionado com seu trabalho que lhe pediu para criar um curso de computação como complemento aos programas de estudos tradicionais. Seu curso, que usava programas interativos para tornar as matérias mais atrativas, como astronomia, anatomia e biologia, teve grande sucesso. Graças às recomendações, logo conseguiu mais clientes do que podia atender. "Comecei a ganhar muitíssimo dinheiro", recorda. "Comprei um apartamento, um automóvel, um barco, telefones celulares."

Entretanto, em pouco tempo começou a sentir-se descontente. "Estava tão ocupado que deixei de lado meus esforços no campo social", diz. Uma noite teve um sonho em que viu meninos pobres operando computadores. Essa visão desencadeou uma série de eventos que o levou a criar o Comitê para a Democratização da Informática (CDI), em 1994. Seu propósito era instruir os jovens das favelas tanto no uso dos computadores como em matéria cívica, para que pudessem melhorar suas possibilidades de conseguir emprego e lidar com os problemas de suas próprias comunidades.

Ele lembra que, no início, quase todo mundo acreditou que era um sonho impossível. Apesar de tudo, empenhou-se até encontrar uma igreja católica na favela da Santa Marta que lhe emprestou as instalações para abrir sua muito especial escola de computação. Uma empresa de confecções têxteis doou cinco computadores, e uma organização não-governamental se ofereceu para coordenar a operação. Os meios de comunicação ofereceram uma cobertura completa na inauguração da escola. "Da noite para o dia passei de louco a visionário", diz.

Durante os primeiros dias de inscrição, a escola registrou 600 pessoas ansiosas por aprender computação. Baggio recrutou voluntários para treinar professores locais e criou um sistema flexível de cursos de um a três meses de duração, com turnos diurnos e noturnos. Os módulos incluíam desde programas básicos de computação até aspectos mais complicados como a manutenção de equipamentos. Os estudantes puseram em prática seus conhecimentos de informática imprimindo panfletos e jornais comunitários ou compilando estatísticas de saúde de suas favelas em folhas quadriculadas.

Tarifas e custos

A idéia de Baggio se propagou como um vírus. Desde 1994, o CDI ajudou a abrir 107 escolas de computação em bairros periféricos de 13 estados brasileiros. Passaram por suas aulas 32000 jovens. Embora as escolas dependam de doações de equipamentos e instalações emprestadas, são auto-suficientes financeiramente, pois cobram mensalidades modestas, em torno de 3 dólares mensais. Esses pagamentos geram recursos suficientes para pagar salários aos instrutores, que moram nas mesmas comunidades em que ensinam.

Recentemente, entidades do Japão, Colômbia e Filipinas convidaram Baggio para explicar como adaptar seu programa a suas comunidades.

Qual é o seu próximo objetivo? "Estou pedindo às empresas telefônicas que doem linhas para que todas as escolas brasileiras tenham conexões com a internet", diz. "Atualmente, apenas três de nossas escolas no Rio e duas em Minas Gerais estão conectadas", comenta Baggio. "Mas em três meses esperamos que a metade de nossas escolas esteja conectada à internet." (Paul Constance, http://www.iadb.org/idbamerica/archive/stories/2000/esp/c200p.htm. Para mais informações sobre o CDI, dirija-se a www.cdi.org.br.)

Fatores do comportamento do empreendedor

Já mencionamos que estamos passando de uma era para outra por meio de mudanças sucessivas, que, além de repetitivas, têm diferentes níveis de profundidade. O mais grave e importante é a necessidade de seguir avançando na mudança estrutural mediante uma transformação na organização da sociedade, para que as condições de vida e de trabalho sejam as mesmas para todos os cidadãos, sem nenhuma distinção. É necessária uma mudança de paradigma na concepção de uma nova sociedade. A qualidade de vida é tão importante como a quantidade de empregos criados, a saúde e a segurança oferecidas, para que os cidadãos de qualquer país possam ter dignidade. Atualmente existem pessoas que enfrentam a pobreza, vivendo com menos de um dólar por dia. Estes indivíduos não devem ser condenados a uma vida de misérias.

A nova ordem econômica obriga a desenvolver o espírito e a conduta empreendedora que conduz à independência econômica e intelectual, e favorece o estímulo do talento. É necessário evoluir dos trabalhos que não requerem habilidades para ocupações que as requeiram, de empregos com baixa remuneração para outros mais bem pagos, e de empregos subsidiados para modos de vida sustentáveis e produtivos.

O desempenho profissional eficaz se associa com outros fatores de conduta: hábitos empreendedores, capacidade de relacionar-se e uma ética do trabalho. No primeiro aspecto, o desempenho eficiente é o resultado de planejamento, organização, avaliação e correção das ações, porque é notório que o conhecimento técnico mais atualizado de uma profissão ou ofício não garante o grau de êxito que se possa obter.

Também se requer a cooperação de terceiros para alcançar as metas, relacionando-se e comunicando-se eficazmente. É necessário desenvolver a sensibilidade para entender as demandas afetivas e sociais dos que estão ao redor e satisfazê-las. Por último, é necessário aprender a respeitar, tolerar, compartilhar e jogar limpo, para alcançar a harmonia que permita uma convivência mais criativa e próspera.

É comum associar a capacidade empreendedora somente com os empresários de negócios, o que é um mito. A conduta empreendedora não é privilégio de um setor, mas como não se promove o fortalecimento da personalidade empreendedora e não se praticam hábitos ou condutas que a reforcem durante a formação da criança e do adolescente, perde-se a oportunidade de enriquecer o capital humano incorporando esta competência. A profissão ou o título são apenas cartas de apresentação que dão crédito aos estudos realizados, mas não garantem a inserção no mercado de trabalho, nem o sucesso profissional.

Os estudos profissionais têm a virtude de melhorar a capacidade de entender os fenômenos que ocorrem no mundo e dão maior flexibilidade para solucionar problemas. Mas, se o conhecimento e a visão mais ampla não forem acompanhados de estratégias para mover-se e atuar efetivamente no mundo, serão insuficientes para desenvolver um projeto de trabalho sustentável. Tudo isso leva a impulsionar o capital humano para torná-lo mais produtivo e a atuar com maior êxito neste processo, agregando um repertório de valores, atitudes e habilidades que lhe permitam compreender as mudanças futuras e administrar de forma mais eficaz sua contribuição produtiva para a sociedade.

O empreendedor social é um produtor de valores no mercado que corre riscos, está em permanente alerta para identificar as oportunidades de lucros ainda não descobertas e atua para aproveitá-las. Tudo o que conseguir será para ele, porque servirá para preservar sua vida e sua existência, e sua atuação no mercado beneficia, como resultado, o resto da sociedade. Por isso, é também um reformador social com visão empresarial, que manifesta uma conduta e a orienta para o desenvolvimento e surgimento do espírito empreendedor interno; gera e aproveita idéias inovadoras, e as desenvolve como oportunidades de negócio rentável; compromete seu tempo e esforço em pesquisar, criar e moldar essas idéias em negócios para seu próprio benefício e o crescimento sustentável do negócio; detecta êxitos onde outros vêem fracassos ou problemas, e sua fonte é a inovação com talento e criatividade na produção de bens e prestação de serviços.

"Os empreendedores vivem assumindo suas possibilidades, as dos futuros envolvidos e também as dos anteriores que não estão em paz. Este é o mundo humano e este é o cenário onde ocorrerá sua atuação para inventar novos mundos, adquirindo compromissos com outros para alcançar melhores condições de vida." (Fernando Flores, 1989.) O princípio essencial é ser dono de si mesmo, o arquiteto de seu próprio destino e criar uma esfera imaginária ao seu redor que não se desvincule de uma realidade histórica, mas que tenha uma região interna e de ação dentro da qual deve gozar de liberdade plena. Este aspecto da personalidade se encontra intimamente ligado com o *locus* de controle que o indivíduo possui, e procura constantemente a mudança e a melhoria dentro de todas as áreas em que atua (familiar, social, esportiva, política etc.).

A personalidade empreendedora

O empreendedor é uma pessoa que goza de uma auto-estima saudável, que o converte em um elemento para a produção de riqueza, já que se sente merecedor da prosperidade e da felicidade. É autônomo, prevê o lucro e percebe a oportunidade que o mercado oferece. É apaixonado por uma idéia; recupera-se com rapidez das quedas; corre riscos; tem a motivação, o impulso e a habilidade de mobilizar recursos para ir ao encontro da oportunidade. Além disso, é polivalente: sem ser perito em temas específicos, tem habilidades em uma grande variedade de áreas para combinar os ingredientes de um negócio bem-sucedido. Cria algo do nada; quer fazer algo diferente porque se sente diferente dos demais e deseja deixar sua marca neste mundo. De modo geral, procura uma demanda insatisfeita que lhe permita oferecer produtos ou serviços. Por outro lado, possui uma capacidade de persuasão maior do que a média para vender suas idéias e, sobretudo, para apresentar resultados.

Outras características do empreendedor

Possui bom senso, determinação, iniciativa e forte motivação; é capaz de desenvolver trabalho árduo; é persistente; é criativo, inovador; tem valor; orienta-se ao êxito; pode concentrar-se; é independente, tolerante, otimista, versátil, responsável; tem dom de liderança; é persuasivo, capaz de planejar; tem visão real do futuro; gera suas próprias redes de apoio. Escuta-se e olha para si mesmo, para se projetar na vida.

O empreendedor social pode ser considerado um agente de mudança social, o criador de um novo mundo. Possui visão compartilhada, forte crença no que faz, princípios e valores sólidos; está eticamente formado; é comprometido, criativo, perseverante; possui habilidade para superar obstáculos; é incansável advogado de suas causas e constantemente educa a quem o rodeia; é pioneiro de sua causa; desafia o habitual ou "inevitável", e identifica enfoques originais para resolver problemas que pareciam de difícil solução; seu compromisso social determina a maneira de utilizar sua experiência e talento.

Os empreendedores sociais se inspiram em seu amplo conhecimento de um determinado campo, mas trazem novas percepções. São mestres em intuir o que as oportunidades do momento podem oferecer para a realização de uma nova idéia. Onde a maioria só vê problemas e obstáculos, eles vêem possibilidades inovadoras, e convencem os demais de que podem ser realizadas. Acreditam em suas próprias habilidades, mas estão sempre dispostos a colaborar e pedir ajuda. A determinação tradicionalmente associada com os empreendedores de negócios é utilizada para gerar uma mudança social significativa, duradoura e sustentável. Não estão motivados pelo lucro.

> Empreendedor social é "alguém que olha além do horizonte, percebe qual é o próximo passo importante para a sociedade e obtém avanços nessa direção".
> *Bill Drayton*

O intelectual e o artista ficam satisfeitos quando conseguem expressar sua idéia. O gerente, quando sua instituição funciona. O profissional, quando seus clientes estão contentes. Só o empreendedor social é o que, literalmente, não pode parar até conseguir transformar a sociedade.

Os empreendedores e empreendedoras sociais têm características muito particulares e únicas. São homens e mulheres que vêem um problema crítico em seu contexto e decidem resolvê-lo com uma visão inovadora, questionam o *status quo,* exploram novas oportunidades, não aceitam um "não" como resposta e transformam visões em realidades apresentando novos e melhores caminhos para resolver problemas e implantar as soluções em grande escala. Comprometem-se e se identificam profundamente com uma idéia quase de maneira vital. São pessoas perseverantes, dispostas a desenvolver um modelo efetivo para solucionar um problema social e depois difundi-lo, para que se torne uma solução utilizada por todos. São pessoas criativas para eliminar os obstáculos encontrados e para definir suas metas de trabalho. São líderes capazes de gerenciar uma equipe de trabalho, de aglutinar os demais em torno de seus sonhos, de trabalhar em articulação com outros setores.

Tornar-se um empreendedor social pode ser uma das vias mais humanas, democráticas e participativas de gerar mudanças sociais, aplicando o modelo de capital de risco ao setor social, e a unidade universal para o bem-estar de uma localidade que repercuta no maior espaço social, econômico, político e cultural possível.

É evidente e absolutamente claro que o fenômeno dos empreendedores não só continua se manifestando nos setores públicos ou privados, mas também no chamado terceiro setor da economia. Foi no âmbito das organizações não-governamentais sem fins de lucro que surgiram cenários, em diferentes pontos do planeta, para a gestão criativa e corajosa dos denominados "empreendedores sociais".

A maioria são cidadãos jovens com um alto grau de compromisso com o bem-estar humano e social, que se lançam em projetos arriscados, experimentais e difíceis, com o único fim de encontrar caminhos para melhorar serviços sociais, de saúde, educativos ou de moradia; reduzir a pobreza; transformar as políticas públicas; democratizar o acesso às novas tecnologias e proteger o meio ambiente. Procuram novas possibilidades que permitam um mundo mais justo, com menos desigualdades e uma melhor distribuição de recursos para a melhoria da qualidade de vida de todos, sem que a melhoria de uns se obtenha a custa de outros.

A NOVA FUNÇÃO DAS ORGANIZAÇÕES NO COMEÇO DO MILÊNIO

As organizações se reestruturaram nos últimos tempos e ocuparam importante posição como elementos principais de geração de progresso e desenvolvimento, por isso é necessário que neste século que se inicia, desempenhem um papel de maior responsabilidade social.

As atuais circunstâncias, com uma economia social de mercado e com a transformação econômica influenciada pelo efeito da globalização, são o cenário onde a empresa parece ganhar peso em face de governos e de outras instituições enquanto se consolida como motor principal de criação de riqueza, progresso e desenvolvimento. A empresa iniciou o novo milênio com mais poder do que nunca.

Nas atuais condições impostas pelo mercado, entende-se que este maior poder representa também maiores cotas de responsabilidade. Paralelamente ao crescimento de sua força, se exige da empresa do século XXI maior participação social em sua condição de "cidadã". Neste novo século, não basta que a empresa gere valor somente para seus acionistas, deve fazê-lo também para a sociedade em que atua, com iniciativas que vão além do que até agora foi seu âmbito de atuação. É a chamada responsabilidade social corporativa.

Neste contexto, se observam claramente duas visões básicas. A primeira acredita que os problemas sociais do mundo são apenas de responsabilidade dos governos, e que "não se deve atribuir às organi-

> A atividade empreendedora é um fator determinante para estimular o crescimento econômico, a mobilidade social e a mudança cultural.

zações mais obrigações e responsabilidades do que aquelas assumidas pelos próprios governos". A segunda considera que as organizações agem mais depressa do que os governos na ação de modelar o mundo em que vivemos e, portanto, "as empresas devem ser parte ativa da solução dos problemas que o homem ainda não resolveu".

Mas existe, realmente, interesse no desempenho desse novo papel? Muitos dos representantes do mundo empresarial afirmam que sim, que detectam nos altos executivos e nos conselhos administrativos uma vontade de mudança. Outros, os mais céticos, evocam atuações presentes e passadas, e insistem que a autêntica mudança nas organizações é difícil sem que antes ocorra verdadeira mudança na vontade das pessoas, ou sem que seja imposta uma mudança de conduta na sociedade e na massa trabalhista em geral. Entre as posições de uns e de outros, o conceito mais repetido e com maior possibilidade de se tornar o verdadeiro motor dessa transformação necessária é o pragmático "altruísmo egoísta". Neste cenário entende-se que, dando por certo que entre padrões éticos e incrementos de benefício estes últimos vencem, nas empresas, pela sua própria razão de ser, é necessário fazer com que os negócios se beneficiem financeiramente de sua consciência social ou, que pelo menos, sua ausência não lhes traga problemas financeiros.

No atual processo de mudança fortemente influenciado pela globalização econômica e comercial, contra o que a sociedade ainda se manifesta oportunamente, a empresa é supostamente um primeiro e novo território onde se pode praticar o altruísmo egoísta. Entende-se que a empresa do século XXI deve ser obrigatoriamente uma empresa global, e são muitos os que consideram que na globalização está a solução para a pobreza dos países em desenvolvimento. Mas existe também um consenso sobre o fato de que a simples abertura de fronteiras ao comércio exterior não soluciona a falta de desenvolvimento. A globalização é positiva, do ponto de vista da empresa, mas a responsabilidade social corporativa exige outro tipo de globalização, diferente do que se fez até o momento, porque as circunstâncias eram outras.

Sobre essa questão, consideremos um exemplo para compreender a chamada "base da pirâmide" como uma fonte de oportunidades de negócios: os quatro bilhões de habitantes da Terra que vivem na pobreza com ganhos inferiores a quatro dólares diários poderiam ter acesso ao desenvolvimento social e econômico conseguindo bens e serviços elementares. É uma oportunidade de negócios que deve ser abordada com propostas, que para serem rentáveis, devem ser também originais e criativas. Para aproveitar este mercado potencial, a empresa deve saber que é necessário aplicar outro paradigma de negócio diferente do habitual, como o provam os numerosos exemplos de sucesso. Um exemplo é a rede de telefonia móvel formada por 100000 prestadores de serviços em Bangladesh, graças ao Grameen Phone. Trata-se de um paradigma para o qual é necessário contar com a colaboração de atores diferentes dos habituais, e o benefício máximo não tem de ser, necessariamente, o principal objetivo empresarial. É neste novo paradigma que a reivindicada figura do empreendedor social move-se com maior facilidade, um novo tipo de empresário que inclui a responsabilidade social em sua estratégia de negócio.

Por outro lado, além da convergência entre progresso e negócio na base da pirâmide e nos países em desenvolvimento, o debate sobre o papel da empresa no século XXI está focalizado também no problema de como aplicar esse altruísmo egoísta no chamado primeiro mundo, onde realmente se concentra 90% da atividade empresarial e se encontram os órgãos de decisão que poderiam impulsionar uma mudança autêntica.

Nessa análise, algumas vozes falam de auto-regulamentação, enquanto outras demandam um incremento de leis e elementos de controle por parte dos governos. Mas a maioria volta a concordar na necessidade de convergir responsabilidade e oportunidade, atendendo à complexidade e competitividade de um ambiente cultural no qual, durante décadas, o benefício máximo foi a razão de ser das empresas. Neste contexto, em que se constata o enorme valor econômico da marca ou reputação, destaca-se como empresa socialmente responsável aquela que encontra um novo modelo de integração social, incluindo a necessidade de contar também com um capital social e ambiental, além do tradicional dever de criar e incrementar o capital econômico.

Miguel Martí, vice-presidente de comunicação do Grupo Nova, da Costa Rica, declara: "Não pode existir uma empresa bem-sucedida em uma sociedade fracassada". Com esta premissa, a empresa do século XXI entende que a responsabilidade social é imprescindível para sua sobrevivência a longo prazo, já que vê submetida sua atuação ao exame não só dos acionistas, mas também de outros interessados, ou *stakeholders*, como funcionários, governos locais, regionais ou nacionais, meios de comunicação, ONGs... e, sobretudo, os próprios consumidores. Mas para que estes *stakeholders* obtenham verdadeiramente a importância que foram perdendo diante das empresas, é necessário superar o problema da falta de informação. Nesse sentido, os novos progressos tecnológicos e a constituição de uma sociedade em rede, com participação de cada vez mais vozes, facilitam e permitem novas formas de controle social sobre a responsabilidade das organizações.

Nesse ambiente claro e transparente, a contabilidade, ao prestar contas de toda atuação empresarial, é certamente um elemento-chave da boa administração, e com isso existe a necessidade, reiteradamente exigida, de uma metodologia universal para avaliar empresas sob a perspectiva de sua responsabilidade social. Uma demanda nada fútil quando, por exemplo, na idéia de unir lucro com responsabilidade, surgem fundos de investimento e índices de referência na bolsa especializados em empresas consideradas éticas ou socialmente responsáveis que investem recursos para fazer parte destes fundos.

Com o novo ambiente, longe das novas ou velhas formas de controle, apela-se também ao componente ético do novo empresário, do empreendedor, do líder ou do conselho administrativo deste novo século, que deve ser avaliado a partir das próprias escolas de negócios. Da mesma maneira, é necessário estimular uma nova maneira de agir, com a promoção das numerosas histórias de sucesso que

> Tu és o desejo profundo que te impulsiona.
> Tal como é o teu desejo, é a tua vontade.
> Tal como é a tua vontade, são os teus atos.
> Tal como são os teus atos, é teu destino.
>
> *Brihadaranyaka Upanishad*

provam ser possível obter lucros aplicando modelos de negócios sustentáveis. Um líder ético, de acordo com Edward Freeman, diretor do Olsson Center for Applied Ethics, "é aquele que, quando chega a sua casa, pode explicar à sua família em que se ocupou durante o dia no escritório".

O conceito de responsabilidade social empresarial

Se fosse necessário comparar a opinião que os cidadãos tinham da empresa nos anos 1980 do século XX com a que têm agora, no início do século XXI, encontraríamos algo mais do que diferenças significativas. Para começar, naquele período, os processos de desregulamentação dos mercados, as privatizações de empresas públicas ineficientes, a rápida extensão dos avanços tecnológicos, o grande impulso à inovação (em processos e produtos) e a nova "classe" de trabalhadores do conhecimento como protagonistas, impulsionaram a empresa e a atividade empreendedora a iniciar um caminho, neste novo período, em direção à *responsabilidade social* como fator de progresso e bem-estar, processo difícil de encontrar em outros momentos históricos.

A *responsabilidade social* é o modo de ser da instituição e de cada uma das pessoas que a integram. Da mesma forma que a ética, a responsabilidade social, não é um tema voluntário, mas deve ser administrada. Trata-se de conseguir que não apenas a empresa seja responsável socialmente, mas também se estabeleçam normas e procedimentos para mobilizar e direcionar a sensibilidade social de cada um dos colaboradores.

A *gestão da responsabilidade social* trata de intensificar a dimensão social, individual e de grupo, fazendo uma empresa mais à medida da pessoa. Mas para um bom direcionamento dessa gestão, é necessário integrar a *responsabilidade social* à sociedade.

Fundamentalmente, o conceito de *responsabilidade social* é um conceito ético. Requer a modificação das idéias sobre o bem-estar humano e realça o interesse na melhoria da qualidade de vida, do ponto de vista social. As empresas devem preocupar-se com essas dimensões sociais e dar atenção aos efeitos sociais produzidos. A expressão *responsabilidade* leva a pensar em certo tipo de obrigação, para solucionar os problemas sociais, que as organizações de negócios têm na sociedade em que atuam.

A adoção de critérios de *responsabilidade social* na gestão empresarial significa formalizar políticas e sistemas de gestão nos âmbitos econômico, social e ambiental, assim como a transparência da informação em relação aos resultados alcançados, e, finalmente, sua análise externa.

As organizações exercem *responsabilidade social* quando satisfazem as expectativas dos diferentes grupos de interesse. Em termos práticos, significa a formalização de políticas e sistemas de gestão em âmbitos variados, como os seguintes: relações com acionistas, relações com colaboradores, relações com a comunidade e ação social, gestão ambiental, relações com clientes e a ampliação destas políticas até a cadeia de fornecimento, tudo isso integrado com a estratégia global da empresa. Portanto, trata-se de um conceito normativo que tem a ver com a conduta humana e as políticas que as empresas devem adotar.

A dimensão interna da *responsabilidade social* tem três aspectos:

- *Relações com os colaboradores,* sempre regidas pelos princípios básicos da *cultura da empresa*. Os funcionários assumem a responsabilidade da sua atuação diante dos outros, para quem desenvolve suas atitudes pessoais e profissionais. A empregabilidade, a conciliação da vida familiar, a não discriminação e os critérios de contratação trabalhista são algumas das manifestações desta dimensão interna.
- *Segurança e saúde no trabalho.* A prevenção de riscos é um objetivo básico na gestão, por isso a segurança integra, junto com a qualidade e o ambiente, os princípios e os procedimentos de atuação da empresa.
- *Gestão ambiental.* O respeito à natureza através de uma política ambiental com diretrizes e objetivos sobre redução de resíduos, aproveitamento de recursos naturais e energéticos, e utilização de produtos que respeitem o meio, para reduzir o impacto negativo das atividades no ambiente.

A dimensão externa da *responsabilidade social* afeta os clientes, os fornecedores e a sociedade. Considera-se que deve existir um compromisso social da empresa, pois:

- A sociedade está constituída por pessoas físicas e jurídicas, e como é inimaginável que as primeiras não assumam responsabilidade e atuem com solidariedade na comunidade da qual fazem parte, tampouco é compreensível a inibição das empresas.
- Ao assumir responsabilidades estamos contribuindo para uma sociedade mais solidária e livre.
- Servindo à sociedade, o resultado é uma empresa mais sólida, rentável e com maior prestígio.
- Quando a empresa coopera com a sociedade, deixa orgulhosos aqueles que fazem parte dela.
- A empresa não pode ser neutra na configuração da sociedade.
- O lucro da empresa tem sua origem na "confiança" que recebeu da sociedade, à qual deve corresponder contribuindo para resolver diretamente as necessidades da comunidade.

Na atualidade, existe uma espécie de desencontro diante da *responsabilidade social empresarial*, devido à grande quantidade de iniciativas de caráter público, privado, de fundações e ONGs, com participantes muito diversos. Essa situação convida a esclarecer o conceito, assim como a percepção do papel da empresa na sociedade. É necessário insistir no caráter voluntário desse papel, porque acrescentar novas obrigações legais em matéria de responsabilidade social corporativa (RSC) seria acrescentar complexidade ao contexto em que a empresa atua. Não se trata de transferir para as empresas o papel que os governos devem desempenhar. É necessário consolidar a RSC como uma nova cultura empresarial dentro de um processo em que a empresa deve ser líder. As empresas devem decidir como reagir nesta questão, como comunicar e quais práticas são as mais adequadas. A partir do desenvolvimento da vontade, deve-se deixar o ambiente empresarial atuar, pois é ele que deve guiar o processo.

A opinião de alguns é que a RSC contribui para "consolidar empresas mais eficientes e competitivas" porque é um "elemento estratégico". Insistem que a política de igualdades no emprego é um elemento essencial, o que se qualifica como "uma oportunidade" para os empresários, assim como a conciliação da vida profissional e familiar, além da luta contra a precariedade do trabalho, que, de acordo com o julgamento de alguns, não é sinônimo de "temporalidade".

A empresa pode contribuir com o progresso da sociedade não só cumprindo seus objetivos econômicos e de serviço, mas tornando-os compatíveis com aqueles derivados de sua responsabilidade com a comunidade. Há uma infinidade de formas para colaborar com a sociedade: participando de programas sociais; transmitindo conhecimentos em colaboração com o sistema educativo; colaborando em favor de regiões ou grupos de pessoas especialmente vulneráveis; integrando-se em projetos com universidades e centros de pesquisa; participando de atividades que propiciem o respeito à natureza; e promovendo fundações que defendem quaisquer dos temas citados.

Ao estabelecer a *responsabilidade social* como objetivo institucional, a empresa será sensibilizada e, finalmente, poderá adequar-se ao seu ambiente.

O ambiente organizacional, no qual prevalece o conceito de "globalização" como o que mais afeta a conduta humana nos campos político, social e econômico, é muito complexo. O fenômeno da "globalização" é difícil de definir; ninguém o solicitou, mas ele está aí, e, a cada segundo, produz fortes impressões em tudo o que ocorre.

O que comumente se chama "globalização da economia" tem uma característica que, possivelmente, é a que causou mais comoção às empresas, devido à complexidade de defini-la. Segundo Stelitz, "a globalização será definida em função da área de atuação, ou disciplina, de cada participante". Dessa forma, é algo muito diferente, por exemplo, para um economista do que para um arquiteto, ou quem tiver outra formação. Para simplificar, digamos que a globalização trata da integração dos mercados e da queda das barreiras comerciais. Para a maioria das empresas representou sua inserção, muitas vezes violenta e forçada, no mercado mundial e na concorrência internacional. Muitas vezes, apesar de a empresa não ter recorrido ao mercado exterior, a concorrência traz os produtos estrangeiros ao território nacional; ou seja, a concorrência mundial chega até sua porta.

Por outro lado, o mundo muda vertiginosamente, sobretudo devido à mudança climática e aos avanços tecnológicos no campo da informação. Por isso, para um grande número de empresas significa a urgência de mudar por completo suas estratégias de negócios e padrões de gestão para enfrentar a ampliação dos mercados, a presença de novos concorrentes e as demandas de uma sociedade cada vez mais exigente e mais bem informada.

As mudanças econômicas e tecnológicas chegaram acompanhadas de mudanças políticas, e tudo isso gerou novas formas de organização das sociedades.

Na América Latina se acentua o crescimento do setor informal, por um lado, e por outro, prolifera o aparecimento de organizações não-governamentais (ONGs), com diversas tendências e objetivos. Tais organizações procuram quase sempre financiamento internacional para subsistir e desenvolver seus programas. Para obter esses recursos são necessários projetos atraentes e o estímulo aos programas que encontrem apoio internacional. Muitas dessas ONGs se dedicam a promover projetos de bem-estar social e divulgam a idéia da *responsabilidade social* das empresas como mecanismo para a obtenção do financiamento de seus programas.

Está claro para todos que, diante do panorama da pobreza, toda a sociedade, sem esquecer os empresários, está envolvida com a tomada de ações para promover a geração de investimentos e criação de empregos dignos, essenciais para consolidar a democracia, construir a paz e promover o desenvolvimento dos povos. Entretanto, é preciso deixar muito claro que dentro da sociedade existem representantes sociais distintos que devem ser fortalecidos para desempenhar suas responsabilidades com eficiência e efetividade. Entre esses representantes sociais destacam-se as organizações empresariais e as organizações de trabalhadores. É de interesse, não só para os mesmos representantes sociais, mas também para a comunidade nacional e internacional, ter organizações de empregadores e de trabalhadores fortes, dinâmicas e capazes de impulsionar as mudanças necessárias e oportunas.

Existem pequenas empresas com baixo nível de produtividade e de remunerações, assim como um escasso amparo aos trabalhadores. É difícil pretender que empresas pequenas, médias ou informais assumam responsabilidades sociais que podem ser inviáveis, além de suas responsabilidades primárias como unidades produtivas. O segmento das grandes empresas utiliza avanços tecnológicos modernos, tem um nível adequado de remunerações e amparo social dos funcionários e, além disso, concentra o grupo dos trabalhadores organizados. Para essas empresas é mais fácil administrar uma *responsabilidade social* que se adapte às circunstâncias atuais, cuja característica mais relevante é a alta competitividade em um mundo globalizado. O importante e conveniente é que todas as empresas cumpram com a legislação trabalhista de seus países e, além das obrigações legais, desenvolvam iniciativas sociais voluntárias em favor da melhoria do ambiente e ofereçam oportunidades aos menos favorecidos para elevar seus limites e alcance.

Tudo isso define um marco, pois a quantidade de princípios desrespeitados era tão intensa que as empresas se esforçaram para uma ampliação rápida de estratégias de recuperação de valores. Devemos lembrar a pouca popularidade do protocolo de Kyoto e as sucessivas crises originadas na cadeia alimentar, entre muitas outras iniciativas, e que já são sintomas evidentes de que o mundo empresarial não é mais o mesmo. Ninguém sabe quando as mudanças realmente ocorreram, mas aconteceu. As sucessivas bolhas e crises monetárias e financeiras dos anos 1990, a maneira de incrementar as "reservas estratégicas", os salários exagerados dos executivos, a coin-

> A transparência é um dos pilares básicos do conceito de *responsabilidade social*.

cidência de altos benefícios com demissões maciças, os casos conhecidos em todo o mundo de corrupção de empresas anteriormente padrão como a Enron, a Arthur Andersen, a World Com ou a Parmalat, sem considerar as ilegalidades locais, obrigam-nos a falar de transparência.

Esse valor de transparência tão exigido nas políticas e sistemas de gestão e nos resultados obtidos nos âmbitos social, ambiental e econômico constitui outro dos pilares básicos do conceito de *responsabilidade social* empresarial na sociedade do século XXI.

A demanda por mais informação das empresas, em relação aos aspectos social e ambiental, aumentou em todo o mundo, como conseqüência do crescente interesse de consumidores e investidores nas práticas sociais e ambientais das companhias e nas inovações legislativas. Um exemplo foi a entrada em vigor, em fevereiro de 2002, da nova legislação francesa sobre informação empresarial, que tornou obrigatória informações de tipo social e ambiental. Essa tendência ressalta a importância não só da formalização de políticas sobre sustentabilidade empresarial ou RSC, mas da necessidade de estabelecer mecanismos de transparência da informação sobre as mesmas.

A *responsabilidade social* demora em responder às exigências de seu ambiente, e se desconhecem as causas pelas quais reage com tanta lentidão. O que as empresas têm certeza é que qualidade, inovação, atenção ao cliente, respeito ao meio ambiente e balanços sociais são vantagens. Desse modo, essas empresas são consideradas empresas líderes, que se diferenciam de seus concorrentes. Tudo isso impõe à nossa consideração um terceiro pilar: a revisão externa da *responsabilidade social* empresarial.

O controle e a investigação externa, terceiro pilar do conceito de *responsabilidade social,* significa que a responsabilidade das empresas pode ser medida, em parte, pela resposta dada às necessidades de seus distintos *stackholders* ou grupos de interesse.

Essa investigação tem seu paradigma na recente evolução dos mercados financeiros, destacando-se a importância de incorporar políticas de *responsabilidade social* na gestão empresarial. O investimento socialmente responsável (ISR), o investimento sustentável ou o investimento RSC, que incorpora considerações sociais e ambientais à tradicional análise financeira, está obtendo aceitação crescente na economia mundial.

Do ponto de vista do ISR são considerados os aspectos sociais e ambientais nas decisões de investimento, com o objetivo de que pessoas e organizações coloquem seu dinheiro para trabalhar na mesma direção de suas convicções, projetos ou programas. Esse tipo de investimento permite, por exemplo, que os investidores decidam se querem ter seu dinheiro investido ou não em atividades relacionadas com a indústria do armamento. Permite, por um lado, eliminar dos investimentos aquelas atividades que atentam contra as convicções do investidor e, por outro lado, permite ao investidor decidir que tipo de atividades quer apoiar. Com isso, o ISR reforça supostamente os direitos de propriedade dos investidores, e eles escolhem as características sociais e ambientais das empresas em que arriscam seu capital.

Além disso, convém deixar claro também, como o provam as políticas de investimento de um número crescente de investidores institucionais, que as características do RSC de uma companhia são em si mesmas um indicador da qualidade de suas práticas de governança corporativa, e inclusive de seu futuro rendimento nas bolsas de valores.

Por último, não se sabe ainda aonde chegará esta análise, mas vale a pena o esforço, sobretudo para aqueles empreendedores que sempre costumam ver uma oportunidade onde outros só percebem o custo da gestão.

A implantação da responsabilidade social corporativa

Definição de Responsabilidade Social Corporativa (RSC)

O princípio que sustenta a responsabilidade social corporativa (RSC) refere-se ao compromisso que a organização tem com a sociedade em que desenvolve suas atividades, seja como instituição social, organização econômica particular ou como o conjunto de indivíduos que a integram. Em virtude deste compromisso, a empresa tem de assumir em cada momento os valores da sociedade e utilizá-los como critérios para orientar suas operações. Na atualidade, esses valores orientam a finalidade da empresa para o bem-estar social e obrigam que seu desempenho deva ser julgado não só em termos de rentabilidade econômica, mas também em função do efeito que suas atividades provocam nos âmbitos econômico, social e ambiental.

Existe uma grande variedade de definições para o conceito da RSC, mas, neste trabalho, adotamos a definição que se encontra no *Livro Verde da Comunidade Européia*, que tem como título *Fomentar um marco europeu para a responsabilidade social das empresas* (2001), e que é a seguinte:

> A RSC é a incorporação voluntária, por parte das empresas, dos assuntos sociais e ambientais em suas operações comerciais e suas relações com os interlocutores.

Essa definição compreende os elementos essenciais da RSC: a adoção, por parte das empresas, de um papel social ativo através da incorporação, em todos os seus processos, dos valores sociais, o que induz a considerar uma gama mais ampla de objetivos além das exigências legais, e a natureza voluntária dessa adoção.

O contrato social e a legitimidade social da empresa

A teoria da RSC deve situar-se, por sua vez, dentro da teoria do contrato social. Pressupõe a existência de um contrato entre a empresa e a sociedade em que se encontra, e que se entende como o conjunto de acordos mútuos entre as instituições sociais, neste caso, a empresa e a sociedade. O contrato social se articula através de dois tipos de elementos, explícitos e implícitos (veja a Figura 3-1):

- *Explícitos.* Os que constituem o marco legal, estabelecido pela sociedade, dentro do qual a empresa deve operar.

Figura 3-1 Elementos do contrato social.

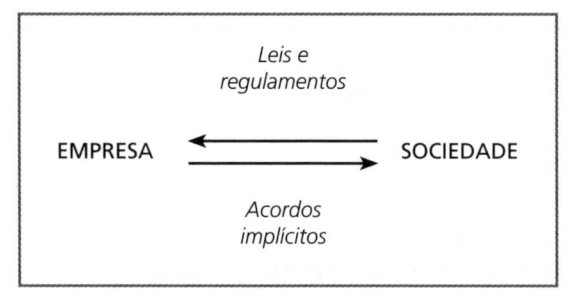

```
                    Leis e
                 regulamentos
    EMPRESA   ←——————————→   SOCIEDADE
                   Acordos
                  implícitos
```

Fonte: Carrol A, Buchholtz A. *Business and Society. Ethics and Stakeholder Management*. USA South-Western: Thompson, 2003.

- *Implícitos*. Os acordos tácitos mútuos que evoluem conforme as expectativas de cada instituição.

É evidente que as leis estabelecem as regras do jogo no mundo dos negócios, de maneira clara e objetiva. Mas os elementos implícitos permanecem em um plano indeterminado e podem ficar indefinidos, pois representam as aspirações que tanto a sociedade como a empresa mantêm em relação ao papel da responsabilidade e dos princípios éticos que cabe a cada um. Esses elementos têm a ver com as crenças, a tradição e os valores sociais dos quais se espera o cumprimento razoável por parte de todos os agentes sociais.

Portanto, podemos dizer que o contrato social tem uma dimensão positiva que corresponde às disposições legais, e outra dimensão normativa relacionada com as normas éticas e os valores sociais. Uma dimensão do contrato social define "o que se tem de fazer", e outra "o que se deve fazer".

Pois bem, as normas éticas e os valores sociais não são os mesmos em todas as partes, variam com o tempo e o lugar. Por isso, a empresa deve adaptar suas operações à evolução desses valores e expectativas sociais. Muito além das exigências legais, é assim que obtém sua legitimidade social. Davis (1960) explicou esta circunstância por meio de sua conhecida Lei de Ferro da Responsabilidade, que relaciona a responsabilidade social da empresa com o grau de poder de que dispõe nos seguintes termos: o poder social das organizações deve ser proporcional à sua responsabilidade social. Portanto, devido à proporcionalidade necessária entre poder e responsabilidade, as empresas que ignorem a responsabilidade social experimentarão uma perda gradativa de poder.

Para Lindblom (1984) a legitimidade da empresa é uma conseqüência lógica do contrato social, e pode ser resumida nos seguintes termos:

- Legitimidade social não é sinônimo de sucesso econômico nem de legalidade.
- A legitimidade existe quando os objetivos da empresa, os produtos e os métodos operacionais são congruentes com as normas e valores sociais.
- A legitimidade apresenta desafios proporcionais ao tamanho da organização e à quantidade de apoio político e social que recebe.

- A legitimidade apresenta questões que podem ser objeto de sanção legal, política ou social.

Vantagens da RSC

A RSC gera uma série de vantagens competitivas nas empresas, e podemos classificá-las sob dois aspectos: o contratual e o utilitarista.

Enfoque contratual

Essas vantagens são conseqüências da legitimidade social alcançada pela empresa que atua conforme os elementos explícitos e implícitos do contrato social.

- A RSC induz a empresa a orientar suas atividades para a legitimidade social, o que permite justificar tanto o poder que a sociedade lhe confere como sua própria existência.
- Na empresa, a RSC gera uma dinâmica de concordância com os valores e expectativas que motivam os agentes sociais e possibilita relações frutíferas e sustentáveis entre empresa e sociedade.

Enfoque utilitarista

Este enfoque ressalta a capacidade de RSC gerar benefícios, não só para a comunidade, mas também para a própria empresa.

- A RSC pode considerar-se como uma oportunidade para gerar vantagens devido à incorporação pela empresa de novos âmbitos de atuação, como o social, o ambiental, o cultural etc. Isto significa a aquisição de novos conhecimentos e habilidades, que representam oportunidades de negócio em áreas diversas dos objetivos tradicionais.
- Assumir a própria RSC pode fazer com que se compreenda a própria organização, ao enfrentar suas abordagens e objetivos com a evolução das expectativas sociais, e contar com uma plataforma conceitual para promover mudanças em sua estrutura e gestão. A RSC atua aqui como promotora da inovação empresarial.
- Os funcionários também se beneficiam desta expansão do horizonte da empresa, pois a RSC favorece um avanço em seu nível de habilidades e conhecimentos. Do mesmo modo, a maior participação dos trabalhadores nos processos de tomada de decisões, propugnada pela RSC, propicia um melhor clima de trabalho.
- A RSC favorece a autonomia da empresa pois, na ausência de regulamentações legais, ela mesma orienta suas operações (conforme suas peculiaridades) em relação aos assuntos sociais que lhe afetam. Na hipótese de que fossem editadas disposições legais neste sentido, a experiência das empresas que tomaram iniciativas no campo social representaria uma clara vantagem competitiva sobre as demais.
- Uma empresa comprometida com os valores da comunidade terá maior confiança dos cidadãos. Isto representa um impulso para sua imagem pública, o

que pode significar maior aceitação de suas operações e produtos, constituindo um elemento de diferenciação competitiva.
- Ao promover a solução de problemas sociais sem a intervenção governamental, a RSC fomenta um clima de consenso que aumenta a coesão social.
- A RSC também pode melhorar o contexto competitivo, do qual se beneficiam tanto a empresa como o conjunto da sociedade. Entende-se que a RSC que unicamente produz lucros é boa apenas para a empresa. Entretanto, as atividades não relacionadas com as atividades tradicionais da empresa produzem benefícios sociais. No longo prazo, os objetivos sociais e econômicos não entrarão mais em conflito: vão se combinar de maneira sinérgica. Esta circunstância é possível se os gastos empresariais forem orientados para projetos que gerem melhorias sociais e empresariais de modo simultâneo. Nesse espaço comum, no qual convergem os interesses da atividade social da empresa e os dos acionistas, se produz uma melhoria geral do contexto competitivo (Porter e Kramer, 2003).

A RSC na prática

Embora a formulação teórica da RSC possa gerar numerosas adesões, sua execução não está isenta de dificuldades. A RSC deve afetar a todos os níveis da empresa e impregnar todas as suas operações; por isso, é muito útil as empresas disporem de modelos ou esquemas de atuação nesse sentido.

Nas publicações especializadas aparecem modelos cujo objetivo é analisar o comportamento das corporações no âmbito social, conhecidos como Modelos de Comportamento Social (MCS). A professora D. Wood (1991) propôs a seguinte definição para este conceito: "O comportamento social da empresa é a configuração dos princípios da RSC (motivos), os processos de responsividade (ação) e as políticas, programas e outras conseqüências observáveis relacionadas com as atividades sociais da empresa".

Podemos afirmar que os Modelos de Comportamento Social pretendem oferecer um marco conceitual que seja útil para descrever, analisar e avaliar o desempenho da empresa no âmbito social. Portanto, essas estruturas teóricas servirão para aplicar os postulados da RSC.

Modelo proposto de comportamento social

O modelo que discutiremos a seguir fundamenta-se no formulado por D. Wood (1991), que considerava a RSC em três dimensões ou fases. Como o modelo de Wood é muito conhecido, não se justifica sua exposição e crítica.

De modo similar ao modelo de Wood, este modelo também se articula em três fases:

- Princípios: os motivos que justificam e orientam a atuação da empresa.
- Processos: as análises e a resposta social.
- Conseqüências: os resultados desta atuação.

Princípios

Nesta fase é necessário identificar os princípios que levam a empresa a agir responsavelmente; entende-se por princípios as crenças e valores que motivam os indivíduos a agir de determinada maneira. Segundo Wood, a RSC tem a ver com a adequação do comportamento da empresa às expectativas sociais, e essas dependem do modo que a empresa é concebida. Neste sentido, a empresa pode ser considerada de três maneiras: como uma instituição, como uma organização particular ou como o conjunto de indivíduos que fazem parte dela. A sociedade espera um determinado comportamento com relação a cada uma dessas três formas de conceber a empresa, e a cada uma corresponde uma motivação diferente.

Os princípios que devem motivar a atuação responsável da empresa nestas três diferentes concepções são os seguintes:

- Empresa como instituição: Princípio da Institucionalização (Selznick, 1957).
- Empresa como organização: Princípio de Responsabilidade Pública ampliado (Preston e Post, 1975).
- Empresa como conjunto de indivíduos: Princípio do Agente Moral (Donaldson, 1982).

a) O Princípio da Institucionalização foi formulado por Selznick (1957) e afirma que "o que faz de uma simples organização uma autêntica instituição social é a aceitação voluntária dos valores e expectativas sociais, além dos requisitos técnicos". Em virtude deste princípio, uma empresa alcança seu status de instituição e, portanto, pode ser considerada um ente útil e necessário para a comunidade quando assume sua responsabilidade social.

b) Quando se considera a empresa por sua qualidade de organização particular, o Princípio de Responsabilidade Pública (Preston e Post, 1975) mantém sua vigência, na opinião dos autores, como princípio de justificativa: "a empresa tem de se responsabilizar pelas conseqüências, desejadas ou não, de suas atividades principais e secundárias". A aplicação rigorosa deste princípio supõe esperar até que o dano esteja feito, o que sugere uma interpretação da responsabilidade a *posteriori*. Em conseqüência, sua aplicação teria de ser ampliada de modo que afete também o planejamento e a definição das ações da empresa com o objetivo de antecipar e reduzir, na medida do possível, as conseqüências não desejadas.

c) Pode-se considerar que a empresa é um agente moral em relação às conseqüências de suas atividades sobre outras pessoas ou entidades, e em primeiro lugar, sobre seus próprios trabalhadores. Esses, considerados como indivíduos, têm seus próprios princípios, interesses e objetivos. O ideal é que tais princípios e objetivos não entrem em conflito com os da empresa; além disso, é bom para todos que exista uma sintonia de interesses e objetivos. O Princípio do Agente Moral considera a dimensão moral da empresa e a necessidade de chegar a um acordo com os indivíduos que a integram, sobre um conjunto de valores que oriente a determinação de objetivos, o estabelecimento de políticas e a organização de processos, isto é, de todas as atividades da empresa. Isso dá uma idéia da importância de assumir os valores sociais vigentes, em outras palavras, da responsabilidade social da empresa.

Pois bem, esse estado inicial do modelo ficaria incompleto se fosse limitado a expor os princípios que permitem justificar a responsabilidade social da empresa, e não se identificassem os valores sociais que a empresa vai assumir em virtude, precisamente, de sua responsabilidade social. Esta identificação é de vital importância para o processo de dar andamento à RSC, pois com base nesses valores a empresa pode estimar suas carências e necessidades, determinar seus objetivos, relacionar-se com seus *stakeholders* e planejar políticas e programas.

É certo que não existe uma teoria de valores universais usualmente aceita. Por outro lado, a escolha de valores sociais depende da cultura, história e peculiaridades de cada empresa e sua comunidade. Porém, no âmbito de um trabalho desta natureza, propõem-se alguns valores fundamentados no conceito de desenvolvimento sustentável, que atualmente tem ampla aceitação e é suscetível de ser aplicado de forma global no planeta. Foram selecionados os seguintes valores:

- Integração: qualquer abordagem econômico-empresarial deve considerar suas conseqüências ambientais.
- Solidariedade: o desenvolvimento atual deve permitir às gerações futuras, e às atuais menos afortunadas, dispor de recursos suficientes para satisfazer suas necessidades.
- Desenvolvimento: entende-se que uma sociedade que enriquece não é, necessariamente, uma sociedade que cresce. Este princípio defende um desenvolvimento mais qualitativo que quantitativo.
- Globalidade: as práticas sustentáveis devem alcançar todo o planeta e não privilegiar algumas regiões e abandonar outras. O bem-estar social e o equilíbrio ambiental não têm fronteiras.
- Longo prazo: o esforço de longo prazo, inerente ao conceito de sustentabilidade, exige uma mudança na tendência atual das empresas de priorizar o curto prazo em suas abordagens, decisões de investimento e processos.

O mundo empresarial pode assumir perfeitamente esses valores na atualidade, no seio de um paradigma de sustentabilidade como o atual. A parte seguinte do modelo está relacionada com a utilização desses valores como guias dos processos da empresa: a aplicação prática da RSC.

Processos

No início, a pesquisa sobre a RSC focava sua definição e os princípios que a justificassem. Com o tempo, foi necessária uma orientação mais prática da qual surgissem conceitos e instrumentos teóricos que permitissem à empresa incorporar os valores sociais em suas operações diárias.

Deste impulso, em grande parte prático, surgiu o conceito de responsividade, que Frederick definiu da seguinte maneira: "Responsividade é a capacidade de a empresa responder satisfatoriamente às pressões sociais. O próprio ato de resposta, de alcançar um estado geral de sensibilidade para as demandas sociais, é o núcleo da empresa responsiva. A responsividade exige da empresa procedimentos, acordos e normas de conduta que, tomados em seu conjunto, permitam qualificá-la como mais ou menos capaz de responder às pressões sociais" (Frederick, 1978, 3).

Como podemos ver, na própria definição está incluída a necessidade de procedimentos que permitam à empresa responder às expectativas da comunidade. Neste modelo, estes processos são três: a análise do ambiente, a gestão dos *stakeholders* e a definição e o andamento de programas sociais.

Análise do ambiente

O processo se realiza utilizando os valores identificados na primeira fase como critérios para analisar o ambiente em que se encontra a empresa. A natureza do ambiente pode ser legal, política, econômica, tecnológica, social, cultural e ambiental, e cada um desses itens possui sua própria dinâmica de mudança.

É essencial para a empresa nesta fase determinar as áreas da RSC de especial interesse em cada tipo de ambiente.[1] Para isso, a análise deverá se concentrar em:

- Identificar as circunstâncias ambientais e as características da empresa que possam representar riscos, ameaças, vantagens ou oportunidades em relação a suas necessidades e objetivos.
- Antecipar-se às mudanças, controles legais, hábitos de consumo, valores sociais, desenvolvimento tecnológico, ambiente etc., que possam afetar as necessidades e objetivos da empresa.
- Adquirir uma consciência clara da posição da empresa no ambiente, tanto no que se refere à sua capacidade de influenciar como na de ser influenciada.
- Converter o conhecimento do ambiente em uma fonte de vantagens competitivas.

Gestão de stakeholders

Em um sentido amplo, Freeman (1984) entende por *stakeholder* "toda pessoa, coletividade ou entidade capaz de afetar ou ser afetada pelas atividades, políticas ou objetivos da empresa".

A empresa deve enfrentar esse item como um processo no qual os valores assumidos servem como critérios para a gestão dos *stakeholders*, que deve atender, pelo menos, ao seguintes itens:

- Identificar os grupos de *stakeholders* mais importantes nas áreas sociais de interesse especial.
- Avaliar as oportunidades, riscos ou ameaças que representam para a empresa.

---

[1] Em caso de assumir os valores da sustentabilidade, falar-se-iam de áreas de sustentabilidade.

- Determinar o grau de responsabilidade que a empresa tem com os *stakeholders*.
- Delinear a estratégia que será seguida nas relações com os *stakeholders*.

Essa fase de *processos* tem uma finalidade-chave: determinar os objetivos sociais da empresa, que inclui selecionar as áreas socialmente sensíveis[2] e conectá-las com os *stakeholders*-chave de cada uma. Depois de selecionar as áreas e os *stakeholders*, o passo seguinte consiste em concretizar objetivos para cada área, de acordo com a cultura e interesses da própria empresa. Para alcançar esses objetivos é necessário planejar e implantar programas sociais específicos.

Programas sociais

São processos específicos estabelecidos para atuar em um conflito ou área social concretos. Esses processos têm de seguir as linhas de atuação demarcadas pelos valores sociais que a empresa assume, e adaptá-los às características do assunto em questão. Em cada programa deve constar pelo menos o seguinte:

- A área social de atuação.
- Os *stakeholders* influentes.
- As necessidades e objetivos que procura atender.
- Recursos econômicos e humanos atribuídos.
- Prazos de execução previstos.
- Resultados esperados.

Como resumo, podemos afirmar que nesta fase do modelo a empresa realizou dois tipos de processos: o primeiro, de análise (análise do ambiente e gestão dos *stakeholders*), que lhe permitiu determinar seus objetivos sociais. O segundo foi um processo de resposta, que se materializa com o desenvolvimento de programas concretos através dos quais pode implantar sua responsabilidade social e alcançar os objetivos estabelecidos.

O aspecto seguinte do modelo diz respeito à avaliação do desempenho social da empresa, ou seja, saber as conseqüências de sua atividade além do âmbito econômico puro.

Conseqüências

Medir o comportamento social da empresa, que em muitas ocasiões é uma tarefa complexa, fica mais fácil com a aplicação do modelo proposto, pelo menos no plano metodológico, pois há uma inestimável fonte de informações nos programas sociais executados.

Desta maneira, programa a programa, pode-se delimitar sem maiores dificuldades o grau de eficácia com que se utilizaram os recursos envolvidos em cada caso, e em que medida os objetivos estabelecidos foram alcançados. Ao mesmo tempo, pode-se perceber o grau de intervenção de cada *stakeholder* no programa, a sua capacidade

---

[2] É necessário destacar que, se a empresa tiver incorporado os valores da sustentabilidade, trataríamos daquelas áreas em que ela está afetada de maneira significativa pelas atividades da empresa.

MODELO DO CSE	OBJETIVOS DA RSC	
PRINCÍPIOS Justificar a RSC	→ Identificar valores	⎫
PROCESSOS Análise do ambiente Gestão de *stakeholders* Programas	→ Identificar necessidades e objetivos / Delinear programas	⎬ **INFORME SOCIAL**
CONSEQÜÊNCIAS Resultados	→ Avaliar programas	⎭

Figura 3-2 Os objetivos da RSC.

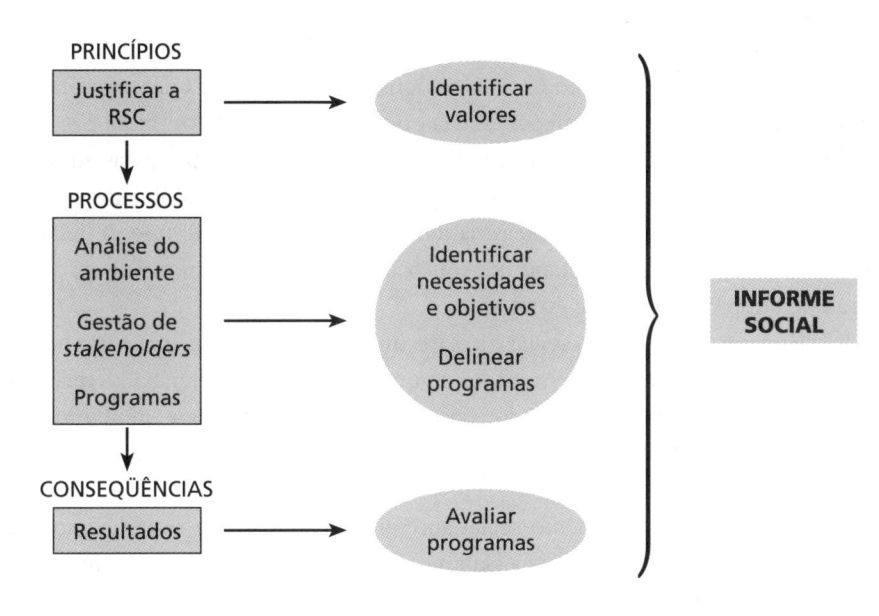

Fonte: Soto e Husted.

de influir sobre a empresa no momento e a possibilidade de fazer uma estimativa para o futuro.

Em resumo, podemos afirmar que é possível aplicar a RSC mediante um modelo de comportamento social de três fases, em cada uma das quais se definem alguns objetivos que servem de vínculo com a fase seguinte e dão coerência ao conjunto. Deste modo, a RSC fica caracterizada por alguns objetivos congruentes com as particularidades da empresa e o ambiente social em que se estabelece, e adquire um sentido prático e acessível para qualquer organização. Veja na Figura 3-2 um esquema do modelo.

Uma avaliação do desempenho social da empresa não estaria completa sem a elaboração e divulgação de um relatório. Essa prática pode ser entendida como a conseqüência final da RSC, que consiste no reconhecimento do direito do público a saber como a empresa se responsabiliza pelas expectativas sociais e como atua em conseqüência.

Como se observa na figura anterior, a aplicação do modelo proposto de comportamento social, ao dar prioridade à formulação de objetivos em cada uma de suas fases, gera espontaneamente a informação necessária e suficiente para a elaboração de um relatório social. Dessa maneira, a informação fornecida é coletada em cada fase e o relatório é realizado.

Modelo de relatório social

Como já foi mencionado, entende-se como relatório social a fase final do processo de instituição da RSC. Cray, Owen e Maunders (1987) definiram a prática da informação social da empresa como "O processo de comunicar aos grupos interessados e à sociedade em geral as conseqüências sociais e ambientais geradas pelas atividades das organizações econômicas".

Significa, segundo esses autores, uma responsabilidade ampliada das organizações, além do papel tradicional de emissor de relatórios financeiros para os acionistas.

Embora a elaboração e a divulgação de relatórios sociais por parte das empresas possam ser entendidas como uma conseqüência de sua responsabilidade social, é certo que numerosas empresas caem na tentação de elaborar este tipo de relatório atendendo mais à moda ou tratando de imitar outras empresas, em vez de ser a conclusão de um processo ético e estratégico.

Isso é um erro. O relatório social é a etapa final de um processo, e não um fim em si mesmo. Definitivamente, é esse processo que dá sentido e coerência ao relatório, e ao mesmo tempo lhe dá conteúdo. Caso contrário, o relatório se limitaria a um simples pacote de receitas alheias, afastadas da realidade da empresa e do sentimento de seus integrantes.

O modelo de comportamento social apresentado aqui, e que serviu como base para instituir a RSC, ajudará agora a elaborar o relatório social. Para isso, precisamos considerar os seguintes pré-requisitos:

- O relatório deve levar em conta os interesses dos proprietários, e considerar todos aqueles que possuam o direito ou um interesse legítimo em saber o efeito das atividades da empresa, e desejem avaliar sua responsabilidade social.
- O relatório não pode limitar seu conteúdo aos dados já reunidos pela contabilidade financeira ou outros relatórios análogos.
- O relatório deve ser capaz de mostrar os esforços realizados nas áreas social e ambiental, os benefícios gerados na empresa e seus efeitos na comunidade.
- Deve facilitar o controle da gestão e ser útil tanto para a empresa como para a sociedade, ao permitir uma avaliação mais confiável do comportamento social da empresa. Além disso, o relatório não deve substituir, mas complementar a informação oferecida pelos demonstrativos contábeis tradicionais.

O modelo de relatório consta das seis seguintes seções:

1. Declaração do presidente. O responsável máximo pela empresa justifica a elaboração do relatório e torna públicos os princípios e valores assumidos por ela.
2. Identificação. Detalha-se a informação necessária para que o leitor identifique a empresa de maneira correta.
3. Elaboração. Oferece-se informação sobre o responsável pela confecção do relatório e de suas características básicas.
4. Processo de análise. Expõe-se a metodologia acompanhada da análise do ambiente e da gestão dos *stakeholders*, para a determinação de objetivos sociais.

5. Processos de resposta. Aqui são formulados os programas sociais instituídos pela empresa em que se manifesta a RSC, conforme os dados anteriores.
6. Resultados. A empresa examina os resultados dos programas elaborados, avaliando o grau em que os objetivos previstos foram alcançados.

Figura 3-3 Modelo de relatório social.

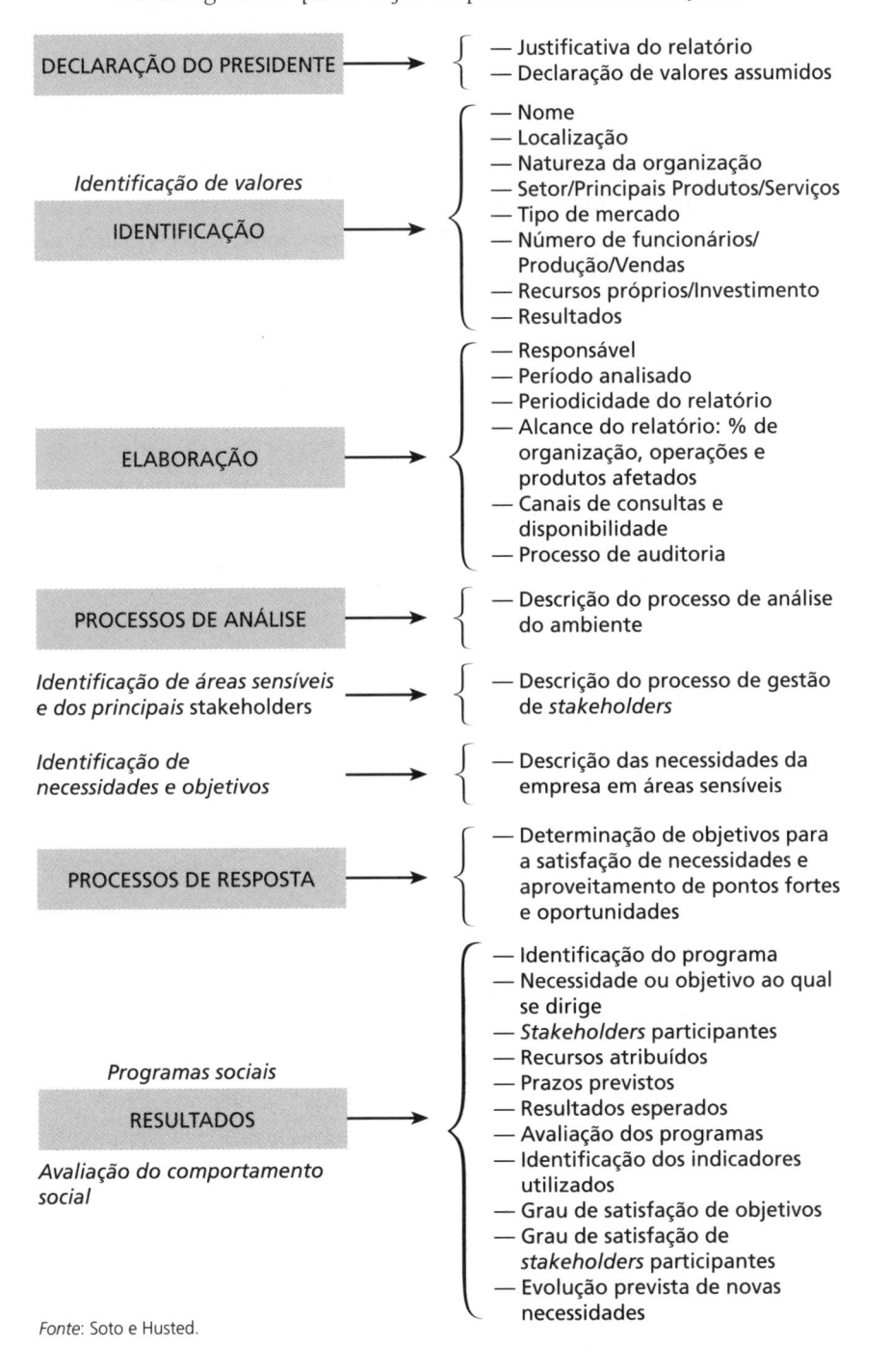

DECLARAÇÃO DO PRESIDENTE →
- Justificativa do relatório
- Declaração de valores assumidos

Identificação de valores
IDENTIFICAÇÃO →
- Nome
- Localização
- Natureza da organização
- Setor/Principais Produtos/Serviços
- Tipo de mercado
- Número de funcionários/Produção/Vendas
- Recursos próprios/Investimento
- Resultados

ELABORAÇÃO →
- Responsável
- Período analisado
- Periodicidade do relatório
- Alcance do relatório: % de organização, operações e produtos afetados
- Canais de consultas e disponibilidade
- Processo de auditoria

PROCESSOS DE ANÁLISE →
- Descrição do processo de análise do ambiente

Identificação de áreas sensíveis e dos principais stakeholders →
- Descrição do processo de gestão de *stakeholders*

Identificação de necessidades e objetivos →
- Descrição das necessidades da empresa em áreas sensíveis

PROCESSOS DE RESPOSTA →
- Determinação de objetivos para a satisfação de necessidades e aproveitamento de pontos fortes e oportunidades

Programas sociais
RESULTADOS →
- Identificação do programa
- Necessidade ou objetivo ao qual se dirige
- *Stakeholders* participantes
- Recursos atribuídos
- Prazos previstos
- Resultados esperados
- Avaliação dos programas
- Identificação dos indicadores utilizados
- Grau de satisfação de objetivos
- Grau de satisfação de *stakeholders* participantes
- Evolução prevista de novas necessidades

Avaliação do comportamento social

Fonte: Soto e Husted.

Na Figura 3-3 apresentamos o modelo de relatório social proposto. Se compararmos este modelo com o esquema da Figura 3-2, veremos como o relatório social se nutre da informação gerada pelo processo de instituição da RSC, formando um conjunto integrado e coerente.

Conclusão

Atualmente, a responsabilidade social corporativa, RSC, é um desafio para a empresa e uma oportunidade de aproveitar todas as vantagens geradas pela incorporação dos valores sociais. No entanto, a implantação da RSC gera incerteza e confusão nas empresas, e mais ainda, quando se trata de pequenas e médias empresas, que não dispõem dos recursos das grandes. Ao mesmo tempo, como indicamos, as práticas de reduzir a instituição da RSC a uma simples imitação do caminho seguido por outras empresas, ou a elaboração pouco reflexiva de relatórios sociais trazem como resultado pouco benefício e, com o tempo, consomem recursos econômicos e esforços humanos sem gerar as vantagens genuínas da RSC.

Com este trabalho pretendemos oferecer um modelo simples, mas coerente e rigoroso, para as organizações com intenção de implantar a RSC. A partir de um modelo de comportamento social em que se justifica a decisão de adotar a RSC e se declaram os valores a serem assumidos, inicia-se a sistematização prática mediante a análise do ambiente e a gestão dos *stakeholders*, o que permite identificar as áreas sociais sensíveis para os interesses da empresa e selecionar os objetivos sociais.

A etapa seguinte consiste em definir programas específicos para cada área, *stakeholders* e objetivos selecionados. Passa-se depois à avaliação dos programas implantados, o que permite à empresa analisar e calibrar seu desempenho social.

A última etapa nunca deve ser a primeira, e menos ainda, a única. É a elaboração e divulgação de um relatório social que mostre o esforço da empresa e seu grau de compromisso com os valores assumidos.

Tudo isso representa um marco teórico global em que cabe inscrever a sistematização prática da RSC nas empresas, sem descuidar de nenhuma de suas fases essenciais.

A RESPONSABILIDADE DO EMPREENDEDOR SOCIAL

Existem evidências empíricas suficientemente importantes para afirmar que estabelecer atividades RSC no coração da estratégia empresarial leva à obtenção de maior produtividade e ao lucro, suficientes para que o empreendedor esteja consciente da importância de seu trabalho e do impacto que seus programas e iniciativas podem ter no futuro.

Para os empreendedores, orientar homens para a ação faz mudar a realidade. Fazer, gerenciar ou liderar em um contexto ético e com responsabilidade dá forma ao ambiente empresarial, e pode determinar o rumo e o destino de sua empresa. Eis a sua responsabilidade: deve obter resultados; não apenas ele, mas toda essa equipe humana que é a empresa. Uma equipe que talvez não tenha sido formada por ele, mas que deve ser reformada com equidade. Por isso, o empreendedor deve saber guiar cidadãos conscientes de sua responsabilidade social, porque são eles que estão criando as condições em que se desenvolverão como profissionais e como pessoas.

A importância da atividade realizada em relação às pessoas que formam a empresa e toda a sociedade, confere responsabilidade ao empreendedor. Esse protagonismo o coloca no lugar onde são tomadas as decisões que mudarão o rumo da sociedade e do mundo inteiro. As decisões empresariais têm um efeito multiplicador e especial repercussão em toda a malha social e econômica; de sua atividade depende uma parte importante da vida econômica e, portanto, o bem-estar de muitas famílias. Os empreendedores sociais intuem necessidades humanas, assumem riscos, organizam o trabalho, promovem e oferecem produtos e serviços à sociedade, gerando e distribuindo riqueza. A atividade empresarial é muito importante na manutenção e criação de postos de trabalho e na criação de condições de vida que facilitem o desenvolvimento humano na empresa, já que esta não só aumenta a riqueza material e é a grande promotora do desenvolvimento socioeconômico, como também promove o progresso pessoal, que permite condições de vida mais humanas, e é uma das fontes principais de distribuição de riqueza.

A empresa não é uma instituição ou organização neutra e, portanto, independente. Ela está inserida na sociedade que, por sua vez, também a afeta. Da capacidade empresarial para dar resposta aos problemas dessa sociedade dependem também suas possibilidades quanto a níveis de satisfação, qualidade de vida e estabilidade social. Mas esta influência da empresa na sociedade não se limita somente aos serviços que a empresa proporciona ou pode proporcionar. A própria estrutura empresarial, sua estrutura de poder e sua evolução representam um forte efeito na estrutura social. Ninguém pode negar que a empresa, além da dimensão social técnica e econômica, exerce forte influência no modelo de sociedade em que vive e se desenvolve.

Milton Friedman afirma que a empresa "tem uma e só uma responsabilidade social: utilizar seus recursos e participar de atividades pensadas para incrementar seus lucros sempre que permaneça dentro das regras de jogo; ou, seja, participar de concorrência aberta e livre, sem mentiras ou fraudes". Essa visão reduz a projeção da empresa à sua dimensão mercantil. No fundo, é uma visão economista, em que a empresa não adquire uma carta de cidadania, mas, de fato, é parte importante da sociedade. Por isso, é verdadeira a afirmação de Koslowski: "As decisões éticas têm efeitos econômicos secundários; as decisões econômicas, por sua vez, têm efeitos éticos".

Os empreendedores sociais se encontram no centro dos desafios e das oportunidades das sociedades do século XXI. Os valores, as expectativas legítimas das pessoas e as exigências razoáveis da vida em comum influem definitivamente no passado e no futuro dos indivíduos e das sociedades. Mas nunca como hoje tem sido mais necessária a convergência entre essas dimensões essenciais da responsabilidade social e do desenvolvimento econômico. Não são elementos contrapostos, mas objetivos evidentes e complementares, do avanço das sociedades.

Quando se fala de transcendência, queremos reforçar a importância da ação diretiva das pessoas que constituem a sociedade, das que trabalham nas empresas e da vida de modo geral. No início, mencionamos o protagonismo dos empresários, e ficou claro que seu papel é de grande importância para o bom desenvolvimento da sociedade. Segundo as próprias palavras de João Paulo II: "Vossa incumbência é de primeira grandeza para a sociedade: o grau de bem-estar de que desfruta hoje a sociedade seria impossível sem a figura dinâmica do empresário, cuja função consiste em organizar o trabalho humano e os meios de produção para gerar os bens e os serviços necessários para a prosperidade e o progresso da comunidade". E esse progresso deve atender às verdadeiras necessidades do homem, todas as dimensões da vida humana materiais e espirituais. O empresário não pode tornar-se cúmplice da idéia de progresso sem limites, onde a ética não encontra respaldo, já que esse tipo de progresso ignora a dignidade humana.

Como vimos, a moral não se limita a certas atuações isoladas, mas a todos os aspectos da vida. Se os atos éticos não alcançarem a perfeição, será necessário que todas as atividades estejam ordenadas por um sentido transcendente da vida. Por isso mesmo, o empresário, ao perceber a transcendência de sua ação diretiva, não pode esquecer nenhuma dimensão.

A primeira responsabilidade do empreendedor é ser uma pessoa ética. Por isso, para realizar sua tarefa, os empresários devem cuidar primeiramente de sua própria qualidade moral. A peça-chave na ética da empresa é sem dúvida o conjunto de homens e mulheres que a administram. É verdade que os subordinados são livres e podem agir eticamente ou não, apesar dos esforços da liderança. Mas, dada sua posição na organização, o dirigente contribui positiva ou negativamente para o ambiente moral da empresa e a qualidade dos colaboradores. A competência profissional do dirigente é seu primeiro dever moral. O segundo é a missão de conduzir homens para a ação, para alterar a realidade, obtendo resultados. A combinação destes dois deveres deve ser harmoniosa. Já explicamos suficientemente que a ética não tem por que ser incompatível com a eficiência. O caráter humano da empresa exige ética, e o caráter produtivo exige eficiência; um e outro se complementam.

A razão fundamental para a responsabilidade do empresário incluir essa transcendência é que ele administra pessoas. A ação dos líderes afeta a vida dos outros, aos quais chegam, direta ou indiretamente, suas decisões. É importante também porque a maior parte das pessoas que trabalham nas empresas tem como fonte de sobrevivência a remuneração do trabalho que realizam.

O diretor da empresa não só é responsável pelos bens materiais gerados, mas pelas pessoas que nela trabalham. Sua responsabilidade tem uma dimensão humana e social. A atuação do empresário no mundo atual faz com que sua responsabilidade se torne maior, pois a área de influência de suas decisões pode repercutir na sobrevivência de milhares ou milhões de pessoas, ou até de toda uma nação. Por isso, o empresário deve ser consciente da transcendência de suas ações.

Em primeiro lugar, o espírito de serviço do empresário ou líder se manifesta em uma preocupação real pelas pessoas, sobretudo colaboradores e funcionários, fazendo-os partícipes dos bens da empresa. Uma empresa cumpridora de suas finalidades sociais exige "um modelo de empresário profundamente humano, consciente de seus deveres, honrado, competente e com um profundo sentido social que o faça capaz de rejeitar a inclinação para o egoísmo e prefira a riqueza do amor ao amor às riquezas".

A prioridade do emprego é uma razão profundamente moral, pois o trabalho é um bem do homem. Oferecer trabalho é movimentar a engrenagem essencial da atividade humana pela qual o trabalhador se apropria de seu destino, integra-se na sociedade inteira, e recebe, inclusive, outros tipos de ajuda, não como esmola, mas de certa maneira, como o fruto vivo e pessoal de seu próprio esforço. O homem sem trabalho está ferido em sua dignidade humana. A solução do problema do desemprego não é responsabilidade apenas do Estado; cabe também aos empresários e trabalhadores favorecer a superação da falta de postos de trabalho. Os empresários, mantendo o ritmo de produção de suas empresas, e os funcionáros, com a adequada eficiência em seus postos, dispostos a renunciar por solidariedade ao "duplo" emprego e ao recurso sistemático do trabalho "extraordinário", que reduzem, de fato, as possibilidades de admissão dos desempregados.

Ao diretor corresponde, finalmente, fazer com que a empresa e também seus objetivos e meios, sua organização e cultura, suas regras e costumes, suas práticas sejam éticos... Isso significa que todos esses aspectos da vida da empresa devem atender a uma condição mínima e um *desideratum* ótimo. O mínimo é que os fins, meios, organização, cultura, entre outros, não façam mal às pessoas, não lhes impeçam de alcançar seus objetivos de desenvolvimento. O ideal é que os ajudem a melhorar como pessoas e que favoreçam a consecução de seus propósitos.

O administrador enfrenta dificuldades e tentações consideráveis, em não poucas ocasiões. Por um lado, as dificuldades inerentes à própria gestão que, às vezes, convidam a abandonar a tarefa para dedicar-se a uma vida mais tranqüila. "Nos momentos de dificuldade é testado o vosso espírito empresarial. É necessário maior esforço e criatividade, mais sacrifício e tenacidade, para não retroceder na busca de vias de superação dessas situações, pondo todos os meios legítimos ao vosso alcance, e mobilizando todas as instâncias oportunas. Com efeito, a sobrevivência e o crescimento de vossos negócios ou investimentos interessam a toda a comunidade trabalhadora que é a empresa, e a toda a sociedade. Por isso, os tempos de crise representam um desafio não só econômico, mas acima de tudo ético, que todos temos de enfrentar, superando egoísmos de pessoas, grupos ou nações."

"Os empresários não deveriam esquecer deles próprios quando se trata de desenvolver todas as dimensões de uma vida verdadeiramente humana. A lei do lucro e as exigências de uma constância empresarial cada vez mais angustiante não podem nunca substituir o dever que todo homem ou mulher têm de estar disponível à família, ao próximo, à cultura, à sociedade e, sobretudo, a Deus. Essa disponibilidade múltipla para os valores superiores da pessoa humana ajudará certamente a dar ao próprio trabalho empresarial seu verdadeiro sentido e sua justa medida." (João Paulo II.)

As responsabilidades do empresário não o liberam das responsabilidades que tem com a família, os amigos e consigo mesmo. Pelo contrário, o cumprimento desses outros deveres é também essencial para sustentar rigorosamente sua atuação como empresário. É um ser como outro qualquer, que precisa desenvolver todas as dimensões da vida para alcançar a plenitude.

A dedicação exagerada ao trabalho tem importantes repercussões na sociedade, porque transtorna o sentido da existência devido às jornadas excessivas que não ajudam a vida familiar, a saúde psíquica nem o desenvolvimento integral da pessoa.

A ética afirmativa deve impor-se por si mesma. A responsabilidade social deve ser uma intenção básica, e não apenas requisito para obter dividendos, porque a grandeza do serviço ao bem comum assim o pede. Só a conquista de uma atitude orientada ao bem maior, o bem comum, pode dar às atividades empresariais todo o atrativo de aventura profundamente humana que sua própria condição requer. Não existem outros meios. Não basta sequer a ética "de compromisso", "de fronteiras" entre o bem e o mal nem, em muitas circunstâncias, a estrita legalidade: é necessário insistir na ênfase e, se necessário, na ressurreição dos princípios éticos como fonte importante nas condutas empresariais, e que não podem ser substituídos, por muito que se tente, pela legislação, nem pelas pressões sociais. O elemento ético tem um papel muito importante nas relações empresa-sociedade.

Quando a ética transcende responsabilidades

Contam que em um grande supermercado da cidade havia um vendedor que conversava muito com seus clientes e gostava de falar de Deus. Um dia em que dialogava com um cliente, confessou que não acreditava em Deus, dizendo:

— Olhe pela janela. Está vendo esse menino desnutrido e sujo pedindo esmola? Se existisse um Deus, não o permitiria. Olhe mais à frente. Você vê aquele indivíduo sem a perna direita, sujo e que anda dizendo a todos que tem AIDS? Chora para receber umas moedas. A verdade é que eu não acredito que Deus exista.

O cliente, que somente o escutava, pagou e saiu do supermercado. Dez minutos mais tarde volta e procura pelo vendedor, e lhe diz:

— Amigo, você acredita que existem os supermercados?

— Mas, meu senhor, você está dentro de um, está claro!

— Bem, saiba que na porta tem uma criança que parece não haver comido há vários dias, implora piedade e discute com os seguranças para entrar em busca de um pouco de comida.

Winston Churchill dizia: "O cidadão inglês que paga seus impostos, que sabe levar com honra o nome de sua pátria, mas que não faz nada para melhorar a sociedade inglesa, será um ladrão de seu tempo".

Não há dúvida de que, quando a empresa não vai além da superfície, e somente vê a pessoa como um cliente a mais, está condenada a mergulhar no mar da mediocridade e do não comprometimento e ficará amarrada à ausência de ideais – esta foi a característica mais marcante das empresas que fracassaram, muito antes de terminar o século passado, assim como daquelas que não puderam atravessar o segundo ano do novo milênio.

Conclusão

Os avanços na ética dos negócios se relacionam mais diretamente, como mencionamos anteriormente, com as próprias empresas, porque foram formulados principalmente para elas. Com exceção do feminismo e do pragmatismo, são poucas as teorias éticas que se relacionam especificamente com as empresas e seus problemas particulares. Cada teoria aborda alguns ou todos os problemas relacionados com a ética tradicional, que foi utilizada quase de maneira exclusiva, quando o campo da ética nos negócios surgiu pela primeira vez como área específica de estudo. Existe e continua surgindo uma riqueza enorme de esforços interessantes e criativos para estabelecer a dimensão normativa da responsabilidade social, que começava a diminuir devido ao enfoque na resposta social corporativa e na política pública. Os mesmos esforços se fazem por torná-la ponto central da solução dos problemas sociais, redefinindo-os, até certo ponto, como problemas éticos e analisando-os com base em referências normativas. Não há dúvida de que serão feitos outros esforços desse tipo à medida que continuem sendo abordadas questões éticas com relação às práticas e políticas das organizações de negócios.

As empresas não se medem mais apenas por sua rentabilidade; seu compromisso com a sociedade agora é um ativo. A esfera privada assumiu, atualmente, uma função pertinente como ator social. Os conceitos de cidadania e responsabilidade se instalaram nos diferentes campos: estado, mercado e sociedade civil.

Com relação à atividade empresarial, registram-se nos últimos tempos numerosos exemplos de sistematização de políticas de *responsabilidade social* sob a proteção do conceito da responsabilidade corporativa, cujas diversas interpretações agradaram aos teóricos, mas cuja concretização marcou o antes e o depois na relação empresa/comunidade.

Essas atividades surgem espontaneamente como resposta a uma crise social ou como a expressão de uma cultura corporativa renovada que assume compromissos, realizando ações que podem transformar-se em programas concretos de relação ou interação com a comunidade, e que chegam inclusive a materializar-se em áreas de trabalho formalizadas no organograma das companhias ou através de fundações empresariais.

Como reflexo da importância assumida pela *responsabilidade social empresarial*, cada vez existem mais estudos e pesquisas que sondam a atividade dos empresários neste campo de ação. Este processo tem seu equivalente em entidades que procuram destacar e premiar tais comportamentos corporativos como um mecanismo para sua reprodução. Todos esses prêmios diferenciam as práticas de *responsabilidade social*, concretizadas por profissionais e empresas, hoje consideradas extremamente importantes no âmbito empresarial. Os prêmios registram e põem em evidência o que está acontecendo no setor empresarial e sua relação com a comunidade. Também são uma demonstração das inquietações dessas companhias e um termômetro do que acontece em nível social, porque os diferentes programas apresentados para a obtenção destes prêmios respondem a uma demanda social concreta.

CASO PRÁTICO

Peñoles

Antecedentes

A Metalúrgica Mexicana Peñoles (Met-Mex Peñoles) é uma companhia mexicana voltada a atividades de aproveitamento de recursos naturais não renováveis, como a exploração, mineração, fundição, refinação e comercialização de minérios metálicos. Além disso, participa atualmente no setor químico-industrial, refratário e, recentemente, no de tratamento de águas dos resíduos municipais.

Sua produção anual é de 50 milhões de onças de prata, não existindo no mundo outra produtora que se iguale na extração e fundição deste metal. Além disso, é a maior produtora em escala mundial de bismuto e sulfato de sódio. É a primeira produtora de ouro do México e da América Latina, a quarta no mundo em produção de chumbo, e a sétima em extração de zinco.

Pela sua quantidade de ativos, a Peñoles é o segundo grupo minerador do México. Com mais de 115 anos de operação, a empresa, com sede na sua cidade de origem, Torreón, Coahuila, na região nordeste do México, está aproveitando sua experiência para penetrar em novos mercados. Sem sair de seu principal negócio, a mineração, a Peñoles busca permanentemente fazer negócios com novos minérios e recursos naturais, o que diversifica o risco e proporciona estabilidade.

A empresa emprega diretamente mais de 2500 pessoas, o que gera uma distribuição econômica mensal de 14 milhões de pesos mexicanos somente em salários. A empresa recebe produtos e serviços de 970 fornecedores e empreiteiros, e consome matéria-prima procedente de 134 fornecedores de minérios de diferentes partes do México.

Como em muitos processos de fundição, as operações da empresa são uma das fontes principais de emanação de chumbo. Outras fontes que descartam chumbo são as fábricas de baterias, pinturas, louça de barro vitrificado, cozido a baixa temperatura, e as gasolinas com tetra-etil de chumbo. Por esta razão, a Peñoles foi acusada de poluir com chumbo as áreas vizinhas a suas instalações de Torreón.

Os primeiros estudos sobre o problema de contaminação com chumbo em Torreón foram realizados em 1978. Mas esse problema na região, na verdade antecede a esse estudo, porque a empresa iniciou suas operações na área 115 anos atrás, em uma época em que não existia consciência ecológica nem a tecnologia necessária para o controle ambiental.

Em suas origens, o complexo principal da Peñoles encontrava-se em uma zona despovoada, nos subúrbios da cidade de Torreón. A região é semidesértica, com chuvas escassas e ventos fortes em determinadas épocas do ano, fator agravante pois qualquer emissão poluente apresentará altas concentrações no ar. Não existe na área uma camada vegetal natural que impeça que esses poluentes possam ser removidos do chão para o ar.

O envenenamento com chumbo é considerado um grave problema de saúde pública. De fato, o chumbo é considerado um dos 10% dos materiais mais perigosos para a saúde humana.

O chumbo é um metal pesado, azulado, suave e maleável. Não é biodegradável e se conserva no solo, no ar, ou na água e nunca se degrada, por isso se acumula nos locais onde é depositado, e pode chegar a envenenar várias gerações de crianças e adultos, a menos que seja retirado.

O envenenamento com chumbo impede o desenvolvimento do sistema neurológico; retarda o crescimento e gera problemas digestivos. Pode causar convulsões, colapsos e até a morte. Também é causa de anemia, porque impede a formação de moléculas que transportam o oxigênio.

Recentemente, a empresa foi acusada também de poluir a área com cádmio e arsênico.

Definição do problema

O problema abordado neste caso é a concentração de chumbo encontrado no sangue de muitas pessoas cujas moradias estão próximas da unidade de fundição pertencente à empresa internacional Met-Mex Peñoles, localizada em Torreón, Coahuila, México. De cinquenta crianças submetidas a estudos em 1998, vinte e sete tinham concentrações menores que 10 µg/dL de chumbo no sangue, nove entre 10 e 14 µg/dL, e quatro meninos entre 40 e 69 µg/dL. Ao se fazer um mapeamento de todas as crianças, descobriu-se que a concentração de chumbo no sangue aumentava com a aproximação das instalações da empresa.

Os casos foram levados ao conhecimento da Secretaria de Saúde pelo dr. José Manuel Velasco Gutiérrez. A repartição não fez nada a respeito. Nesse mesmo ano de 1998, um pesquisador em toxicologia do estado de Durango publicou um estudo onde se constatam concentrações de chumbo no sangue com a média de 8,7 µg/dL em uma escola localizada a uma distância de mais de 5 quilômetros da empresa. Analisou outra amostra em outra escola a 9 quilômetros da Peñoles, e encontrou uma média dos níveis de chumbo no sangue de 22,4 µg/dL. Em outra escola mais próxima da fundição, as concentrações alcançaram valores de 28,8 µg/dL. A porcentagem de crianças com níveis de chumbo no sangue, de acordo com as concentrações encontradas foi de 6,8%, 84,9% e 92,1%. As concentrações de chumbo no ar foram de 3,25 ± 2,59 µg/m^3, 6,03 ± 2,07 µg/m^3 e 8,16 ± 5,65 µg/m^3. Os valores de chumbo na água foram, em todos os casos, menores que 6 µg/dL.

Os estudos realizados determinaram que a via pela qual o chumbo entra no organismo dos afetados é a boca, ao ingerir o pó contaminado. Uma boa dieta e higiene podem ajudar a população a proteger-se melhor. Porta-vozes da Peñoles e da Secretaria de Saúde disseram que as vítimas são culpadas pelo envenenamento devido a falta de higiene. Mas a dieta e os hábitos de higiene não são a causa do problema.

O dr. Velasco, ao perceber a indiferença da Secretaria de Saúde, foi à imprensa e ao estado de Coahuila. Um deputado que se interessou pelo caso informou ao Congresso. O Congresso exigiu de três organismos – Secretária de Saúde e Meio Ambiente, Recursos Naturais e Pesca, e Procuradoria Federal de Proteção Ambiental – Profepa, que investigassem o problema e procurassem soluções. Esses organismos formaram uma comissão para cuidar do problema, mas não funcionou satisfatoriamente por várias razões, entre as quais se destacam as práticas deficientes de análise. A Secretaria de Saúde impôs como limite 25 µg/dL como concentração de envenenamento com chumbo, contra uma disposição expressa da comissão no sentido de adotar a norma norte-americana que considera 10 µg/dL como o máximo aceitável. Outras iniciativas que esses departamentos desenvolveram foram a busca de chumbo na água potável, mesmo sendo evidente que não era essa a via que causava a contaminação. Também foram programadas reuniões sem avisar os grupos ambientalistas. A conseqüência destas disposições foi um atraso nas ações urgentes requeridas pelo envenenamento das crianças e dos adultos. A burocracia da Secretaria de Saúde fez com que centenas de resultados não fossem entregues aos interessados.

Os efeitos dessa contaminação foram notórios a partir de 1998, e em 1999 o problema foi tratado com mais seriedade. Esse caso está fundamentado nos dados obtidos desde o ano de 1999 até hoje, para verificarmos quais foram as ações executadas pelos participantes e pelas vítimas neste grave problema.

Justificativa

O estudo para investigar de onde vem o pó ingerido pelas pessoas afetadas que moram perto da fundição Peñoles é muito importante para avaliar as dimensões do problema e estabelecer as estratégias necessárias para remediá-lo. Uma vez que o pó que os afetados ingerem contém chumbo, arsênico e cádmio, ele provoca envenenamentos contínuos na população próxima.

Os pesquisadores da Escola de Medicina de Dartmouth, New Hampshire, retiraram amostras de pó em diversos pontos da cidade de Torreón. As provas foram analisadas para determinar o conteúdo de chumbo, arsênico e cádmio. Os resultados foram comparados com outras cidades do norte do México. Foi feita a comparação com Monterrey, onde há muito tempo deixou de funcionar uma refinaria de chumbo, e com Chihuahua, onde em 1990 existia apenas uma fundição ativa. Os resultados indicaram Torreón como a cidade cujos solos contêm índices muito altos de contaminação.

As amostras nas proximidades da Peñoles revelaram que havia concentrações de chumbo que variavam de 787 até 13231 µg/g (com média de 2448 µg/g), quando a concentração máxima permitida nos Estados Unidos para indicar que um local não está mais poluído, é de 500 µg/g (500 partes por milhão). A concentração de arsênico era de 50 a 788 µg/g (média 113 µg/g), quando o nível máximo permitido, para demonstrar que um local não está mais poluído nos Estados Unidos é de 65 µg/g. O pó continha cádmio em concentrações de 11 a 1497 µg/g (média 112 µg/g), quando o nível máximo para poder determinar que um local poluído não está mais contaminado é de 20 µg/g. Os investigadores fizeram um levantamento bibliográfico e determinaram que o chumbo e o arsênico que existiam em Torreón eram equiparáveis aos encontrados em outros locais. O cádmio, que é o material mais tóxico dos três, chegava a concentrações tão altas que jamais haviam sido encontradas nas publicações científicas. Efetuou-se uma regressão numérica entre a concentração de tóxicos e a distância entre as amostras tomadas com relação à fundição Peñoles, e foi encontrada uma relação exponencial. Isto prova que a fundição era a fonte de emissão de arsênico, cádmio e chumbo.

Depois da publicação desse estudo começaram a ser procuradas e encontradas as vítimas de envenenamento com arsênico e cádmio. O fato é muito preocupante e justifica o estudo, já que uma das vítimas era um bebê recém-nascido, com 23 µg/dL de chumbo e 11 µg/dL de cádmio.

Os resultados das análises em 1999

Os estudos relacionados com o chumbo, realizados pela Secretaria de Saúde e Desenvolvimento Comunitário do Estado de Coahuila, mostram que até fevereiro de 1999, 90% das crianças mostravam concentrações inaceitáveis de chumbo no sangue (mais de 10 µg/dL), e quase 50% das crianças tinham concentrações que precisavam de tratamento clínico e mudança de endereço imediatos (mais de 25 µg/dL). Os dados reunidos em 31 de agosto de 1999 indicavam que de 5956 pessoas submetidas a estudos, 5259 (equivalente a 88% do total) apresentaram concentrações de chumbo no sangue acima de 10 µg/dL. Inexplicavelmente, as estatísticas de 392 pessoas desapareceram.

Uma vez que a concentração de chumbo se reduz mediante um tratamento que pode incluir o uso de agentes quelantes, essas crianças e suas famílias deveriam ser transferidas para que não voltassem ao ambiente que os envenenou tão gravemente. No início de 1999, e já com conhecimento do problema, não haviam sido consideradas mulheres grávidas nem como população exposta, nem como sujeitas a análises e tratamento.

O governo do estado de Coahuila anunciou que realizaria um estudo no solo de Torreón para detectar vários metais pesados, ainda que tivesse que realizar esse estudo em um parque e não nas imediações da fundição Peñoles, como seria o correto. Prometeram apresentar o resultado dos estudos, mas isso não aconteceu e argumentou-se que a dinâmica do problema tinha sido mudada, e por isso não se divulgaram os resultados.

É conveniente ressaltar que os resultados do estudo do estado da Coahuila continuam até esta data desconhecidos para o público. Entretanto, algumas informações foram conseguidas dos meios de comunicação, por exemplo:

- Concentrações altíssimas de metais pesados na população próxima à fundição Peñoles. Os níveis encontrados são superiores aos relatados no

estudo de Darthmouth. Isso sugere a deterioração do problema pela inatividade e complacência das autoridades ambientais e da Peñoles.
- As concentrações se reduzem em proporção à distancia das amostras em relação à fundição Peñoles.
- O limite dos 1600 metros (como regra) da fundição é muito inferior ao limite norte-americano para considerar que um local poluído foi recuperado. Não se deveria permitir que pessoas morassem perto da fundição, mas ocorre o contrário.

É evidente que a população em risco é muito maior do que a que governo considerou, pois se limitou a considerar as colônias vizinhas à fundição.

O programa do governo de Coahuila destacou os pontos para resolver o problema de envenenamento com chumbo que as crianças de Torreón apresentam. Qualquer programa de proteção por parte de um organismo oficial deverá conseguir que as emissões sejam eliminadas, vigiar de forma permanente a indústria, realizar ações de correção, aplicar medidas sanitárias e programas de recolocação das populações próximas mais afetadas diretamente. Alguma coisa foi feita, mas a demora e inoperância por parte das autoridades, que sabem desses problemas há pelo menos 20 anos, geraram ceticismo e incredulidade entre os habitantes de Torreón.

Estratégias adotadas pelas autoridades responsáveis

O governo do estado de Coahuila anunciou em 5 de maio de 1999 um programa para enfrentar a emergência ambiental e sanitária provocada pelo funcionamento incontrolado da fábrica da Peñoles em Torreón, mas faltaram metas mensuráveis; com relação a isso, deve haver programas com metas na redução da concentração de chumbo no sangue, assim como os prazos em que se pretende alcançar tais metas.

Do mesmo modo, nas ações não participaram vizinhos, nem ambientalistas, nem investigadores conhecedores do assunto, apenas pessoas alheias ao problema.

Lista de ações propostas pelo governo em 1999

Depois de meses de confusão e inadequação, o governo do estado e a Profepa anunciaram conjuntamente um programa integral para enfrentar a emergência ambiental e de saúde pública. A Profepa ordenou à Peñoles que implantasse 81 medidas para reduzir suas emissões de gases e pó com chumbo. O governador realizou uma conferência junto com o procurador federal de proteção ambiental Antonio Azuela. O objetivo era anunciar um programa de ações para enfrentar o problema, a supervisão das emissões da fábrica da Peñoles, a recuperação dos solos poluídos e o atendimento da população afetada.

Categoria	Ações específicas
A empresa está em contingência ambiental	Conforme o nível de emissão de bióxido de enxofre, a empresa pode ser declarada em fase I, II ou III, e limitar seu processo produtivo e diminuir suas emissões.
Continuar com a análise sistemática das tendências	Ter um sistema que relate as emissões de poluentes, inclusive chumbo, e a concentração encontrada no ar perto das empresas.
Programa de correção	Programa de retirada de pó contaminado e programa de pavimentação ou reflorestamento das zonas não pavimentadas.
Transferência das famílias	Ordena-se a transferência das famílias da terceira seção da colônia Luis Echeverría. Também se ordena a transferência das crianças com tratamento especial devido à alta concentração de chumbo no sangue.
Medidas sanitárias	Deverão continuar os diagnósticos de chumbo no sangue. O estado criará programas de educação ambiental e sanitária. Os custos dos programas serão arcados pela empresa.
Constituição de um fideicomisso	A empresa constituirá um fideicomisso com uma quantidade inicial de 60 milhões de pesos para monitorar o tratamento das pessoas afetadas com altos níveis de chumbo e que apresentem seqüelas.
Integração de uma comissão ambiental	Formou-se uma comissão ambiental por parte das autoridades de saúde, ambiente e desenvolvimento social para garantir que se apliquem as medidas. Será realizada uma avaliação diária de contingências, e o público será informado sobre os valores das emissões e as medidas adotadas.

Os meios de comunicação e os cidadãos que assistiram ao evento qualificaram de insatisfatórias as ações que o governo anunciou, e foram recebidas com incredulidade, já que em nenhuma dessas ações a empresa pareceu participar. Além disso, não foram fixadas metas específicas nem quantitativas para avaliar as ações corretivas adotadas; não participaram nem cidadãos nem organizações independentes; e não se fez nenhuma menção ao problema do cádmio e do arsênico.

O procurador informou que as emissões de chumbo, identificadas como "emissões fugazes", eram conseqüência do manuseio de materiais ao ar livre.

Ações corretivas por parte da empresa[3]

A empresa Metalúrgica Mexicana Peñoles tem em suas mãos a responsabilidade de administrar e dirigir o Fideicomisso do Programa de Metais, dentro de um novo esquema em que os governos federal e estadual se comprometem a fiscalizar para que sejam fornecidos os recursos necessários para remediar a contaminação ambiental e prevenir, tratar e reabilitar a população que apresente alterações na saúde.

Segundo E. Rubio, da Profepa, em 1997, Torreón enfrentou um problema originado das emissões de metais pesados procedentes da fábrica, por isso foi determinado que a empresa trabalhasse com 50% e reduzisse em 25% os níveis de operação, além de adotar medidas básicas que resultaram em uma diminuição importante da contaminação. A Peñoles adotou 140 de um total de 182 itens de correção, até cumprir a norma de 1,4 microgramas por metro cúbico de emissões para a atmosfera.

A Profepa constatou que a empresa metalúrgica cumpriu as normas de qualidade do ar após implantar medidas como cobrir 45000 m^2 do terreno onde se realizam suas atividades produtivas, a pavimentação de corredores internos e 300000 m^2 de ruas, em um raio de 4 quilômetros.

Com relação à assistência à população contaminada, a Peñoles destacou que a atenção médica se ampliou de 23 a 36 colônias, com fiscalização e vigilância sobre mais de 30000 crianças de 0 a 15 anos. Em 1998, a média de chumbo no sangue era de 25,1 microgramas por decilitro, enquanto em 2004 havia baixado para 7,6, segundo informou a empresa.

O diretor-geral da Peñoles entregou ao governo estatal recursos da ordem de 18 milhões de pesos para serem aplicados no fideicomisso em 2004.

Monitoramento e vigilância

Anunciou-se que a fundição Peñoles entraria, a partir de data preestabelecida, na denominada Fase 1, o que significaria uma redução de 25% de suas atividades. Não sendo corrigido o problema das emissões, passaria para a Fase II, na qual o seu funcionamento seria reduzido em 52%. Ao persistirem as emissões, se procederia à Fase III, a interrupção total da fundição.

- A Fase I se aplica se o SO_2 alcançar uma concentração entre 0,2 e 0,35 partes por milhão durante um período de 30 minutos.
- A Fase II ocorre quando o SO_2 alcança uma concentração entre 0,35 e 0,45 partes por milhão durante um período de 10 minutos.
- A Fase III acontece quando o SO_2 alcança uma concentração superior a 0,45 partes por milhão em períodos muito curtos entre 5 minutos e 30 segundos.

Não se explicou com detalhe o critério aplicado para usar o dióxido de enxofre como o marcador que regula a emissão de chumbo. Peñoles indicou que a redução das atividades em cada uma das fases de contingência diminuisse o manuseio de

---

[3] Reportagem "Fideicomisso de Metais Será Dirigido pela Peñoles". *O Século de Torreón*, http://200.23.19.130/start/nlD/26511/.

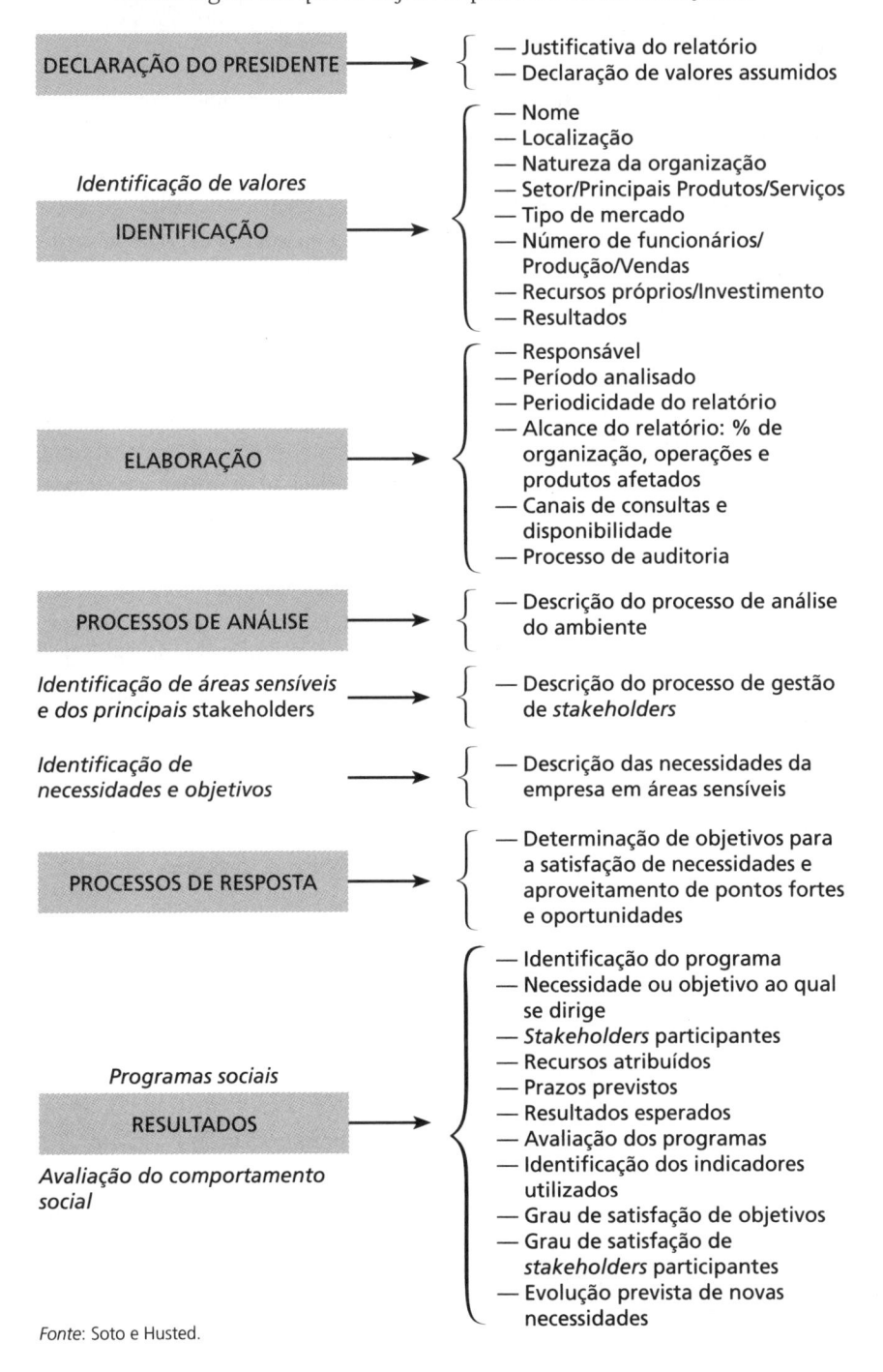

A implantação da responsabilidade social corporativa

materiais, e, por essa via indireta, diminuíssem as emissões de chumbo. Entretanto, esta lógica não se aplica se as emissões de SO_2 estiverem dentro da norma e as de chumbo, não. A fábrica continuará operando mesmo emitindo chumbo. Além disso, o plano anunciado pelo governo do Estado e a Profepa *considerava que a vigilância das emissões e aplicação dos graus de redução das atividades da fábrica seria de responsabilidade do pessoal da Peñoles.*

O estado da Coahuila anunciou em junho de 2001 o início da Fase III, ou seja, a suspensão total da máquina nove. Esse anúncio foi falso. Inexplicavelmente, Rogelio Cepeda continua atuando como delegado da Profepa em Coahuila, e sua tentativa de engano nem sequer mereceu uma repreensão por parte de seus superiores, embora causasse assombro na mídia e entre os cidadãos.

Medições[4]

Segundo a Profepa, entre 1996 e 1999 houve concentrações de chumbo em excesso com 1,5 µg/m³ em várias estações de monitoramento, que é o máximo permitido pela norma mexicana.

Após os altos níveis divulgados em 1999, a companhia investiu mais de 15 milhões de dólares em novos equipamentos anticontaminantes, de ventilação, captação de pó, sistemas de monitoramento e isolamento de áreas de produção. Estas medidas surtiram efeito, e em 2002 foram divulgadas reduções nas concentrações de chumbo encontradas em crianças lactantes. Observou-se que somente na estação alfandegária, onde se localiza a empresa, alcançavam-se níveis superiores à norma mexicana.[5]

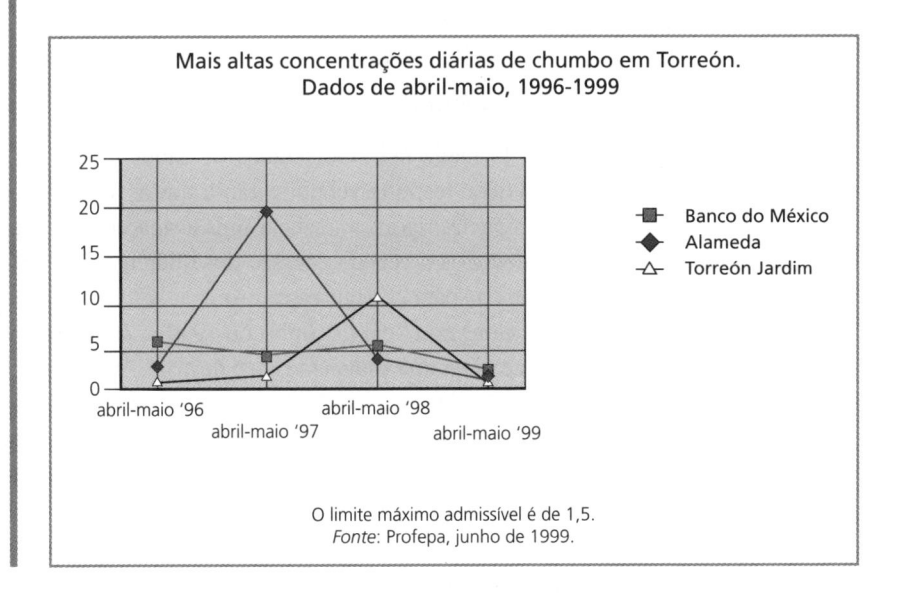

**Mais altas concentrações diárias de chumbo em Torreón.
Dados de abril-maio, 1996-1999**

- ■ Banco do México
- ◆ Alameda
- △ Torreón Jardim

O limite máximo admissível é de 1,5.
Fonte: Profepa, junho de 1999.

---

[4] Relatório da Profepa, junho de 1999. www.profepa.gob.mx.
[5] Fonseca, Omarilis. Análise eletroquímica, 2002. Tese de doutorado, Universidade de Barcelona.

Programa de correção

O programa de correção tinha o objetivo de erradicar o pó de chumbo que se acumulou nas casas próximas à fábrica; concentrou-se na retirada de entulhos e lixo de ruas e casas, assim como em aspirar as ruas, calçadas e interior das residências. Não há informações sobre as ações de pavimentação nem de reflorestamento. As condições climáticas e atmosféricas de Torreón, assim como a pouca colaboração de alguns vizinhos, não permitem que se avance da maneira desejada.

Remoção dos vizinhos

Como medida rápida para solucionar a situação apresentada em 1999, a empresa decidiu deslocar os vizinhos de risco máximo. Suas propriedades foram compradas e eles foram instalados em zonas afastadas ou sem perigo de contaminação. Em tais negociações, foram relatadas queixas abundantes dos vizinhos pelo tratamento tirano da empresa e das autoridades.

O governo coahuilense definiu como zona de risco a terceira seção da colônia Luis Echeverría, entre a avenida Madero e a Antiga Alfândega, por isso ordenou o deslocamento das famílias assentadas. As repercussões econômicas desta operação seriam cobertas pela empresa.

Medidas sanitárias

O governo anunciou seu programa sanitário, que incluía:

- continuar com os diagnósticos;
- continuar proporcionando assistência médica;
- oferecer imediatamente critérios para programas de educação ambiental e saúde.

Formação de uma comissão ambiental

Esta nova instância burocrática formada pelas Secretarias de Saúde, Meio Ambiente e Desenvolvimento Social ficou responsável por garantir que as medidas de prevenção fossem aplicadas de maneira rigorosa, realizar uma avaliação diária da contingência e informar diariamente os níveis de emissão dos diferentes poluentes, assim como as medidas adotadas para corrigir esses níveis.

O governo de Coahuila anunciou, no início de junho de 1999, a formação de comissões para dar continuidade ao programa anunciado em 5 de maio. As comissões seriam de Saúde, Meio Ambiente e Deslocamento. Os deputados locais recomendaram a integração dos vizinhos afetados, dos deputados e dos grupos ambientalistas nas diversas comissões e no fideicomisso, o que foi aceito. Algumas pessoas e organizações foram convidadas e chegaram a participar das reuniões de fiscalização.

Norma mexicana sobre chumbo no sangue

Em abril de 1999 os deputados de Coahuila solicitaram ao secretário de Saúde a promulgação de uma norma sobre o chumbo no sangue. Foi utilizada a norma norte-americana como base para a norma nacional. Em 25 de junho de 1999 foi promulgada a Norma Oficial Mexicana NOM-EM-004-SSA1-1999 que tratava desse problema. Nas Tabelas 3-1 e 3-2 estão descritas as ações consideradas na norma, tanto para crianças menores de 15 anos e mulheres grávidas como para a população em geral.

Nota-se que, comparativamente, a norma mexicana é menos rigorosa do que a norte-americana. Em 1999, segundo a Secretaria de Saúde e Desenvolvimento de Coahuila, menos de 100 crianças haviam recebido tratamento pelo conteúdo de chumbo em seu sangue, e se a norma norte-americana fosse aplicada, a quantidade de crianças tratadas seria superior a 1000. Segundo o dr. Manuel Velasco, uma má decisão da Secretária de Saúde privou de tratamento mais de 90% das crianças que o necessitavam.[6]

Cronologia de ações depois de 1999

Apresentamos a seguir as principais ações ocorridas entre 1999 e hoje, que oferecem um guia para o desenvolvimento deste caso e informam se as partes cumpriram suas responsabilidades.

Ano 2001

Abril de 2001. Os cidadãos de Torreón exigem ajuda das autoridades.[7] Aos gritos, exigiram a presença do prefeito Salomón Juan Marcos, mas foi Javier Garza, primeiro coordenador, quem ouviu as demandas que incluía a construção de um centro multidisciplinar para atender aos menores que sofrem de concentrações elevadas de chumbo no sangue; o deslocamento das crianças que já receberam o tratamento de quelação e o fechamento imediato da fábrica da Peñoles.

Junho de 2001. Solicitam à Profepa que cumpra as leis federais.[8] O pediatra Juan Manuel Velasco solicitou a intervenção da Secodam para que a Profepa cumpra as leis federais em matéria de proteção ambiental e impacto à saúde pública nesta cidade, onde se registrou um grave problema pelas emanações de chumbo da empresa metalúrgica Met. Méx. Peñoles.

Julho de 2001. Há uma tendência de redução dos níveis de contaminantes.[9] De acordo com os resultados das amostras de chumbo no sangue dos menores afetados pela contaminação da empresa Peñoles, há uma tendência de redução nos níveis, afirmou o médico Víctor Luján. De abril de 1999 até esta data foram internados um total de 200 menores de idade com altos níveis de chumbo no sangue, 75 pela presença de arsênico e 18 por apresentar chumbo e arsênico.

---

[6] Vázquez, Gabriela. "Crianças com chumbo continuam sem receber Succimer: MVG", 24 de julho de 1999, http://www.texascenter.org/publications/torreon.pdf.
[7] Ma. Elena Sánchez. "Os cidadãos de Torreón exigem ajuda das autoridades." *El Norte*. Monterrey, México, 21 de abril de 2001, Seção Nacional, p. 18.
[8] Ma. Elena Sánchez. "Solicitam da Profepa que cumpra as leis federais." *El Norte*. Monterrey, México, 16 de junho de 2001, Seção Nacional, p. 16.
[9] Ma. Elena Sánchez. "Há uma tendência de redução nos níveis de contaminação de Torreón." *El Norte*. Monterrey, México, 22 de julho de 2001, Seção Nacional, p. 20.

Tabela 3-1 Ações básicas de proteção para crianças menores de 15 anos e mulheres grávidas*

Nível de chumbo no sangue (µg/dL)	Ações
< 10 Categoria I	Não se requer nenhuma ação, a menos que ocorram mudanças nas fontes de exposição. Nesta categoria, não se considera que o chumbo afete a um indivíduo.
10-24 I Categoria II	Repetir a prova de chumbo em sangue venoso, pelo menos a cada 6 meses depois do primeiro resultado até diminuir para menos de 10 µg/dL. Realizar uma avaliação médica completa para diminuir o NPS. Proporcionar à família educação sobre higiene pessoal, prevenção de exposição ao chumbo e nutrição. Se os níveis persistirem, devem se tomar medidas necessárias para controlar ou eliminar a fonte de exposição. Informar à autoridade sanitária. Negociar com a autoridade competente o controle ou a eliminação da fonte de exposição ao chumbo.
25-44 Categoria III	Repetir a prova de chumbo em sangue venoso imediatamente depois do primeiro resultado para confirmar o nível de chumbo no sangue. O especialista deve realizar uma avaliação médica integral para determinar o tipo de atendimento (tratamento do caso): • Recomendações higiênico-dietéticas. • Complementos alimentares (cálcio, ferro ou ambos, entre outros). Notificar imediatamente o caso à autoridade sanitária. Repetir o teste de chumbo no sangue venoso a cada três meses, até alcançar a categoria II. Realizar a determinação de níveis de chumbo no sangue em pessoas que convivam com o afetado. Proporcionar à família educação sobre higiene pessoal para a prevenção da exposição ao chumbo e nutrição. Realizar uma investigação para identificar a rota e a via de exposição. Retirar o afetado da fonte de exposição. Negociar com a autoridade competente o controle da fonte de exposição.
45-69 Categoria IV	Além do indicado na categoria III: Notificar imediatamente o caso, pelo meio de comunicação mais rápido, à autoridade sanitária. Repetir as provas de chumbo em sangue venoso mensalmente, até que a concentração alcance o correspondente à categoria III. Em caso de apresentar sintomas, o médico especialista deve definir o tratamento específico. O tratamento deve ser ministrado em um hospital. Negociar com a autoridade competente o tratamento ambiental imediato. Realizar acompanhamento médico integral. Informar o serviço de assistência social para acompanhamento, se for o caso.
> 70 Categoria V	Além do indicado na categoria IV: Um indivíduo neste nível deve ser considerado como caso para atenção médica imediata e, ocasionalmente, de urgência médica. Hospitalizar, realizar uma avaliação por um médico especialista e começar imediatamente o tratamento correspondente, após a identificação da fonte. O tratamento deve ser aplicado no hospital. Repetir pelo menos semanalmente a prova de chumbo no sangue venoso, até que a concentração alcance a categoria IV. Negociar com a autoridade competente a eliminação da fonte de exposição.

*Fonte: NOM EM-004-SSA 1-1999, 25 de junho de 1999.

Tabela 3-2 Ações básicas de proteção à população em geral maior de 15 anos

Nível de chumbo no sangue (µg/dL)	Ações
< 25 Categoria I	Não se requer nenhuma ação, a menos que ocorram mudanças nas fontes de exposição. Considera-se que um indivíduo nesta categoria não é afetado pelo chumbo.
25-34 Categoria II	Notificar o caso à autoridade sanitária. Proporcionar à família educação sanitária com relação às fontes de exposição ao chumbo e sobre nutrição. Repetir a prova de chumbo no sangue a cada seis meses, até alcançar a concentração da categoria I. Realizar uma investigação para identificar a fonte e rotas de exposição. Se os níveis persistirem, negociar com a autoridade competente a eliminação da fonte de exposição.
35-44 Categoria III	Além do indicado na categoria II: Repetir provas de chumbo no sangue a cada três meses, até alcançar concentração da categoria II. Realizar a determinação dos níveis de chumbo no sangue das pessoas que convivam com o afetado. Negociar com a autoridade competente o controle ou eliminação da fonte de exposição de chumbo.
45-69 Categoria IV	Além do indicado na categoria III: Repetir a prova de chumbo em sangue venoso para confirmação, imediatamente depois do primeiro resultado. Realizar uma avaliação médica integral para determinar o tipo de tratamento médico e higiênico-nutricional. Fazer acompanhamento médico integral. Negociar com a autoridade competente o controle imediato da fonte de exposição.
70 Categoria V	Além do indicado na categoria IV: Efetuar uma avaliação médica por especialista e definir o tratamento hospitalar. Repetir pelo menos semanalmente a prova de chumbo no sangue venoso, até que as concentrações alcancem a categoria IV.

Ano 2002

Janeiro de 2002. Jaime Lomelín Guillén, diretor-geral da empresa, esclarece que continuarão as operações procurando novos mercados e novos negócios, sem abandonar a mineração.[10]

---

[10] http://emprendetec.itesm.mx/pai/publico/expertos/notapublica.asp, 12 de junho de 2002.

Ele declarou que esse foi um problema já superado, e acrescentou: "Não sejamos tolos; estamos aqui há mais de 100 anos, começamos quando não existia consciência ecológica, além disso, não havia sistema tecnológico de controle ambiental... entretanto, enfrentamos e resolvemos o problema".

O custo para limpar a imagem da Peñoles e o chumbo de Torreón foi de 70 milhões de dólares, utilizados na sistematização de controles rigorosos da emissão de partículas e na correção do problema na população.

3 de fevereiro de 2002. Abortos atribuídos à contaminação.[11]

Em menos de um ano se registraram sete casos de aborto ou mortes de recém-nascidos na colônia Luis Echeverría, e poderiam estar relacionados com a contaminação produzida pela empresa Met-Mex Peñoles, disse ontem Martha Arreola, integrante do Movimento Cidadão em Defesa das Crianças Afetadas por Metais Pesados.

4 de novembro de 2002. Estatísticas de contaminados.[12] O caso de dois bebês que apresentam uma alta concentração de chumbo, comunicado à opinião pública, faz parte do total de menores que ainda continuam afetados pelas emissões da metalúrgica Met-Mex Peñoles, segundo o doutor Víctor Luján, coordenador do Programa de Atendimento à População com Exposição a Metais da Secretaria de Saúde de Torreón.

Um recém-nascido e uma menina de um ano de idade desta cidade fazem parte de 53% dos menores de idade que têm mais de 10 microgramas de chumbo por decilitro de sangue, de um total de 15159, dos quais foi retirada uma amostra neste ano.

Em relação à acusação que as donas de casa fizeram sobre o fato de que a Peñoles continua poluindo, e que por isso há crianças que apresentam altos níveis de chumbo e outros metais, Luján disse que à autoridade ambiental corresponde controlar as emissões, e que ao setor de saúde corresponde o controle biológico.

15 de novembro de 2002. Valor das ações. Depois de uma queda de 82% no valor de suas ações no período de fevereiro de 1998 a janeiro de 2001, no qual alcançou um mínimo de 5,76 pesos, neste ano de 2002 sua ação se valorizou em 78% a 16,41 pesos no fechamento da sexta-feira.

Ano 2003

Em meados de março de 2003, o tema Peñoles voltou ao conhecimento público pelos jornais, com uma lembrança dos fatos ocorridos em relação à contaminação por chumbo no final de 1998.

Diante desses fatos, Luis Rey Delgado, gerente de Vinculação e Desenvolvimento Social da Met-Mex Peñoles, fez uma publicação na qual comentava que

---

[11] Ma. Elena Sánchez. "Atribuem à Peñoles 7 abortos". *El Norte*, Monterrey, México, 3 de fevereiro de 2002, Seção Nacional, p. 16.

[12] Ma. Elena Sánchez. "Admitem persistir em Torreón a contaminação por chumbo". *El Norte*, Monterrey, México, 4 de novembro de 2002, p. 22.

efetivamente, no final de 1998, detectou-se que as crianças que moravam nos arredores da Peñoles apresentavam níveis de chumbo no sangue superiores a 10 microgramas por decilitro de sangue, que é o máximo considerado como seguro pelos Centros para o Controle de Doenças dos Estados Unidos (CDC, em inglês). Naquele momento, a média encontrada nas crianças vizinhas da Peñoles foi de 27 microgramas por decilitro de sangue.

Entretanto, segundo Rey Delgado, depois de vários anos de intenso trabalho por parte de todos os setores da população, em 2001 o próprio CDC de Atlanta realizou um estudo das concentrações de chumbo no sangue da população exposta e apurou que a média era de 8 microgramas por decilitro de sangue. Finalmente, informava que a Peñoles, longe de evitar sua responsabilidade nesta situação, assumiu o compromisso de resolver o problema a fundo, investindo todos os recursos necessários para instalar equipes de controle ambiental, limpar a área de quatro quilômetros ao redor da fábrica, e assistir à saúde da população (contribuiu com 60 milhões de pesos para um fideicomisso).

Manuel Luevanos, diretor da Met-Mex Peñoles, também se pronunciou a favor da empresa quando o município de Torreón informou sobre os altos níveis de partículas de chumbo, dizendo: "Estamos totalmente confiantes, tranqüilos porque nossos monitores já foram auditados em duas ocasiões; de fato, o Instituto Tecnológico de la Laguna, que é uma instituição séria, respeitável, faz auditorias permanentes em nossos sistemas e é nossa melhor garantia. O fato de que exista uma terceira opinião que venha esclarecer a controvérsia gerada... Como sempre dissemos, estivemos abertos a investigações de qualquer tipo, e esta não é exceção. Tomara que logo tenhamos o resultado desta auditoria que está acontecendo, para que também os cidadãos e a comunidade fiquem tranqüilos!", afirmou.

Os relatórios do município eram totalmente opostos ao que argumentavam os diretores da Peñoles, por isso suas declarações e preocupações. Apesar de todas as críticas, a Peñoles parecia continuar com seu interesse por cuidar do ambiente, e prova disso foi a obtenção de certificação pela norma ISO 14001.

Certificação ISO 14001:96

A certificação ISO 14001:96 é atribuída àquelas empresas que adotaram um sistema de administração ambiental que inclui estrutura, planejamento, atividades, responsabilidades, procedimentos e recursos para sistematizar e manter uma política ambiental. O certificado ISO 14001:96 é a culminação de uma série de esforços que a Met-Mex Peñoles realizou para adotar um sistema de gestão ambiental que lhe permita cumprir os compromissos de proteção ambiental assumidos pela empresa.

O fato de que a SGS, International Certification Services, Inc., uma das empresas líderes em verificação e certificação em nível mundial, tenha concedido o certificado da ISO 14001 é o aval de seu sistema. Isso significa que a segurança adotada pela Met-Mex Peñoles[13] é um sistema de gestão ambiental realmente eficiente, que estará sujeito a constante supervisão para assegurar-se de seu total cumprimento e melhoria contínua.

Para receber essa certificação, a Met-Mex Peñoles teve de demonstrar que cumpre todos os requisitos que a norma e os auditores da empresa certificadora exigem, e que asseguram um desempenho ambiental adequado. A política ambiental adotada compromete a empresa a evitar a contaminação, cumprir a legislação e melhorar continuamente seus processos.

Seu diretor, Manuel Luevanos, afirmou: "Aproveitamos esta oportunidade para expressar nosso reconhecimento à comunidade de Torreón, e especialmente a nossos vizinhos, que também têm cumprido um papel muito importante para ajudar-nos a melhorar nossas operações, pois graças as suas ligações e comentários detectamos áreas de oportunidade para obter um desempenho ambiental adequado. Podemos reiterar com orgulho: estabelecemos um compromisso, e o continuamos cumprindo", concluiu Luevanos.

Em 2003, continuaram os artigos na imprensa que mostravam a empresa Peñoles como uma fonte de contaminação, apesar de ter obtido a certificação ISO 14001 e ter apresentado argumentos contra as acusações apresentadas. Uma das últimas acusações foi referente à contaminação de uma área verde próxima à fábrica da Peñoles. Entretanto, a empresa poderia não ser a responsável, porque não existe uma legislação a respeito. O estudo ambiental apresentou o resultado de que uma área verde no meio de uma colônia tinha níveis de chumbo três vezes superiores ao máximo permitido pelas normas ambientais internacionais. E esses níveis aumentaram no espaço de um ano.

O pediatra Manuel Velasco apresentou os resultados do estudo de chumbo à Fiscalização Especial para Delitos Ambientais da PGR, na qual tramita uma denúncia por danos causados à saúde pública e ambiental de Torreón pela empresa Met-Mex Peñoles. O médico que fez a denúncia à Jurisdição Sanitária Número Seis, explicou que a análise do solo da Praça Las Tortugas, localizada na colônia Torreón Jardin, registra 1211 partes por milhão, quantidade superior às 400 que a Agência de Proteção Ambiental (EPA, em inglês) registra como limite para que não existam riscos para a saúde.

É necessário esclarecer que se tomou como referência esta norma norte-americana, porque, até agora, e com os prejuízos causados pelas emissões da metalúrgica Peñoles nesta cidade, não foi elaborada ainda uma Norma Oficial Mexicana para concentrações de chumbo no solo.

"O que preocupa é que essas análises, realizadas a pedido dos próprios colonos de Torreón Jardin, mostram que aumentou a concentração de chumbo nesta área verde em 30%, de acordo com os resultados da amostragem realizadas em 2002 entre os habitantes desta colônia", indicou o médico.

---

[13] José Manuel López. "Grupo Peñoles: Um negócio firme como a rocha". *El Norte*, Monterrey, México, 9 de dezembro de 2002, p.12.

"Esses novos resultados me foram encaminhados pelos colonos, porque sabem que há um acompanhamento por parte da Fiscalização Especializada em Delitos Ambientais a uma denúncia que apresentei por danos ambientais cometidos aqui, em Torreón, e mostram que estão acima das diretrizes internacionais para um lugar que não apresente riscos à saúde pública", afirmou.

O Ano de 2004

Maio de 2004. Os danos não diminuem, aumentam. Torreón é considerada a cidade mais poluída de mundo.[14] A contaminação e os danos à saúde que as emissões da empresa metalúrgica não-ferrosa Met-Mex Peñoles provocam, em vez de diminuir após cinco anos de ações, não só se multiplicam, como se agravam.

No mês de março de 2004 foi comunicado à Secretária de Saúde a presença de cádmio e arsênico no solo dessa colônia. Do primeiro metal se encontraram mais de 120 partes por milhão, e o segundo ultrapassava 200 partes por milhão, em comparação com a norma dos Estados Unidos. A norma de cádmio é menos de 20 partes por milhão, e em arsênico não deve ser superior a 65 partes por milhão.

"A cidade mais poluída do mundo"

A Universidade do Dartmouth, nos Estados Unidos, acabou de qualificar Torreón como "A cidade mais poluída por cádmio no mundo". O estudo do qual se originou essa "honrosa" qualificação foi publicado na internet, na página dessa instituição universitária.

Junho de 2004. Atendimentos às normas.[15] Autoridades das três instâncias de governo reforçarão a vigilância para que a empresa Met-Mex Peñoles cumpra as normas em matéria de contaminação. A Secretaria de Saúde continuará com o Fideicomisso do Programa de Metais sob a responsabilidade dessa empresa e a supervisão das instâncias oficiais, por isso a metalúrgica destinará, em 2004, o valor de 18 milhões de pesos para prevenção e proteção contra riscos sanitários.

Segundo dados da Profepa, a empresa opera, na atualidade, abaixo da norma de qualidade do ar de 1,4 microgramas por metro cúbico de emissões para a atmosfera. Por sua parte, a Peñoles reiterou que, com o atual esquema, a empresa se encarregará completamente dos cuidados médicos e reabilitação de pacientes afetados, com a estrita supervisão das autoridades da saúde. Nesta nova etapa, continuará o monitoramento e a supervisão ambiental por parte da Profepa, a fim de oferecer garantia e certeza à população de que sua saúde está devidamente protegida contra riscos sanitários, e o ambiente, preservado.

---

[14] Vanguardia; http://noticias.vanguardia.com.mx/showdetail.cfm/373576/Pe%C3%B1oles:-un-'c%C-3%A1ncer'-que-crece/.

[15] *Ibidem.* Vigilância a Peñoles. Cumprimento das normas. http://noticias.vanguardia.com.mx/showdetail.cfm/375578/Est%C3%A1-Pe%C3%B1oles-bajo-la-lupa/18 de outubro de 2002.

Junho de 2004. Mães exigem atenção para suas crianças com chumbo.[16] Divididas em vários grupos, aproximadamente sessenta mulheres e suas crianças que enfrentam ainda as conseqüências do envenenamento com chumbo no sangue, bloquearam desde cedo os acessos à fábrica da Met-Mex Peñoles sob a advertência de que podiam enfrentar conseqüências legais drásticas. Estavam encabeçadas pelo ex-regente perredista Martín Rivera Esquivel e Laura López Pina. Essa última já realizou outros movimentos de pressão, como o fechamento da rua Raúl Madero, sem provocar a intervenção da polícia preventiva. Existe um clima político nestas manifestações, já que o atual governo é panista, e tratam de ofuscar a imagem desse partido no poder.

As mães participantes do movimento disseram que vinham das colônias Lázaro Cárdenas, Eduardo Guerra e outras do sul, e não receberam tratamento médico desde que ficou estabelecido que a Met-Méx Peñoles fosse a principal responsável por atender os afetados pela contaminação, pois havia sido estabelecido, como base para poder receber ajuda, que as crianças apresentem 25 ou mais microgramas de chumbo por decilitro de sangue. Por esta razão, quem não está nesse nível de risco terá de pagar com recursos próprios o tratamento de saúde de quem foi afetado desde pequeno. Os problemas que tais crianças apresentam são muito variados e não deixam de ser graves, por isso a insatisfação do grupo. Por exemplo, cita-se o caso de Sandra Muroaga Estrada, que hoje tem 4 anos de idade. Essa menina sempre sofreu de problemas pulmonares, e qualquer coisa afeta suas fossas nasais. Depois que se constatou que ela tinha 18 microgramas, foi classificada como 10.

Do ponto de vista médico, esses níveis são preocupantes e devem ser atendidos de forma imediata, mas os recursos que a Peñoles está proporcionando não são suficientes para curar as crianças de Torreón.

OBJETIVO DO PROJETO

O Caso Peñoles pretende documentar cada um dos acontecimentos, no decorrer dos anos, devido ao problema de contaminação por chumbo e outros materiais da cidade de Torreón, ao norte da República Mexicana. Pretende-se deixar um registro dos fatos mais relevantes que causaram polêmica, após uma extensa revisão bibliográfica de relatórios, estudos, notas editoriais e notícias sobre o assunto.

Procuramos oferecer um panorama do acontecido durante o clímax do conflito, que foi em 1999 e, além disso, um breve resumo histórico dos acontecimentos mais importantes desde 1999 até a presente data.

---

[16] *El Sol de la Laguna*. Bloqueiam Peñoles. (Anúncio de atendimento a crianças com chumbo por parte das mães) http://www.noticiasdelsoldelalaguna.com.mx/notas_e.asp?urlnota=bloquean220 604, 18 de outubro de 2002.

Por último, a finalidade é proporcionar ao leitor uma base de acontecimentos que permitam emitir um julgamento ético sobre o problema.

Hipótese a ser provada

Hipótese 1

Depois de divulgar o problema do sangue dos habitantes de Torreón contaminados com chumbo e de que a Peñoles admitisse sua culpa, tomaram-se providências de 1999 até a presente data para controlar esta situação. Esses esforços foram suficientes?

Hipótese 2

A melhor solução até hoje é que se suspendam as operações da Peñoles em Torreón, com base em uma análise ambiental e econômica mais detalhada e transparente. Se for assim, são suficientes as medidas implantadas pela Peñoles para satisfazer ou neutralizar os efeitos?

Hipótese 3

Considerando o histórico e analisando a postura do governo diante dos fatos, é ele o principal culpado? Em que grau, em comparação com a Peñoles?

BIBLIOGRAFIA

Abrams, F. "Management's responsabilities in a complex world". *Harvard Business Review*, 1951, 24(3): 29-34.

Alcaraz, Rodriguez, Rafael. *El empreendedor de exito: guía de negocios*. México, Mc-Graw-Hill, 2001.

Barton, L. *The Enemy in the Workplace*. Belmont, CA: South Western, ITP, 1994.

Bermejo, Manuel. *Crea tu propria empresa: estrategias para su puesta en marcha y supervivencia*. Espana: McGraw-Hill, 2003.

Bernstein, A. "Too Much Corporate Power?" *Business Week*, 2000, 11 de setembro.

Bochensky, I. M. *Qué es la autoridad*. Barcelona, Herder, 1979.

Brihadaranyaka, Upanishad. http://jgongora.wordpress.com/2006/20/05/brihadaranyaka-upanishad/

Buchoiz, R. A. "An alternative to social responsability". *MSU Business Topics,* 1997, p. 12 e 16.

Chamberlain, N. W. *The Limits of Corporate Responsibility*. Nova York: Basic Books, 1973, p. 486.

Clark, R. W., Lattal, A. D. *Workplace Ethics: Winning the Integrity Revolution*. Lanham, MD: Rowman and Littlefield, 1993.

Clarkson, M. "The Toronto Conference: Reflections on stakeholder theory". *Business and Society*, 1994, p. 33, 83-13.

Comisión de las Comunidades Europeas. Libro Verde: Fomentar um marco europeo para la responsabilidad social de las empresas. Bruxelas, 2001.

De George, R. T. *The Status of Business Ethics: Past and Future*. Stanford University, Taller de Investigación sobre Ética en los Negócios, 1985, agosto, p. 14-17.

De Mente, B. L. *Korean Etiquette and Ethics in Business*. Lincolnwood, NTC Publishing Corp., 1994.

Drayton Hill. http://www.elpais.es/articulo/elpnegemp/20051002elpnegemp_5/Tes/

Fernandez, Javier, A. *1000 consejos para um emprendedor.* Espana: Inversiones editoriales Dosat 200, 2000.

Flores, Fernando. *Inventando la empresa del siglo XXI*. Atina, Santiago, 1989, p. 177.

Fontrodona, F.Joan. *El utilitarismo em la empresa.* Pamplona, Cadernos Empresa e Humanismo, 1989.

Friedman, M. "The social responsibility of business is it to increase its profits." *New York Times Magazine*, 1970, 13 de setembro, p. 122-126.

García de Haro, Ramón. *La vida cristiana.* Pamplona: Empresa y Humanismo, 1999.

Gilligan, C. *In a Different Voice.* Cambridge: Harvard University Press, 1982.

Grisez, Germain N., Shaw, R. *Ser persona: curso de ética*. Madrid, Rialp, 1996.

Handy, Ch. *El futuro del trabajo.* Barcelona, Ariel, 1986.

Llano, A., Llano, C. *Paradojas de la ética empresarial*. Pamplona: Empresa y Humanismo, 1999.

Mantis, Hugo. *Desarrolo emprendedor: América Latina e la experiência internacional.* Colômbia, Nomos, 2001.

Marina, J. A. *Teoria de la inteligência creadora.* Madrid, Anagrama, 1993.

Messner, Johannes. *Ética general y aplicada.* Madrid, Rialp, 1969.

Porter. M., Kramer, M. "The competitive advantage of corporate philanthropy". *Arvard Business Review*, 2002, vol. 80, n. 12, p. 56-58.

Powers, C. W., Vogel, D. *Éthics in The Education of Business Managers.* Hastings-on-Hudson, NY: The Hastings Center, 1980.

Prat, Rodrigo M. *El uso illegal de la información privilegiada em las ofertas públicas de adquisición de acciones.* (Estados Unidos 933-1988). Madri, Deusto, 1990.

Selznick, P. *Leadership in adminitration.* Nova York, Harper and Row, 1957.

Shefsky, Lloyd E. *Los enprendedores no nacen se hacen: aprenda los secretos.* Madrid, Deusto, 1998.

Stiglitz, Joseph E. *El malestar em la globalizacion*. Tradução de Carlos Rodriguez Braun. Madrid: Taurus, 2002. (Globalization and its Discontents, 2002.)

The Academy of Management. Social Issues in Management: Coming of Age or Prematurely Gray? Las Vegas, Nevada. Conferência apresentada no Consorcio medico de problemas sociais, na Comissão de Administração, agosto, 1992, p.5.

Vainrub, Roberto. *Convertir suenos em realidad: uma guia para enprendedores.* Madrid, Rialp, 2004, p. 86.

Varsavsky, Oscar. *Estilos tenológicos.* Buenos Aires, Ediciones Periferia, 1974.

Velásquez, M. G. *Business Ethics: Concepts and Cases*. Englewoods Cliffs, NJ, Prentice Hall, 1982, p.104-106.

Velásquez, M. *Business Ethics.* Upper Saddle River NJ, Prentice Hall, 1997.

4
A ética na administração

> **OBJETIVOS**
>
> - Explicar os aspectos clássico e socioeconômico da responsabilidade social, mencionando os argumentos a favor e contra os negócios socialmente responsáveis, assim como a relação entre a responsabilidade social e o ganho financeiro de uma corporação.
> - Descrever a administração com base em valores e sua relação com a cultura da organização.
> - Explicar os três modelos de moralidade da administração.
> - Revitalizar os princípios e valores aplicados à administração para que a atuação dos empresários corresponda às expectativas de integridade e qualidade humana que a comunidade empresarial espera deles.
> - Identificar a utilidade prática para os negócios da administração focada em valores.
> - Fortalecer o sentido de responsabilidade integral e de confrontação consciente da realidade, como fundamento da administração.

A ÉTICA NA ADMINISTRAÇÃO

Os gerentes das empresas enfrentam problemas éticos em suas vidas profissionais todos os dias. Raras são as decisões que não envolvem alguma dimensão ou faceta ética. Além dos aspectos éticos envolvidos na tomada de decisões, também enfrentam dilemas éticos durante o desempenho de suas responsabilidades de liderança. Devem encarar o fato de que, nas suas atividades de planejar, organizar, motivar, comunicar ou realizar alguma outra função própria da gerência, questões, tais como o bem e o mal, imparcialidade e parcialidade, e justiça ou injustiça, permeiam suas decisões, atos ou comportamentos. Além disso, independentemente do nível de administração (alta, intermediária ou baixa), os gerentes em todos os níveis e em todas as funções enfrentam situações nas quais os fatores éticos desempenham um papel decisivo. A questão da ética na direção das empresas é fundamental, e quem atua em nível gerencial deve informar-se a respeito. Portanto, um dos objetivos deste capítulo é estudar alguns aspectos especiais da ética na administração que talvez ajudem tanto aos acadêmicos como aos profissionais ativos a terem um maior conhecimento sobre este tema vital.

Visando esclarecer a questão da ética gerencial, ou da ética na administração, apresentaremos primeiro uma visão geral e depois passaremos a analisar diversos aspectos importantes: por que os gerentes devem ser éticos, os problemas éticos que enfrentam, modelos de moralidade na administração, tomada de decisões éticas e a função que o gerente deve desempenhar na determinação do clima ético de sua organização. Algumas dessas matérias coincidem com outras analisadas neste volume; mas trataremos de minimizar estas coincidências.

Visão geral da ética na administração

A ética gerencial ou a ética da administração, como tema amplo e geral, está relacionada com as situações que os líderes e dirigentes, em todos os níveis administrativos (gerentes, diretores, CEOs etc.) enfrentam em sua vida profissional, impregnadas de conteúdo ético. Conteúdo ético são os problemas, decisões ou atos que envolvem questões como o bem perante o mal, a imparcialidade diante da parcialidade, ou a justiça em face da injustiça. Ou seja, são situações que podem gerar discrepâncias em relação ao curso da ação ou decisão correta, ou ética, a ser seguida.

Quando se fala da ética no campo da administração também é preciso diferenciar entre o que é feito atualmente e o que deveria ser feito pelos líderes éticos. O primeiro aspecto é a *ética descritiva*, que aborda o que os líderes fazem efetivamente em função de sua ética pessoal ou os seus atos e decisões em relação ao seu caráter ético. Por outro lado, quando se fala do que os dirigentes devem fazer, trata-se da *ética normativa*. Este capítulo trata tanto da ética descritiva como da normativa; entretanto, a principal questão diz respeito ao que os líderes deveriam fazer para fortalecer sua própria ética e os ambientes éticos de suas organizações.

A ética na administração pode ser considerada um componente de responsabilidade social corporativa (RSC). Nos últimos 50 anos foi feito um apelo incessante às empresas para que sejam mais socialmente responsáveis. Isso quer dizer que existe uma expectativa cada vez maior a respeito de que as empresas precisam ser não apenas rentáveis e respeitar as leis, mas também devem ser boas cidadãs corporativas. Portanto, podemos afirmar que as quatro responsabilidades sociais das empresas são:

ser rentáveis, respeitar as leis, ter atitudes éticas e ser filantrópicas ou boas cidadãs corporativas (Carroll, 1979, 1991). É claro que essas outras responsabilidades, rentabilidade, obediência às leis e filantropia, têm conteúdo ético, mas é importante destacar o componente ético como parte do que uma organização faz além do mínimo indispensável. Embora a sociedade espere que as organizações de negócios sejam lucrativas, já que essa é uma condição indispensável para sua sobrevivência e prosperidade, é possível pensar que a rentabilidade é "o que a empresa faz por ela própria". E que acatar as leis, ser ético e ser um bom cidadão corporativo é "o que a empresa faz pelos outros, isto é, pela sociedade e pelas pessoas que têm um vínculo econômico direto com a empresa". O ponto central é o componente ético da RSC, e insistimos no que isso significa na atualidade para os líderes organizacionais.

POR QUE OS LÍDERES DEVEM SER ÉTICOS?

Podemos questionar: por que os dirigentes devem ser éticos? De acordo com a visão mencionada no item anterior, a resposta imediata seria que a sociedade espera que os dirigentes sejam éticos e se mostrem receptivos às expectativas da sociedade e de seus próprios interessados, se desejarem manter sua legitimidade como agentes na sociedade. Do ponto de vista da filosofia moral, devem ser éticos porque é o correto. Entretanto, é necessário simplificar essas respostas, embora apropriadas, e destacar outras razões pelas quais a conduta e a prática ética se justificam. Entre algumas das razões freqüentemente mencionadas, na tentativa de responder a essa pergunta, encontram-se as seguintes, oferecidas por Rushworth Kidder (1997). Kidder sugere que os dirigentes começaram a descobrir que a ética consolidada tem um efeito prático nos resultados financeiros:

- Os valores compartilhados geram confiança.
- A congruência conduz ao que foi previsto no planejamento.
- A previsão é essencial no tratamento das crises.
- A segurança nessas recompensas gera lealdade.
- As empresas valem o que o seu pessoal vale.
- Os consumidores estão interessados nos valores.
- Os acionistas também estão interessados nos valores.
- A liderança ética impede a regulamentação opressiva.
- As sociedades eficazes dependem dos valores em comum.
- A ética é uma forma de seguro.

Uma análise dessas razões revela duas categorias gerais de justificativas:

1. A sociedade e os interessados na empresa esperam que os líderes façam o que é correto, bom e justo.
2. Ser ético convém aos interesses das organizações e dos dirigentes.

Em relação ao primeiro item, foi constatado documentalmente, através de estudos e pesquisas, que se espera que as empresas e seus agentes (os dirigentes) sejam éticos. Por exemplo, uma pesquisa realizada por Lou Harris para a *Business Week*, entre pessoas adultas, concluiu que 95% dos 1000 adultos pesquisados opinavam que as corporações americanas deviam algo a seus trabalhadores e às comunidades onde atuam, e que, às vezes, deveriam sacrificar algum lucro para melhorar as condições de seus trabalhadores e comunidades (*Business Week*, 1996).

Também ficou bastante claro que ser ético convém muito aos interesses de longo prazo das organizações e dos executivos. As práticas éticas na administração evitam, no mínimo, que as organizações e seus líderes tenham problemas. As ameaças de disputas judiciais caras e demoradas ou a probabilidade de uma intervenção mais decisiva do governo na forma de disposições regulamentares são razões de peso para o comportamento ético. Além disso, o ambiente ético criado pela diretoria afeta sensivelmente os atos e comportamentos dos funcionários, levando, inclusive, a práticas pouco éticas de alto custo para a gerência e a organização.

Vale a pena mencionar a experiência de uma empresa a esse respeito. Segundo uma reportagem muito ampla do *USA Today*, a Prudential Insurance foi vítima de uma violação ética de conseqüências onerosas. A importante empresa seguradora talvez termine pagando mais de 1 bilhão de dólares aos titulares de apólices que foram persuadidos pelos agentes da Prudential a adquirirem seguros de vida mais caros do que realmente necessitavam. A Prudential despediu mais de mil de seus agentes e gerentes devido ao escândalo, que teve ampla divulgação. Entretanto, a experiência da Prudential não é um caso isolado. Em um estudo detalhado realizado pela Ethics Officer Association e a American Society of Chartered Life Underwriters & Chartered Financial Consultants, as violações caras resultantes de falhas éticas e legais são comuns em todos os níveis dos trabalhadores americanos. Em razão de 48% dos trabalhadores pesquisados admitirem terem cometido atos ilegais ou pouco éticos, os grupos dirigentes de todas as empresas enfrentam um problema extremamente grave (Jones, 1997).

Então, conclui-se que existem razões poderosas e persuasivas para que os dirigentes atuem de maneira ética e fomentem o comportamento ético dentro de suas organizações. As razões abrangem desde o aspecto normativo, já que se espera que todos sejam éticos, até o aspecto pragmático ou operacional, pois é em benefício próprio que convém ser ético.

PROBLEMAS ÉTICOS QUE OS LÍDERES ENFRENTAM

Quando um gerente enfrenta um problema ético? De acordo com Ferrell e Fraedrich (1991), "uma questão ética é um problema, uma situação ou oportunidade que exige que um indivíduo ou uma organização escolham entre vários atos que devem ser avaliados como bons ou maus, éticos ou sem ética". Michael Josephson ajuda a compreender um problema ético manifestando que a conduta tem uma dimensão ética importante se nela houver desonestidade, hipocrisia, deslealdade, injustiça, ilegalidade, atos injuriosos ou falta de responsabilidade. Ambas as opiniões citadas aqui representam pelo menos dois modos de pensar, no meio de centenas de outros, sobre os problemas éticos que os líderes enfrentam.

Atualmente, os executivos, diretores, gerentes e dirigentes de todos os níveis hierárquicos enfrentam muitos desses problemas éticos, que podem ser agrupados de acordo com os diversos níveis em que são produzidos. Os problemas éticos surgem nos níveis pessoais, organizacionais, ocupacionais/profissionais, sociais e globais (Carroll, 1996). Além disso, os problemas éticos podem ser catalogados de várias maneiras. Vitell e Festervand identificam conflitos entre os interesses das empresas ou dos líderes e a ética pessoal. Em seu estudo, essas questões surgem entre os dirigentes e seus conflitos com grupos de pessoas que têm um vínculo econômico direto com a empresa, como os clientes, fornecedores, funcionários, concorrentes, autoridades reguladoras e governamentais, superiores, atacadistas e varejistas. Devido a problemas específicos, esses mesmos pesquisadores consideram que os conflitos éticos aparecem nas seguintes situações: entrega/aceitação de presentes ou subornos, justiça e discriminação, conivência nos preços e as práticas para estabelecê-los, demissões e afastamentos, e honestidade nas comunicações e na execução de contratos com investidores (Vitell y Festervand, 1987).

De acordo com um importante estudo de *The Conference Board*, existe um consenso a respeito de que os temas seguintes constituem problemas éticos para os gerentes: conflitos de interesses entre os funcionários, presentes inapropriados, assédio sexual, pagamentos não autorizados, ação positiva (também conhecida como discriminação positiva), privacidade ou intimidade dos funcionários e questões ambientais (Berenbeim, 1987). Nesse mesmo estudo, os diretores-gerais mencionaram temas específicos que, em sua opinião, constituíam problemas éticos, assim catalogados:

- Capital de contribuição: salários executivos, valor comparável, preço dos produtos.
- Direitos: processo corporativo legal estabelecido, exames médicos aos funcionários, privacidade, assédio sexual, ação positiva/igualdade de oportunidades de emprego.
- Honestidade: conflitos de interesse dos funcionários, segurança dos prontuários do pessoal, presentes inapropriados, pagamentos não autorizados a funcionários estrangeiros, conteúdo da publicidade.
- Exercício do poder corporativo: comitês de ação política, prevenção de riscos no local do trabalho e segurança dos produtos, questões relativas ao ambiente, retiradas de investimentos, contribuições corporativas, fechamentos/cortes de pessoal.

Por último, Waters, Bird e Chant (1986) contribuem com idéias sobre o que os dirigentes consideram problemas éticos com base em uma pesquisa realizada mediante entrevistas abertas com líderes ocupantes de diversos cargos organizacionais. Nas respostas à pergunta "que dilemas éticos surgem ou surgiram ao longo de sua vida profissional?", identificaram-se com maior freqüência os seguintes problemas éticos ou morais:

- Em relação aos funcionários: *feedback* sobre o desempenho e a posição; segurança do emprego; condições adequadas de trabalho.
- Em relação aos colegas e superiores: falar a verdade, lealdade e apoio.
- Em relação aos clientes: tratamento justo, falar a verdade, práticas questionáveis, conluios.
- Em relação aos fornecedores: tratamento justo/imparcial, relação equilibrada, táticas injustas de pressão, falar a verdade.
- Em relação a outras pessoas com vínculo econômico direto com a empresa: respeitar as restrições legais, falar a verdade nas relações públicas, interesses desses grupos de participantes.

Não há dúvidas de que os líderes empresariais enfrentam muitas situações que envolvem dilemas éticos. Essas situações se produzem em uma multiplicidade de níveis, abrangem numerosos interessados na empresa, e podem ser classificadas ou percebidas de várias maneiras. O que elas têm em comum? Praticamente, todos os problemas éticos podem caracterizar-se como um conflito de interesses. Em geral, o conflito surge entre os valores ou a ética pessoal do executivo e os de seu empregador, de seus subordinados, ou qualquer outro grupo de pessoas diretamente relacionado com a empresa e que tenha algum interesse na decisão.

MODELOS DE MORALIDADE DA ADMINISTRAÇÃO

Freqüentemente é difícil discernir se os administradores agem de maneira ética ou não, se são morais ou imorais. Nesta análise identificamos a terminologia da ética com a da moral, mesmo quando talvez existam diferenças sutis que os filósofos ou teóricos destacariam. Ao pensar no comportamento, nos atos ou nas decisões da liderança, freqüentemente é impossível catalogar com precisão se são morais ou imorais. Na tentativa de compreender seu comportamento, adiciona-se uma terceira categoria útil: a amoralidade. Carroll apresentou três modelos de moralidade da administração que ajudam a entender melhor os tipos de conduta que podem ocorrer. Esses três modelos ou arquétipos (administração imoral, moral e amoral) servem de base para nossa análise e comparação (Carroll, 1987, 1996).

Os meios de informação destacaram com tanta ênfase a conduta imoral ou falta de ética dos líderes empresariais que é fácil esquecer ou não pensar na possibilidade de outros tipos de problemas éticos. Por exemplo, pouca atenção é dada à distinção que pode haver entre as atividades imorais e amorais. De maneira semelhante, a comparação dessas duas formas de comportamento com a administração ética ou moral também foi esquecida.

Um dos objetivos fundamentais de considerar os três modelos de moralidade da administração consiste em compreender com maior precisão a gama completa de comportamentos da liderança, visto que a ética ou a moralidade são uma de suas dimensões principais. Além disso, vale a pena examinar, mediante a descrição e o exemplo, o leque de comportamentos éticos que os dirigentess exibem, seja deliberada ou inadvertidamente. Consideremos antes as duas posições extremas.

Administração imoral

Começamos com a administração imoral porque este modelo é mais fácil de compreender e ilustrar. A administração imoral é um estilo que não somente carece de princípios ou preceitos éticos, mas também apresenta uma oposição decidida e ativa ao que é ético. A administração imoral transgride abertamente todos os princípios éticos. Este ponto de vista sustenta os motivos egoístas dos dirigentes, somente interessados no seu próprio benefício ou no de sua organização. Se a atividade da administração se opõe ativamente ao que é considerado ético, significa que os líderes são capazes de distinguir entre o bem e o mal, mas escolhem agir mal.

Segundo esse modelo, seus objetivos são puramente egoístas, tanto se agirem em benefício próprio, ou se concentre exclusivamente na rentabilidade e no sucesso organizacional, ou ainda se atuarem como agentes ou representantes do empregador. A administração imoral considera que a lei ou os preceitos legais são empecilhos que devem ser superados para realizar o que deseja. A estratégia prática da administração imoral consiste em aproveitar ao máximo as oportunidades de obter benefícios organizacionais ou pessoais. Uma oposição ativa ao que é moral indica que os dirigentes omitem os procedimentos corretos sempre que consideram conveniente. A questão fundamental pertinente que a administração imoral enfrenta provavelmente seja: "lucrarei com esta decisão ou ato, ou poderei ganhar dinheiro com esta decisão ou ato, sem considerar as conseqüências?"

Exemplos de administração imoral

Os exemplos de administração imoral são fáceis de identificar, já que com freqüência se relacionam com atos ilegais ou fraudes. A Frigitemp Corporation, fabricante de caixotes refrigerados, oferece um exemplo de administração imoral nos mais altos níveis da hierarquia corporativa. Em litígios, julgamentos penais e investigações federais, os funcionários corporativos, incluídos o diretor-executivo e o presidente do conselho de administração, admitiram ter obtido milhões de dólares em subornos para fechar negócios. Confessaram ter aceitado subornos de fornecedores, dilapidado os recursos financeiros corporativos, exagerado nos lucros e oferecido prostitutas aos clientes. Um dos funcionários da empresa assegurou que a cobiça foi sua perdição. Os registros indicam que os executivos da Frigitemp permitiram o crescimento de uma cultura corporativa de fraudes. Com o tempo, a empresa teve que se declarar falida devido à má conduta da gerência.

Um pequeno grupo de executivos da Honda Motor Co. é outro exemplo de administração imoral. Os fiscais federais descobriram uma fraude já muito antiga através da qual um grupo de executivos da Honda recebeu mais de 10 milhões de dólares em subornos e doações pagos pelos distribuidores de automóveis. Em troca, os executivos davam autorização aos distribuidores para abrir concessionárias lucrativas e também lhes entregavam os escassos automóveis Honda, cuja oferta era baixa nessa época. Oito executivos confessaram a culpa, e muitos outros foram acusados.

ADMINISTRAÇÃO MORAL

No extremo oposto da administração imoral está a administração moral, isto é, aquela que respeita princípios elevados de comportamento ético e normas profissionais de conduta. A administração moral se esforça por ser ética em função do interesse e aplicação das normas éticas e dos princípios profissionais de conduta, motivos, objetivos, orientação para a legalidade e estratégia geral de funcionamento. Contrasta com os princípios egoístas da administração imoral, pois a que é moral aspira obter sucesso, mas só dentro dos limites de preceitos éticos firmes, mantidos em relação às normas, como imparcialidade, justiça e a ordem legal estabelecida. A administração moral não pretende lucrar à custa da lei e da ética estabelecidas. Inclusive, o interesse se concentra não apenas na letra, mas também no espírito da lei. Esse é um princípio mínimo do comportamento ético, já que a administração moral se esforça por trabalhar em um nível muito superior ao requerido pela lei.

A administração moral exige liderança ética. É uma abordagem que tenta definir o que é correto. A administração moral adotaria o que Lynn Sharp Paine (1994) denominou *estratégia de integridade*, que se caracteriza por uma concepção da ética como força motriz da organização. Os valores éticos determinam a busca de oportunidades, a definição de sistemas organizacionais e o processo de tomada de decisões. Na estratégia de integridade, os valores éticos oferecem um marco de referência comum e servem para unificar as diferentes funções, linhas de negócios e grupos de funcionários. A ética da organização, sob esta perspectiva, contribui para definir o que é a organização e o que ela defende.

Exemplos de administração moral

Dois exemplos de administração moral são ilustrativos. Quando a McCullough Corporation, fabricante de motosserras, se retirou da Associação de Fabricantes de Motosserras em protesto porque a associação combatia as normas de segurança regulamentares para essas perigosas serras, este fato exemplificou a administração moral. A McCullough sabia que seus produtos industriais eram perigosos, e havia muito tempo que já instalava freios nas correntes das serras, mesmo quando ainda não existia a obrigação legal. Mais tarde, retirou-se da associação porque o grupo se opunha às regulamentações governamentais para fabricar produtos que oferecessem menos riscos.

Outro célebre caso de administração moral ocorreu quando a Merck and Co., empresa de produtos farmacêuticos, investiu milhões de dólares em pesquisa e desenvolvimento para produzir um tratamento para a oncocercose, também chamada cegueira dos rios, uma doença tropical do Terceiro Mundo que afeta a quase 18 milhões de pessoas. Percebendo que nenhum governo nem organização de ajuda internacional aceitava comprar o medicamento, a Merck se comprometeu a distribuir gratuitamente o medicamento para sempre. A Merck afirmou que não existia nenhuma estrutura eficaz para distribuir o medicamento, o que a levou, além da produção industrial, a organizar e a financiar um comitê para gerenciar sua distribuição.

Existem duas classes de administradores amorais: deliberados e involuntários. Os dirigentes amorais involuntários não são morais nem imorais, mas tampouco têm consciência do que são, nem se mostram sensíveis ao fato de que suas decisões cotidianas de negócios podem ter conseqüências nocivas para as outras pessoas relacionadas diretamente com a companhia (Carroll, 1995). Aos líderes amorais involuntários falta a percepção ou consciência ética. Isto é, atuam em sua vida organizacional sem considerar que seus atos têm um aspecto ou dimensão ética. Ou, talvez, simplesmente são negligentes ou insensíveis às conseqüências de seus atos sobre os participantes na empresa. Possivelmente esses dirigentes têm boas intenções, mas não percebem que suas decisões e atos de negócios podem prejudicar aqueles com quem negociam ou interagem. É característico que sua orientação seja para a letra da lei como guia ético.

Os dirigentes amorais deliberados simplesmente acreditam que as considerações éticas correspondem somente à vida privada, e não aos negócios. São pessoas que rejeitam a idéia de misturar os negócios com a ética. Acreditam que a atividade dos negócios está fora do âmbito onde se aplicam os julgamentos morais. Embora a maioria dos líderes amorais atuais seja involuntária, é possível que ainda existam alguns que simplesmente acreditem que a ética não tem lugar nos negócios ou na tomada de decisões gerenciais (Carroll, 1987). Felizmente, os administradores amorais deliberados são uma espécie em extinção.

Exemplos de administração amoral

Um dos primeiros exemplos da tomada de decisão amoral ocorreu quando os departamentos de polícia estabeleceram que, para serem aceitos, os candidatos deveriam medir 1,75 metro de altura e pesar pouco mais de 80 quilos, como requisitos necessários para ser oficial de polícia. Simplesmente não consideraram os efeitos adversos e involuntários que sua política teria entre as mulheres e em certos grupos étnicos que, em média, não alcançam tal estatura ou peso. Esse mesmo tipo de pensamento invadiu o contexto empresarial quando as empresas exigiram rotineiramente diplomas de bacharelado como requisito para muitos cargos. Mais adiante ficou evidente que esta política produzia efeitos negativos em grupos minoritários e, portanto, era involuntariamente injusta para muitas pessoas que, se não houvesse essa barreira, estariam aptas para assumir o cargo.

As indústrias de vinhos, licores, cervejas e do fumo constituem outros exemplos de amoralidade. Embora seja legal vender seus produtos, não previram que gerariam graves problemas morais: alcoolismo, mortes provocadas por conduzir em estado de embriaguez, câncer pulmonar, deterioração da saúde e fumaça nociva que aspiram todos os que não fumam. Um exemplo corporativo específico de amoralidade ocorreu quando, no início, a McDonald's decidiu usar embalagens de poliestireno para empacotar alimentos. A decisão da direção não considerou de maneira adequada o efeito nocivo que provocaria no ambiente. É evidente que a McDonald's não tinha o propósito deliberado de criar um problema ambiental grave ao usar embalagens de poliestireno, mas uma das conseqüências mais importantes da decisão foi precisamente essa. Não obstante, é preciso reconhecer que a companhia tem o mérito de ter atendido às queixas, substituindo embalagens de poliestireno por produtos de papel. Ao adotar esta medida, a McDonald's provou que uma companhia pode passar da categoria amoral à moral.

Existem duas possíveis hipóteses, em relação aos três modelos de moralidade da administração, que são úteis para a ética da direção das empresas:

- A primeira hipótese se refere à distribuição dos três tipos entre a população administrativa. Esta hipótese da população considera que, no conjunto da população administrativa, os três tipos apresentam uma distribuição normal, de modo que a administração imoral e moral ocupam os dois extremos da curva, e a administração amoral ocupa a parte central, que é também a maior, de uma curva normal. De acordo com este ponto de vista, existem poucos dirigentes morais e imorais, pelas definições expostas anteriormente, e a maioria é amoral. Isto é, são bem intencionados, mas simplesmente não pensam em termos éticos quando tomam decisões no dia-a-dia.
- A segunda hipótese pode ser denominada de hipótese individual. De acordo com este conceito, os três modelos de moralidade da administração coexistem e se manifestam, em diferentes momentos e em diferentes circunstâncias, em cada líder. Isto é, o dirigente médio é amoral durante a maior parte do tempo, mas às vezes se comporta de forma moral ou imoral, em função de diversos fatores que coincidem na situação.

Nenhuma das duas hipóteses mencionadas foi comprovada empiricamente. Entretanto, constituem matéria de reflexão para os administradores que se esforçam por evitar os tipos imorais e amorais.

Poderia argumentar-se, com justificada razão, que o problema social mais grave que as organizações enfrentam atualmente é o predomínio de administradores amorais, mais do que imorais.

A administração imoral é notícia de primeira página, mas o problema predominante e mais insidioso poderia muito bem ser que os dirigntes simplesmente não assimilaram o pensamento ético em suas tomadas de decisões diárias, o que os transforma em dirigentes amorais. Resumindo, esses líderes amorais são boas pessoas, mas consideram que o mundo competitivo dos negócios é eticamente neutro. Até que este grupo adote a ética da administração moral, as mesmas críticas das últimas décadas às empresas e outras estruturas organizacionais continuarão a existir. (Carroll, 1996).

TOMADA DE DECISÃO ÉTICA

Já foi mencionada a importância da tomada de decisão ética; entretanto, é importante que estudemos esse tema à parte, mesmo que de modo breve.

A tomada de decisão é o núcleo do processo da administração. Se há algum ato ou processo que seja sinônimo de administração, é a tomada de decisão. Apesar de ser necessário melhorar o desempenho geral dos administradores nos setores público e privado, existe a necessidade especial de melhorar a tomada de decisão ética por parte dos dirigentes (Petrick y Quinn, 1997).

Petrick e Quinn mencionam cinco razões pelas quais os líderes devem ser mais éticos na hora de tomar decisões:

1. Os altos custos da conduta sem ética no local de trabalho.
2. A falta de consciência com relação a atitudes da diretoria, eticamente questionáveis, relacionados com sua função.
3. O desgaste generalizado da integridade e a exposição a riscos éticos.
4. As pressões de corrupção global que ameaçam a reputação gerencial e organizacional.
5. Os benefícios intrinsecamente desejáveis de uma maior rentabilidade e ordem organizacional.

Na bibliografia acadêmica há muitos artigos sobre o tema da ética relacionada com a tomada de decisão, inclusive o uso de modelos para a tomada de decisão ética. A maioria dos éticos dos negócios defenderia o uso de princípios éticos para guiar a tomada de decisão na empresa. Um princípio da ética nos negócios é um conceito, diretriz ou regra que, se aplicada ao enfrentar um dilema ético, ajuda a tomar uma decisão ética. Há muitos princípios de ética, mas sua exposição pormenorizada está fora do alcance deste capítulo. Basta dizer aqui que estes princípios úteis incluem os de justiça, direitos, utilitarismo e a regra áurea (Buchholz e Rosenthal, 1998). A idéia essencial que sustenta o método fundamentado em princípios é que é possível melhorar a qualidade das decisões éticas se os administradores considerarem tais princípios em seus atos, decisões, conduta e práticas. Laura Nash (1981) propõe um método muito prático para tomar decisões éticas. Argumenta que os dirigentes devem sempre considerar estas 12 questões quando forem tomar uma decisão ética:

1. O problema foi definido com precisão?
2. Como você definiria o problema se estivesse na posição dos outros envolvidos?
3. Em primeiro lugar, como foi que esta situação aconteceu?
4. A quem e a que você é leal, como pessoa e como membro da corporação?
5. Qual é o propósito dessa decisão?
6. Como você pode comparar o propósito com os prováveis resultados?
7. A quem sua decisão ou atitude podem afetar negativamente?
8. É possível reunir as partes afetadas para que analisem o problema, antes que você torne a respectiva decisão?
9. Você está seguro de que sua postura será tão válida a longo prazo como parece agora?
10. Você pode revelar sua decisão ou ato sem nenhuma restrição a seu chefe, diretor geral, ou conselho de administração, a sua família ou à sociedade em geral?

11. Qual é o potencial simbólico de seu ato, se ele for compreendido? E se for mal interpretado?
12. Em que circunstâncias você faria alguma exceção a essa postura?

Blanchard e Peale (1988) oferecem outro grupo de questões que contribuem para a tomada de decisão ética. Recomendam que os administradores respondam a essas perguntas antes de tomar uma decisão, e denominam essas três perguntas de *"a prova da ética"*.

1. É legal? Infringirei as leis civis ou a política da empresa?
2. É equilibrada? É justa com todos os afetados no curto e no longo prazos? Promove relações em que todas as partes ganham?
3. Como me sentirei comigo mesmo? Ficarei orgulhoso? Como me sentiria se minha decisão fosse publicada em um jornal? Como me sentiria se minha família ficasse sabendo?

Como é lógico, as respostas negativas às perguntas anteriores levariam a reconsiderar a decisão.

DETERMINAÇÃO DO CLIMA ÉTICO DA ORGANIZAÇÃO

Além de esforçar-se por praticar uma administração moral e aplicar por completo as considerações éticas na tomada de decisões da liderança, os administradores têm outra responsabilidade fundamental: influir no clima ético da organização. À medida que se desvia a atenção dos atos pessoais e da tomada de decisão do dirigente, é necessário que ele, como líder, considere com muito cuidado o contexto em que acontece o comportamento e a tomada de decisão: a organização. Para liderar a ética em uma organização, é preciso perceber que o clima ético é apenas uma parte da cultura corporativa global. Podemos ilustrar esse fato claramente mediante o agora clássico caso do Tylenol. Quando a McNeil Laboratories, uma subsidiária da Johnson & Johnson, retirou voluntariamente do mercado o medicamento, logo após as denúncias de que o medicamento estava alterado ou envenenado, algumas pessoas se perguntaram por que tomaram esta decisão. A resposta da Johnson & Johnson, citada com freqüência, foi: "É o estilo da J & J". Esta declaração carrega uma significativa mensagem sobre a função do clima ético de uma empresa. Também cabe a questão de como as organizações e executivos devem trabalhar, compreender e influir na ética nos negócios por meio dos atos realizados, das políticas estabelecidas e dos exemplos apresentados. O clima moral da organização é um fenômeno complexo no qual influem de maneira muito considerável os atos, as políticas, as decisões e os exemplos da administração. Aguilar (1994) chega a ponto de afirmar que o clima ético corporativo é capaz de fortalecer e impulsionar uma empresa muito bem dirigida e muito bem colocada, pois favorece a expressão de idéias criativas e fomenta o sentido de colaboração.

Os componentes importantes do clima ou da cultura éticos de uma organização incluem: a liderança da alta direção, os códigos de conduta, os programas de ética, os objetivos reais, os processos que conduzem à tomada de decisões éticas, a comunicação eficaz, a imposição de sanções disciplinares aos infratores da ética, a capacitação em ética, e o uso de mecanismos para denunciar a existência de práticas ilegais ou corruptas dentro da organização (Carroll, 1996). Em várias pesquisas concluiu-se que o comportamento dos superiores é o fator que mais contribui para o clima ético da organização. Portanto, é preciso que todos os líderes compreendam perfeitamente este ponto, e o adotem.

Novas tendências da ética na administração

Ocorreu uma explosão de novas tendências na teoria ética durante os últimos anos. Essas teorias se baseiam em parte, sem dúvida alguma, em uma crescente insatisfação com os enfoques tradicionais. As tendências mais recentes tentam desenvolver teorias que se relacionam de maneira mais direta com as instituições de negócios, e tentam vincular o âmbito dos negócios e a sociedade (onde se analisam os problemas relativos à resposta social corporativa e à política pública) com o campo da ética nos negócios. Estes novos enfoques incluem a teoria feminista, a teoria do interessado na empresa, a teoria do contrato social, ética e natureza, e pragmatismo.

Teoria feminista

A filosofia feminista, no aspecto relacionado com a ética, às vezes se denomina ética do afeto. O termo *filosofia feminista* é enganoso e, de certo modo, limitador, se for considerado muito literalmente, pois parece comparar os melhores modos de pensar feministas com os modos de pensar masculinos, mais censuráveis. Entretanto, o que o movimento pretende é captar e entender de modo mais preciso a natureza do pensamento humano de modo geral, que vai além da visão do pensamento humano como o de um intelecto separado.

Problemas da ética da administração

A filosofia feminista se concentra em traços do caráter apreciados nas relações próximas, como simpatia, compaixão, fidelidade, amizade etc. Além disso, rejeita abstrações, tais como as regras morais universais de Kant e os cálculos utilitaristas de Bentham, pois elas separam quem toma decisões morais de particularidades da vida individual, e isola os problemas morais dos contextos sociais e históricos em que estão enraizados. Além disso, tais abstrações estão relacionadas com regras compreendidas racionalmente, cálculos racionais, ou ambos, ignoram a função da sensibilidade em situações concretas e também ignoram as atitudes e inter-relações das pessoas das quais se trata. Este processo, de acordo com a teoria feminista, dá lugar à chamada imparcialidade moral, que, em vez de fomentar o respeito a todos os indivíduos, nega o respeito a indivíduos concretos, porque os considera de maneira impessoal, como seres anônimos e intercambiáveis.

Esse interesse pelo indivíduo na teoria feminista não é um enfoque no individualismo de agentes atômicos, mas nas relações e no afeto, na compaixão e na preocupação que representam. Essa teoria indica que a voz ou perspectiva feminina em geral é radicalmente diferente da voz masculina dos direitos e justiça abstratos, que tem dominado a evolução da teoria moral (Gilligan, 1982). O pensamento feminista rejeita a idéia de que os direitos sejam contratos entre indivíduos livres, autônomos e iguais, e favorece a cooperação social e o entendimento de que as relações, em geral não se escolhem, mas ocorrem entre desiguais, e nelas há intimidade e afeto. O modelo freqüentemente utilizado para descrever este tipo de relação é o modelo da relação entre pais e filhos e a tomada de decisões em comum. A ênfase nas relações leva a teoria feminista à importância da necessidade de aceitar outras perspectivas e de participar delas com compaixão.

Teoria do *stakeholder* na empresa

Habitualmente se atribui a Freeman (1984) o mérito de ter realizado o trabalho original sobre o conceito do interessado (*stakeholder*) na empresa, já em 1951 os líderes empresariais foram encorajados a prestar atenção a suas circunscrições corporativas. Esse tema foi retomado 20 anos depois pelo Comitê para o Desenvolvimento Econômico (CDE, 1971). Entretanto, a partir do trabalho de Freeman, o conceito do interessado na empresa foi muito utilizado para descrever e analisar a relação da corporação com a sociedade. Foi realizada uma conferência que tratava exclusivamente deste conceito, e uma importante publicação incluiu um artigo a este respeito (Clarkson et al., 1994).

Embora cada especialista na matéria pudesse definir o conceito de maneira ligeiramente diferente, em geral cada versão defende o mesmo princípio: as corporações devem considerar as necessidades, os interesses e a influência das pessoas ou outras empresas afetadas por suas políticas e operações (Frederick, 1992). Uma definição representativa é a que oferece Carroll (1996), que afirma que pode ser considerado interessado na empresa "qualquer indivíduo ou grupo capaz de afetar ou de ser afetado pelos atos, as decisões, políticas, práticas ou objetivos da organização". Dessa maneira, um interessado na empresa é um indivíduo ou grupo que têm algum tipo de interesse no que a empresa faz, e pode também afetar a organização de um modo ou de outro.

Considera-se que as partes interessadas típicas são os consumidores, fornecedores, governo, concorrentes, comunidades, funcionários e, é óbvio, os acionistas, embora o mapa de interessados de qualquer corporação em relação a um problema específico possa chegar a ser muito complexo. A administração dos interessados na empresa significa considerar interesses e inquietudes desses grupos e diferentes indivíduos na hora de tomar uma decisão empresarial, de modo que todos se sintam satisfeitos, pelo menos até certo ponto, ou pelo menos até que os públicos afetados mais importantes em relação a qualquer problema concreto se sintam satisfeitos.

No início, essa teoria considerava que os interessados na empresa são entidades individuais isoláveis, identificáveis com clareza pela gerência, e que é possível considerar seus interesses no processo de tomada de decisão. Portanto, esta teoria, pelo menos como foi formulada inicialmente, tem o mesmo problema do individualismo atomista que as teorias tradicionais, e somente alguns teóricos do assunto, entre outros o próprio Freeman, começam a reconhecer. De acordo com Wicks, Gilbert e Freeman (1994, p. 479), uma das hipóteses ligadas a esta visão do mundo é que o eu é fundamentalmente isolável de outros seres e de seu contexto geral. As pessoas existem como seres separados, que são capturados independentemente de sua relação com outros seres. Ainda que a linguagem, a comunidade e as relações afetem o eu, consideram-se externos e delimitados, separados do indivíduo, que é ao mesmo tempo autônomo destes elementos do contexto e antologicamente anterior a eles. O equivalente nos negócios é que a melhor forma de ver a corporação é como um agente autônomo, diferente de seus fornecedores, consumidores, ambiente externo etc. Neste caso, também é a corporação individual que se destaca nas análises sobre a estratégia, e recebe destaque onde se encontra a agência, embora as forças do mercado em geral e o ambiente empresarial exerçam um efeito poderoso em uma determinada empresa.

Em um esforço para reinterpretar alguns desses modos tradicionais de pensar, reunidos na teoria do interessado na empresa, Freeman, junto com Gilbert e Wicks, recorreram à teoria feminista como veículo para essa reinterpretação. Eles destacam algumas deficiências das primeiras versões da teoria do interessado, principalmente as que dependem em excesso de uma maneira de pensar individualista, autônoma e masculina para torná-la compreensível, e desprezam muitas das idéias feministas que podem utilizar-se para "expressar melhor o significado e os propósitos da corporação" (Wicks et al., 1994).

Esses conceitos requerem deixar para trás a visão da corporação, uma entidade autônoma que enfrenta um ambiente externo que deve controlar; uma entidade que está estruturada em termos de hierarquias rigorosas de poder e autoridade, e nas quais as atividades da liderança se expressam melhor em função de conflito e competência; uma entidade em que as decisões estratégicas da administração são o resultado de uma recompilação objetiva de fatos, realizada através de pesquisas empíricas e uma pessoa distante que toma decisões imparciais, sem distorções nem percepções emotivas.

Pelo contrário, as idéias feministas consideram que a corporação é como uma rede de relações entre todas as pessoas e grupos vinculados diretamente a ela, que se fortalece com a mudança e a incerteza ao estabelecer relações harmoniosas contínuas com seu ambiente, e cuja estrutura se destaca pela descentralização radical e a delegação de responsabilidades. Nessa estrutura, as atividades se expressam melhor em termos de comunicação, ação coletiva e reconciliação, e as decisões administrativas são o resultado da solidariedade e da compreensão que se compartilha mediante a comunicação, com base no afeto e nas relações concretas (Wicks et al., 1994, p. 479-493).

Talvez as críticas a essa teoria estejam equivocadas por não definirem o que ou quem é ou não é interessado na empresa, e também as tentativas de delimitar os grupos ou indivíduos envolvidos. Apesar da natureza atomista das primeiras definições, a teoria do interessado inclui em sua própria natureza uma visão relacional da companhia, e seu poder reside em centralizar a tomada de decisão – de direção na multiplicidade e diversidade das relações em que a corporação tem seu ser, e na natureza multipropositl da corporação, como veículo para enriquecer estas relações em suas diferentes dimensões. Além disso, o que conta como reivindicações dos interessados depende do contexto, e qualquer decisão somente pode ser tão boa como a visão moral de quem toma a decisão, que atua dentro dos limites de um contexto problemático específico.

A teoria do interessado na empresa determina o rumo da visão; não pode simplificar os contextos concretos delimitando, de maneira abstrata, aqueles para quem a visão deve contemplar na diversidade de contextos concretos. O desenvolvimento moral neste caso não reside em ter regras para simplificar as situações, mas em ter maior capacidade de reconhecer as dimensões morais complexas de uma situação. Desse modo, essa teoria parece incluir, na sua própria natureza, não só uma concepção das relações da corporação, mas também a compreensão da natureza da circunstância em que se tomam as decisões éticas pertinentes em situações concretas.

Teoria do contrato social, da ética e da natureza, e do pragmatismo

As responsabilidades sociais nascentes das corporações também se expressaram em função de um contrato variável entre as empresas e a sociedade, que reflete as diferentes expectativas em relação ao desempenho social dos negócios (Anshen, 1954). O velho contrato entre as empresas e a sociedade fundamentava-se na perspectiva de que o crescimento econômico era a origem de todo progresso, tanto social como econômico. Considerava-se que o motor que impulsionava este crescimento econômico era a busca do lucro pela empresa competitiva privada. Desse modo, a missão básica das empresas era produzir bens e serviços, vendidos com lucro, e ao fazê-lo realizavam sua contribuição máxima para sociedade e eram socialmente responsáveis (Friedman, 1970).

Esse contrato variável entre as empresas e a sociedade tinha como resultado o fato de que a busca resolvida do crescimento econômico produzia efeitos colaterais nocivos que impunham custos à sociedade. A busca pelo crescimento econômico, segundo alguns teóricos, não conduzia necessária e automaticamente ao progresso social. Pelo contrário, provocava a deterioração do ambiente físico, locais de trabalho perigosos, discriminação contra determinados grupos da sociedade e outros problemas sociais. Este contrato entre as empresas e a sociedade representava a redução dos custos sociais de fazer negócios, inculcando nas companhias a idéia de que elas têm a obrigação de trabalhar pela melhoria social e econômica.

O Comitê para o Desenvolvimento Econômico (CDE, 1971) expressou esta idéia nos seguintes termos: na atualidade, é patente que os termos do contrato entre a sociedade e as empresas estão mudando de maneira notável e importante. Pede-se às empresas que assumam mais responsabilidades do que nunca em relação à sociedade, e que sirvam a uma gama mais ampla de valores humanos. Na verdade, o que se pede às empresas de negócios é que contribuam mais com a qualidade de vida, em vez de limitar-se a administrar quantidades de produtos e serviços.

Os termos variáveis do contrato estão nas leis e regulamentos que a sociedade estabeleceu como marco legal em que as empresas devem operar, assim como na compreensão compartilhada que predomina agora em relação às expectativas de cada grupo em face do outro (Carroll, 1996, p. 19). O contrato social é um conjunto de dois entendimentos recíprocos que caracteriza a relação entre empresas e sociedade, e as mudanças neste contrato, ocorridas nas últimas décadas, são o resultado direto da importância cada vez maior do ambiente social nas empresas. *As regras do jogo* mudaram, em especial devido às leis e aos regulamentos que entraram em vigor em relação a problemas sociais como a poluição e a discriminação.

As formulações mais recentes do conceito de contrato social expuseram uma gama mais ampla de responsabilidades relacionadas com consumidores e funcionários (Donaldson, 1982) e das responsabilidades das corporações multinacionais com seu país e com as nações anfitriãs (Donaldson, 1989). Assim, a teoria do contrato social tem uma ampla e rica história no pensamento administrativo e social. Também se encontra nas obras sobre ética nos negócios, em particular no trabalho de John Rawls (1999) sobre o conceito de justiça. Os princípios de justiça que Rawls defende têm como base um contrato social combinado pelos membros da sociedade em uma chamada *posição original*. Esta posição original é semelhante a um exercício intelectual para demonstrar que é possível deduzir princípios de justiça defensáveis, caracterizados pela imparcialidade e pela tomada de decisão objetiva. Neste exercício, tais princípios se compreendem em função do chamado *véu de ignorância*, em que os membros da sociedade não conhecem sua raça, posição social, recursos econômicos, gênero nem coisa alguma a respeito de si mesmos. Não tendo esse tipo de conhecimento, teoricamente estão isentos de qualquer interesse particular. Considerando que não conhecem sua posição ou função na sociedade, supõe-se que podem chegar a um acordo mais justo em relação às regras *pelas quais querem ser regidos quando saírem do véu*. Este acordo é negociado por indivíduos atômicos, antes de pertencer a qualquer tipo de sociedade. Conseqüentemente, a postura de Rawls parte de princípios impulsionados pelo interesse egoísta da justiça abstrata formada por indivíduos atômicos, pré-sociais, que funcionam atrás de um véu de ignorância. Esta postura destaca a supremacia do indivíduo.

As obras recentes de Donaldson e Dunfee (1999) centram-se no desenvolvimento da teoria integradora dos contratos sociais, que, entre outras coisas, tenta abordar a questão de adotar um enfoque pluralista para a ética nos negócios, sem cair no problema do relativismo. Donaldson e Dunfee (1994) se ocupam em fomentar a interconexão que existe entre a pesquisa normativa e empírica sobre a ética nos negócios, embora no ensaio de 1995 tenham desenvolvido a teoria sem fazer referência à questão da pesquisa normativa e empírica. Eles afirmam que o pluralismo e o conseqüente *espaço moral livre,* está incluído na diversidade de microcontratos, representando acordos ou entendimentos compartilhados relacionados com as normas morais que governam tipos específicos de interações econômicas. Esta liberdade para especificar de maneira mais precisa as normas da interação econômica, por sua vez está garantida pelo contrato macrossocial com o qual todos os contratantes, sem considerar os microcontratos específicos, estariam de acordo. Quando um microcontrato para uma determinada comunidade está fundamentado no consentimento informado e considera o direito de saída, a norma é autêntica. Como os autores observam, até este momento o macrocontrato dá capacidade ao espaço moral livre, mas não impõe nenhum limite.

O resultado, se fosse necessário parar neste ponto, é o relativismo cultural. O que as partes devem fazer para intervir no macrocontrato é autorizar limites que não sejam relativos na microcomunidade. Esses limites estão compreendidos nas hipernormas, que se definem como os princípios implícitos fundamentais em certo grau para a existência humana, e que servem como guia para avaliar as normas morais de menor nível. Donaldson e Dunfee não adotam uma postura específica em relação à pergunta fundamental sobre a base epistemológica das hipernormas, pois consideram que é desnecessário para o processo de identificação das hipernormas. A tarefa de identificar e interpretar uma lista exaustiva de hipernormas é aberta, uma vez que não há modo de determinar quando uma lista proposta está completa. Além disso, é provável que nossa compreensão das hipernormas varie com o tempo, o que teria como resultado uma lista em mudança contínua. O contrato macrossocial incluiria um meio de arbitrar e conciliar conflitos entre os diversos contratos microssociais, através da aplicação de regras baseadas em prioridades congruentes com o contrato macrossocial. Este, portanto, estabelece restrições morais e confere legitimidade moral aos contratos microssociais. Os dois níveis de contratos em conjunto permitem o pluralismo sem cair no relativismo.

O pragmatismo também despreza o absolutismo na ética, sem cair no relativismo. O sentido vital e crescente da retidão moral não vem da doutrina de princípios abstratos, mas da sensibilidade diante de situações concretas e demandas das avaliações humanas, em sua diversidade e caráter comum subjacente, como ser humano que confronta uma realidade comum dentro da qual tem de aprender a prosperar. Esta filosofia oferece uma base epistemológica para normas de qualquer tipo, com base não na racionalidade abstrata, mas na sensação original, rica e elusiva das raízes primitivas na vida em comunidade. Por sua vez, este sentido de vida comunitária está enraizado na compreensão inovadora de que o ser e a comunidade estão inerentemente relacionados e são dinâmicos, e consistem em uma contínua acomodação entre a criatividade e a conformidade, o eu e o outro, a mudança e a tradição e, analogamente, a corporação e os múltiplos contextos de relações que fazem parte de sua existência.

Dentro desse contexto pragmático não é possível entender o crescimento em função de um fim preestabelecido. É mais necessário o enriquecimento da existência em sua totalidade. Portanto, o crescimento é finalmente o causador das dimensões morais da existência humana concreta, seja do crescimento do eu, da comunidade ou da corporação.

Em resumo, Rosenthal e Buchholz afirmam que o pragmatismo é inerentemente pluralista, com o que se oferece uma base para um enfoque pluralista para a ética nos negócios, que não cai no relativismo, que requer sensibilidade diante das situações concretas, em contraste com a aplicação de regras, e que vence o individualismo atomista dentro da visão relacional do eu e a comunidade.

DOZE MITOS NA ÉTICA NOS NEGÓCIOS

Em certa ocasião perguntaram a um político latino-americano: "O que é para você a moral ("a amoreira", em espanhol)?" Ele respondeu: "Moral é a árvore que dá amoras." Contudo, a falta de ética não é um defeito somente dos políticos latino-americanos, ou dos *yuppies* de Wall Street. A história guarda fatos memoráveis. O príncipe Alberto, consorte da rainha Vitória, agonizava no Palácio de Buckingham. Um astuto comerciante londrino subornou um funcionário do palácio para que, logo que o príncipe morresse, ele fosse informado. O funcionário lhe avisou antes que a notícia se tornasse pública. O comerciante rapidamente comprou todo o estoque de tafetá negro de Londres e de seus arredores. Quando o pessoal do palácio decidiu comprar tafetá para elaborar os adornos fúnebres, o comerciante já havia monopolizado o tafetá, e o vendeu três vezes mais caro.

Os Rotschild tampouco saem ilesos. Conta-se que a procedência da fabulosa fortuna destes banqueiros teve uma origem peculiar. O império de Bonaparte agonizava, e a economia inglesa dependia, em boa medida, da derrota do Corso. Wellington lutava contra Napoleão em Waterloo. O resultado da batalha seria decisivo para a bolsa inglesa. Uma derrota inglesa significaria uma queda na Bolsa de Londres. Rotschild enviou mensageiros privados ao campo para que, logo que se decidisse a batalha, ele tivesse notícias. Para Rotschild, saber o resultado antes dos demais, incluindo a coroa, era crucial. O mensageiro avisou imediatamente a Rotschild que Napoleão havia perdido. O astuto banqueiro foi imediatamente à bolsa e vendeu freneticamente. Os demais, percebendo que havia recebido notícias frescas da batalha, e ao vê-lo vender barato e com rapidez, imaginaram o que Rotschild queria que eles pensassem: que Wellington havia perdido. Todos venderam e a bolsa despencou. Quando os preços chegaram ao fundo, e pouco antes que o mensageiro oficial chegasse com a notícia, Rotschild comprou tudo. Ao tornar-se oficial a vitória inglesa, a bolsa se recuperou. Os Rotschild se tornaram, até hoje, uma das famílias mais ricas do mundo.

Na atualidade, as formas de comunicação são melhores. Não obstante, o mercado está longe de ser transparente, livre de armadilhas e especulações. Os homens comuns, isto é, a infantaria da sociedade, exigem uma atitude ética nos dois grandes espaços tecno-estruturais: o mercado e o Estado. Os empresários também estão se unindo a este clamor. Os consultores, as escolas de negócios e alguns poucos intelectuais se atreveram a falar de ética na empresa, de ética nos negócios. As publicações especializadas são abundantes. Entretanto, olhando atentamente, percebe-se falta de solidez em muitas abordagens de ética nos negócios. O sincretismo e o irenismo[1], uma espécie de concordância rondam a ética nos negócios. Foram publicados livros de ética nos negócios, nos quais as palavras *mal*, *bem* ou *vício* e *virtude* aparecem de forma tímida e escassamente. No seu lugar, vemos palavras como *excelência, cultura corporativa, realização*. Esta fraseologia esconde, com freqüência, a carência de uma estrutura firme e decisiva, quando não um complexo ceticismo ético. Em definitivo, ou a ética nos negócios se constrói a partir de um conceito filosófico do homem, ou fica reduzida a um discurso mais ou menos fingido e filantrópico, a menos que se torne um instrumento de manipulação utilitarista.

Por admiração a Aristóteles, apresentamos a seguir 12 mitos que giram em torno da ética nos negócios. Não se nega o enfoque aristotélico. A opinião do autor é que Aristóteles pode contribuir de alguma maneira a esta sociedade onde "o dinheiro não dorme". E mais, se Aristóteles tivesse nascido nesta época, Peter Drucker teria ficado sem trabalho.

O mito da moral dupla

Existe uma drástica divisão entre o privado e o público. **Falso**

Certamente existem assuntos que são privados e assuntos que são públicos. Ser torcedor de um time ou outro de futebol carece de relevância pública. Não é de incumbência pública. Também é irrelevante do ponto de vista público a preferência pelo Martini seco e pelos escargos à moda de Bordeaux. Entretanto, se a preferência pelo Martini o leva a dirigir em estado de embriaguez, e se a inclinação por determinado time de futebol o leva a agredir quantos torcedores do time rival encontrar, os gostos privados têm uma dimensão pública.

O ator da vida social é um homem real, com crenças, convicções, qualidades e hábitos de conduta. É absurdo supor que as convicções e qualidades éticas sejam algo que alguém possa colocar e tirar, como um nó na gravata para entrar em uma reunião e a canga para tomar sol na praia. As convicções e qualidades éticas têm, necessariamente, influência na vida pública. As qualidades éticas são inerentes à pessoa: a transformam autenticamente. Não é possível separá-las. Portanto, a ética empresarial está fundamentada na ética de cada um dos indivíduos que a integram. A vida privada dos operários, funcionários, diretores e acionistas se relaciona diretamente com a ética da corporação. Essa relação é maior à medida que se tem maior poder de decisão.

Portanto, o liberalismo, que agora tantos renegam, não é um marco adequado para falar da ética nos negócios. A moral dupla é uma esquizofrenia antropológica: Dr. Jekyll e Mr. Hyde[2]. O dogma liberal da autonomia do privado não é verdadeiro. No mundo real, o privado e o público se misturam, pois o ator da vida social é um só. A pessoa leva a moral aonde for, ao escritório ou à sua casa, são suas qualidades pessoais. Ninguém pode se despojar de seus hábitos, positivos ou negativos, no momento de administrar recursos, e depois vestir-se com eles em uma reunião com os amigos. O liberalismo é míope. Não vê as contínuas intersecções entre a esfera

---

[1] Irenismo significa ter uma atitude conciliadora para crenças diferentes da sua própria; aceitação.
[2] Personagens do clássico da literatura: "O médico e o monstro" de Robert Louis Stevenson.

pública e a esfera privada. Essas intersecções têm sua raiz na unidade da pessoa. A natureza humana é a mesma na mesa de negociações e na intimidade do lar.

O mito da argumentação

A ética nos negócios não precisa de fundamentos teóricos. **Falso**

A ética assume uma visão do homem e uma visão da vida. A ética nos negócios se insere, queira ou não o conselho de administração, em uma determinada tradição antropológica. Os códigos de dever e de valores sem um fundamento antropológico, tornam-se um manual de "boas maneiras". Exigir o cumprimento do dever em condições adversas requer algo mais do que o discurso do *Chairman*. Exigir do diretor jurídico que trate os assuntos com o tabelião mais qualificado, e não com aquele que lhe oferece presentes, requer algo mais que um memorando da direção-geral. O diretor jurídico deve possuir convicção de que o dinheiro não é o único regulador do comportamento profissional, o que significa, entre outras coisas, uma concepção da felicidade humana não reduzida a acumular bens.

A ética, seja a ética nos negócios ou a ética profissional, está inserida em uma tradição. Não existe uma ética "asséptica". Consolidar a ética requer consolidar uma visão do ser humano e do mundo. Não existe ética sem uma teoria da felicidade humana. Falar de ética nos negócios sem falar de "vícios" e "virtudes", do "bem" e do "mal" e de "finalidades últimas" é tão absurdo como falar de música sem falar de sons, ou falar de comida sem falar de sabores. Quem se dedica à ética nos negócios, e também seus destinatários, deve definir uma postura clara sobre o homem e seus objetivos. Enquanto não houver uma postura voltada para a tolerância e o pluralismo, a ética nos negócios será uma tênue camada de boas intenções, desconectada do sistema de produção e do sistema de crenças.

O mito do saber misterioso

A ética nos negócios não pode ser ensinada. **Falso**

O mito da intransferibilidade da ética surge de um mal-entendido: supor que a ética é uma habilidade sem base teórica. A ética nos negócios, como qualquer aplicação da ética, não é um conhecimento teórico: é um conhecimento prático. Existe uma diferença radical entre conhecer história do direito e conhecer marketing. Conhece o marketing quem vende, e não quem sabe suas teorias atuais. Sabe tocar piano quem é capaz de tocar "Sonata ao Luar", não quem sabe qual é a tecla Ré e qual é a Dó. Da mesma maneira, conhece ética quem distribui os lucros com justiça e não quem sabe o significado da palavra justiça.

Os conhecimentos práticos, como no caso da ética, se adquirem na prática. Ninguém aprende a tocar piano sem praticar, mas tampouco basta a prática isolada para ser um pianista profissional; é necessária a orientação e a ajuda de um bom músico. Da mesma maneira, não se aprende ética sem prática, mas uma ética sólida requer a orientação de outra pessoa. Por exemplo, alguns professores da Escola de Negócios de Harvard falam da conveniência de que o professor seja ao mesmo tempo um mentor. As influências externas como as dos professores, diretores, entre outros, têm valor na aquisição de habilidades éticas. Sem essas influências, por exemplo, é difícil adquirir conhecimentos teóricos como o conceito do homem e a visão do mundo, fundamentos básicos nas ações eticamente acertadas. O exemplo e a experiência dos outros, assim como o sistema de valores corporativamente aceitos, são decisivos na aquisição de habilidades éticas. Para dizer isso de maneira mais radical, tanto os vícios como as virtudes são contagiantes.

O mito da cartilha

A ética é um conjunto de regras. **Falso**

Em um livro sobre moral do século XVIII, o autor mostra seus conhecimentos de casuística. Por exemplo, quando um carrasco executa vários homens de uma só vez, deve cobrar por cabeça ou pela execução global? Quando um transportador recebe um carregamento, até que ponto é ilícito afastar-se da rota mais curta? Existe a impressão de que muitos dirigentes esperam que um livro de ética nos negócios seja uma espécie de receituário para solucionar todos os casos que já ocorreram e que podem vir a ocorrer, uma espécie de cartilha. Recentemente, um advogado perguntava a partir de que valor de juros começava o ágio. Não é preciso dizer que saiu decepcionado quando lhe explicaram que não havia uma resposta matemática.

A ética não é exclusivamente um conjunto de regras. Não é somente um código de conduta. É um conjunto de habilidades que permite identificar o correto aqui e agora, e agir em resposta. Os homens de negócios exigem dos livros filosóficos de ética que resolvam todos os casos possíveis; definitivamente, sentem falta dos livros de casuística.

Entretanto, o fundamental na ética é a posse de habilidades (o que os gregos chamaram de *virtudes*), que fazem com que o homem atue habitualmente com correção em cada uma das diversas circunstâncias da vida. Por isso, os cursos de indução à ética, as análises de casos éticos, os estudos de códigos de comportamento têm valor limitado. O essencial é a consecução de habilidades éticas nos membros da corporação. Se os membros da organização não possuírem um mínimo de hábitos éticos, a ética da empresa estará sustentada por alfinetes.

O mito da engenharia ética

A ética nos negócios é um conhecimento técnico. **Falso**

A ética não é uma habilidade técnica. As habilidades técnicas, como finanças ou marcenaria, caracterizam-se por transformar o mundo exterior. O médico cura os doentes, o engenheiro programa linhas de produção, o ferramenteiro faz engrenagens, o analista calcula riscos. Em todas estas ocupações, o objeto transformado é o mundo externo. Pelo contrário, na ética, o objeto transformado é o sujeito. As habilidades éticas transformam, principalmente, o sujeito que as exercita. O homem austero aperfeiçoa-se com sua austeridade, e o homem justo aperfeiçoa-se com sua justiça. Nesse sentido, a ética não repercute imediatamente na empresa, mas sim nos homens da empresa. Os hábitos éticos modificam a empresa de modo indireto, mas única e exclusivamente na medida em que os indivíduos se transformam.

O mito do bom ladrão

As qualidades ou hábitos éticos podem ser obtidos isoladamente. **Falso**

Os hábitos éticos, positivos ou negativos, formam uma teia indissolúvel. Uma qualidade ética chama as outras. O caráter ético é uma malha de virtudes. Cada qualidade ética dá sustento e consistência às outras. Assim como os fios entrelaçados formam o tecido, o caráter ético está formado de virtudes combinadas. A justiça requer fortaleza, e a prudência, moderação. Para ser justo com os fornecedores e pagar no prazo não basta a justiça; é necessário fortaleza e austeridade para resistir à tentação de comprar um automóvel com os produtos financeiros resultantes da aplicação do dinheiro alheio. Para ser prudente e saber o que é correto aqui e agora, é necessário ser sóbrio e moderado. Um diretor propenso à irritação e ao alcoolismo dificilmente terá a cabeça em condições de decidir com prudência se deve despedir, por exemplo, os maiores de 50 anos em tempos de crise.

O mito do legalismo

A ética equivale ao direito. **Falso por ser inexato**

Não basta cumprir as leis positivas, como a Constituição, códigos, regulamentos, para ser ético. A ética vai além do que está escrito e dos fatos visíveis. As qualidades éticas englobam as intenções, os desejos e os pensamentos. Uma empresa de comunicação pode manter uma fundação cultural editorial para deduzir impostos, para fomentar a cultura, para distribuir indiretamente a riqueza, para obter uma boa imagem diante do público ou, simplesmente, para subornar os intelectuais. Manter uma fundação editorial é juridicamente lícito, mas seu objetivo é inerente à operação e ela pode chegar a ser eticamente incorreta. O direito só regula o mínimo indispensável para manter a harmonia em convivência social. A ética vai muito além: a ética é o modo de desenvolver positivamente a própria personalidade e, portanto, a dos homens ao redor.

O mito da eficácia da KGB

Os controles excessivos geram atitudes éticas. **Falso**

Os controles excessivos geram burocracia. A médio prazo asfixiam a iniciativa dos funcionários, e no longo prazo propiciam a corrupção. A desconfiança gera desconfiança. Institucionalizar a desconfiança não produz atitudes éticas. Recentemente, um político latino-americano respondeu da seguinte forma à pergunta do entrevistador: "Como o governo vai lutar contra a corrupção?" Resposta: "Reduziremos as atribuições dos funcionários e aumentaremos os controles do sistema". Crasso engano. Controlar não é governar. A honestidade não se alcança tirando poder e autoridade. Um funcionário sem mais poder que o de colar um selo pode ser um homem corrupto, e um funcionário com amplo poder de decisão pode ser um homem honesto.

O mito do organograma
A ética é um problema de organização. **Ambíguo**

O circuito político, social, econômico e cultural influi decisivamente nos valores aceitos pela empresa. Por sua vez, os valores corporativos influem nos membros da organização. Entretanto, há uma ruptura entre organização e indivíduo. O indivíduo vive na organização, mas conserva sempre uma margem de autonomia. Ele não é um simples agente do sistema, não funciona única e exclusivamente pela força do sistema. Portanto, não basta uma transformação do sistema para transformar o indivíduo. O indivíduo deve querer transformar-se e assumir os valores do sistema, livre e conscientemente. Como afirmam Bartlett e Ghoshal, a reestruturação das organizações requer uma estruturação mental prévia. Não se consegue ética na empresa apenas trocando os aspectos duros da organização; é necessário mudar os agentes da organização.

O mito do bom negociante
A ética nos negócios é um valor agregado

A ética não é um "bem" que se adiciona ao produto. Não é uma cereja que se adiciona a um bolo. Não tem sentido vender água mineral "com ética" e água mineral "sem ética", como se fosse "gás" ou "cafeína". A ética não pode ser contabilizada nem medida. Os contadores não poderão anotar em seus livros os ganhos obtidos por vendas de produtos "com ética". A ética está presente ao longo de todo o processo de produção. É um modo de vida, e se manifesta tanto no mundo trabalhista como na esfera familiar.

O mito puritano
As atitudes éticas não devem ser premiadas. **Falso, por puritanismo**

O funcionário não deve ser ético pelo prêmio ("e se um dia não me derem o prêmio?"), mas a instituição deve facilitar as condutas éticas. Não basta punir o caixa que rouba, é preciso premiar os caixas que não roubam. A melhor maneira de premiar definitivamente é um salário justo e um ambiente de trabalho satisfatório. As qualidades éticas não são algo que possa ser comprado. Seria absurdo publicar um anúncio que dissesse: "Necessita-se contador honesto. Oferecemos excelente salário. Não aceitamos contadores picaretas". Entretanto, os incentivos, que não são apenas remuneração financeira, facilitam a execução de atos virtuosos. O diretor da empresa deve fazer com que a prática das virtudes seja algo atrativo em sua empresa.

O mito de Pípila
A ética consiste em um conjunto de proibições

Pode comparar-se a ética com o manual de funcionamento de um automóvel. Quando se compra um carro novo, o vendedor entrega um manual com orientações para seu bom uso. Indica-se, por exemplo, que não se deve correr a mais de 80 km/h durante os primeiros 1000 quilômetros. Trata-se, evidentemente, de uma proibição. O dono pode incomodar-se com o vendedor e dizer: "Ninguém me diz o que devo fazer com minhas coisas. Eu faço com meu carro o que quero". Mas, dessa forma, o automóvel durará pouco tempo.

A ética e, portanto, a ética nos negócios, é uma *norma* para o bom uso da natureza humana. Somente comportando-se eticamente os homens poderão explorar todas as capacidades da natureza. É errado pensar que a conduta irracional, isto é, o comportamento não ético, faz o ser humano. Falso. A ética não é um peso que esmaga a personalidade, como a pedra que carregava o mexicano *Pípila*. A ética é uma plataforma para desenvolver a personalidade; é um trampolim para um desenvolvimento pleno.

Costuma-se identificar a ética com os códigos proibitivos. Essa é uma visão redutiva e patológica da ética. É certo que os códigos éticos proíbem alguns comportamentos como antinaturais, mas ao lado dessas proibições, a ética promove muitos comportamentos positivos. Por isso, alguns autores, como Alasdair McIntyre, preferem falar de *ética de virtudes* mais que de ética de regras. Na ética nos negócios é possível proibir a oferta de certo tipo de presentes, mas nessa proibição existe uma dimensão positiva: ser justo. E a justiça pode ser vivenciada de muitas maneiras: vendendo automóveis, cobrando para reciclar lixo, fabricando inseticidas, elaborando programas para computadores, capacitando secretárias... As virtudes são um leque interminável de possibilidades. Para os gregos, a ética era a arte de obter a felicidade de acordo com a própria natureza, e a natureza humana é multiforme.

A ética não é algo que se acrescenta à empresa para incrementar os lucros. É uma dimensão natural do homem, como o é sua corporalidade. Sem dúvida, viver com ética exige esforços. Comportar-se habitualmente à margem da ética, também. Além disso, se "manter a linha" exige privações, não deve ser estranho que o desenvolvimento dos "músculos" éticos também as exija.

Em todo caso, devemos evitar a tentação de legitimar a ética porque é útil ou porque economiza dinheiro. A ética se legitima porque é natural, porque é o caminho por onde o homem se realiza como ser racional e solidário. Enquanto a empresa não assumir este princípio, a ética continuará sendo "uma estranha entre nós".

Conclusões

A ética na administração chegou a ser uma questão importante das organizações e da sociedade nas últimas décadas. As pesquisas indicam que o público não tem nem as empresas nem a ética na administração em grande estima. Para que a comunidade empresarial reverta esta situação se requerem esforços muito grandes. Uma parte consiste em compreender o que significa ética na administração, por que é importante e como deve se integrar à tomada de decisões. Tanto a filosofia moral como a teoria da administração contêm princípios éticos que informarão os líderes interessados.

Um dos desafios mais formidáveis é evitar a administração imoral e passar do modo amoral para a administração moral na liderança, comportamento, tomada de decisões, políticas e práticas. A administração moral exige liderança ética. Trata-se de algo mais que "não agir mal". A administração moral exige dos gerentes que identifiquem as situações vulneráveis em que a amoralidade poderia se impor, se a liderança não as considerasse de maneira reflexiva e cuidadosa. A administração moral requer que os dirigentes compreendam e sejam sensíveis a todas as pessoas que se relacionam diretamente com a organização e os interesses de cada um desses grupos. Se é para aplicar o modelo de administração moral, é preciso integrar a sabedoria ética com sua sabedoria administrativa, e adotar as medidas necessárias para criar e manter um clima ético em suas organizações. Conseguindo isso, é possível alcançar os objetivos desejáveis da administração moral.

BIBLIOGRAFIA

Aguilar, F. J. *Managing Corporate Ethics*. Nova York: Oxford University Press, 1994.

Alvira, Tomás. "Libertad moral y unidad del hombre", em *Anuário Filosófico*, Pamplona: EUNSA, 1980.

Anshen, M. *Executive development: In-company vs. university programs*. Harvard Business Review, 1954, 32, p. 83-91.

Aznar, H. *Comunicación responsable: deontología y autorregulación de los medios*. Barcelona: Ariel, 1999.

Barnouw, E.A. *History of Broadcasting in the United States*. Nova York: Oxford University Press, 1999.

Bartlett, C. e Ghoshal, S. *La empresa sin fronteras: La solución transnacional*. McGraw-Hill, Madrid, 1991.

Berenbeim, R.E. *Corporate Ethics*. Nova York: The Conference Board, 1987.

Blanchard, K. e Peale, N.V. *The Power of Ethical Management*. Nova York: Fawcett Crest, 1988.

Carroll, A.B. *A three-dimensional conceptual model of corporate social performance*. Academy of Management Review, 1979; 4(4): 497-505.

_____. "The pyramid of corporate social responsibility: Toward the moral man-agement of organizational stakeholders". *Business Horizons*, 1991; julho-agosto: p. 39-48.

Clarckson, M.B.E. Defining, Evaluating and managing Corporate Social Performance: The Stakeholder Management Model. Research in Corporate Social Performance (Ed.) Preston Greenwich, CT: Jai Press, 1994.

Donaldson, L.. "The ethereal hand: organizational management theory", *Academy of Management Review*, 1982, 15, p.369-381.

Donaldson, L. e Davis, J.H. "Stewardship theory or agency theory: CEO governance and shareholder return", *Australian Journal of Management*, 1989, 16, p. 49-64.

Donaldson, T. e W., Dunfee. *Ties That Bind*, Harvard Business School, 1999, p. 38-41.

Durkheim, Emile. *La división del trabajo social*. Madrid: Biblioteca Científico-Filosófica, 1928.

Fernández, Aurelio. *Teología moral*. Burgos: Ediciones Aldecoa, 1995.

Fernández, F. José Luis. *Ética para empresarios y directivos*. Madrid: ESC Editorial, 1994.

Ferrell, O.C. e Fraedrich, J. *Business Ethics: Ethical Decision Making and Cases*. Boston: Houghton Mifflin, 1991.

Finnis, J. *Ley natural y derechos naturales*. Buenos Aires: Abeledo Perrot, 1989.

Fontrodona, F.J. *La ética que necesita la empresa*. Madrid: Unión Editorial, 1998.

Frederick, W., K. Davis e J.E. Post. *Business and Society: Corporate Strategy, Public Policy, Ethics*, Nova York, McGraw-Hill, 1992.

Friedman, M. *The Counter-Revolution in Monetary Theory*, Institute of Economic Af-fairs, occasional paper 33, London Galbraith, 1970.

Freeman, R.E. *Strategic management: a stakeholder approach*. Pitman, Boston, MA, E.U.A., 1984.

Garay, Jesús de. *El juego: una ética para el mercado*. Madrid: Díaz de Santos, 1993.

Gilder, G. *El espíritu de empresa*. Barcelona: Edhasa, 1986.

Gilligan, C. *In a different voice*. Cambridge: Harvard University Press, 1982.

González, Ana Marta. "De veritate 16 y 17. La sindéresis y la conciencia." *Cuadernos de Anuário Filosófico*, Pamplona: 1998.

Grunig, J. Hunt T. *Dirección de relaciones públicas*. Barcelona: Gestión 2000, 2000.

Guillén, P., Manuel e Rodríguez, S. Alfredo. *La ética que necesita la empresa*. Madrid: Unión Editorial, Colección AEDOS, 1998.

Hamel, G. *Liderando la revolución*. Barcelona: Gestión 2000, 2000.

Instituto de la Ética Josephson, "98 Survey of American Youth" (outubro de 1998), www.josephsoninstitute.org/98-Survey/98survey.htm.

Kant, Immanuel. *Fundamentación de la metafísica de las costumbres*. Madrid: Espasa Calpe, 1973.

Kidder, R. "Ethics and the bottom line: Ten reasons for businesses to do right." In-sights on Global Ethics, 1997; p. 7-9.

Lecierq, Jacques. *Las grandes líneas de la filosofía moral*. Madrid: Gredos, 1956.

Levy, Bruhl. *La moral y la ciencia de las costumbres*. Madrid: Biblioteca Científico-Filosófica, 1929.

Llano, A. e Llano, C. *Paradojas de la ética empresarial*. Pamplona: Empresa y Huma-nismo, 1999.

Llano, Carlos. *El empresario ante la motivación y la responsabilidad*. México: McGraw-Hill, 1995.

Marías, Julián. *La felicidad humana*. Madrid: Alianza, 1988.

Marina, J. A. *Ética para náufragos*. Madrid: Anagrama, 1996.

Melé, Doménec. *Ética en la dirección de empresas*. Barcelona: Folio, 1997.

Messner, Johannes. *Ética general y aplicada*. Madrid: Rialp, 1969.

Nieto, A. *Cartas a un empresario de la información*. Madrid: Fragua, 1988.

Noriega, J. L. *Crítica de la seducción mediática*. Madrid: Tecnos, 1997.

Nueno, P. "Hacia un concepto integral del emprendedor". Pamplona: Memoria de la Universidad de Navarra: Lección inaugural de curso en la Universidad de Navarra, 1988.

Pérez, L. J. A. *El sentido de los conflictos éticos originados por el entorno en que opera la empresa*. Pamplona: Empresa y Humanismo, 1987.

Peters, T. "The Planning Fetish". *Wall Street Journal*, 1980, 7 de julho, p. 10.

Peters, T.J. "Putting Excellence in Management." *Business Week*, 1980; 21 de julho, p. 25-27.

Polo, Leonardo. *Ética: hacia una versión moderna de los temas clásicos*. Madrid: Unión Editorial, Colección AEDOS, 1997.

Rawls, John. *A theory of justice*. Cambridge, Harvard University Press, 1999, p. 16.

Rodríguez, L. Ángel. *Ética general*. Pamplona: EUNSA, 1991.

Sánchez-Tabernero, A. *Dirección estratégica de empresas de comunicación*. Madrid: Cátedra, 2000.

Soto, Eduardo. *Comportamiento organizacional: el impacto de las emociones*. México: Thomson Learning, 2000.

Viladrich, Pedro. *Derecho eclesiástico español*. Pamplona: EUNSA, 1983.

Wicks, A., Gilbert Jr., D.,Freeman, R. "A feminist reinterpretation of the stakeholder concept." *Business Ethics Quarterly*, 4(4), 1994, p.475-497.

Yepes, S. Ricardo. *Fundamentos de antropología*. Pamplona: EUNSA, 1996.

5
Ética e liderança

> **OBJETIVOS**
>
> - Definir claramente a liderança e suas teorias aplicadas à ética.
> - Conhecer as teorias da liderança do ponto de vista do comportamento organizacional.
> - Destacar que é compatível ser líder e ser competitivo ao mesmo tempo.
> - Identificar as limitações das teorias da liderança.
> - Perceber que a liderança emana da confiança, e que a confiança se constrói com base no entendimento recíproco dos trabalhadores.

INTRODUÇÃO

Em meio a mudanças transcendentes, os líderes devem possuir uma visão extraordinária, significativa e convincente. À medida que o senso comum fica cada vez mais confuso, a ética é a linguagem que realinha os líderes com seus funcionários, clientes, acionistas, fornecedores, legisladores e as comunidades em que atuam (Bennis, 1998). Portanto, a ética não é só questão de indivíduos, mas algo claramente interpessoal.

A VERDADEIRA LIDERANÇA POLÍTICA

Nos últimos anos, repetiu-se em muitas ocasiões: a liderança se prova com a eficácia; se não há eficácia, não existe liderança. A liderança é evidente quando a organização política avança: novos afiliados, novas delegações, novas campanhas, novas reservas de poder político para a organização, fluxo de recursos econômicos etc. Vale a pena definir o conceito de liderança e estabelecer os parâmetros pelos quais deve discorrer.

A tarefa da liderança

O líder é aquele que se situa à frente. Mas não é o único nem tudo pode depender dele. O líder não é mais do que o motor da organização. Mas, como todo motor, queima "combustível" e gera um movimento para frente – esse "combustível" é a doutrina-programa e os objetivos-estratégia. Se o líder acredita que o "combustível" de sua gestão é a militância, está enganado. A militância segue o líder, avança com ele, no mesmo passo; e quando o líder realmente lidera, avança no seu ritmo. Quando o líder "queima" a militância e, portanto, a considera objetivamente como combustível, o que faz é afastar-se de modo inevitável de sua doutrina e da linha fixada pelo partido.

A liderança tem uma tarefa interior, voltada para a organização, e outra tarefa exterior, que é a sua projeção sobre a sociedade. Voltado para dentro, o líder é quem mobiliza a organização, é o guia e o perfeito coordenador da militância que conduz ao cumprimento dos objetivos fixados. Voltado para fora, o líder é um farol para a sociedade e, junto com seus companheiros, o fermento das massas. Em ambas as frentes, deve iluminar aquilo que outros não vêem, iluminar o que está escuro para a população ou para a militância.

Essas duas frentes se manifestam em toda sua atividade: o líder deve levar adiante a organização, mas também a sociedade. O líder deve ter envergadura suficiente para retificar e orientar as reações populares quando for necessário. Não basta dizer exatamente o mesmo que dizem as massas sempre e em todo lugar. Deve levar a população às posições defendidas por seu partido. Do mesmo modo, o líder deve tomar cuidado para não aceitar sem críticas as tendências que vão aparecendo no interior de sua organização, freqüentemente protagonizadas por funcionários exaltados, com pouca formação política, que, em seu entusiasmo inconsciente, não seguem as decisões dos congressos.

Por um lado, o líder deve manter equilíbrios internos; por outro, deve assegurar avanços externos. Uma organização política não é uma formação militar onde a obediência é cega e a disciplina absoluta. Inevitavelmente, uma organização política abriga em seu interior diferentes tendências e "sensibilidades". A habilidade do líder consiste em equilibrá-las, tentar extrair delas o que for positivo, evitar os enfrentamentos internos e as lutas de dissidentes, e preocupar-se com que todas as tendências respeitem, aceitem e trabalhem para fazer viáveis as resoluções dos congressos. Só quando alguma facção se distancia das decisões tomadas, na estrita observância da legalidade estatutária, o líder deve tentar resolver o conflito externo, e não ser o primeiro a estimulá-lo. E se esta solução for impossível, deve aniquilar a tendência mediante a sanção prevista no estatuto, ou como última medida, a expulsão, quando qualquer outra solução for inevitável.

COMO SURGE O LÍDER

O líder surge da sociedade, devido a sua vontade de poder, evidenciada em qualquer situação. Tem a necessidade vital de ficar à frente de qualquer situação que envolva a

---

Algumas definições de liderança

... o processo de conduzir grupos em uma determinada direção, fundamentalmente por meios não coercitivos. Uma liderança eficiente se define como aquela que gera um movimento na direção do que é melhor, a longo prazo, para os grupos.
Kotter J. P., 1988

É o processo de motivar e ajudar os demais a trabalhar com entusiasmo para alcançar objetivos.
Davis e Newstrom, 1991

resolução de um conflito, um protesto, uma reivindicação ou, simplesmente, a ação de um grupo de funcionários.

Mas só a vontade de poder não é suficiente. Com demasiada freqüência a vontade de poder mascara somente ambição, oportunismo, egocentrismo e megalomania. Além da vontade de poder, o líder deve provar que, no exercício da liderança, é capaz de obter sucesso, ou no mínimo, soluções razoáveis. Existem situações em que um chefe não pode conduzir seus homens à vitória porque não existem condições objetivas para ela, mas pelo menos pode evitar que a derrota seja total e definitiva, e que a retirada seja ordenada.

O líder é capaz de conduzir ao sucesso os que estão com ele. E o sucesso consiste em obter avanços reais, efetivos, indiscutíveis e objetivos. Para um partido político, a única forma de evidenciar os avanços é mediante a conquista de maior espaço de poder político. Quanto mais se avança, mais poder político se administra. Não basta simplesmente um crescimento numérico de uma formação política. É preciso que ela aumente seu poder político, sua influência sobre a sociedade, e que a influência se traduza na obtenção de deputados, vereadores, senadores etc.

O líder e suas qualidades

Entre as qualidades essenciais do líder estão as seguintes:

1. Habilidade para o comando, que é a qualidade para encontrar os funcionários mais capazes para ocupar tarefas concretas. Não são os mais fiéis nem os mais amigos, mas os mais capazes. O líder tem uma habilidade especial para valorizar os seres humanos. É capaz de saber até onde podem chegar, e qual é a função mais concreta que podem desenvolver. O comando não trata de concentrar funções, típico de comandos inseguros e instáveis, mas de situar cada quadro político à frente da função onde podem ser mais eficazes.
2. Realiza as análises políticas mais claras e que representam as mais exatas projeções para o futuro. O líder prevê e se antecipa ao que pode ocorrer amanhã, o anuncia com antecedência a seus funcionários, e sabe que caminho tomar para obter a maior rentabilidade política das situações que se vão produzir. O líder de pouca visão, que não analisa as situações ou que as analisa erroneamente, manifesta sua incapacidade para a liderança. Suas qualidades como estrategista não estão sempre presentes.
3. Tem sempre uma resposta para qualquer situação. Onde outros não sabem como reagir a situações novas, o líder sempre tem respostas; define saídas que são invisíveis para os outros. Não precisa que outros lhe digam: ele as vê antes de qualquer um. O líder une sua capacidade de comando às suas qualidades táticas.
4. Entende, assume e assimila os reflexos populares sadios. Um líder distante das massas, que não vivencia ou não entende seus problemas, não é um líder. O líder nasce do coração da sociedade, entende as questões que preocupam

a população, as assume e é capaz de dar respostas simples a problemas complexos. Aquilo que a população almeja é o que o líder diz espontaneamente em seus discursos; aquilo que quer ouvir é o que o líder demonstra conhecer. O líder vive os problemas da população e propõe soluções.

5. É honesto com sua organização. O líder é austero. Para ele não existe nem luxo, nem excesso, mas uma adequada administração dos recursos. É capaz de justificar o gasto do mínimo centavo, e de indicar os objetivos a serem alcançados: nenhum deles tem nada a ver com o seu uso pessoal ou bem-estar econômico, mas com o avanço de sua organização. Com freqüência, o líder tem meios econômicos próprios que lhe permitem um razoável nível de vida e para dedicar seu tempo à organização. Isso é aceitável. Outros líderes surgiram de uma modesta condição social. Também é aceitável. O que é absolutamente inaceitável é que o líder considere seus os recursos do partido, que se acostume a viver deles, e nem mesmo possa apresentar um balanço dos resultados.

6. Ele tem convicção e fé inabaláveis na causa da organização que defende tanto com lucidez quanto com tenacidade. O líder acredita no que faz, e é capaz de transmitir essa convicção na retidão de seus ideais a todos os funcionários. O líder acredita que vale a pena empenhar sua vida na defesa e promoção de sua causa. Não tem a menor dúvida de que vale a pena lutar por ela. Não é um fanático incapaz de raciocinar, argumentar e convencer, mas justamente o contrário. Sua convicção é racional, baseia-se em argumentos e dados objetivos.

7. Sabe reconhecer seus erros, quando os comete. Esforça-se na prática da objetividade, mas quando erra tem força e dignidade suficientes para praticar a autocrítica, que é a capacidade de reconhecer e explicar seus erros para evitar cometê-los novamente. Como todo ser humano, o líder pode cometer erros. Só que seus acertos são muito superiores aos seus erros. O erro é uma exceção inesperada na atividade do líder, muito abaixo do que ocorre em cada um dos que não são líderes. Mas, mesmo assim, quando o erro aparece na gestão do líder, reconhecê-lo é uma boa mostra de seu alto nível ético e moral.

8. Dispõe de uma força interior superior ao normal. Em situações em que outros não conseguem chegar, ficam esgotados, e não têm condições de conduzir os demais, o líder manifesta uma força interior indomável, de natureza vital e psicológica, que parece inesgotável. Essa força deriva da vontade de poder da qual falava Nietzsche, e é o traço mais impressionante da liderança: "algo" que lhe permite estar sempre em pé e na vanguarda. Não fica incomodado em prolongar reuniões e jornadas de trabalho até altas horas da noite para traçar o trabalho dos próximos dias, ou para convencer uma pessoa ou grupo que o sigam e adotem o seu projeto. A conduta política é sua primeira tarefa e nunca parece renunciar a ela, nem por sua família, nem por nenhuma outra atividade.

9. Sabe agir com autoridade e submeter-se a princípios superiores ao seu comando. O comando não é algo gratuito: aceita-se e, conseqüentemente, aceita-se a subordinação porque traz avanços objetivos e mensuráveis, e sobretudo porque, no fundo, o líder é paradoxalmente o primeiro subordinado. Ao programa, aos objetivos fixados pela organização, às decisões dos congressos e aos princípios doutrinários da organização. Acima do líder, o programa. Acima do líder, os interesses da organização. Acima do líder, os princípios. Quando o líder não respeita nada disso, deixa de ser líder e torna-se um simples ambicioso ou oportunista aproveitador e sem escrúpulos.

> Pode-se dizer que uma pessoa tem liderança política quando possui a capacidade de mobilizar ou inspirar as pessoas para que alcancem certos objetivos de maneira satisfatória para o grupo de pessoas que ele representa.

10. Tem magnetismo pessoal, carisma e capacidade de atração e sedução, tanto por parte dos seus quanto dos demais. Carisma é a capacidade inata de atração que o líder possui, que anima os outros a aderirem às suas posições. Trata-se de um elemento irracional, mas nem por isso menos real. Um líder não pode apenas explorar seu carisma pessoal, mas deve concentrar-se nos objetivos já mencionados: capacidade crítica, capacidade de análise, força interior, capacidade de resposta estratégica e tática etc. O carisma é uma força interior, irresistível, como uma capacidade magnética de irradiação e atração que gera entusiasmo e que, avaliada por esses objetivos, acaba por perfilar a essência da liderança.

O QUE NÃO É SER LÍDER

Uma articulação sábia dos estatutos pode passar uma falsa aparência de liderança. É relativamente fácil forjar o número de representantes que devem assistir a um congresso. Do mesmo modo, é fácil a autopromoção na organização, por estar sob o seu controle. Tudo isso pertence ao que se chama *falsa liderança*. Uma fauna abundante, infelizmente.

O falso líder ocupa a presidência de uma organização, não porque a tenha elevado a níveis importantes, mas porque obteve uma frágil vantagem sobre seus oponentes, com freqüência utilizando truques e artimanhas. Uma vez galgada a presidência, comete o erro de considerar que, por estar à frente, é o "dono" da organização, e exerce sobre ela um poder "patrimonial". A organização não é patrimônio do líder, mas ele é que é patrimônio da organização. Por isso, o líder é o primeiro a respeitar os estatutos e as resoluções da empresa. O líder pode impor sua personalidade e sua forma de fazer as coisas na organização, não de maneira universal e indefinida, mas de acordo com os limites traçados nos estatutos e nas resoluções aprovadas nos conselhos administrativos. Quando o líder ultrapassa esses limites, perde a legitimidade. Deixa de ser líder para tornar-se um perturbador – um líder nunca pode ser um perturbador.

Outra tendência habitual é o espírito aventureiro. O líder não pode ser jamais um aventureiro que embarque sua organização nas mais duvidosas empreitadas. O líder coordena, mas não dirige de modo autocrático. Quando adota uma resolução que pode representar o risco de um salto no vazio sem considerar os estatutos nem a tradição da organização, arrisca-se a destruí-la. A partir desse momento, os quadros da organização estão legitimados para contestar sua liderança. Se o líder pensar que não há ninguém acima dele, equivoca-se. Acima dele estão os estatutos e o programa e, acima de tudo isso, a tradição da organização e a própria organização.

A última tendência é própria daquela odiosa raça de oportunistas sem escrúpulos que, por um lado, falam constantemente de entrega, sacrifício, disciplina, esforço, e pedem aos militantes para fazerem tudo isso por puro desinteresse e espírito de sacrifício absoluto. Enquanto isso, esbanjam os recursos da empresa em benefício próprio. É ruim se um líder não tiver recursos próprios, ou se não for capaz de reconhecer que "quem serve o altar, deve viver do altar". É ruim quando alguém exige sacrifício dos demais, mas ele próprio não o pratica. É ruim quando o líder não respeita o princípio de austeridade e lança mão do dinheiro para ter um nível de vida que, de outra forma, jamais poderia alcançar. É ruim, finalmente, se o líder não tiver ocupação nem bens, se não possuir nenhuma fonte de investimentos, e ainda se for incapaz de exigir de seus pares uma retribuição pelo seu trabalho.

Para a pergunta de que se o líder deve ser bem remunerado ou não pelo que faz, a resposta é, sem dúvida alguma, sim. Deve ser retribuído com um salário médio. Mas quem lhe paga esse salário deve estar em condições de exigir responsabilidade e resultados. Mais uma vez, chegamos ao assunto dos resultados.

> Portanto, liderança é: a habilidade para influir sobre um grupo e obter a realização das metas.

Um salário pode ser alto ou baixo, em função dos resultados obtidos. Quando o líder recebe um salário baixo, mas utiliza o dinheiro da empresa em "gastos de representação" o que está fazendo é burlar seus funcionários. Principalmente se, por outro lado, repete a ladainha de "esforço, sacrifício, austeridade e desinteresse". Isso porque um líder nunca pode ser uma máquina de esbanjar dinheiro. De fato, o líder deve trazer dinheiro para a organização e não ser um irresponsável financeiro.

O alto conceito que a liderança política merece contrasta com o nível medíocre de muitos indivíduos que são chamados a realizar elevadas tarefas, mas que não possuem as qualidades mínimas. O líder reúne em sua pessoa a maior concentração de poder e de comando e, portanto, também recai sobre ele a maior de todas as responsabilidades. O exercício da liderança não é uma tarefa fácil. Muitos oportunistas que só pensavam em saquear os recursos de uma empresa ou em consolidar sua anômala vontade de poder, ficaram sem ação diante da tarefa.

Os políticos gostam de apresentar-se como líderes. A liderança é a forma atual do carisma, e é uma qualidade outorgada gratuitamente por Deus, que permite que uma pessoa tenha um dom especial e utilize-o para o bem comum. Os líderes carismáticos têm a capacidade de conseguir que outros os sigam, e que votem neles.

As definições de liderança correspondem mais ao campo das ciências do comportamento. Portanto, a seguir serão tratados outros conceitos de liderança, mas do ponto de vista da filosofia.

FILOSOFIA DA LIDERANÇA POLÍTICA

A liderança política, como conceito administrativo, está fundamentada em certos pressupostos fundamentais sobre a natureza humana e da maneira como as pessoas se comportam nas empresas. Essas hipóteses são de duas categorias: forças divisórias que dispersam os esforços de uma empresa, e forças de inércia que a tornam burocrática e resistente à mudança.

> A liderança política, como filosofia administrativa, se apóia em certas hipóteses fundamentais relacionadas à natureza humana e à maneira como as pessoas se comportam nas empresas. Essas hipóteses são de duas classes:
> a) forças divisórias que desgastam os esforços de uma empresa, e
> b) forças de inércia que a tornam burocrática e relutante a mudanças.

FORÇAS DIVISÓRIAS

A primeira das forças divisórias que dispersam os esforços dentro de uma organização é o egoísmo, motivador dominante da conduta humana. A segunda é a escassez de recursos, que provoca disputas que nada agregam: "Eu ganho, você perde" para o capital e para as pessoas. A terceira força surge quando se intensifica a concorrência externa e a complexidade interna exige maior especialização, o que fragmenta a autoridade e dispersa as competências e a informação. Induz também as pessoas a verem o mundo do ângulo de sua própria unidade e a fazerem o que mais lhes convém. A quarta força aparece quando as subunidades tratam genuinamente de fomentar os amplos interesses da empresa; o fazem com freqüência com base em suas próprias percepções locais, que poderiam não estar de acordo com as necessidades globais da empresa.

> a) Forças divisórias que desgastam os esforços de uma empresa:
> • Egoísmo e busca de poder
> • Competição por recursos escassos
> • Especialização por concorrência externa
> • Conflitos entre unidades especializadas (pessoal de produção e pessoal administrativo)
> b) As forças de inércia fazem com que as empresas se burocratizem e se tornem rígidas. Considera-se como certo que as pessoas procuram segurança e se opõem a qualquer mudança que provoque incerteza ou ameace seus interesses individuais, provocando *resistência à mudança* e tomando decisões *satisfatórias* ou de emendas.

O egoísmo e a busca de poder

As poderosas forças divisórias têm sua origem na tendência humana natural a buscar o crescimento pessoal. Nas empresas, esse impulso leva os funcionários a tomarem decisões, interpretar informações e agir de modo a favorecer seus interesses pessoais e os das subunidades em que trabalham, tais como unidades de produto, áreas funcionais, unidades geográficas e áreas de pessoal. O fazem obtendo e exercendo poder.

O poder, definido de modo simples, é a capacidade de influir sobre os demais e de evitar ser influenciado por eles. Tem diversas fontes. Uma posição formal em uma organização dá autoridade para estabelecer metas, controlar políticas-chave funcionais, atribuir recursos, transferir funcionários, contratar e dispensar pessoal e estabelecer salários. Uma habilidade específica dá aos indivíduos poder para controlar informações importantes e critérios relativos a decisões críticas. Até o simples afeto ou respeito que uma pessoa inspire pode aumentar seu poder. Todos querem acumular poder porque é "dinheiro no banco", ou então, uma moeda que se pode gastar para fomentar os interesses do indivíduo. Quando os membros de uma organização põem essas fontes de poder a serviço de seus próprios fins, grande parte da atividade da empresa será movida por egoísmos locais e não por objetivos estratégicos de maior alcance.

A competência por recursos escassos

As políticas financeiras corporativas, como estrutura de capital e política de dividendos, limitam a quantidade de capital que uma empresa pode gastar. Em geral, os chefes de divisão ou de áreas funcionais têm pouca influência na determinação de tais políticas. Negociar para tirar uma fatia maior do capital disponível chega a ser mais importante que pressionar a alta administração para conseguir mais dinheiro, batalha com poucas perspectivas de ganho. Com relação à pouca resistência que certos gerentes de divisão apresentaram a uma proposta para reduzir os gastos de capital de sua empresa, um alto executivo observou: os gerentes gerais que tinham fortes necessidades de capital acreditavam que fazendo intrigas de maneira reservada com a alta administração poderiam conseguir mais recursos. Cada um pensava que os cortes afetariam as outras divisões, não a sua.

Manobras divisórias e delatoras nos bastidores são ardis usados freqüentemente para promover os interesses locais.

Especialização e fragmentação da autoridade

Os líderes não vêem essa conduta interesseira como uma aberração ou uma doença; vêem-na como uma realidade da vida organizacional. Outras realidades são: a fragmentação da autoridade e o aumento da complexidade, que cultivam as sementes semeadas pelo egoísmo.

Para que as decisões importantes possam ser tomadas por quem tem a habilidade necessária e possui a informação pertinente, a influência sobre as decisões importantes está diluída entre muitas pessoas. Este processo não só permite à empresa reagir com maior rapidez a condições mutáveis, mas também aumenta a satisfação e a dedicação dos gerentes e outros funcionários. A variedade das habilidades e das competências, e a necessidade de múltiplos níveis gerenciais contribuem para fragmentar o poder e a autoridade.

Essa fragmentação aumenta com o tamanho da empresa, a variedade de seus produtos e negócios, e o alcance geográfico de suas operações. Nos últimos anos os negócios se tornaram muito mais complicados. Mudanças tecnológicas imprevistas, novas e variadas atividades no exterior e redes de disposições e regulamentos impostos pelos governos desafiam a capacidade dos dirigentes para conservar o domínio de suas operações. Ao mesmo tempo, as técnicas administrativas se complicaram. Planejamento de pastas, análise de fluxo de caixa com descontos e outras técnicas analíticas passaram a fazer parte das operações normais e da tomada de decisões em muitas empresas.

Cada área de complexidade requer especialistas que a estudem, dirijam e informem aos outros. A proliferação de habilidades especializadas complica ainda mais as atividades das empresas. Por outro lado, as diferentes áreas de especialização são outras tantas fontes potenciais de interesses próprios das subunidades. Os especialistas funcionais desenvolvem suas próprias metas: "Ser a melhor força vendedora, aconteça o que acontecer", ou "Não permitir que o pessoal de marketing enrole o pessoal da produção". Estes especialistas podem perceber os mesmos problemas externos ou internos de maneiras muito diferentes porque têm diferentes habilidades, responsabilidades e carreiras a defender. Suas diferenças de perspectiva e julgamento se vêem realçadas por verdadeiros mal-entendidos que obedecem a um fluxo imperfeito de informação. Isto ocorre até nas empresas melhor administradas.

É inevitável que surjam conflitos entre unidades especializadas. As pessoas de talento e aspirações se chocam umas com as outras ao tratar de fazer seu trabalho e proteger e ampliar sua jurisdição. Os conflitos entre o pessoal da produção e o pessoal administrativo são lendários. Paradoxalmente, quanto melhores forem os dirigentes, maior pode ser a dispersão do poder e o risco de conflito. Pressionam em busca de autonomia e da responsabilidade inerente, e esperam que os altos administradores respeitem sua experiência e os deixem dirigir suas operações como melhor lhes pareça. Certamente, um executivo superior "linha dura" pode passar por cima de tais preferências; mas, se fizer isso, corre grave risco.

Irving Shapiro, ao relembrar vários decênios de sua própria experiência, diz: "Eu não estou convencido de que os indivíduos fortes sejam movidos por ordens diretas. Minha experiência foi justamente o contrário: que semeando a semente, adubando-a e permitindo que o outro colha o fruto, muito freqüentemente se avança mais do que com uma ordem direta. Isto se deve à maneira como estão constituídos os indivíduos vigorosos. Eles se orgulham de seu intelecto e de suas realizações. Querem ser inventores e homens de ação, e não que lhes imponham as coisas. Se lhes disser que façam algo, intelectualmente o aceitam, mas emotivamente resistem. De modo que, na verdade, estamos diante do problema de que o melhor para motivar o homem forte é o ajudante forte".

À medida que a complexidade da empresa aumenta, a informação enviada pelos altos executivos é filtrada pelos gerentes e especialistas de níveis inferiores, e chega já condensada, quantitativa e abstrata. Como esses gerentes e especialistas têm mais experiência e estão mais perto dos produtos e dos mercados, tomam a iniciativa de identificar problemas e oportunidades, idealizar alternativas e escolher entre elas. Portanto, um líder deve ser o que menos gera idéias novas. Como diz um executivo: "Se alguém tiver algum conhecimento das malandragens do negócio, pode influir nas decisões comerciais de outros, mas muitíssimas vezes terá de executar um ato de fé".

"Localitis"

Com freqüência, o conflito tem sua origem em convicções honestas, mas contraditórias, sobre a natureza dos problemas e a maneira de resolvê-los. O general George C. Marshall chamava isto "localitis", que significa: "a convicção que todo comandante de um campo de operações abriga com ardor, de que a guerra se ganha ou se perde em sua própria zona de responsabilidade, e que reter o que é necessário para o êxito local é uma prova de cegueira, e até de imbecilidade, do alto comando".

O conceito de "localitis" é complicado e rebuscado, e vai além da idéia de que o egoísmo é o motor da vida organizacional. Ao descrever esta peculiaridade, o general Marshall não acusava os comandantes locais de perseguirem interesses egoístas limitados; pelo contrário, realçava a honesta convicção de que seus esforços eram críticos para ganhar a guerra.

De modo semelhante, as forças divisórias vêm da crença dos gerentes de nível médio e dos chefes funcionais a respeito de que seu trabalho e seus respectivos departamentos são decisivos para o êxito da empresa. A "localitis" tem sua origem em pessoas bem intencionadas, laboriosas e até sacrificadas, mas que simplesmente estão dominadas por sua própria visão do que a empresa na realidade necessita. Certamente, o interesse egoísta também entra freqüentemente em cena e, agregado a "localitis", aprofunda os conflitos entre as pessoas e as unidades.

FORÇAS DE INÉRCIA

As forças da inércia fazem com que as empresas derivem para a burocracia e a inflexibilidade. A filosofia política considera que as pessoas procuram segurança e se opõem a toda mudança que traga incerteza a sua vida ou ameace seus interesses individuais. As empresas fazem frente a isso resistindo à mudança, desenvolvendo procedimentos operacionais padrão (POP) e tomando decisões "satisfatórias".

Resistência à mudança

O crescimento lento, a concorrência estrangeira e a intensificação da concorrência local, como conseqüência do excesso de capacidade e da desregulamentação, intensificaram as pressões sobre os líderes empresariais. Pela rapidez com que evoluem os mercados, é necessário que as empresas reajam com mais agilidade, mas as novas estratégias provocam incertezas e ameaçam as velhas habilidades e maneiras familiares de fazer negócios... ao mesmo tempo, o emprego dos líderes está fortemente vinculado ao *statu quo*.

Então, aparece a resistência. Os indivíduos afetados tratam de reduzir a incerteza recorrendo a diversas práticas familiares. Em lugar de formular estratégias de longo prazo, reagem aos problemas do dia-a-dia; em vez de enfrentar o desafio, a frustração e a angústia de prever fatos futuros incertos, dedicam-se a "apagar incêndios". Reduzem a incerteza abrigando-se sob critérios populares, seguindo práticas industriais padrão e praticando as estratégias e os procedimentos satisfatórios do passado.

Procedimentos operacionais padrão

Uma grande variedade destes procedimentos – que podemos definir amplamente como o sistema de administração de uma organização e as rotinas formais e informais para tomada de decisão – reduz a incerteza e permite que pessoas com interesses distintos se entendam. Os procedimentos operacionais padrão estabelecem rotinas que tendem a limitar e dar forma às forças políticas divisórias dentro da empresa; aumentam a eficiência e evitam que tentem "reinventar a pólvora" para problemas de rotina, e, por outro lado, guiam e limitam a maneira como os gerentes procuram soluções para os problemas. Determinam quem depende de cada chefe; a remuneração de cada um; e como os produtos, o capital e a informação circulam pela empresa. Tornam possível concluir de maneira confiável atividades críticas, e se servem igualmente de tratados ou estatutos para definir territórios, direitos e deveres de pessoas e unidades que concorrem entre si.

Contudo, os sistemas freqüentemente se tornam uma força de inércia. Podem suprimir a iniciativa e o sentido de responsabilidade, e dar lugar a atitudes como: "Eu cumpro ordens. Não tenho culpa", "Não posso fazer nada", ou, a mais ridícula: "O sistema me obrigou a fazê-lo". Os sistemas podem adquirir um grau incrível de minúcias, e seu refinamento pode tornar-se um fim em si mesmo. Por outro lado, algumas pessoas, motivadas pelo egoísmo, sempre encontram maneiras de burlar até os sistemas mais refinados, consumindo para isso tempo administrativo e criatividade vitais.

Acordo satisfatório

O acordo satisfatório significa que pessoas e subunidades concordam com soluções que são "boas o suficiente". Para fazer frente às pressões do mercado, concentram-se em opções que resolvem o problema imediato sem fortalecer a posição competitiva de uma empresa a longo prazo. A satisfação se produz, em parte, porque os indivíduos tratam de resolver problemas novos com os métodos que funcionaram com os antigos problemas. Isso economiza tempo, esforço, necessidade de pensar, e não ameaça as práticas estabelecidas nem os interesses criados. Como os problemas tendem a classificar-se como "de marketing", "de manufatura" ou "financeiros", as soluções são procuradas dentro de limites estreitos. Este sistema de procurar soluções satisfatórias reflete um delicado e complicado equilíbrio entre interesses concorrentes dentro de uma empresa, e entre fornecedores, clientes, sindicatos e governos. Se tal equilíbrio foi difícil de alcançar, é natural que haja relutância em abandoná-lo.

Como as pessoas tendem a procurar o satisfatório, a evitar a incerteza, a reagir diante dos problemas em vez de procurar oportunidades, e a servir-se de procedimentos operacionais padrão, costumam ser motivadas mais pela necessidade de se afastarem dos problemas do que pelo desejo de avançar para as metas. Infelizmente, as decisões resultantes não possuem força estratégica integrante.

O impacto total das forças de inércia e das forças divisórias é poderoso e penetrante. Mas não tem por que destruir a vitalidade competitiva de uma empresa. Uma liderança vigorosa pode dominá-las se esse líder tiver idéias muito firmes e administrar essas forças com pragmatismo.

A FILOSOFIA EM AÇÃO

Essas considerações a respeito das forças que movem as empresas contemporâneas produzem uma conseqüência única e poderosa: os dirigentes são igualmente amos e escravos de suas empresas. Não podem dirigir por decreto. Têm de guiar sua organização de maneira que os esforços fragmentados e dispersos reforcem cumulativamente a estratégia da empresa em vez de descarrilá-la. Mas, à medida que as empresas se tornam mais complexas e que a autoridade e a responsabilidade se dispersam, vão limitando as oportunidades de os dirigentes atuarem mediante esforço direto e pessoal.

Essas são as realidades da organização contemporânea. Para ser eficiente, um líder tem de ser um realista pragmático que compreenda as forças degenerativas e, além disso, tenha a habilidade de modificar e dar-lhes forma, motivando as pessoas para atuarem no interesse da empresa como um todo. Chega-se assim à tese central da liderança política: os líderes fortes de negócios devem ter a habilidade de avançar a passos curtos e a orquestrar astutamente entre bastidores. O professor C. Roland Christensen, da Escola de Administração de Empresas de Harvard, que estudou durante longo tempo a administração geral, faz a seguinte observação sobre a difícil tarefa de fazer com que exista coerência entre os múltiplos objetivos de uma empresa: a característica distintiva de um bom administrador é sua capacidade para dirigir com eficácia organizações cuja complexidade nunca chega a entender completamente, sua capacidade de controlar de maneira direta as forças humanas físicas que integram tais organizações está limitada com rigidez, e tem de tomar ou modificar decisões e responsabilizar-se por elas, decisões que comprometem recursos importantes para um futuro desconhecido.

Solução de conflitos

Dirigir e resolver conflitos é a terceira tarefa básica dos administradores gerais. Em momentos críticos, quando se introduzem novos produtos ou quando se altera a estratégia, todos disputam os recursos e o poder, aumentam os mal-entendidos em relação às intenções ou as expectativas de outros, as diferenças de critério chegam a sua maior intensidade e surge uma ameaça sobre os velhos produtos, seus gerentes e as maneiras estabelecidas de administrar. Com essas ameaças vêm a resistência e o conflito interno. Nesse momento, a liderança política é vital.

Os líderes políticos tratam de evitar, ou pelo menos reduzir o conflito, negociando compromissos. As alternativas de rancor, hostilidade e, muitas vezes, decisões impostas não levam a nenhuma parte. O conflito só cria ganhadores e perdedores que se enfrentarão em outras questões, e, além disso, consome tempo, pensamento e emoção que estariam mais bem dedicados à administração do negócio. Em vista do conflito potencial, um líder deve considerar perguntas como estas:

- Que compromissos possíveis nesta situação ajudam os outros a satisfazerem suas necessidades pessoais ou as de suas unidades de maneira a levarem a organização para mais perto de minhas metas a longo prazo?
- Que opção tem mais probabilidades de reduzir o conflito e de anular a oposição aos meus objetivos?
- O que posso fazer para que não fiquem envergonhados os que saírem perdedores nesta situação?
- No caso de uma negociação, o que eu estaria disposto a conceder e a que me veria obrigado a renunciar?

O líder administrativo que busca um acordo viável tem de entender o que está em jogo para as partes em conflito, assim como as conseqüências de segunda ordem e as repercussões de outras soluções. Um líder político necessita considerável informação informal sobre os valores, a personalidade e as preferências dos outros. Também tem de estar disposto a sacrificar a maximização de objetivos econômicos e, em troca, a escolher táticas que recebam apoio e minimizem a resistência. Quer dizer, as táticas têm de ser satisfatórias, e não ótimas.

Para obter o sucesso é necessário prestar muita atenção ao ditado: "O melhor é inimigo do bom". Os líderes de sucesso procuram o que funciona, não o perfeito. Constantemente ultrapassam "corredores de indiferença" pelos quais avançam para suas metas, sem se chocar com interesses criados por outros, nem provocar resistências.

A necessidade de acordo negociado não é apenas interna. Para reduzir a incerteza, os líderes às vezes negociam "contratos" com entidades externas para tornar o ambiente mais previsível. O histórico acordo entre a General Motors e o sindicato dos trabalhadores do automóvel em 1948, chamado Tratado de Detroit, pôs fim a anos de greves não autorizadas, proporcionou aos líderes da GM mais controle sobre as fábricas e lhes permitiu planejar a capacidade produtiva com muito mais confiança. De modo similar, os padrões de comportamento do mercado e as tradições industriais fazem com que a rivalidade competitiva seja mais previsível. Estas "regras do jogo" são realmente contratos informais tácitos entre os concorrentes.

Uma coisa é clara: a necessidade de ceder nos planos para o futuro para resolver conflitos presentes, tanto internos como externos, significa que o caminho para as metas do líder dificilmente será direto. Os entendimentos para resolver conflitos enviam poderosos sinais sobre a direção que se deve seguir no futuro. Essas negociações fazem parte do padrão de ação que define e comunica a estratégia de uma empresa. Os funcionários observam atentamente quem parece ganhar ou perder e atuam em resposta. Os entendimentos determinam de igual maneira, e freqüentemente em pequenos acréscimos, os pontos fortes competitivos de uma empresa e as áreas de vulnerabilidade.

A administração no dia-a-dia

Como o diretor-geral (o CEO) de uma empresa passa seus dias? O diretor-geral idealizado passa seus dias da maneira descrita a seguir, a partir de uma experiência norte-americana:

O administrador profissional nos Estados Unidos vive acima da agitação industrial, longe da sujeira, do ruído e da irracionalidade de pessoas e produtos. Veste-se bem. Sua secretária é ativa e diligente. Seu escritório é asseado, tranqüilo e discreto, como o de qualquer outro profissional. Planeja, organiza e controla grandes empresas de forma tranqüila, lógica, fria e decisiva. Examina transcrições de computador, calcula perdas e lucros, compra e vende empresas subsidiárias, impõe sistemas para monitorar e motivar os funcionários, aplicando um corpo geral de regras para cada circunstância particular. Os símbolos com que pensa e trabalha são os das finanças, do direito, da contabilidade e da psicologia. Mas na prática, a vida administrativa é fragmentada e cheia de interrupções. O trivial anula o importante em uma série sem fim de reuniões, memorandos, perguntas e problemas. Henry Mintzberg, em seu importante estudo sobre as atividades cotidianas dos administradores, descreve breves encontros com outras pessoas, programas fragmentados e uma série de problemas diversos, às vezes mal definidos, que lhes são apresentados.

A variedade de atividades que terá de realizar é grande, e a falta de uma pauta para executá-las em ordem, misturando as triviais com as importantes, exige que o administrador mude de estado de ânimo rápida e freqüentemente. Em geral, seu trabalho é fragmentado e as interrupções são normais. Pela natureza da função, que não tem limites definidos, o adminsitrador é obrigado a realizar uma grande quantidade de trabalho a um ritmo implacável... A superficialidade é o perigo ocupacional do seu ofício.

Uma constante em meio a toda essa diversidade é a grande quantidade de contatos dos administradores com outras pessoas. Como atuam os líderes eficientes nestas relações diárias com outros? Em um estudo recente, John Kotter estudou quinze diretores-gerais de muito sucesso e percebeu que trabalhavam em um processo contínuo, mas que aumentava cada vez mais, e de modo muito informal; incluía fazer muitas perguntas e gerava agendas de metas, a maior parte não escritas, e planos vagamente relacionados. As agendas tendiam a ocupar mais tempo que os planos formais; tendiam a ser de natureza menos numérica e mais estratégica; habitualmente se referiam a questões relacionadas a pessoas, e eram quase sempre de caráter um pouco menos rigoroso, lógico e linear.

A conclusão de todos esses estudos é clara: primeiro, os administradores trabalham tanto em processos relacionados com a maneira como as pessoas e os grupos tomam decisões e atuam, como nas questões analíticas e econômicas enfrentadas por sua empresa; e, segundo, que se confirma a filosofia política da liderança, ou seja, os líderes de sucesso trabalham com agendas informais e flexíveis, e as modificam e melhoram a cada momento.

Uma tática não ameaçadora

A filosofia política de liderança proporciona uma maneira clara e racional de construir a agenda e administrar o processo. Começa pela conduta pessoal do líder, que deve atuar de forma não ameaçadora. Isso significa evitar o distanciamento frio e analítico do dirigente profissional, ou o estilo exigente e, às vezes, punitivo similar ao chefe militar.

Uma maneira não ameaçadora faz com que os outros se sintam bem. Ralph Bailey a descreve nestes termos: tem de se apresentar como uma pessoa extremamente interessada, que quer saber os pormenores do que está acontecendo, e que quer conhecer as pessoas simplesmente por serem pessoas. Terá de provar que é cordial, amistoso e amável. Tem de pedir que lhe façam perguntas, e fazer um esforço sincero por respondê-las. Não pode passear pela empresa falando com os funcionários com ar de superioridade. Tem de agir no mesmo nível que eles o melhor possível, e fazer com que se sintam à vontade.

Quais os benefícios de se comportar dessa forma não ameaçadora? Em primeiro lugar, ao inspirar confiança aos funcionários, os líderes têm a oportunidade de escutar informação vital e franca, critérios e até intuições a respeito das políticas e a substância de questões-chave. Quanto mais fontes tenham ao seu dispor e quanto mais forem sinceras, melhor poderão precisar uma situação comparando e avaliando os diversos pontos de vista. Em segundo lugar, os líderes obtêm melhores respostas a duas perguntas críticas: tenho informação e fontes suficientes para avaliar os fatos e os aspectos políticos da situação? Quem apóia o que eu quero fazer e quem se opõe?

É impossível superestimar o valor de dispor de uma ampla série de comentários sinceros. Marvin Bower, diretor-administrativo da McKinsey & Co. de 1950 a 1967, chegou à seguinte conclusão: "As pessoas que trabalham em uma empresa não dizem muitas coisas ao chefe. O certo na vida dos negócios é que quanto maior é a corporação, mais temor o chefe-executivo inspira e menos informação interna ele recebe. Ninguém quer dar más notícias ao chefe. Richard Munro destaca a realidade deste problema: "Trabalho aqui há vinte e oito anos, e conheço todo mundo nesse prédio; mas, logo que cheguei ao cargo de diretor-executivo, tudo mudou. Eu o senti. Eu o percebi. Nada ostensivo, mas senti que as pessoas estavam mais reservadas. Talvez não dissessem tudo o que deveriam dizer. Ninguém se sente perfeitamente seguro em seu emprego, apesar de que aqui nós não dispensamos ninguém. A vida é assim".

Comunicações informais

Os administradores podem reduzir a necessidade de tomar decisões formais se utilizarem muito mais os canais de comunicação informal. Esses canais podem ser utilizados tanto para enviar como para receber informação.Se sugerirem opções informalmente, caminhos, análises, ou reconsiderações, os dirigentes evitam comprometer-se a si próprios ou suas empresas com determinadas políticas; podem sugerir pequenas medidas ou experiências de pouco custo, obter resultados com rapidez, e em seguida fazer novas sugestões. Tudo isto aumenta sua flexibilidade.

As decisões difíceis quase sempre afetam a carreira e a auto-imagem dos funcionários. Mediante canais informais de comunicação, os líderes também podem ser muito mais sensíveis em seu trato com as pessoas. O que para os de fora pode parecer político ou sem valor, é muitas vezes uma decisão tomada por um alto executivo ao agir de modo informal e em particular por consideração a um indivíduo. É muito mais difícil manter a sensibilidade e a eqüidade, ambas sutis e delicadas, em atuações formais, públicas, que atraem atenção e estabelecem precedentes. Por exemplo, em uma empresa muito importante, o diretor-executivo resolveu que duas pessoas muito tagarelas teriam de sair da empresa por terem ocultado informação importante e por insubordinação. Mas não as demitiu em um ato dramático e público. Falou em particular com cada uma delas, explicou-lhes a conclusão a que havia chegado e lhes pediu que renunciassem. Mesmo havendo quem interpretasse a demissão como política, o executivo insistiu depois em manter a questão em reserva para proteger a reputação dessas pessoas e sua carreira profissional.

Uma das competências mais úteis de um líder político é a de fazer perguntas perspicazes. Sem dúvida, podem muito bem representar ordens, notificando os subordinados que a questão de que se trata é muito clara e que suas respostas, sejam por palavras ou por ação, influirão no julgamento que seu superior formar a respeito deles.

A filosofia da liderança guia o trabalho administrativo cotidiano em outras formas menos notáveis. Nas reuniões, os líderes tratam de indicar logo sua posição, pois isso dissuade outros de exporem seus próprios pontos de vista. Como acreditam que os sentimentos pessoais podem obscurecer seu bom julgamento, mantêm uma atitude amistosa mas não de intimidade com os demais na empresa; tratam de prever as reações de outros para evitar envergonhá-los. Quando as coisas não andam como gostariam, muitas vezes resistem passivamente ou fazem rodeios em lugar de dar ordens.

A liderança política é um método coerente de enfrentar os problemas e as oportunidades do dirigente. Pressupõe que o líder tenha um conjunto de objetivos que, se forem cumpridos, levarão adiante a empresa e tornarão sua visão realidade. Mas ele tende a ver os problemas com uma perspectiva extremamente prática e se pergunta:

- Nesta situação, que objetivos estratégicos devo propor?
- Qual é a situação política?
- Quem apóia determinada opção ou quem se opõe a ela?
- O que cada um arrisca na solução do problema?
- Quais são minhas alternativas?
- Que influências posso utilizar para dar forma à solução do problema?
- Que compromissos são factíveis?

- Qual das opções é mais provável que provoque conflito e gere oposição a meus objetivos?
- Quais são os possíveis "canais neutros" pelos quais posso avançar?
- A situação oferece a oportunidade de sacudir a organização para dar mais espaço à manobra e a novas opções, de testar novas idéias frente aos inconformistas organizacionais, entre outros?
- Qual é a maneira mais eficaz de implantar esta decisão?
- O que posso fazer para que a decisão dê aos críticos a idéia de que todos sairão ganhando com ela?
- Que conjunto de participantes, que agenda e que clima serão mais apropriados para alcançar meus objetivos?
- Que linguagem devo utilizar para evitar um compromisso prematuro que limite minha flexibilidade futura?
- O que posso fazer para garantir que o resultado seja corretamente interpretado quando passar para os outros setores da organização?
- Se o resultado não for o que eu projetava, existem formas de impedir ou de evitar um resultado indesejável?

Como essas perguntas indicam, um líder trabalha tanto em processos e política como na substância dos resultados. Em definitivo, a estratégia de uma empresa é a soma da visão de um líder e uma longa série de negociações, compromissos, ajustes e reações diante de oportunidades e obstáculos não previstos.

Empoderamento (empowerment)

A delegação de poder ou empoderamento, a liderança e o empreendimento são três atitudes estreitamente vinculadas entre si. Não se pode falar de um líder que não adquiriu poder nem de um empreendedor social sem liderança.

O empoderamento, que se define como o uso, consciente e deliberado, das capacidades do ser humano direcionadas para uma meta ou resultado, é a capacidade individual de desenhar o presente. O empoderamento significa que a pessoa usa os recursos disponíveis, como seu corpo, julgamentos e emoções, agindo de forma coerente para obter maior potência em suas ações e eficácia em seus resultados. O empoderamento, ou aquisição de poder, pode ser exercido através da expansão das capacidades de aprendizagem, em que a pessoa, guiada por um especialista e mediante seus recursos pessoais disponíveis, imagina novas possibilidades de ação e atua na direção que a levará a alcançar os seus objetivos.

Esse treinamento, sob a perspectiva da ontologia da linguagem, requer trabalhar nas três áreas que constituem o ser humano: corpo, emoção e linguagem. Com a linguagem se aprende a trocar julgamentos negativos por positivos, fazer novas declarações para mover-se em um mundo de maiores possibilidades. No âmbito das emoções se trabalha na geração de estados de ânimo, sobretudo ao passar do ressentimento ou resignação à ambição, pois o estado de ânimo amplia as possibilidades. Por último, ao trabalhar com o corpo se aprende a usá-lo de forma mais efetiva na expressão e comunicação das emoções, julgamentos e ações.

A liderança leva implícito o processo de empoderamento e transformação. Só se pode falar de liderança quando se produzem mudanças semelhantes às produzidas pelos empreendedores, nos respectivos âmbitos de ação. O líder, em sua função de agente transformador, está em contato com a sensibilidade histórica dos espaços sociais e suas práticas, da qual surge a identidade das pessoas e das coisas. Não lhe preocupa a falta de conhecimento, atua com prudência, sabe como manter contatos e formar redes de pessoas com capacidades necessárias para levar um projeto a bom termo. Nutre-se espontaneamente na vida comunitária, considera a inovação como um fenômeno associado ao trabalho e não como um raio que desce das elites, se auto-impõe o compromisso de unir vontades e sabe aceitar a dissidência e o conflito com espírito positivo.

Estes traços indicam um modelo, um estilo de personagem histórico que não se inventou ainda, mas que se perfila nestes novos tempos. São forjadores das formas de trabalho humano que se expressam em práticas, profissões novas ou em mudança de estilo das profissões antigas.

Todo empreendedor é um líder e, portanto, deve tomar consciência de que a ele corresponde:

- Questionar a realidade, estar atento ao ambiente e desenvolver uma visão de oportunidade que represente benefício para uma organização ou comunidade.
- Assumir a responsabilidade dos riscos. Mobilizar, coordenar e transferir responsabilidade e compromisso a equipes, redes de indivíduos. Dirigir organizações para que contribuam com o talento, os recursos necessários para produzir mudanças e alcançar a visão corporativa.
- Ser catalisador de mudanças para melhorar os resultados da ação social, que são significativos para a sociedade.

No início, os líderes têm de fazer quase tudo. Uma das primeiras tarefas do empreendedor é entender as funções de sua equipe, atribuir atividades e responsabilidades e coordenar do modo mais eficiente, mas assumindo a função gerencial.

Peter Drucker afirma: "Não será a empresa. Não será o governo. É o setor social que pode ainda salvar a sociedade".

Ética atual

Como já indicamos em capítulos anteriores, a palavra ética vem do grego *ethos*, que significa "costumes ou tradições". A ética representa as crenças tradicionais, as normas sociais e os valores comuns da sociedade. Entretanto, em um mundo que muda a ritmo acelerado, as crenças comuns deixam de ser comuns e também começam a "globalizar-se". Embora este conceito seja complexo, como a personalidade nas ciências da conduta, é uma realidade, já que os homens não estão apenas padronizando o jeito de vestir, mas também pensam em uma "economia única" depois de quebrado o equilíbrio entre a URSS e o Ocidente com a queda do muro do Berlim, existe uma economia social de mercado ou liberalismo econômico em que "todos concorrem pelo mesmo". Portanto, os princípios e valores "estão se transformando de maneira acelerada, através de processos de globalização". Isso não é uma utopia, é um "fato complexo de entender, mas real".

Por exemplo, consideremos os acontecimentos surpreendentes que aconteceram em Washington ao longo das audiências de julgamento político pelo "Monicagate". A reação da população indica, com toda clareza, que tanto como nação como as pessoas individualmente, os Estados Unidos estavam divididos, com um pé de cada lado da linha da moral, mais preocupados com seu bem-estar econômico e interesse próprio do que pelos erros evidentes da liderança. É óbvio que no centro deste circo político em Washington existem perguntas muito mais profundas. Não são questões políticas, são pessoais: perguntas a respeito de nós mesmos; perguntas em relação aos valores e crenças. São as perguntas fundamentais na viagem da vida: quem eu sou? Que valores e crenças definem quem sou? Como atuo com base nestes valores e crenças? Depois vêm perguntas ainda mais amplas:

- Quem somos como comunidade de pessoas?
- O que valorizamos e o que consideramos importante?

NA ERA PÓS-ENRON, NECESSITAMOS DE MAIS DIRETORES ÉTICOS?

A sociedade norte-americana continua discutindo ativamente as razões do caso Enron. Sem chegar às origens será difícil evitar situações similares. Na Enron, a sétima empresa mais importante da economia norte-americana, sua alta direção, com a cumplicidade de uma das mais importantes empresas auditoras do mundo, a Arthur Andersen, perpetrou todo tipo de ações delituosas. Milhões de pequenos acionistas perderam suas economias, roubaram virtualmente fundos de pensões dos próprios funcionários da empresa, obrigando-os a investir em ações da empresa, sabendo que estavam destinados a perder todo o seu dinheiro, enganaram clientes e fornecedores e quase destroem a credibilidade de todo o sistema financeiro vital para a economia. A Enron não foi um caso isolado. Ocorreram outros casos similares em corporações muito importantes, entre outras, Word Com, Tyccon e Health South Corp. E existem agora acusações de fiscais de diversos estados por manobras ilegais de vários bancos de investimento, analistas de bolsa e fundos mútuos.

A questão é: o que está falhando? A maioria dos executivos da Enron tinha se formado nas melhores escolas de negócios dos Estados Unidos; sua educação gerencial era impecável. Por outro lado, não pertenciam à classe necessitada. Suas remunerações os situavam entre os melhores salários desse país e do mundo. Então, o que aconteceu? É óbvio que aqui existe uma falha ética de grandes proporções e não apenas de indivíduos. Nas recentes informações que existem do estado da Califórnia contra um dos responsáveis, que enganou de forma sistemática e flagrante o Estado e lhe causou graves danos em matéria de fornecimento de energia elétrica para maximizar lucros, a advogada de defesa disse que seu cliente reconhecia todas as acusações, mas que tinha um atenuante: a empresa o havia treinado para isso. A falha ética estava em toda a cultura corporativa.

Isso é um forte alerta não apenas para as grandes corporações, mas para todas as grandes, pequenas e médias organizações. As empresas lutam por conseguir os melhores talentos intelectuais e "os utilizam para concorrer", com o álibi de criar riqueza, os objetivos se perdem e "a árvore não deixa ver o bosque". Ao finalizar, deformam-se os talentos formados em boas escolas de negócios em uma luta sem quartel *onde vale tudo, e tudo é lícito para atingir a meta*". É uma ironia que um alto diretor da Enron possa alegar em sua defesa que deontologicamente[1] "cumpriu com seu dever" na hora de agir. O triste é que, em grande parte e como ocorre em muitas empresas, o executivo diz a verdade.

Um importante pensador norte-americano, Amitai Etzioni (2003), formulou interrogações significativas em relação às causas desta falha em um artigo de grande impacto publicado no *Washington Post* ("Quando se trata de ética, as escolas de negócios reprovam", ver www.iadb.org/etica). Ele relata a resistência que encontrou diante da proposta de ensinar ética quando era professor de alguns dos mais famosos Master of Business Administration (MBA). A ética era vista como uma disciplina supérflua e desnecessária; como conseqüência, o ensino da ética desenvolveu-se de modo secundário, fraco. Etzioni não só ensinou, mas apurou que, ao enfatizar o lucro e outros objetivos similares nas aulas, sem desenvolver as responsabilidades comunitárias do administrador, geram-se incentivos perversos. Ele cita que um estudo do Aspen Institute com 2000 graduados das principais escolas de negócios dos Estados Unidos examinou a atitude dos estudantes quando ingressavam no MBA, ao terminarem o primeiro ano e ao se graduarem. Seu perfil ético, em lugar de melhorar, se deteriorava crescentemente devido ao pouco estímulo recebido no curso. Em outras pesquisas os estudantes foram questionados sobre o que fariam se pudessem realizar um ato ilegal que poderia ser atribuído a eles ou às suas empresas – por exemplo, a possibilidade de ganho de 100000 dólares, com 1% de possibilidade de ser descoberto e a pena de um ano de prisão. A resposta os deixou perplexos: mais de um terço dos estudantes respondeu que cometeria o ato ilegal.

Etzioni sugere que o Congresso dos Estados Unidos impulsione a realização de uma audiência em que os decanos das principais escolas de negócios expliquem ao público "o que se ensina sobre ética em suas universidades".

As principais empresas recrutadoras de executivos reagiram rapidamente a essas situações. A pesquisa do *The Wall Street Journal/Harris* apurou que 84% dos recrutadores manifestam que a ética pessoal e a integridade são agora atributos muito importantes para escolher dirigentes. Muitos foram além, dizendo que não pensavam entrevistar quem tivesse trabalhado na Enron ou na Arthur Andersen. Alguns recrutadores afirmam que estão dando preferência a graduados em escolas de negócios religiosas que trabalham bem o tema ético, como Notre Dame e Brigham Young University.

---

[1] Deontologia é o conjunto de regras e princípios que regem a conduta de um profissional; é a ciência que estuda os deveres de uma determinada profissão.

Existe uma enérgica reação nas escolas gerenciais. Harvard planeja lançar um curso consistente e obrigatório sobre ética denominado "Liderança, governança e prestação de contas". Também estão pedindo aos candidatos que respondam em seus ensaios como tratariam um dilema ético. A Universidade de Columbia adotou um ambicioso currículo ético obrigatório, ao mesmo tempo em que oferece cursos opcionais. Cogita estudar problemas éticos em diversas matérias. Assim, programa analisar perguntas como: "É ético vender produtos legalmente permitidos, mas perigosos? Ao fixar preços, não deveriam ser seguidos critérios de jogo limpo? Deveria haver uma redistribuição de receitas mais justa entre ricos e pobres? As empresas deveriam lutar contra a contaminação além dos regulamentos governamentais?" Algumas empresas recrutadoras de pessoal sugerem que seria mais efetivo pedir aos estudantes serviços comunitários como requisito.

O decano da escola de gerência do MIT, Sloan, Richard L. Schmalensee (2003), considera: "Toda revisão das falhas das corporações norte-americanas deve incluir não apenas as cobiças e excessos de uns poucos executivos de alto nível, mas todos os processos nos quais estamos treinando gerentes corporativos", e propõe entre outros aspectos um juramento "hipocrático" do gerente. O ex-decano do Instituto de Empresas de Madrid, Ángel Cabrera, propôs a seus pares uma fórmula de juramento que finaliza dizendo: "Se eu não violar este juramento, poderei desfrutar da vida e do êxito. Serei respeitado enquanto viva e lembrado depois com afeto". Cabrera opina que pronunciar esse juramento em voz alta, em um ato público diante de suas famílias e colegas fará os formandos perceberem que "têm responsabilidade".

Certamente, os valores éticos deveriam ser ensinados desde os primeiros estágios educativos no âmbito familiar, e a sociedade toda deveria hierarquizá-los e cultivá-los. Essa base ética familiar é parte principal da explicação de por que um país como a Islândia é o líder mundial na lista da Transparência Internacional – não em corrupção, e o mesmo acontece com o bloco de países nórdicos: Noruega, Suécia, Dinamarca, Finlândia. Entretanto, a responsabilidade das escolas ou faculdades onde se preparam gerentes é parte fundamental para incutir valores éticos.

Por outro lado, não se trata apenas de insistir que não se deve sucumbir a algum ato de corrupção, mas educar para a responsabilidade social empresarial. Esse conceito se foi ampliando cada vez mais diante das exigências da sociedade civil nos países desenvolvidos, e hoje significa que uma empresa deve ter um relacionamento transparente com os consumidores, um bom comportamento com seus funcionários, cuidar do ambiente, comportar-se com toda correção nos países em desenvolvimento e participar ativamente de programas em favor da comunidade e da cidade onde atua. A sociedade e os consumidores começam a premiar e castigar os comportamentos. Existe uma demanda social crescente por empresas mais éticas.

A América Latina tem graves problemas nesse campo. Junto à conhecida corrupção em setores públicos, são inúmeros os casos de corrupção corporativa. Em diversos países, a idéia de responsabilidade social empresarial está em um estágio primário e atrasado. As universidades latino-americanas, e particularmente as faculdades onde se formam economistas, administradores e outras profissões-chave para o desenvolvimento, têm uma grande responsabilidade nesse sentido. A ampla discussão ética pendente sobre a economia e a administração necessárias para nossas sociedades deve se refletir ativamente nos currículos. Não se trata de ministrar uma matéria a mais denominada "ética nos negócios", nem institucionalizar a ética para acalmar a consciência. O ensino da ética deve ser transversal. Em cada área temática devem examinar-se dilemas e conseqüências éticas. Também deve gerar uma agenda de pesquisa sobre as dimensões éticas das políticas econômicas e das práticas gerenciais. Do mesmo modo, a universidade deve difundir esses temas em seu entorno. A questão não se resolve só com códigos de ética que depois sejam cumpridos parcialmente. A universidade deve encabeçar uma ação coletiva de ampla abrangência para reforçar a formação e os valores éticos de profissionais cujas decisões podem influir de maneira determinante na vida de seus povos.

Com os países empobrecidos, é ilusório pretender apagar a corrupção que se encontra reforçada pelo poder que chama o dinheiro, e o dinheiro que chama o poder, e o Estado se abastece dos intermediários de cargos e empregos, de dinheiro, de privilégios e de leis que lhe permitem negociar a desobediência de sua rede. A corrupção está em relação direta com o grau de bem-estar social de um país.

Já foram concluídos todos os processos eleitorais de 2006 na América Latina, os novos estadistas devem fazer o possível para solucionar os conflitos internos para que a estabilidade de seus governos não dependa de sua capacidade para negociar a ordem, porque a lei não obriga nem o Estado nem os cidadãos, mas serve em particular à corrupção.

Se observarmos o Índice de Percepção de Corrupção de 2005, veremos que o Chile é o único país da América Latina que se encontra entre os primeiros 25 lugares da classificação de transparência mundial. O Uruguai, que é o país que o segue, está no 35º lugar, e o próximo, a Costa Rica, está no 51º posto. O Chile deveria ser tomado como referência para pesquisar como conseguiu esta diferença tão importante (ver Tabela 5-1).

No início da civilização, de acordo com a *Bíblia*, consta que a conduta dos seres humanos deveria estar regida em todas suas instâncias pela ética. Isso se expressa nos Dez Mandamentos entregues por Deus. Tudo indica que têm mais vigência do que nunca. É imprescindível consolidar na América Latina os valores éticos como regras de vida essenciais para o desenvolvimento, a democracia, a convivência e a plenitude pessoal.

Os valores e as crenças são as partículas subatômicas que conformam o DNA ético. A maneira como o homem se comporta, segundo os antigos gregos, expressa o caráter. Portanto, a ética representa as decisões tomadas, e a forma de expressar as escolhas é por meio de atos ou de omissões. Significa que, ao enfrentar uma situação e não agir, comete-se uma omissão.

Eric Fromm, o filósofo alemão do século XX, escreveu (1976): "Somos o que fazemos e nossa conduta é motivada pela nossa dedicação". Por sinal, a que nos dedicamos? À nossa posição econômica? Aos nossos trabalhos? Será nosso título, comitês, prestígio, fama, ou talvez, poder? Fromm continua com uma pergunta ainda mais profunda: "Se eu sou o que tenho, e o que tenho se perde, então, quem sou eu?" Se alguém arrebatar meu trabalho, dinheiro, título e poder correspondente, quem eu serei? Não há dúvida de que são estas perguntas profundas que evocam o caráter, e o caráter é o fundamento da liderança.

Tabela 5-1 Transparência internacional

Índice de Percepção de Corrupção de 2005
http://www.transparency.org

País	Posição
Islândia	1
Cingapura	5
Suíça	7
Áustria	10
Canadá	14
Hong Kong	15
Estados Unidos	17
França	18
Chile	21
Espanha	23
Uruguai	35
El Salvador	52
Colômbia	56
Brasil	63
México	66
Peru	68
Argentina	98
Paraguai	147
Myanmar	156

1. Islândia
2. Finlândia
3. Nova Zelândia
4. Dinamarca
5. Cingapura
6. Suécia
7. Suíça
8. Noruega
9. Austrália
10. Áustria
11. Holanda
12. Reino Unido
13. Luxemburgo
14. Canadá
15. Hong Kong
16. Alemanha
17. Estados Unidos
18. França
19. Bélgica
20. Irlanda
21. **Chile**
22. Japão
23. **Espanha**
24. Barbados
25. Malta
26. Portugal
27. Estônia
28. Israel
29. Omã
30. Emirados Árabes Unidos
31. Eslovênia
32. Botswana
33. Catar
34. Taiwan
35. **Uruguai**
36. Baren
37. Chipre
38. Jordânia
39. Malásia
40. Hungria
41. Itália
42. Coréia do Sul
43. Túnez
44. Lituânia
45. Kuwait
46. África do Sul
47. República Tcheca
48. Grécia
49. Namíbia
50. Eslováquia
51. **Costa Rica**
52. **El Salvador**
53. Letônia
54. Maurício
55. Bulgária
56. **Colômbia**
57. Fiji
58. Seychelles
59. **Cuba**
60. Tailândia
61. Trinidade e Tobago
62. Belize
63. **Brasil**
64. Jamaica
65. Gana
66. **México**
67. **Panamá**
68. **Peru**
69. Turquia
70. Burkina Fasso
71. Croácia
72. Egito
73. Lesotho
74. Polônia
75. Arábia Saudita
76. Síria
77. Laos
78. China
79. Marrocos
80. Senegal
81. Sri Lanka
82. Suriname
83. Líbano
84. Ruanda
85. **República Dominicana**
86. Mongólia
87. Romênia
88. Armênia
89. Benin
90. Bósnia Herzegovina
91. Gabão
92. Índia
93. Irã
94. Mali
95. Moldava
96. Tanzânia
97. Argélia
98. **Argentina**
99. Madagascar
100. Malawi
101. Moçambique
102. Sérvia e Montenegro
103. Gâmbia
104. Macedônia
105. Swazilândia
106. Iêmen
107. Bielo-Rússia
108. Eritréia
109. **Honduras**
110. Kazaquistão
111. **Nicarágua**
112. Palestina
113. Ucrânia
114. Vietnam
115. Zâmbia
116. Zimbábue
117. Afeganistão
118. **Bolívia**
119. **Equador**
120. **Guatemala**
121. Guiana
122. Líbia
123. Nepal
124. Filipinas
125. Uganda
126. Albânia
127. Nigéria
128. Rússia
129. Serra Leoa
130. Burundi
131. Cambodja
132. República do Congo
133. Geórgia
134. Kirguizistão
135. Papua Nova Guiné
136. **Venezuela**
137. Azerbaijan
138. Camarões
139. Etiópia
140. Indonésia
141. Iraque
142. Libéria
143. Uzbequistão
144. República Democrática do Congo
145. Quênia
146. Paquistão
147. **Paraguai**
148. Somália
149. Sudão
150. Tadjikistão
151. Angola
152. Costa de Marfim
153. Guiné Equatorial
154. Nigéria
155. Haiti
156. **Myanmar**

CRITÉRIOS

O Índice de Percepção da Corrupção de TI (IPC) classifica os países pelo grau em que é percebida a corrupção que existe entre os funcionários públicos e os políticos. É um índice composto com base em dados relativos à corrupção, procedentes de pesquisa entre especialistas realizadas em várias instituições de grande reputação. Reflete a opinião de empresários e analistas de todo o mundo, incluindo especialistas locais nos países avaliados.

O IPC considera a corrupção no setor público e define a corrupção como o abuso dos cargos públicos para benefício privado. As pesquisas utilizadas para calcular o IPC contêm perguntas relacionadas com o mau uso do poder público para benefício próprio, como, por exemplo, funcionários públicos que aceitam subornos em contratações públicas. As fontes não distinguem entre corrupção política e administrativa, ou entre atos de corrupção menor e significativos.

O IPC 2004 classifica 146 países. A TI requer pelo menos três fontes disponíveis para incluir um país no IPC.

O QUE É LIDERANÇA?

O dicionário diz que dirigir é estar na cabeça, ou junto com alguém, para mostrar o caminho; guiar, marcando a direção, curso ou ação (Barnhart, 1963). Nas empresas, quem são os líderes? Onde estão? Em que se distinguem dos gerentes e seguidores?

Os administradores planejam, organizam, programam, elaboram orçamentos e facilitam a realização das tarefas necessárias para cumprir com os objetivos da corporação. Afirma-se que os gerentes são responsáveis pelos recursos materiais da empresa.

Por outro lado, afirma-se, também, que os líderes criam visões, inspiram, comprometem-se e infundem o sentido de compromisso, vislumbram oportunidades que outros não enxergam, contemplam o que é possível, transformam a visão em ação, e têm aspirações e empatia. Os líderes são responsáveis por mobilizar os recursos emocionais e espirituais da empresa (Kouzes e Posner, 1995). Esses autores, em sua pesquisa sobre a liderança, expuseram com regularidade a pergunta: quais valores são mais admirados nos líderes? As respostas, no longo de muitos anos e de numerosos grupos diferentes, incluem valores como honestidade, competência, visão, inspiração, inteligência, justiça etc. É interessante, e talvez não seja uma surpresa, que a honestidade seja sempre o valor mais importante tanto entre indivíduos como entre grupos. Algumas das entrevistas extraídas de seus estudos são notáveis (Kouzes e Posner, 1995):

- "Admiramos as pessoas que expressam valores, mesmo em posições difíceis. Pelo menos, defendem".
- "Simplesmente não confiamos em alguém que não diz quais são seus valores ou princípios".
- "As pessoas devem pregar com o exemplo, fazer o que dizem. Quando os pactos não se respeitam, quando há falsas promessas, sempre há enganos".

Certamente, há muitas escolas de liderança. A teoria dos riscos indica que a liderança tem suas raízes na biologia e é um dom natural. Acredita-se que os líderes nascem, e não se fazem. A liderança situacional propõe que o líder não é determinado biologicamente, mas surge como função da correspondência entre as habilidades adequadas e as circunstâncias da situação. A liderança organizacional é uma função do papel desempenhado em uma organização hierárquica onde as habilidades e responsabilidades em cada nível estão definidas com clareza. A liderança visionária acredita que o ingrediente crucial são a visão e a capacidade de mobilizar as pessoas para um futuro significativo (Bennis e Nanus, 1985).

Por outro lado, Warren Bennis indica que existem vários mitos sobre a liderança dos quais é necessário tomar cuidado:

- A liderança é uma qualidade rara.
- Os líderes nascem, e não se fazem.

- Os líderes são carismáticos.
- A liderança só existe na cúpula (Bennis e Nanus, 1985).

É necessário prestar atenção cuidadosa a essa mensagem. O que Bennis afirma com toda clareza é que a liderança não é limitada, mas predominante. Existe em todas partes nas organizações, do diretor-geral até o guarda noturno. Além disso, a liderança é gerada pelas experiências próprias, não herdada. A palavra caráter vem do grego *charakter*, que literalmente significa *ferramenta para gravar*. É certo que o homem é a soma de suas experiências, que ficam gravadas e não se apagam, e moldam o caráter e se transformam nele. Víctor Frank (1959) propõe até que a busca de significado por parte do homem se encontra entre as experiências mais dolorosas. É o combustível que o impulsiona a dirigir. Deste modo, a liderança nasce dentre as experiências mais profundas. Para realizá-lo, essas experiências devem ser evocadas e nutridas.

É obvio que o conceito de liderança vem evoluindo constantemente. Uma dessas definições indica que a liderança consiste em fazer com que os seguidores façam o que não fariam em outras circunstâncias (Burns, 1978), essa teoria é também denominada Teoria X da liderança. Pressupõe que as pessoas são preguiçosas, não querem trabalhar e não o farão a menos que se adotem medidas rigorosas. Esta idéia da liderança é a base de uma parte dos primeiros trabalhos de Frederick Taylor na ciência administrativa.

Outra idéia de liderança propõe que ela obriga os seguidores a agirem para alcançar determinadas metas que representam os valores e a motivação, os desejos e as necessidades, os objetivos e as aspirações, tanto dos seguidores como dos líderes (Burns, 1978). Neste caso, a liderança introduz a importância da relação entre seguidores e líderes. Na realidade, é vista uma relação inseparável fundamentada em valores e propósitos compartilhados, e a ausência dessa relação não é nada mais do que poder puro.

Certamente, o poder se compreende bem na vida organizacional. O poder é um jogo de soma zero. A maneira como se pratica este jogo é simples: "Se eu tiver mais, você tem menos". Fundamenta-se no interesse egoísta e no desejo de destruir a concorrência ou qualquer ameaça que se perceba (Burns, 1978). Trata-se de um jogo muito perigoso. Só em contraste com este jogo de soma zero do poder é possível começar a compreender a verdadeira relevância da "delegação de faculdades". Ela indica que todos e cada um dos homens nascem com potencial humano ilimitado, quase não utilizado no longo da vida, e isso nas melhores circunstâncias. Em comparação com o jogo negro do poder, a delegação de faculdades indica que é possível liberar o potencial humano ilimitado que reside dentro da plenitude de toda pessoa. Ao fazê-lo, abrimos as organizações à extraordinária diversidade de habilidades, formações e experiências que as pessoas contribuem para o trabalho todos os dias.

Existe uma tendência incipiente de compreender a liderança como uma relação com base em valores e propósitos compartilhados. Além disso, existe uma evolução para um sentido de liderança que também pode ser transformacional, isto é, onde os líderes e os seguidores se apóiam mutuamente para subir a níveis mais altos de motivação e compreensão humana (Burns, 1978). Ao satisfazer necessidades mais elevadas, a liderança capta a pessoa em sua plenitude.

Esta é a essência da integridade. Esta palavra vem do latim *integer*, que significa "completo ou inteiro". O que significa ser uma pessoa completa ou inteira? Significa saber quem se é, o que se valoriza e no que se crê, e como viver esses valores e crenças de maneira cabal e completa neste mundo? Portanto, integridade é esse sentido de alinhamento que se procura entre as mais profundas crenças e os atos e decisões cotidianos. O desafio está em diminuir a distância, neste mundo de contradições diárias, entre as crenças manifestadas e as ações. Porque, o que são as palavras sem atos que as sustentem senão um cálice vazio?

Em última instância, a liderança significa autenticidade, que exige integridade. Aí estão as sementes do paradoxo da liderança.

Os elementos humanos da liderança

Sem se importar como será definida no longo prazo esta forma de entender a liderança, é mais importante a tarefa de descobrir onde encontrar os elementos humanos que produzem esses líderes para as empresas.

Maslow, em sua *Hierarquia das necessidades humanas*, oferece certas pistas e desafios. Em sua obra-prima indicou que existe uma hierarquia de necessidades humanas, e que cada uma delas deve ser satisfeita para alcançar o seguinte nível. A primeira etapa das necessidades humanas são os elementos mais indispensáveis para a vida, como alimento, teto, vestido e sem os quais o homem morreria. Após satisfazê-los, vem a necessidade de segurança, isto é, liberar-se do temor e da insegurança. Depois de satisfazer esta etapa, buscam-se o afeto e o sentido de pertencimento e de fazer parte de uma comunidade com outros. Uma vez satisfeita essa necessidade, tenta-se alcançar a auto-estima, a sensação profunda de quem somos. Por último, Maslow apresenta a meta inalcançável da auto-realização, a realização do potencial humano (Mahesh, 1993).

Ao observar Maslow dentro do contexto da vida organizacional, é necessário perguntar: como as empresas promovem o desenvolvimento de seu pessoal através das etapas da hierarquia de Maslow? Não é preciso ir muito longe para procurar a resposta: "não muito bem". Nesta época de demissões generalizadas, ajuste no tamanho das empresas, cortes de pessoal, reengenharia e reestruturações, ameaça-se uma comunidade de pessoas no próprio centro de sua existência. Aqueles que são os afortunados "sobreviventes", como poderiam sentir-se livres de temor e insegurança? Na realidade, foi substituída a segurança (o velho contrato social) pelo medo, a concorrência e o cinismo. Como se consegue senso de afeto e de pertencimento após a devastação maciça do espírito humano? Como ajudar as pessoas a começarem a experimentar o princípio da auto-estima? De onde sairão os líderes muito evoluídos e focados nos princípios? O desafio em função do desenvolvimento organizacional é evidente.

Lawrence Kohlberg, professor de Harvard (já falecido), também oferece alguns indícios da evolução genética dos líderes por meio de seu trabalho sobre a teoria do desenvolvimento moral. Kohlberg indica que, em essência, existem três etapas de desenvolvimento moral: as etapas pré-convencional, convencional e pós-convencional. Com essa linguagem ele quer dizer que existe uma norma, a fase convencional, e que alguma coisa a precede e outra pode emanar dela. Da mesma forma que Maslow, Kohlberg (1981) afirma que primeiro se deve satisfazer uma etapa antes de seguir adiante.

A fase pré-convencional do desenvolvimento moral também é denominada fase pré-adolescente. É a etapa em que se aprende a considerar o poder e o castigo. É quando o homem aprende que existem prêmios ou castigos por uma conduta boa ou má. É quando se adquire um sentido de responsabilidade pessoal.

A fase convencional destaca a conformidade. O indivíduo trata de conseguir aceitação mediante o respeito aos princípios e normas. Compreende as regras formais e informais que guiam e governam o comportamento, ou seja, as leis da sociedade, assim como as políticas das organizações. Semelhante à proposta de Maslow, é aí que procura afeto e o senso de pertença. O grupo costuma determinar o que está bem e o que está mal, em lugar dos méritos da ação propriamente dita.

A fase pós-convencional é aquela em que o homem obtém orientação para uma vida regida por princípios. Começa a procurar conceitos morais mais elevados. É a fase em que trata de imprimir lógica e congruência a seus atos e conduta. O homem atua bem porque é intrinsecamente bom, as conseqüências não importam. É a etapa em que procura que seus valores e crenças mais firmes sejam coerentes com seus atos e decisões cotidianas e a maneira em que enfrenta o mundo.

As primeiras duas etapas de desenvolvimento moral propostas por Kohlberg têm origem externa. Nessas fases, a compreensão do bem e do mal se infere de fatores externos ao próprio homem, por exemplo, dos pais, das leis, das políticas. O homem acata as regras da ordem e se ajusta às normas do grupo. É na etapa pós-convencional que começa a interiorizar seus valores, seu sentido do bem e o mal.

Ao observar a rotina organizacional percebemos que quase todas as corporações estão na primeira e segunda etapas de Kohlberg. A norma é respeitar as leis e regulamentos externos, ou as políticas internas da empresa. Isto é útil e necessário, mas, como ajudar as pessoas a cultivar o sentido de seus valores, de suas crenças mais arraigadas? Como institucionalizar os valores e ajudar as pessoas a interiorizá-los? Como estabelecer políticas, práticas, procedimentos, objetivos financeiros, sistemas de remuneração e retribuição e metas corporativas que reforcem esses valores? Como contribuir com o desenvolvimento de indivíduos íntegros ou completos? O que é preciso fazer de maneira diferente para tratar as pessoas como fins em si mesmas, e não como autômatas que simplesmente são meios para alcançar determinado fim corporativo, ou representam certa utilidade financeira no curto prazo?

Ética e liderança corporativa

Cada vez é mais difícil para os líderes corporativos navegarem nas águas encrespadas do ambiente atual, incerto e sempre em mudança, que abre possibilidades fascinantes, mas assustadoras, no século XXI. A mudança é um estranho pouco agradecido, e, apesar do constante crescimento econômico dos últimos anos, o temor e a incerteza predominam nas empresas. Em meio a mudanças extraordinárias, os líderes devem apresentar uma visão significativa e convincente. A liderança emana da confiança, e ela se baseia em um acordo comum entre as pessoas. À medida que o acordo comum se dissipa cada vez mais, a ética é a linguagem que realinha os líderes com seus funcionários, clientes, acionistas, fornecedores, legisladores e as comunidades em que atuam (Bennis, 1998). Portanto, a ética não é só uma questão pessoal, mas interpessoal.

Cultivar o sentido de valores compartilhados, uma série de crenças com as quais todas as decisões possam ser avaliadas e comprovadas, é cada vez mais a base sobre a qual se constroem as estratégias de longo prazo e sua implantação bem-sucedida. Neste ambiente, o fato de que a liderança não alinhe a ética e os valores com suas estratégias de negócios e planos operacionais envolve custos potencialmente altos e, sem dúvida, muitas oportunidades perdidas.

Qualquer um que tenha passado cinco minutos nos escritórios executivos sabe que uma estratégia incompatível com a cultura da organização será difícil, se não impossível, de implantar. Abundam as fusões e aquisições malsucedidas entre empresas cujas culturas são diferentes. A implantação bem-sucedida de uma estratégia exige não apenas o compromisso físico e intelectual das pessoas, mas o sentido dos valores e propósitos compartilhados, em combinação com seu compromisso emocional e espiritual.

Com todas essas mudanças, uma pergunta se impõe: que tipo de liderança é necessária para esta nova era, inclusive para aqueles que já são líderes atualmente? Talvez o sejam Bush e Tony Blair? Lou Gerstner, Bill Gates ou Al Dunlap? Ou talvez Libby Dole, Sandra Day O'Connor ou Martha Stewart? O que confere a essas pessoas, ou a qualquer outra, a qualidade de líder? É a fama, a posição, o dinheiro ou o poder?

> Quem sabe, deve mandar. Quem não sabe, deve obedecer.
> *Provérbio italiano*

Na atualidade líderes tornam-se celebridades. *Newsweek, Time, Business Week, Fortune* e *Forbes* publicam regularmente artigos sobre personalidades "populares". Ao verificar suas vidas privadas, observamos suas listas de leituras, hábitos de trabalho, preferências alimentares e passatempos, como se estes detalhes insignificantes transmitissem mensagens de profunda transcendência sobre a liderança (Burns, 1978). Uma coisa sabemos com certeza: nesta era dos meios de comunicação, quanto mais se sabe sobre líderes, menos patente é o pouco que, na verdade, se sabe em matéria de liderança.

Conclusões

Uma empresa é simplesmente uma comunidade de pessoas com interesses comuns e valores compartilhados, reunidas para alcançar uma meta comum. Os líderes do futuro estão nas organizações atuais. Estão no andar de baixo, no final do corredor ou, até, na sala ao lado. Ao observá-los com atenção, descobriremos que não existem distinções relacionadas a classe social, nível organizacional, gênero, raça, país de origem, cor da pele, antecedentes étnicos, religião, preferência sexual, idade, ou condição mental ou física. A característica distintiva que esses líderes têm em comum se relaciona com os valores internos profundos que adotaram durante anos de experiência, e seu compromisso, mantendo-se fiéis àqueles valores forjados e consolidados pela mudança (Bennis, 1988). São as pessoas que dedicam sua vida profissional a servir e satisfazer as necessidades de outros, pessoas que estão comprometidas com algo superior.

O desafio final para os líderes atuais é preparar os líderes do futuro. Os louros serão para o líder que não se concentrar no benefício pessoal, mas que estiver dedicado a desenvolver o talento, a criatividade e o potencial humano de outras pessoas. Esses líderes sabem que é preciso ser fiéis a algo maior do que o som de nossa própria voz (Campbell e Moyers, 1988); se queremos que as empresas sejam bem-sucedidas e se revitalizem, é necessário enchê-las de indivíduos vitais e amadurecidos.

A teoria sobre liderança política conta com alguns modelos formulados sob uma perspectiva psicossocial, embora de mínimo impacto sobre a pesquisa real. É certo que esses modelos são psicossociais apenas superficialmente, e sua formulação obedece a uma intenção heurística, sem chegar a abordar seriamente o contraste de hipóteses. A complexidade da liderança política deu lugar à elaboração de um autêntico arsenal de técnicas metódicas: psicobiografia, análise de conteúdo de discursos e outros documentos gerados pelo líder, questionários sociológicos aplicados a amostras de seguidores, ou a peritos em liderança, ou a ambos os grupos, medidas de personalidade e até experimentos. Um programa de pesquisa minimamente ordenado exigiria que os aspectos fundamentais da liderança política, identificados antes pelos modelos, fossem analisados com a ajuda de todas ou da maioria das técnicas metódicas existentes ou, pelo menos, das que oferecessem maiores garantias de sucesso. Mas a situação atual não responde, nem de longe, a uma exigência tão razoável. Pelo contrário, cada técnica metódica está, por assim dizer, "aninhada" em uma orientação teórica concreta. Diante da enxurrada, até caótica, de resultados no domínio da liderança política, os autores reivindicam a necessidade cada vez mais imperiosa de programas de pesquisa sistemáticos e orientados teoricamente.

CASO PRÁTICO

DONALD RUMSFELD, Ex-SECRETÁRIO DE DEFESA

Introdução

A definição de "tortura" das Nações Unidas em Genebra em 1949 diz:

"...será considerado como 'tortura' todo ato pelo qual se inflijam intencionalmente a uma pessoa dores ou sofrimentos graves, sejam físicos ou mentais, com o fim de obter dela ou de um terceiro informação ou confissão, de castigá-la por um ato que tenha cometido, ou se suspeite que cometeu, ou intimidar ou coagir essa pessoa ou outras..."

Quem já viu algumas das 1800 fotografias tiradas por soldados norte-americanos na prisão de Abu Ghraib não tem outra descrição. É tortura – prisioneiros iraquianos nus e acorrentados, com as cabeças cobertas com estranhos cones pretos parecidos com os da Ku Klux Klan, ameaçados de serem eletrocutados, com correias no pescoço como se fossem cães, amontoados em pornográficas pirâmides e obrigados a realizar atos sexuais....

Oficialmente, o governo dos Estados Unidos não quer utilizar a palavra "tortura". Fala, pelo contrário, de "abusos" ou "excessos". Seja qual for o nome dado ao acontecido, nessa prisão constituiu, categoricamente, violação dos direitos humanos.

Na atualidade, as prisões do Iraque estão sob o controle do governo norte-americano, responsabilidade que recaía, na época da divulgação das fotos, à Secretaria de Defesa, com Donald Rumsfeld à frente.

Até onde deve chegar a luta dos Estados Unidos contra o terrorismo? Quem deve responder pelas "torturas", "excessos" ou "abusos" das tropas norte-americanas? Até que ponto uma pessoa, governo ou nação pode decidir o destino de outros seres humanos?

Falar desta situação gera a necessidade de conhecer melhor dois personagens e ambientes tão controvertidos nesse dilema.

Donald Rumsfeld, ex-secretário de Defesa

Estudou até obter a graduação em Política na Universidade de Princeton.

Foi confirmado por voto aberto pelo Senado e fez o juramento como secretário de Defesa em 20 de janeiro de 2004.

Experiência em política governamental: em 1932, na cidade de Chicago, Illinois, colaborou na Universidade de Princeton; desempenhou serviços na Marinha nos Estados Unidos (1954-1957) como aviador naval.

Em 1957, na cidade de Washington, durante a administração de Eisenhower, ocupou um cargo como ajudante administrativo no Congresso.

Em 1962, foi eleito como representante de Illinois no Congresso, e foi reeleito em 1964, 1966 e 1968.

Em 1969, decidiu afastar-se do cargo no Congresso para ocupar outro na administração do presidente Nixon como:

- diretor do escritório de oportunidade econômica, auxiliar do presidente e membro do gabinete (1969-1970); e
- conselheiro do presidente, diretor do Programa de Estabilização Econômica e membro do gabinete (1971-1972).

Em 1973, obteve o cargo de embaixador dos Estados Unidos na Organização do Tratado do Atlântico Norte (OTAN), em Bruxelas, Bélgica (1973-1974).

Em agosto de 1974 retornou aos Estados Unidos para desempenhar atividades na administração do presidente Ford, e realizou as seguintes atividades:

- presidente da transição para a Presidência de Gerald Ford (1974);
- chefe de pessoal da Casa Branca e membro do gabinete do presidente (1974-1975); e
- décimo-terceiro secretário de Defesa; foi o mais jovem a ocupar esse cargo (1975- 1977).

Outras atividades desempenhadas pelo sr. Rumsfeld:

- membro do comitê do presidente sobre controle de armamentos na administração Reagan (1982-1986);
- representante do presidente Reagan no Tratado do Direito do Mar (1982-1983);
- conselheiro estratégico na área de sistemas na administração Reagan (1983-1984);
- membro da Comissão de Consulta dos Estados Unidos com respeito às relações entre os Estados Unidos e o Japão (administração Reagan, 1983-1984). Durante a administração Reagan foi assessor dos departamentos de Estado e Defesa dos Estados Unidos, membro da Comissão Geral Assessora do Presidente para o Controle de Armas.
- representante do presidente Reagan no Oriente Médio (1983-1984);
- membro da Comissão Nacional no Serviço Público (1987-1990);
- membro da Comissão Econômica Nacional (1988-1989);
- membro do comitê da Universidade de Defesa (1988-1992):
- membro da Comissão de Relações entre os Estados Unidos e o Japão (1989-1991);
- Comitê Consultivo da Televisão de alta definição (1992-1993);
- presidente da Comissão Norte-Americana sobre a Ameaça dos Mísseis Balísticos (1998-1999);
- membro da Comissão Revisora do Déficit Comercial dos Estados Unidos (1999-2000); e
- presidente da Comissão dos Estados Unidos para determinar a organização do Espaço de Segurança Nacional (2000).

Antes de atuar na Secretaria de Defesa, Rumsfeld participou de um negócio privado. Entre as atividades cívicas que desempenhou, se encontram: serviço como membro da Academia Nacional de Administração Pública; membro do comitê que concede bolsas da Fundação Gerald R. Ford, e bolsas de intercâmbio Eisenhower; membro do Fórum de Negócios entre os Estados Unidos e a Rússia, além de ser presidente do grupo consultor de Segurança Nacional da direção do Congresso.

Após desempenhar o cargo de secretário de Defesa durante o mandato de Gerald Ford em 1977, ligou-se ao setor privado colaborando com a G. D. Searle e Co., empresa farmacêutica de alcance mundial que depois passou a ser uma filial da Pharmacia, onde desempenhou o cargo de diretor-geral, e foi presidente até 1985. Graças a seu bom desempenho conseguiu obter reconhecimento do *Wall Street Transcript* (1980) e *World Financial* (1981). Continuou suas atividades a partir de um negócio privado, de 1985 a 1990.

Na década de 1990, Donald Rumsfeld foi presidente do diretório e principal oficial executivo da General Instrument Corporation (1990-1993), empresa fornecedora de componentes de telecomunicações, que seria comprada pela Motorola.

Foi líder na transmissão de banda larga, distribuição e métodos de controle de acesso para os usos que difundiam transmissão a cabo, via satélite e terrestre. A empresa iniciou o desenvolvimento da primeira técnica *all digital* de televisão (HDTV). Ocupou o cargo de presidente de ciências da Giled Inc. até chegar à Secretaria de Defesa.

Seus contatos empresariais são G. D. Searle/Pharmacia, Geral Instrument/Motorola, Gulfstream Aerospace, General Dynamics, Tribune Company, Gilead Sciences, Amylin Pharmaceuticals, Sears, Roebuck & Co., Allstate, Kellogg e Asea Brown Boveri.

Nos últimos anos, Rumsfeld foi membro do Conselho de Administração de várias empresas: Gilead Sciences, nova empresa de biotecnologia; o gigante da imprensa *Tribune*, proprietário do *Los Angeles Times* e do *Chicago Tribune*; Amylin Pharmaceuticals; da firma suíça Asea Brown Boveri; Kellogg; Sears e Allstate. Quando diretor da Gulfstream Aerospace, as ações da empresa foram avaliadas em 11 milhões de dólares, quando foi absorvida pela General Dynamics.

Rumsfeld é multimilionário, com uma fortuna pessoal estimada entre 50 e 210 milhões de dólares. Quando foi presidente da empresa farmacêutica, esta ficou famosa por desfalcar a Medicare. Utilizou suas influências para que o governo aprovasse um complemento alimentar que possivelmente provocou câncer de cérebro. Fundou e dirigiu outra empresa que procurava o direito exclusivo de vender produtos para doentes terminais, tratando de obter lucros em um mercado independente.

Entre 1998 e 1999, Rumsfeld, com 68 anos, foi presidente da Comissão Norte-americana sobre a Ameaça dos Mísseis Balísticos, encarregada de avaliar a vulnerabilidade dos Estados Unidos diante de um ataque com mísseis.

Sabe-se muito bem que Donald Rumsfeld é fanático por armas de destruição em massa, e que, além disso, é promotor de uma campanha para a legalização de armas químicas, mesmo proibidas nos Estados Unidos. Tem pseudônimos como "Rummy", "Dr. Explosão Nuclear" e "Darth Vader".

Rumsfeld contava com a amizade do ditador chileno Augusto Pinochet. O secretário de Defesa recebeu Michelle Bachellet para negociar a venda dos aviões F-16 e dos mísseis Amraam, em troca da retirada, pelo governo de Lagos, de seu apoio ao Tribunal Penal Internacional.

Rumsfeld tem vínculos com vários grupos ultradireitistas, e de maneira aberta declarou sua admiração por Sun Myung Moon e Lyndon LaRouche. Trabalhou com Oliver North na conspiração anti-sandinista. Comenta-se que, quando trabalhou sob as ordens do presidente Nixon, aumentaram suas fobias radicais. Foi acusado de encarcerar e assassinar líderes negros radicais nos Estados Unidos, os Panteras Negras, além de realizar enormes massacres no Vietnã, em Laos e no Camboja.

Entre 1999 e 2000, Rumsfeld foi membro da Comissão de Exame do Déficit Comercial dos Estados Unidos. O presidente Bush disse que sua designação devia-se em parte ao trabalho de Rumsfeld como presidente da comissão para analisar a administração e organização da segurança nacional no espaço. "Considero que fez uma tarefa extraordinária, com uma missão muito delicada", disse Bush. "Trouxe pessoas que compreendem a realidade do mundo moderno. Com a designação de Don Rumsfeld todos teremos uma pessoa reflexiva, considerada e sábia na questão da defesa com mísseis." Essa sabedoria ficou muito abalada com as decisões de Rumsfeld na guerra contra o Iraque.

Iraque: zona de guerra e tortura

As origens do escândalo da prisão de Abu Ghraib não estão vinvuladas às tendências criminais de alguns reservistas do Exército dos Estados Unidos, mas remontam a uma decisão aprovada pelo então secretário de Defesa dos Estados Unidos, Donald Rumsfeld, em 2003. Ele aprovou um plano "altamente secreto" que, com o tempo, deu luz verde aos interrogatórios dos prisioneiros iraquianos. O plano secreto autorizava diversos métodos coercitivos, utilizados no início na perseguição de membros da Al Qaeda no Afeganistão e que, com a autorização de Rumsfeld, foram aplicados nos terríveis cárceres de Abu Ghraib.

Assim, se criou uma zona de segurança do Pentágono denominada "Special-Aces Program" (SAP), similar ao usado durante a Guerra Fria, aprovada aparentemente depois dos atentados de agosto passado contra a sede da ONU em Bagdá e a embaixada jordaniana.

As mais altas autoridades militares e civis dos Estados Unidos estavam perfeitamente a par da prática de torturas no Iraque durante todo o ano de 2003. Entretanto, o escândalo pelos maus-tratos aos prisioneiros foi a público em 13 de janeiro de 2004, quando o jovem soldado Joseph Darby, em um ato de grande coragem e de decência moral, apresentou espontaneamente uma denúncia sobre o que ocorria em Abu Ghraib à Divisão de Investigações Criminais, acompanhando sua denúncia com um CD cheio de fotografias, parte das quais chegou à televisão e aos jornais dos Estados Unidos. O Pentágono e o próprio Rumsfeld não puderam silenciar essa denúncia nem evitar as constantes publicações e artigos que a mídia difundiu a partir desse momento.

A divulgação das fotos evidenciou a circunstância em que padeciam os prisioneiros do cárcere de Abu Ghraib. Nas imagens era possível ver prisioneiros nus, algemados, obrigados a masturbar-se ou em outras posições humilhantes, submetidos a descargas elétricas ou às presas de cães bravos, diante da divertida atitude de seus guardiões.

Esses testemunhos fotográficos mostram soldados norte-americanos, tanto homens como mulheres, humilhando, sodomizando e torturando iraquianos nus, presos, encapuzados. Uma mulher, identificada como a soldado Lynndie England, arrasta um prisioneiro ferido enquanto seus colegas de armas se divertem com a cena. Um iraquiano torturado até a morte aparece em outra imagem; foi morto durante um interrogatório por agentes da CIA, que o preservaram em gelo durante 24 horas; no dia seguinte, retiraram-no em uma maca com uma sonda intravenosa, para fazer crer que continuava vivo. Porém, o mais horrível dessa história repugnante não está acompanhado de imagens, mas foi descrito com riqueza de detalhes em um relatório secreto do general maior norte-americano Antonio Tabuga, e que foi obtido pelo jornalista Seymour Hersh da revista *The New Yorker*.

Segundo o documento, os soldados norte-americanos "quebravam lâmpadas que continham produtos químicos e despejavam o líquido fosfórico sobre os detentos; lançavam água gelada sobre detentos nus; espancavam os prisioneiros com o pau de uma vassoura e com uma cadeira; ameaçavam os homens de serem violentados. Permitiu-se que um policial militar costurasse pontos em um detido que foi ferido após ser jogado contra a parede de sua cela; um detento foi violentado com um tubo de luz fluorescente ou talvez com o pau de uma vassoura; e foram usados cães militares para atemorizar e intimidar. Em uma ocasião, deixaram que mordessem um detento".

A missão desses soldados, segundo a cadeia norte-americana CBS que desvendou o escândalo, era "abrandar" os detentos para facilitar o "trabalho" dos interrogadores da CIA ou seus substitutos civis contratados pelo Pentágono. Segundo o oficial Tabuga, cujo relatório foi ignorado pela alta hierarquia militar, os abusos são "sistemáticos e ilegais", "sádicos e criminosos". O Pentágono investiga a morte de 25 iraquianos, duas delas qualificadas de assassinato. O oficial afirma que em numerosos incidentes os detidos foram golpeados, esbofeteados e chutados; despiram tanto homens como mulheres e os violentaram. Foram tiradas fotografias e gravadas fitas de vídeo dos fatos. E acrescenta: "Tiraram suas roupas durante vários dias; os homens eram obrigados a usar roupa íntima feminina, e grupos de homens eram obrigados a masturbar-se enquanto eram fotografados e fitas de vídeo eram gravadas".

Esses fatos do cárcere de Abu Ghraib, que chegaram ao conhecimento público, causam a indignação de pessoas, organismos e movimentos em todo mundo, que procuraram impedir seu prosseguimento e repreender os responsáveis.

Depois da publicação das fotos, Donald Rumsfeld visitou a prisão de Abu Ghraib, onde se registraram os casos de torturas e maus-tratos a detentos iraquianos por parte de seus carcereiros norte-americanos, para informar-se em primeira mão sobre o funcionamento das prisões e o trabalho dos soldados norte-americanos que nelas prestam serviços.

Esta visita ocorreu um dia depois que o exército anunciara que submeteria a corte marcial mais dois soldados norte-americanos, entre eles um homem acusado de ameaçar eletrocutar um prisioneiro.

Como resultado da divulgação das fotos e de todos os acontecimentos posteriores, o Pentágono proibiu alguns métodos coercitivos, como a privação do sono e a adoção de posições desconfortáveis.

Até agora só sete soldados e policiais foram incriminados. Um deles, Jeremy Sivits, foi condenado na época a apenas um ano de prisão por uma corte marcial norte-americana em Bagdá.

Muitas cabeças de generais já rolaram, entre elas a do próprio general Ricardo Sánchez, chefe das forças de coalizão no Iraque. É muito provável que as torturas de Abu Ghraib custem caro a Bush nas futuras eleições.

Centenas de prisioneiros injustamente detidos no Iraque foram libertados. Por outro lado, o repugnante cárcere de Abu Ghraib deve permanecer de pé, porque um juiz militar norte-americano decidiu que fosse declarado cena de um crime e por isso não pode ser destruído, como propôs o presidente norte-americano George W. Bush.

A postura internacional sobre as práticas de tortura no Iraque

Os horrores que o mundo viu nas imagens procedentes das masmorras de Abu Ghraib provocaram uma reação de indignação entre a opinião pública internacional de líderes políticos, religiosos e organismos não-governamentais em todo o mundo.

O papa João Paulo II foi categórico na reunião que manteve no Vaticano com o presidente George Bush em 23 de agosto de 2004: se não houver um compromisso claro com o respeito aos direitos humanos, não se vencerá a guerra contra o terrorismo.

Os acontecimentos deploráveis que atormentam a consciência civil e religiosa de todos tornam mais difícil um compromisso sereno e decidido com os valores humanos compartilhados. "Na ausência desse compromisso, não se superará jamais a guerra nem o terrorismo; você conhece perfeitamente a posição da Santa Sé a respeito", disse o Pontífice. Enquanto Bush afirmou: "Trabalharemos pela liberdade e a dignidade humana, para difundir paz e compaixão".

Além disso, a ONU exigiu ter acesso aos detentos por terrorismo no Iraque. O Comitê das Nações Unidas que fiscaliza o cumprimento da Convenção contra a Tortura, presidido pelo catedrático Fernando Mariño Menéndez, enviou em 18 de julho de 2004 uma carta ao governo dos Estados Unidos pedindo que apresentasse um relatório sobre os casos de tortura do Iraque. "Vamos lembrar aos Estados Unidos e à Grã-Bretanha quais são as obrigações segundo a Convenção contra a Tortura, pelo menos mencioná-las, e solicitar a informação em relação à situação no Iraque, e vamos demonstrar preocupação pelos fatos". (Mariño Menéndez, Espanha.)

Por outro lado, de acordo com um artigo de 25 de junho, os informantes da ONU para os Direitos Humanos acordaram que quatro deles viajassem ao Iraque, Afeganistão e à base naval norte-americana de Guantánamo, para entrevistarem os detentos acusados de terrorismo. Theo van Boven, relator sobre tortura; Leandro Despouy, relator sobre independência de juízes; Paul Hunt, perito em direito à saúde, e Leila Zerrougui, presidenta do grupo de trabalho sobre detenções forçadas, foram designados para visitar os conturbados Iraque e Afeganistão, assim como a base de Guantánamo, na ilha de Cuba.

Quanto às torturas de iraquianos por parte de soldados dos Estados Unidos na prisão de Abu Ghraib, Van Boven disse que era "difícil dizer algo definitivo" sobre a suspeita de que as ordens militares superiores tivessem autorizado tais práticas, embora tenha admitido que isso "fosse provável". E explicou: "Quando se trata da combinação durante várias horas de práticas como a privação do sono, de alimentos e de água, e o uso de eletricidade e de exercícios físicos para vencer a resistência dos suspeitos, os maus-tratos tornam-se tortura". "Em qualquer caso", acrescentou, "nada justifica práticas que violam as normas internacionais de direitos humanos."

Zerrougui comentou que os fatos da prisão de Abu Ghraib são ainda mais graves se considerarmos "sua conotação racista e discriminatória, observada na maneira de humilhar os detidos em aspectos sensíveis de sua cultura e religião", em referência aos maus-tratos sexuais que sofreram.

A organização Anistia Internacional, cuja missão é impedir e pôr fim aos abusos graves contra o direito à integridade física e mental, à liberdade de consciência e de expressão e a não-discriminação, expressou sua indignação diante do acontecido no cárcere de Abu Ghraib.

Nos últimos dois anos, a Anistia Internacional apresentou denúncias sobre atos de brutalidade e crueldade contra detentos cometidos por agentes norte-americanos, tanto no Iraque como em outros centros de detenção dos Estados Unidos em todo o mundo, diante dos mais altos níveis do governo dos Estados Unidos, incluindo a Casa Branca, o Departamento de Defesa e o Departamento de Estado.

Em uma carta aberta dirigida ao presidente dos Estados Unidos, George W. Bush, em 7 de maio de 2004, a Anistia Internacional afirmou que os abusos supostamente cometidos por agentes norte-americanos na prisão de Abu Ghraib de Bagdá eram crimes de guerra, e pediu à administração que os investigasse exaustivamente para garantir que não haja impunidade para nenhuma pessoa que seja declarada responsável, seja qual for seu cargo ou categoria.

A Anistia Internacional pediu que um organismo competente, imparcial e independente, considerado como tal pela população, investigue os possíveis abusos cometidos pelas forças de coalizão, e que os resultados desta investigação sejam divulgados publicamente. Além disso, as vítimas ou seus familiares devem obter uma reparação, incluindo o pagamento de uma indenização.

George W. Bush, ex-presidente dos Estados Unidos da América

Filho do ex-presidente George H.W. Bush (1989-1993), nasceu no estado de Connecticut, Nova Inglaterra.

Recebeu uma aprimorada educação na Escola Preparatória Phillips de Andover, e em 1964 matriculou-se na prestigiosa Universidade de Yale. Em 1968, saiu com uma licenciatura em História e a seguir alistou-se na Guarda Nacional Aérea do Texas, onde recebeu treinamento como piloto de combate até ser destacado para o Esquadrão 111 de caças.

Reincorporado em 1973 à vida civil, em 1975 obteve um título de *master* em Administração de Empresas na Harvard Business School, e começou a trabalhar na indústria de energia da cidade texana de Midland, como intermediário no comércio de minérios e investidor em exploração petroleira, para o que criou a sociedade Bush Explorations.

Em 1978, Bush, já com dinheiro suficiente acumulado, abriu sua própria empresa de exploração de hidrocarbonetos, Arbusto Energy. Nos cinco anos seguintes, a modesta empresa sofreu os embates dos baixos preços do petróleo e nunca rendeu a seu proprietário lucros significativos, mas serviu como trampolim para a política, sua verdadeira aspiração. Sua empresa sofreu uma fusão com a Spectrum 7 em 1984, porque estava à beira da falência e, mais tarde, foi adquirida pela Harken Energy. Em troca, George W. Bush recebeu 600000 dólares em ações, obteve um contrato de 120000 dólares ao ano e muitos amigos no mundo do petróleo no Texas.

Seu nome ajudou a Harken Energy a conseguir contratos no Oriente Médio. Durante a campanha presidencial de George W. Bush, o dinheiro do mundo do petróleo participou ativamente, procedente das empresas energéticas e do setor automobilístico. A Enron doou mais de um milhão de dólares ao Comitê Nacional Republicano.

Bush tem participação acionária em diversas empresas, entre elas: General Electric, BP, Duke Energy, ExxonMobil, Newmont Gold Mining Corporation, Pennzoil e Tom Brown, Inc. George Bush acumulou sua fortuna pessoal graças aos negócios que realizou quando presidia a Harken Energy Corporation. Esta empresa obteve concessões petroleiras do Baren, além de retro-comissão de contratos entre os Estados Unidos e o Kuwait, negociados por George Bush pai. Essa colaboração é uma ação totalmente ilegal.

Antes de dedicar-se à política, havia sido piloto de aviões para a Guarda Nacional Aérea do Texas. Durante os anos 1970, dedicou-se à indústria do petróleo, mas quando seu pai iniciou a campanha presidencial para as eleições de 1986, o apoiou. Alguns anos depois, atraído pela política, começou sua trajetória profissional neste campo como governador do Texas. Neste cargo, voltou a ser reeleito em 1998. Como governador desse estado, o ensino fundamental foi uma de suas principais preocupações.

Depois das eleições ocorridas em 2000, conseguiu impor-se diante do candidato democrata Al Gore, vice-presidente do governo de Bill Clinton. Apesar dos problemas apresentados durante a recontagem dos votos, conseguiu ficar com a presidência. Em 20 de janeiro de 2001 tomou posse como presidente dos Estados Unidos.

Estilo da liderança política de Donald Rumsfeld

A concepção de liderança foi amplamente debatida sob os pontos de vista psicológico, sociológico e político. Na realidade, deve-se dizer que não existe uma interpretação única de liderança, mas pode ser definida em relação a referências geográficas, históricas e com a diversidade de objetivos e propósitos dos grupos ou organizações de que se trate.

Podemos definir liderança como: "...conjunto das atividades, e sobretudo, das comunicações interpessoais por meio das quais um superior em hierarquia influi no comportamento de seus subordinados, para a realização voluntária e eficaz dos objetivos da organização e do grupo".

Podem-se encontrar alguns elementos-chave dentro na liderança: influência, vontade, comunicação interpessoal, capacidade de ajudar o grupo a definir e alcançar objetivos, e superação e esforço complementar.

Tendo claro esse conceito, e sabendo que a liderança pode ser classificada em política, de valores e diretiva, o enfoque será sobre a liderança política, pois é o que se adapta mais à forma de atuar do secretário de Defesa dos Estados Unidos, Donald Rumsfeld.

Liderança política... exclusivamente?

A liderança política, como filosofia administrativa, fundamenta-se na natureza humana e na maneira como os seres humanos se comportam. Se assumirmos que a liderança não é boa nem má em si mesma, mas um meio cuja bondade ou maldade dependem de seus objetivos, devemos também supor que o objetivo da liderança política é a questão crucial para determinar se favorece ou não a comunidade ou o grupo ao que o líder pertence. Neste caso, Donald Rumsfeld, como líder de Defesa dos Estados Unidos, teria como objetivo, idealmente, favorecer a comunidade norte-americana.

O autor Jose Luis Vega Carballo define liderança política como "... a relação particular estabelecida dentro de uma conjuntura concreta e dinâmica, entre uma personalidade e uma situação de grupo, cujo objetivo central é a conquista e o controle do Estado ou dos instrumentos para influenciá-lo, por parte desse grupo".

Em geral, a análise da liderança política parte da compreensão das formas de dominação. Max Weber indica basicamente três tipos de dominação legítima: a legal, a tradicional e a carismática.

A dominação legal acontece em virtude da existência de um estatuto, que estabelece que a obediência dos seguidores não é ao líder ou à pessoa que detém formalmente o poder, mas à regra estabelecida. Mais ainda, é a mesma regra que estabelece a quem e em que medida se deve obedecer, obrigando o líder a obedecer ao império dessa lei ou estatuto. Este tipo de liderança, dentro do qual a burocracia é sua expressão tecnicamente mais pura, é, sem dúvida alguma, a forma de dominação que melhor responde à idéia que se tem da estrutura moderna do Estado e da democracia. Como parte da liderança, a relação dominante é escolhida ou nomeada de acordo com procedimentos ou mecanismos estabelecidos pela lei ou estatuto. Nesse sentido, devemos afirmar que nenhuma dominação legal é estritamente burocrática, pois nenhuma é exercida apenas por funcionários contratados, mas os cargos mais altos, normalmente, são designados pela tradição ou eleitos por instituições como o parlamento ou o povo em geral.

George Bush e Donald Rumsfeld exerceram esse tipo de dominação chamada legal, já que o povo norte-americano votou livremente para a eleição de seu presidente, e o Senado votou e escolheu Donald Rumsfeld.

Liderança, poder, autoridade: condições que conferem legitimidade à liderança. Todos os estudos sobre liderança estabelecem relações básicas entre ela e as noções de poder e autoridade. Ambas as noções, muitas vezes confundidas na sabedoria popular sobre a questão, mostram algumas diferenças importantes, em especial quando se fala de liderança política.

De acordo com Max Weber, o poder se refere à relação social em que um ator social impõe sua vontade, mesmo apesar de qualquer resistência, sobre outro ator. Este conceito é central no exercício da liderança, dado que o uso de uma determinada cota de poder é condição básica para que a influência do líder seja efetiva. Assim, todo líder precisa de poder para exercer sua liderança, resultando daí que a busca do poder é uma condição natural para o exercício da mesma.

Nesse aspecto, é possível questionar se Donald Rumsfeld impôs sua vontade nos cárceres de Abu Ghraib diante de alguma possível oposição ou resistência dos soldados que operavam nessas prisões. Por mais natural que seja a busca ou a necessidade de poder de um líder, quem dosa esse poder para o secretário de Defesa dos Estados Unidos?

A autoridade faz referência à capacidade de influir sobre outras pessoas com base em um mandato outorgado a si mesmo. Toda autoridade se baseia no uso de uma cota determinada de poder. Este enfoque tipifica o poder com um caráter mais propriamente tático, dado pela força ou capacidade de influência de quem o detém, enquanto a autoridade se identifica com a entrega de um mandato, implícito (em um grupo social X), ou explícito (em uma instituição política), que é conferido e durará enquanto o líder representar os interesses daqueles que lhe conferiram a autoridade formal.

Enquanto Donald Rumsfeld representava claramente os interesses de uma instituição política como o governo dos Estados Unidos, teve autoridade para mandar. Entretanto, é questionável quem lhe outorgou autoridade: o governo ou o povo. Não deveria Donald Rumsfeld representar os interesses de toda a nação?

Muitas vezes a liderança foi vista como uma conseqüência da autoridade, considerando que o líder é aquele que detém a autoridade no grupo, na organização ou na comunidade. Na visão do autor deste livro, a liderança é outorgada pela autoridade conferida, além do poder efetivo que o líder possa exercer. Nesse sentido, o poder é uma condição inerente à liderança, e depende do caráter ou da integridade do líder e das normas do grupo/organização, que esse poder seja usado para alcançar os objetivos estabelecidos.

Essa idéia é central quando se fala de liderança política em democracia, pois nela o poder deve ser limitado institucionalmente, preferivelmente mediante uma autoridade legítima, de modo que o líder responda aos interesses da sociedade e esteja sujeito a limites precisos.

Se os Estados Unidos forem um governo democrático, o poder de Donald Rumsfeld deve ser limitado institucionalmente. Este líder deve responder aos interesses da sociedade norte-americana, como muito bem diz a definição já mencionada: deve estar sujeito a limites precisos e respeitá-los.

Para uma noção de liderança política

A liderança política procura conseguir o poder e a autoridade conferida pelo aparelho do Estado, em seu sentido weberiano de associação política, ou no caso de que não possa atuar diretamente, daqueles mecanismos que lhe permitam influir sobre o rumo e objetivos desse estado e da sociedade em geral.

O bom líder político não é o que exerce influência para que as pessoas assumam seu ponto de vista e lhe permita realizar seus próprios objetivos, mas aquele que orienta as energias e capacidades dessa comunidade para viabilizar os objetivos da comunidade.

Entretanto, como se conhece um pouco da vida do secretário de Defesa, podemos questionar se faz uso de sua liderança política para exercer influência e atingir seus próprios objetivos e interesses, assim como os do presidente dos Estados Unidos.

O horizonte da liderança política são os objetivos da comunidade ou sociedade que pretende conduzir. Então, é importante estabelecer critérios para determinar o que são objetivos *socialmente úteis*. Neste sentido, o socialmente útil resulta da capacidade de propor uma visão de sociedade integradora de interesses e perspectivas diversas, que ofereça coerência e sentido à ação do líder e facilite a inclusão de todos, ou pelo menos da maioria, nos diversos esforços para alcançar as metas estabelecidas.

O horizonte da liderança de Donald Rumsfeld não é claro. Não existe coerência e sentido nas ações que este líder exerce em relação aos interesses e a visão da sociedade norte-americana, que ficou indignada com as ações cometidas nos cárceres de Abu Ghraib.

No exercício da liderança política, como em qualquer outro, confluem duas dimensões muito bem definidas, embora complementares: uma subjetiva e outra objetiva. A subjetiva tem a ver com as capacidades do indivíduo e, sem dúvida, com o carisma. A objetiva faz referência à realidade que o rodeia, com seus diversos problemas e necessidades específicas. Sob essa perspectiva, na liderança política contemporânea confluem os valores sociais dominantes e as capacidades ou aptidões pessoais para encarná-la.

A liderança de Donald Rumsfeld foi capenga, pois lutou contra os valores sociais dominantes, como a justiça e a defesa dos direitos humanos. Pode até ter sido um líder com grandes capacidades e aptidões pessoais como secretário de Defesa de uma nação tão forte como os Estados Unidos, mas não foi um líder legítimo e eficaz, pois não esteve a serviço da sociedade, cujos valores foram esmagados.

A liderança política é necessariamente um processo em dois sentidos entre o líder – Donald Rumsfeld – e seus seguidores – o presidente, o Exército, o Senado e os norte-americanos. Embora sempre prevaleça uma relação assimétrica entre quem governa e quem é governado, ambos se reconhecem como atores válidos e influentes na construção dos objetivos, se, e somente se, esses objetivos forem socialmente úteis e não destrutivos.

Quem responde pelos fatos acontecidos no Iraque?

Existem muitas opiniões contraditórias sobre o grau de responsabilidade do governo dos Estados Unidos nas torturas desumanas no cárcere de Abu Ghraib, e em especial do secretário Rumsfeld.

Seymour Hersh, veterano do jornalismo investigativo (*The New Yorker*, 17 de maio de 2004), de 67 anos, afirma que o ex-secretário de Defesa deu luz verde a um programa "ultra-secreto" que equivalia a outorgar "carta branca" para matar, capturar e, se possível, interrogar indivíduos considerados de *alto valor* na guerra contra o terrorismo empreendida pela administração Bush. Todo militar conhecedor do nome codificado de um destes programas especiais (SAP - Special-Access Program) podia agir livremente.

Alberto González, conselheiro jurídico da Casa Branca, enviou um memorando (*Newsweek*, 25 de janeiro de 2002) no qual afirmava que "a guerra contra o terrorismo é uma nova forma de guerra, e este novo paradigma supera as estritas limitações da Convenção de Genebra sobre o interrogatório de prisioneiros inimigos". Logo após esse memorando, o advogado geral da Casa Branca aconselhou Bush a considerar fora das Convenções de Genebra a rede Al Qaeda e os talibãs.

Mas, até que ponto os lamentáveis fatos ocorridos no Iraque eram isolados ou faziam parte de um plano da mais alta esfera do governo dos Estados Unidos? E, sobretudo, em que medida estavam informados tanto o então presidente Bush quanto seu secretário de Defesa de que estas ações estavam sendo praticadas? Partindo da possibilidade de que não estivessem informados, isso não lhes tira a culpabilidade e a responsabilidade.

O general Meter Pace, lugar-tenente do general Richard Myers, chefe do Estado Geral Maior, afirmou que "todo mundo foi regularmente inteirado verbalmente", e também respondeu um "sim" categórico à pergunta da CBS se o general Myers e o presidente Bush estavam "totalmente a par da situação". Embora o presidente tenha afirmado que sabia da existência da investigação no cárcere de Abu Ghraib e dos relatórios do Pentágono, disse que não os havia lido e que tampouco tinha visto as fotos até o dia em que a CBS as divulgou.

Sabe-se que alguns interrogatórios severos no Iraque se desenvolviam sob a direção de civis contratados por empresas paramilitares privadas. Segundo diversas investigações, é quase certo que os soldados não foram impedidos de fazer o que faziam, e que em determinados casos foram estimulados por oficiais da Inteligência Militar.

Por outro lado, e em sentido contrário, o presidente Bush declarou (*El País*, 11 de maio de 2004) que "a nação deve gratidão a Donald Rumsfeld, pois fez um trabalho notável contra o terrorismo". Mas desaprovou Rumsfeld pelo fato de "saber dos abusos apenas por meio da imprensa". O governo de Bush também respondeu com indignação às imagens do cárcere de Abu Ghraib, com o argumento de que elas mostram casos de maus-tratos, não de tortura.

Esse último fato aconteceu depois que o próprio Rumsfeld declarou que as torturas e vexames ocorreram quando ele estava à frente do Pentágono, e aceitou a responsabilidade quando declarou, em 7 de maio de 2004, diante do Comitê das Forças Armadas do Senado, que finalmente teria de dar conta de como administrou o assunto dos maus-tratos infligidos a prisioneiros no Iraque e no Afeganistão por parte de alguns militares norte-americanos.

O chefe do Pentágono considerou que os fatos ocorridos no Iraque eram uma catástrofe, anunciou que a investigação ficaria por conta de um grupo de especialistas e depois se estabeleceriam as responsabilidades. Outro aspecto que Rumsfeld admite é o fato de não ter dado, no início, a importância necessária ao assunto, o que o levou a não informar de maneira imediata o presidente Bush e os membros do Congresso. Mas, por outro lado, afirma que as fotografias publicadas e distribuídas em todo o mundo mostram práticas "ofensivas e revoltantes", mas que os fatos foram perpetrados por um "pequeno grupo de militares". Embora Rumsfeld tenha assumido de certa forma "a responsabilidade pelo acontecido", não renunciou a seu cargo, possivelmente pelo que revela o *Washington Post*: 7 de cada 10 norte-americanos acham que ele não deve renunciar.

O porta-voz do Departamento de Defesa norte-americano, Lawrence Di Rita, declarou que os abusos que os detentos iraquianos sofreram não se baseavam "em nenhum programa de sanções, nem manual de instrução, nem alguma ordem do Departamento".

"Não existe um espaço disponível na mente do presidente nem na minha própria para pensar em torturas." Donald Rumsfeld, maio de 2004.

Mas apesar de sua forma de pensar, Rumsfeld continua obstruindo o Senado para impedir que conheça suas ordens sobre técnicas de interrogatório, entre outras coisas. Nem ele, nem seus subordinados, nem os generais de maior escalão, puderam explicar ao Senado norte-americano quais eram as regras, ou pelo menos quem era o responsável pelas prisões do Iraque. Não se sabe até que nível, na cadeia de comando, se deu a permissão específica de abusar de prisioneiros, e existe a probabilidade de que nunca se saiba, pois o exército instaurou uma auto-investigação e o Pentágono se negou a cooperar totalmente com os comitês estabelecidos para acompanhar o caso.

O fato é que o secretário de Defesa dos Estados Unidos, Donald Rumsfeld, passará para a história como um dos norte-americanos que mais contribuíram para aumentar o anti-americanismo no mundo. É a caracterização perfeita do poderoso que se considera acima da lei.

E é aqui que vale a pena questionar se os fins – o extermínio do terrorismo – justificam os meios ilegais.

Perguntas sobre o caso

1. Que tipo de liderança filosófica se observa nestes personagens?
2. Sob a perspectiva das teorias filosóficas, após ler este caso, onde você situaria o personagem Donald Rumsfeld?
3. É possível ter sucesso na mudança de regime no Iraque sem mudar o regime dos Estados Unidos? Até onde deve chegar a luta contra o terrorismo nos Estados Unidos?
4. Não deveriam os erros no Iraque gerar sérias perguntas sobre o conceito de Rumsfeld a respeito da estratégia militar e a geopolítica?
5. A idéia da tortura em Abu Ghraib foi de Rumsfeld, ou faz parte da política de guerra da administração Bush? Qual é o nível real de responsabilidade? Quem deve responder pelas "torturas", "excessos" ou "abusos" das tropas norte-americanas?
6. Os soldados responsabilizados "só cumpriam ordens"? Até que ponto uma pessoa, governo ou nação podem decidir o destino de outros seres humanos?
7. Pela biografia do personagem, que hipótese poderíamos formular e, obviamente, provar?

Bibliografia

Aisner, J. A Premium on Scholarship. *Harvard Business School Bulletin*, jun. 1985. p. 62.
Barnhart, C. *The American College Dictionary*. Nova York: Random House, 1963. p. 693.
Bennis, W. Leaders on leadership. Boston, MA, *Harvard Business Review*, ago. 1988: 36.
_____; Nanus, B. *Leaders*. Nova York: Harper & Row, 1985.
Boot, Max. *The New American Way of War*. Disponível em: <http://www.foreignaffairs.org> jul./ago. 2003.
Burns, J. *Leadership*. Nova York: Harper & Row, 1978.
Campbell, J.; Moyers, B. *The Power of Myth*: The Heros Adventure. PBS, uma produção de Apostrophe S. Productions, em associação com a Public Affairs

Television y Alvin Perlmatter Inc.; produtor da série: C. Tatge; produtores executivos: J. Konner y A.H. Perlmutter; editor-executivo: B. Moyers, 1988.

Christensen, R. C. *Education for the General Manager*. Cambridge: Harvard Business School (Documento de trabalho inédito.). 1990.

Cohen, E. A. *History and the Hyperpower*. Disponível em: <http://www.foreignaffairs.org/> jul./ago.2004.

Colby, A. e Kohlberg, I. *The Measurement of Moral Judgment*. v. 1 e 2. Nova York: Cambridge University Press, 1987.

Collins, J. e Porras, J. *Built to Last*. Nova York: Harper-Collins, 1994.

Conger, J. A. et al. *Spirit at Work*. San Francisco, CA: Jossey Bass, 1994.

Covey, S. *Principle Centered Leadership*. Nova York: Fireside, 1990.

David, R. C.; Christensen; Nike, R. C. Boston: Harvard Business School, 1984. p. 9.

De Foore, B.; Renesch, J. (Ed.). *Rediscovering the Soul of Business*. San Francisco, CA: Sterling & Stone, 1995.

Ellsworth, R. R. Subordinate Financial Policy to Corporate Strategy. *Harvard Business Review*, nov./dez. 1983. p. 175.

Forsyth, Frederick. Guerra em Seis Frentes. *The New York Times*. 29 maio 2004. p. 17.

Fox, M. *The Reinvention of Work*. San Francisco, CA: Harper, 1994.

Frankl, V. *Men Search for Meaning*. Nova York: Washington Square Press, 1959.

Fromm, E. *To Have or To Be*. Nova York: Bantam Books, 1976.

Fukuyama, F. *Trust*. Nova York: The Free Press, 1995.

Gardner, J. *On Leadership*. Nova York: The Free Press, 1990.

Gilligan, C. *In A Different Voice*. Cambridge, MA: Harvard University Press, 1982.

Greenleaf, R.K. *The Servant Leader*. Newton Centre, LA: The Robert F. Greenleaf Centre, 1970.

Handy, C. *The Age of Paradox*. Boston, MA: Harvard Business School Press, 1994.

Hesselbein, F.; Goldsmith, R.; Beckhard, R. (Ed.). *The Leader of the Future*. San Francisco: Jossey-Bass, 1996.

Irving, Shapiro, The globalization in Risk. *IEEE Engineering Management Review*, v. 15, n. 4, p. 6-9, Forth Quarter, 1988.

Kaplan, J.; Murphy, J.; Swenson, W. *Compliance Programs and the Corporate Sentencing Guidelines*. Nova York: Clark, Boardrnan & Callaghan, 1994.

Kohlberg, L. *The Philosophy of Moral Development*. San Francisco, CA: Harper & Row, 1981.

Kotter, J. *Power and Influence*. Nova York: Free Press, 1985.

_____. *The General Managers*. Nova York: Free Press, 1982, 126.

_____. *The Leadership Factor*. Nova York: The Free Press, 1988.

Kouzes, J.M.; Posner, B. *The Leadership Challenge*. San Francisco, CA: Jossey-Bass Inc., 1995.

Liebig, J. *Merchants of Vision*. San Francisco, CA: Berret-Koeffier, 1994.

Mahesh, V. S. *Thresholds of Motivation*. Nova Delhi, Índia: Tata McGraw-Hill, 1993.

Mandelbaum, A. *The Divine Comedy of Dante Alighieri*. v. 1. Nova York: Bantram, 1980.

Mintzberg, H. *Power In and Around Organizations*. Englewood Cliffs, NJ: Prentice Hall, 1983.

_____. *The Nature of Managerial Work*. Nova York: Harper & Row, 1973, 51.

Noer, D. *Healing the Wounds*. São Francisco, CA: Jossey-Bass Publishers, 1995.

Pachard, C. e March, J. *A Behavioral Theory of the Firm*. Englewood Cliffs, NJ: Prentice Hall, 1963.

Peppard, K. Bendix Corporation. *Carta a Fortune*. 30 nov. 1981. p. 17.

Pfeifer, J. *Power in Organizations*. Boston: Pitinan, 1981.

Ramos, A. Jorge. La palabra tortura. *Reforma*. 6 jun. 2004. p. 11.

Scherer, J. *Work and the Human Spirit*. Spokane, WA: John Scherer & Associates, 1993.

Shleifer, A.; Treisman, D. A. Normal Country. *Foreign Affairs* e-newsletter, mar./abr. de 2004. Disponível em: <http://www.foreignaffairs.org/e_newsltr/archive>. Acesso em: 14 out. 2005.

Schlesinger, A.M. Jr. *The coming of the New Deal*. Boston: Houghton Mifflin, 1958. p. 521-522.

Simon, H. *Administrative Behavior*. 3a. ed., Nova York: Free Press, 1976.

Simon, J.; March, K. *Organizations*. Nova York: John Wiley, 1958.

Solomon, R. *Ethics and Excellence*. Nova York: Oxford University Press, 1992.

Teilhard, De Chardin P. *The Heart of the Matter*. Nova York: Harcourt Brace, 1980

Toffler, A. *Future Shock*. Nova York: Random House, 1970: 2.

Walton, C. *The Moral Manager*. Cambridge, MA: Ballinger, 1988.

Wheatley, M. *Leadership and the New Science*. São Francisco: Berret-Koehler, 1992.

Sites Consultados

http://news.bbc.co.uk/hi/spanish/international/newsid_3713000/3713839.stm. Acesso em: 15 maio 2004.

http://web.amnesty.org/library. Acesso em: 16 abr. 2004.

http://www.amnestyusa.org/spanish/countries/usa/. Acesso em: 19 out. 2003.

http://www.canariasahora.com/portada/imprimir.asp?idnoticia=41558. Acesso em: 24 out. 2003.

http://www.cinu.org.mx/onu/. Acesso em: 24 out. 2003.

http://www.cronica.com.mx/imprimir.php?idc=124871. Acesso em: 11 mar. 2004.

http://www.cronica.com.mx/not.php?idc=124633. Acesso em: 13 mar. 2004.

http://www.defenselink.mil/. Acesso em: 13 mar 2004.

http://www.elsiglodetorreon.com.mx/nacional/seccion/internacional/nID/24383/. Acesso em: 21 mar. 2003.

http://www.granma.cu/espanol/2004/mayo/mier19/21rumsfeld.html. Acesso em: 15 maio 2004.

http://www.libertaddigital.com/noticias/noticia_1276222135.html. Acesso em: 7 maio 2004.

http://www.litoral.com.ar/index.php3/diarios/2004/05/16/internacionales/INTE-01.html. Acesso em: 16 maio 2004.

http://www.soberania.info/Articulos/articulo_093.htm#Bush. Acesso em: 9 jun. 2004.

http://www.whitehouse.gov/government/rumsfeld-bio.html. Acesso em: 29 maio 2004.

6
A conduta ética do empreendedor

OBJETIVOS

- Entender os efeitos da conduta ética e a responsabilidade social dos jovens empresários.
- Compreender quais são as condutas aceitas no âmbito dos negócios e como evoluíram ao longo do tempo.
- Estabelecer os critérios para iniciar uma nova empresa de acordo com os parâmetros da ética e da responsabilidade social.
- Definir as responsabilidades específicas do empreendedor na gestão empresarial com a sociedade e com os principais grupos de interesse (*stakeholders*).
- Entender a dinâmica da conduta ética na concepção, no nascimento e no desenvolvimento da nova empresa.
- Conhecer a responsabilidade social do empreendedor na nova economia.

INTRODUÇÃO

As empresas emergentes também devem levar em conta as considerações éticas no tratamento dos negócios. De fato, qualquer atividade empresarial humana deve fazê-lo. E mais importante, a pequena empresa que inicia suas atividades no mundo dos negócios deve nascer sob um marco de ética empresarial e responsabilidade social que lhe permita prosperar em termos comerciais através de seus princípios e valores. Por isso, é imperativo que o jovem empreendedor conte com um marco de referência ético, consistente com o ecossistema empresarial em que se encontra, pois sua presença em uma cadeia produtiva deve ser compatível com as práticas aceitas pelas empresas que a formam.

O nascimento e a incubação de uma empresa é apenas a primeira etapa de sua vida produtiva, porém é uma etapa importante, considerando que a cultura empresarial imposta em seu início moldará em boa parte a futura empresa, grande ou pequena. Se for mantida como uma empresa familiar, suas características únicas darão lugar a um código de conduta particular, considerando que empresas desta natureza desempenham um papel importante na economia e nas expectativas da sociedade em relação a sua contribuição, além de serem *sui generis*.

Se o novo empreendimento chegar a tornar-se com o tempo uma empresa pequena ou média, sua evolução será particularmente dolorosa, em termos morais, pelo fato de que as diferentes etapas de crescimento e desenvolvimento trazem novos e desafiadores dilemas éticos, que devem ser superados até tornar-se uma empresa responsável em relação aos seus grupos de interesse (*stakeholders*) e a sociedade.

São muitas as empresas e empresários que se vêem sujeitos a oportunidades empresariais que lhes permitem ou obrigam a expandir-se de maneira acelerada. Durante esse processo, o confronto entre a busca de resultados econômicos e a conduta moral é muito complexo, porque diariamente apresentam-se dilemas éticos mais difíceis de interpretar e superar.

Em todo caso, o novo empresário está sujeito à demanda dos grupos de interesse e deve desenvolver estratégias e mecanismos para conciliar seus interesses de maneira integral e responsável. Além do mais, deve fazê-lo dentro de um marco jurídico e tributário, e uma regulamentação que deve interpretar e observar sem afrouxar o passo nem sacrificar o objetivo final de obter benefícios econômicos.

A nova economia deste século que se inicia gera situações particularmente complexas para o jovem empreendedor; por isso, as novas formas de fazer negócios, exigidas pela globalização e favorecidas pelos avanços tecnológicos de informação e comunicação, colocam o novo empresário em um papel inédito de líder transformador de sua sociedade. Desta maneira, o profissional cuja conduta foi regida desde o princípio pelos valores de seu ofício ou especialidade, evolui radicalmente para responder à sociedade com um comportamento empresarial responsável em um nível mais complicado e exigente: a ética dos negócios.

A ÉTICA E O JOVEM EMPREENDEDOR

A conduta ética e a responsabilidade empresarial são imperativos na gestão de empresas de qualquer tamanho, independentemente da etapa de desenvolvimento em que se encontrem. Da mesma maneira, este imperativo ético vai além das pessoas que participam dessa administração.

O empreendedor, que enfrenta pela primeira vez o complexo contexto empresarial, recorre necessariamente ao que Eduardo Schmidt (1997) denomina *atitude moral fundamental*, que já foi desenvolvida consciente ou inconscientemente durante sua vida: tudo o que acontece ao indivíduo durante sua vida vai moldando esta *atitude,* na medida em que possa influir de maneira mais ou menos permanente em seu processo de escolha. Assim, a atitude moral fundamental se transforma continuamente ao longo da existência, e os valores que o indivíduo aceita e adota são coerentes com este processo de ajuste moral.

Com base nisso, o indivíduo assimila uma série de valores éticos desde seus primeiros anos de vida, pelo menos durante sua infância e juventude; mais adiante "escolhe deliberadamente os valores que aceita e rejeita... e estabelece uma hierarquia ou escala de valores que é a base de sua personalidade moral" (Schmidt, 1997). Para ilustrar este processo, apresentamos a seguir um relato das experiências de um indivíduo (J. Griffin, citado por Blanchard e Peale, 1988):

> Quando Juan tinha seis anos de idade, estava com seu pai na ocasião em que ele foi detido por dirigir em alta velocidade. Seu pai entregou ao policial uma nota de dinheiro de alto valor enquanto mostrava sua carta de motorista. "Tudo bem, filho", comentou o pai enquanto se afastava impunemente do lugar. "Todos fazem isso."
>
> Aos oito anos, o menino estava presente em uma reunião familiar presidida pelo seu tio Jorge, que mostrava ao resto da família uma maneira simples de sonegar o imposto de renda. "Tudo bem, menino", disse seu tio, "Todos fazem isso."
>
> Quando Juan tinha nove anos, sua mãe o levou a sua primeira peça teatral. Na bilheteria não conseguiu ingressos para a apresentação. Conseguiu só depois que pagou uma quantia superior ao custo real. "Tudo bem, filho", comentou sua mãe, "Todos fazem isso."
>
> Aos doze anos de idade, quebrou sem querer as lentes de seus óculos a caminho da escola. Sua tia Ana convenceu o corretor de seguros de que os óculos haviam sido roubados, para poder recuperar seu valor. "Tudo bem, menino", disse a tia, "Todos fazem isso."
>
> Quando tinha quinze anos, Juan conseguiu ser selecionado na equipe de futebol do colégio. O treinador lhe mostrou uma técnica para derrubar seu oponente sem que o juiz percebesse. "Tudo bem, Juan", comentou o treinador, "Todos fazem isso."
>
> Próximo de seu décimo-sexto aniversário, conseguiu seu primeiro trabalho de verão em um supermercado local. Normalmente, seu trabalho consistia em colocar as verduras de menor qualidade no fundo das caixas, para que só aparecessem as melhores. "Tudo bem, Juan", explicou-lhe o gerente, "Todos fazem isso."
>
> Quando tinha dezoito anos, Juan solicitou uma bolsa de estudos universitários. Ele não era um bom estudante. Por outro lado, seu vizinho era um dos melhores estudantes da classe, mas Juan argumentou que ele era um bom jogador de futebol. Quando concederam a bolsa a Juan, seus pais lhe comentaram: "Tudo bem, filho, todos fazem isso".
>
> Quando estudava na universidade, um colega lhe ofereceu as respostas de uma prova por uma quantia de dinheiro vivo. "Tudo bem, amigo", comentou-lhe, "todos o fazem."
>
> Depois de terminar seus estudos universitários, Juan iniciou um pequeno negócio com sucesso, aproveitando tudo o que tinha aprendido ao longo de sua curta vida.
>
> Atualmente Juan, jovem empresário, cumpre uma condenação por sonegação fiscal. Seu negócio foi confiscado pelos bancos. Ao finalizar sua condenação terá de enfrentar as demandas de seus principais credores. Quando souberam da notícia

seus pais exclamaram: "Como pôde fazer isso? Você nunca teve um mau exemplo em casa". Seus tios Jorge e Ana também se surpreenderam muito.

Os valores se expressam mediante atos concretos consolidados, como já foi mencionado, na *atitude moral fundamental* da pessoa. Na medida em que esses atos se repetem uma e outra vez, tornam-se hábitos, que facilitam a atuação do indivíduo no futuro. É importante acrescentar que estes atos são produto da liberdade e determinação da pessoa, que sempre, de algum modo, tem a possibilidade de escolher.

Um aspecto interessante a respeito dos empreendedores é o fato de que manifestam uma personalidade diferente do resto da população trabalhadora, independentemente da idade, perfil acadêmico ou motivação. Embora seja cada vez maior o número de pessoas que desejam ser empreendedoras independentes, as que realmente cristalizam seus sonhos manifestam um perfil exemplar (Blanchflower, 2001).

Beugelsdijk e Noorderhaven (2005) argumentam que os indivíduos de natureza empreendedora são mais individualistas que os trabalhadores e a população em geral, por isso exibem características especiais quanto à responsabilidade e ao esforço individual. Outros valores predominantes são relacionados com associar esforço e trabalho intenso ao sucesso, e não relacionar o sucesso com a sorte ou a casualidade. Esta atitude pressupõe uma interessante ética do trabalho, que inclui a firme crença de educar as crianças sobre a importância do trabalho e da superação pessoal para ter êxito na vida.

O ECOSSISTEMA EMPRESARIAL: A COMUNIDADE EMPRESARIAL E A EMPRESA EMERGENTE

A empresa emergente se encontra imersa em um complexo e dinâmico ecossistema cujo impacto se manifesta em todas as dimensões da gestão empresarial. Um ponto a favor é que a pequena empresa aparentemente conta com algumas vantagens quanto à supremacia de sua conduta ética.

Uma aproximação propõe a superioridade das pequenas empresas para sobreviver aos embates da opinião e da demanda públicas, em comparação com as grandes corporações. Jill Hogan (2005) propõe que a pequena empresa seja beneficiada pela crescente tendência dos padrões morais de seus grupos de interesse.

Por um lado, as grandes corporações agora devem investir quantidades consideráveis de recursos para recuperar a confiança da sociedade depois da queda de empresas como Enron, Firestone-Ford e MCI-Worldcom, entre outras. Além disso, essa situação está afetando organizações mais reconhecidas pela sua responsabilidade social, como é o caso do consórcio Wal-Mart, acusado de destruir inúmeras pequenas empresas familiares em todo o território dos Estados Unidos (Hogan, 2005), por sua indescritível preocupação por grandes lucros. Em uma atitude exemplar, os fornecedores de alimentos instalados no México promoveram no Congresso deste país uma legislação de natureza ética para deter o Wal-Mart e outras cadeias de supermercados internacionais, evitando, dessa forma, a falência de centenas de pequenos comerciantes e freando as práticas comerciais destas empresas que forçam os fornecedores locais a vender a preços menores dos oferecidos por outros distribuidores (Castillo-Mireles, 2005).

Em segundo lugar, na medida em que uma sociedade mais educada, informada e exigente entrar em contato com todas as economias do globo, a pequena empresa terá maior flexibilidade para ajustar-se às novas etapas de conduta moral.

Para finalizar, como veremos em detalhes mais adiante, os diretores das pequenas empresas são particularmente mais sensíveis às condutas sancionadas pela sociedade e mais exigentes quanto ao comportamento ético na gestão dos negócios (Longenecher et al., 1989).

O processo ético de tomada de decisões da pequena empresa vai além da atitude e dos valores do empresário. A conduta empresarial está regulamentada pelo menos por cinco valores de diferentes níveis e alcance: padrões culturais, padrões do mercado, cultura da empresa, padrões pessoais de conduta e valores que surgem da situação específica da tomada de decisão (Fimbel e Burstein, 1990).

Os padrões culturais genéricos de uma sociedade foram identificados e caracterizados em diversos estudos, tendo-se concluído que existem forças culturais significativas que determinam o seu comportamento ético e que podem diferir sensivelmente dos observados em outras culturas. Por exemplo, em um estudo comparativo das atitudes éticas de diretores de empresas na Coréia, na Índia e nos Estados Unidos da América, foi utilizada a tipologia de cinco dimensões de Geert Hofstede, e destacou-se o componente cultural da conduta ética na gestão empresarial (Joseph-Christie et al., 2003). Os resultados mostram que a conduta ética se relaciona com a integridade do dirigente, tanto é que as práticas questionáveis dependem do contexto dos negócios e do gênero. Por outro lado, percebeu-se uma correlação significativa entre a distância do poder (que pretende avaliar em que medida uma cultura promove o exercício de poder dos superiores) e o individualismo, isto é, o grau em que a cultura está orientada para aspectos centralizados e de tipo coletivo, acima das decisões de caráter individual, e algumas práticas de negócio moralmente questionáveis.

Particularmente, Bayles (1989) identifica cinco valores sociais que um norte-americano típico normalmente considerará aceitáveis: liberdade ou autodeterminação, proteção contra o perigo, igualdade de oportunidades, privacidade e bem-estar pessoal. Com base nisso, um cidadão desse país atuará em benefício desses valores e tratará de evitar que sejam violados, prejudicando o indivíduo ou a comunidade. Entretanto, a cultura norte-americana, que prega com energia a igualdade, também favorece elementos poderosamente diferenciadores, como a beleza, a riqueza, o talento intelectual, artístico ou esportivo (Fimbel e Burstein, 1990).

Do mesmo modo, os ocidentais oscilam continuamente entre diversas dicotomias que moldam o universo das decisões de gestão, não isentas de interessantes dilemas morais. Entre elas figuram:

- Trabalho intenso vs. Descanso
- Poupança vs. Dívida
- Responsabilidade pessoal vs. Direitos individuais
- Concorrência vs. Colaboração
- Aceitar o destino vs. Lutar para modificá-lo
- Diferenças vs. Igualdade de gêneros
- Sacrifício vs. Interesse pessoal
- Igualdade vs. Justiça
- Acumulação vs. Distribuição da riqueza
- Produtividade vs. Qualidade de vida

Os padrões morais de diferentes mercados têm, por sua vez, uma influência significativa na tomada de decisões. Partindo do fato de que a indústria une os indivíduos de diferentes empresas com características semelhantes, o contexto do mercado tem particular importância na ética de negócios. Deal e Kennedy (1982) assumiram a tarefa de classificar os mercados norte-americanos em quatro contextos básicos. Mesmo que o estudo não seja recente, a caracterização continua tendo valor e atualidade. Por um lado, definiram a cultura "machista", formada por individualistas que demonstram um alto nível de risco em suas atitudes e decisões. Os mercados de cosméticos, construção, consultoria de negócios e de entretenimento pertencem a essa classificação. Em segundo lugar, situaram uma cultura de "trabalho árduo e lazer", na qual os protagonistas se mantêm ativos sem esquecer a diversão, embora a atividade seja essencialmente de baixo risco. Esses negócios estão orientados para o mercado, por isso, atender às necessidades dos clientes é um valor fundamental, assim como a iniciativa, a persistência e um alto nível de atividade. Exemplos de empresas nessa categoria são as de bens de raiz (imóveis), as distribuidoras de automóveis e as de vendedores de porta em porta.

Os autores Deal e Kennedy (1982) definem um terceiro tipo de mercado e o denominam "aposte na sua empresa". Neste contexto, os resultados para o futuro têm maior importância e as idéias são analisadas com todo cuidado, pois pode passar anos antes de ver o efeito das decisões da gestão. As empresas mineradoras, petroleiras, de aviação e as fabricantes de bens de capital estão incluídas nesta classificação. Para finalizar, define-se um tipo de mercado onde predomina uma "cultura de processos", no qual não é fácil medir a atuação individual e o impacto das decisões pessoais, e existe pouco *feedback*, por isso se concentram mais em "como" fazer as coisas do que nos resultados. Estes mercados caem com facilidade no terreno da burocracia, característica dos bancos, das financeiras e das companhias de seguros.

Portanto, os valores associados aos diferentes tipos de mercado geram necessariamente diferentes escalas de valores e crenças. Tais mercados chegam a desenvolver tradicionalmente maior ou menor atrativo ou reputação, por que alguns respondem de tal maneira aos confrontos do ambiente e a sua realidade de gestão que a sociedade em geral muitas vezes considera inaceitável sua resposta. Um exemplo de grande atualidade é o mercado da alta tecnologia, que nos últimos anos adquiriu uma infeliz notoriedade diante dos legisladores e consumidores.

Em um estudo comparativo publicado por Fimbely Burstein (1990), os autores, ao contrário da sabedoria convencional, concluem que os trabalhadores de empresas dentro do ramo da alta tecnologia não são eticamente mais tolerantes que seus colegas de outros ramos. Em geral, estes profissionais não estão dispostos a suportar e violar regras gerais de segurança e qualidade que afetem ao público consumidor. Além disso, desaprovam algumas condutas questionáveis com mais ímpeto que os funcionários de outras áreas. No entanto, os trabalhadores de empresas de alta tecnologia são efetivamente mais tolerantes quando se trata de condutas éticas com relação a seu próprio mercado ou empresa, por que existem códigos de ética informais que aprovam tais comportamentos.

Um terceiro esquema ou marco de referência ético para a tomada de decisões tem a ver, em particular, com a cultura organizacional. As empresas, sendo um contexto social e laboral mais restrito, contam com sistemas de valores implícitos e explícitos de características singulares, com freqüência expressos de alguma maneira em códigos de ética, conduta, responsabilidade social ou conflito de interesses. Na maioria desses códigos formais são ostentadas as condutas esperadas por parte dos funcionários e diretores dentro de um alto nível de cumprimento das leis e as expectativas dos grupos de interesse. Em geral, os trabalhadores são proibidos de sobrepor seus próprios interesses aos da empresa, não só em sua interação com os diferentes participantes da cadeia de suprimento, mas também em suas relações interpessoais dentro e fora dos limites da organização. De fato, os diretores bem-sucedidos são valorizados freqüentemente por colocarem como primeira prioridade seu trabalho e a empresa, inclusive acima de suas responsabilidades e obrigações pessoais, familiares e com a comunidade.

Outro importante marco ético de referência é o código profissional e pessoal de conduta ou sistema individual de valores, abordado com maior profundidade em outras seções deste livro. Basta dizer neste momento que a percepção do bem e do mal, do correto e incorreto, da verdade ou falsidade, tornam-se elementos situacionais, relativos, mutáveis, instáveis e dependentes de cada indivíduo (Fimbely Burstein, 1990).

Por último, não podemos esquecer o contexto específico em que se toma a decisão como referência nesse processo. Concretamente, a moralidade das decisões depende em grande medida de duas hipóteses: se as decisões são tomadas em grupo ou se pretendem combinar uma série de decisões individuais (May, 1987). Comprovou-se em diversos estudos que as posições individuais mudam de maneira importante na tomada coletiva de decisão, de tal maneira que o grupo social em muitas ocasiões faz com que o indivíduo se comporte de maneira radicalmente diferente do que determina seu código de conduta individual e privado.

Desta maneira, o empresário emergente não se encontra de maneira nenhuma isolado em seu processo de tomada de decisão, nem na resolução dos dilemas éticos que a gestão empresarial envolve. Como já analisamos, seus padrões pessoais de conduta também são afetados pelos padrões culturais predominantes na sociedade, os padrões do mercado, a cultura da empresa e as atitudes que surgem da situação específica na qual é tomada a decisão.

A PRÁTICA DOS NEGÓCIOS: INCOMPATIBILIDADE ENTRE FAZER NEGÓCIO E A GESTÃO SOCIALMENTE RESPONSÁVEL

Como já foi argumentado (Cárdenas, 2006), a organização contemporânea deve considerar uma série de objetivos pragmáticos para atender e, de maneira simultânea, responder a imperativos éticos que a sociedade em que se desenvolve exige. É evidente que não obter a rentabilidade requerida e não respeitar os princípios morais leva a empresa a uma posição de fracasso a curto ou médio prazo, por não obter resultados econômicos nem respeitar os princípios axiológicos (Llano, 1997). Do mesmo modo, exigir da empresa que sacrifique o lucro para atender a sua responsabilidade social em todos os aspectos é uma posição que se pode qualificar de idealista ou romântica. Entretanto, uma orientação meramente pragmática orientada só para os resultados econômicos ou rentabilidade é inaceitável, por isso o desafio de conciliar a rentabilidade com a responsabilidade definitivamente faz sentido como uma visão mais ampla da empresa.

Com base nas pesquisas originais de Eduardo Schmidt (1995), os autores realizaram pesquisas sistemáticas entre dezenas de jovens profissionais durante vários anos, alunos do Seminário de Filosofia Empresarial e Ética nos Negócios em diversas universidades. Os resultados indicam que cerca de 80% dos pesquisados consideram que o homem de negócios mexicano tende a passar por cima dos princípios éticos na hora de tomar decisões. O que lhe preocupa é o negócio. Estes resultados estão de acordo com os de Schmidt (1995) realizado com estudantes de cinco países latino-americanos.

Por outro lado, o pragmatismo dos negócios, a legislação opressiva, as expectativas da sociedade em relação à forma de administrar as empresas públicas e privadas, assim como um crescente imperativo moral no seio das organizações, fazem com que se questione a forma tradicional de administrar uma empresa. Isso força a comunidade empresarial a entender que realmente existe compatibilidade entre fazer negócio e respeitar um código responsável de valores.

As estratégias e as prioridades da organização bem-sucedida estão relacionadas de algum modo com uma excelente administração do fator humano. As pesquisas de Fitz-Enz (1997) no *Saratoga Institute* mostram que aquelas empresas que observam de maneira consistente certas características ou *forças incentivadoras* se sobressaem dentre seus concorrentes tanto no aspecto financeiro como no social. Entre as oito *forças* que segundo Fitz-Enz distinguem estas organizações é de particular interesse para esse estudo uma prática comum destas notáveis empresas: a busca constante por agregar valor (não só "fazer alguma coisa") e manter ativamente um balanço entre o social e o econômico.

No entanto, a pequena empresa tem uma problemática moral diferente, devido a circunstâncias variadas que entram em conflito com o objetivo fundamental de fazer negócio. Um problema evidente é a aparente impossibilidade de separar os interesses da empresa dos interesses do proprietário, que muitas vezes são considerados como uma única entidade. Por outro lado, os grupos de interesse (*stakeholders*) têm maior força sobre a pequena empresa, por que podem controlar com mais facilidade o uso dos recursos e as práticas de gestão, em comparação com uma empresa de maior tamanho. É possível que a conduta ética associada aos ciclos econômicos do pequeno negócio seja mais sensível a estas mudanças, principalmente quando coloca em risco a sobrevivência da empresa e os dilemas éticos ficam vulneráveis. Finalmente, a conduta ética da pequena empresa normalmente é regida por códigos "não escritos", o que possibilita maior tolerância quanto à conduta moral e seu impacto na gestão.

Vyakarnam et al. (1997) exploraram a perspectiva ética de pequenas empresas no Reino Unido e chegaram a importantes conclusões. De seu estudo resultaram quatro grandes dilemas éticos; também questionaram a possibilidade de que a atividade do empreendedor não seja ética na sua essência. Este argumento é derivado do fato de que o benefício econômico do empreendedor resulta da vantagem que lhe dá a informação e o conhecimento exclusivos de um produto ou serviço, do qual obtém uma utilidade ao comercializá-lo, explorando o consumidor. Um segundo dilema se origina da função social do empreendedor dentro de sua esfera de influência. Neste caso, o empreendedor freqüentemente responde por obrigações que são apenas legais, e não assume uma responsabilidade moral propriamente dita. Terceiro, o empreendedor se vê envolvido em conflitos de interesses de vários níveis no exercício de sua função como administrador de negócio. Como já foi mencionado, conflitos desse tipo derivam-se particularmente da dificuldade de separar a pessoa do negócio, quando na prática são a mesma entidade. Por último, existe o impacto da personalidade do empreendedor nas decisões da gestão, cujo desempenho não é regulado com facilidade, na prática, pelos grupos de interesse, como alguns afirmam.

Em relação aos valores associados com a personalidade do empreendedor, Hemingway (2005) afirma que os valores destes indivíduos são muito diferentes em relação aos dos administradores em geral, manifestando, inclusive, diferenças significativas dependendo do gênero. Embora se evidencie certa controvérsia nesta discussão são apresentados muitos temas em comum: os empreendedores se caracterizam por serem pessoas criativas e imaginativas, com uma necessidade imperiosa de concorrer socialmente, inclusive procurando autonomia. Prevalece uma tendência à liberdade e independência, e procuram fugir das restrições organizacionais que limitam seu potencial. Também se percebe que o empreendedor tem um alto senso de responsabilidade e busca desafios de maneira constante, o que explica sua tendência para o oportunismo. A necessidade de lucro possivelmente está relacionada com a realização da satisfação pessoal, em relação às metas intelectuais, o que fortalece a auto-estima do indivíduo. Para alguns autores (Hemingway, 2005), a auto-estima pode ser inclusive mais importante do que ganhar dinheiro.

Entretanto, o dilema fundamental entre a moralidade e a utilidade financeira prevalece. Cheung e King (2004) propõem uma série de conclusões relacionadas com o eterno dilema entre o interesse econômico e a adesão aos valores morais em torno da filosofia de Confúcio. De fato, praticar os preceitos morais no processo de gestão é o ponto forte da ética nos negócios. Na tradição do confucionismo, este dilema se apresenta com a coexistência entre o yi (o correto) e o li (a ganância): qualquer pessoa raciocina com os lucros econômicos, porém só o cavalheiro raciocina também com a moral, uma vez que a opulência e a relevância social são desejos de todo homem, mas não podem ser mantidas a menos que sejam conquistadas de maneira correta (Cheung e King, 2004).

Os seguidores ortodoxos desta filosofia oriental indicam que a riqueza obtida sacrificando os princípios morais é de algum modo fonte de desvantagem competitiva a longo prazo, por isso não existe uma tensão real intrínseca entre os interesses materiais e o compromisso moral. Entretanto, é importante compreender como os empreendedores modernos experimentam tal tensão e como a superam com sucesso. Em sua pesquisa, os autores provam que os empreendedores contemporâneos eticamente responsáveis são indivíduos que não necessariamente procuram maximizar benefícios materiais no mundo dos negócios. Adotam os princípios morais não como um meio de gerar mais benefícios, mas como um fim em si mesmo: desenvolveram um estilo de vida organizando suas atividades para obter benefícios materiais sem sacrificar os princípios morais.

A PEQUENA EMPRESA E SUA CADEIA DE SUPRIMENTO: A ÉTICA DE COMPRAR E VENDER

Já afirmamos que as considerações éticas são independentes do tamanho da empresa, embora as empresas pequenas operem quase sempre com maior informalidade e reflitam com maior facilidade a personalidade e as atitudes do empreendedor (Longnecker et al., 1989). Desta maneira, ao estudar com maior profundidade a perspectiva dos pequenos empresários em relação à responsabilidade social, apurou-se que suas condutas diferem das condutas associadas com as grandes empresas; por outro lado, o efeito das decisões nestas últimas é considerado de maior magnitude. Particularmente, em um estudo com 1350 empresas norte-americanas, Longnecker et al., (1989) concluíram que as pequenas são mais exigentes quanto à sua conduta ética no que se refere a:

1. Assessoria questionável com relação a investimentos.
2. Favoritismo nas promoções do pessoal.
3. Aceitação de defeitos em projetos perigosos.
4. Relatórios financeiros discutíveis.
5. Publicidade enganosa.

No entanto, esses empresários mostraram maior tolerância com:

1. Contas de gastos alteradas.
2. Sonegação de impostos.
3. Negociações comerciais discutíveis.
4. Conluios em ofertas comerciais.
5. Cópias de software para computadores.

Por outro lado, em um estudo comparativo mais recente (Longnecker et al., 2006) cujo propósito era determinar a evolução da conduta ética dos pequenos e grandes empresários, os autores apuraram que as diferenças em relação ao tamanho da empresa em 1993, comparadas com as mostradas em 2001, haviam desaparecido. Portanto, não foi possível concluir se os diretores ou proprietários das pequenas empresas são na atualidade mais ou menos éticos do que seus equivalentes de empresas maiores. Contudo, a indagação conclui que os diretores de ambas as empresas tomam mais decisões éticas na atualidade do que no passado.

Não obstante, o processo de tomada de decisão para a gestão pode diferir muito quando se trata de uma empresa pequena ou de um empreendedor. Argumentamos que o empreendedor tem imaginação, criatividade, sensibilidade, busca inovações, e sua função na sociedade é capitalizar esses atributos para o bem-estar da economia, criando um produto ou serviço novo para a sociedade, em resposta a alguma necessidade latente dos consumidores. O empreendedor dá vazão à sua imaginação não só com este propósito, mas também para imaginar o impacto de suas contribuições na qualidade de vida de seus semelhantes.

Buchholz e Rosenthal (2005) afirmam que esses mesmos atributos ressaltados no empreendedor são determinantes para a tomada de decisão moralmente responsável, sempre que uma aproximação provida de imaginação e criatividade possa ser contundente para resolver dilemas éticos. Isto é particularmente importante no mundo empresarial do empreendedor devido ao fato de que a pequena empresa quase nunca tem uma cultura de forte moralidade em que possa basear-se para tomar decisões éticas, ou um código de conduta para guiar a tomada de decisão, cujo efeito é primordial para muitos. Nas palavras de Brenkert (2002, citado por Buchholz e Rosenthal, 2005): "o empreendedor tem um impacto moral e de valores terrivelmente significativo para a sociedade... empreender não significa somente o modo como uma pessoa cria um negócio e impacta a economia. Realmente, trata-se de como a sociedade contemporânea é organizada". Ou seja, uma sociedade de mudanças nos produtos e serviços, na maneira de fazer negócios e na maneira em que os indivíduos vivem e transcendem como pessoas.

O enfoque tradicional na tomada de decisão moralmente responsável está fundamentado na aplicação de regras ou princípios derivados das teorias deontológicas no dia-a-dia da gestão de negócios. Desta forma, as regras morais, de alguma maneira absolutas e concludentes, constituem o ponto de referência do dirigente ou dono de empresa, que conta com poucas possibilidades de racionalizar ou avaliar o aspecto moral de sua decisão. Isto permite, presumivelmente, evitar erros ao deixar fora da decisão as emoções, desejos ou interesses pessoais. Uma derivação deste enfoque consiste em cultivar certas virtudes ao longo da vida, e utilizá-las como plataforma para a tomada de decisão ética, não apenas seguindo certas regras, mas também sendo coerente com as virtudes adquiridas. Entretanto, qualquer um desses enfoques tradicionais de tomada de decisão é inconsistente com a personalidade e atitude do empreendedor, como mostrado anteriormente.

Buchholz e Rosenthal (2005) propõem que o empreendedor, mais do que se limitar a aplicar certos princípios morais ou desenvolver determinadas virtudes, baseia-se em um processo experimental e criativo para a tomada de decisão moralmente responsável. Em suas palavras, este enfoque "começa com situações concretas dos negócios, por isso a moralidade não é postulada em regras abstratas a seguir ou em virtudes a serem inculcadas, mas é descoberta em experiências morais concretas". Desta maneira, o processo de decisão do empreendedor deve iniciar-se com casos e cenários reais, porque despertam seu interesse, emoções e sentimentos morais, e o objeto da moralidade é então um conjunto de casos, eventos, situações e dilemas. Dentro deste contexto, o empreendedor recorre a sua sensibilidade e imaginação moral; ou seja, recorre à sua habilidade para compreender de maneira legítima as prioridades e preocupações dos grupos de interesse relevantes que possam ser afetados por suas decisões administrativas. É obvio que a imaginação é característica própria do empreendedor, enquanto a sensibilidade vem de certas fontes como educação, religião, família e amizades.

Por tanto, a ênfase da pequena empresa não está em fixar e desenvolver uma série de regras a serem obedecidas, mas em tomar decisões que reflitam os valores fundamentais do proprietário ou dirigente. Para ser eficaz nesta tarefa, o empreendedor deve ser sincero, convincente, honesto, coerente, sem deixar de considerar os dilemas éticos recorrentes que podem questionar a moralidade da empresa. Bednar (2004) recomenda pôr em prática as seguintes ações:

1. Deixar bem claros os valores da empresa, como reflexo daqueles do diretor ou proprietário.
2. Identificar os riscos-chave potenciais do negócio em particular (trabalho incompleto ou de baixa qualidade, suborno de fornecedores, negligência em assuntos do ambiente, relatórios financeiros ou fiscais etc.).
3. Estabelecer padrões e controles de conduta moral e de responsabilidade social que sejam razoavelmente capazes de reduzir a propensão de violar a lei ou a ética.
4. Designar uma pessoa de alto nível para que promova esses padrões e controles.
5. Negar autoridade ilimitada àquelas pessoas propensas a tomar decisões questionáveis.
6. Ensinar os supervisores e trabalhadores a conhecer e respeitar os padrões e controles.
7. Monitorar de maneira contínua o respeito aos padrões e controles.
8. Aplicar medidas disciplinares àqueles que não cumpram o estabelecido.

9. Certificar-se de que serão aplicadas medidas corretivas (administrativas ou técnicas), quando for possível fazê-lo, para que não se repita a conduta inapropriada.

Alguns acontecimentos públicos recentes indicam que a tomada de decisão no contexto dos negócios não foi totalmente ética. Basta destacar os exemplos da Enron, Arthur Andersen ou MCI-Worldcom. Se a conduta ética das grandes corporações não difere drasticamente da relacionada com a pequena empresa, por que deduzimos que a imaginação e sensibilidade do empreendedor que dirige a pequena empresa conseguiriam conciliar os interesses do negócio com os valores morais? A seguir, trataremos brevemente das razões da conduta ética ou não ética do dirigente e proprietário das empresas.

É de se supor que a força e o interesse da sociedade pela conduta responsável das empresas e empresários impõem uma pressão muito particular, manifestada mediante as demandas dos grupos de interesse, a legislação e os meios de comunicação. Lembremos que os diretores e empreendedores estão sempre expostos a importantes dilemas éticos, porque sua atividade diária tem a ver precisamente com conciliar uma série de interesses econômicos com o comportamento moral.

Fassin (2003) apresenta uma série interminável de práticas empresariais "comuns" que atentam contra os princípios morais:

- Enganos e mentiras, quebra de promessas, corrupção passiva e concorrência desleal.
- Vantagens pessoais para os dirigentes e manipulação de informação.
- Negociações questionáveis durante fusões e aquisições.
- Menosprezo à propriedade intelectual e ao sigilo da informação.
- Abuso de informação confidencial e conflito de interesses.

Os atores, por sua vez, são vários:

- Dirigentes de empresas multinacionais e empreendedores donos de pequenas empresas.
- Presidentes de conselhos de empresas altamente respeitadas e consultores financeiros de grande prestígio.
- Pessoas de negócios respeitadas, membros importantes de sindicatos e associações profissionais e de serviço.
- Homens de negócios "do ano".

Com relação à cadeia de suprimento da pequena empresa, existe um campo de enorme transcendência quanto às práticas não éticas nos negócios: o abuso do poder. Esta prática ocorre com freqüência com grandes empresas e instituições e sua relação com pequenos fornecedores. Já falamos do caso do Wal-Mart no México e de outras práticas de empresas multinacionais; é suficiente acrescentar que na indústria da construção existe um fenômeno semelhante: muitas vezes os pequenos empreiteiros são forçados a violar condições de qualidade e segurança. Estas práticas de abuso crescem na medida em que as grandes empresas transferem suas unidades produtivas ou a fonte de seus insumos de um país para outro. Outro setor onde se detectam problemas desta natureza são as instituições financeiras.

Um segundo campo trata do conflito entre os interesses relacionados com as pessoas e os interesses dos grupos relevantes (*stakeholders*). A este respeito, se destaca uma vez mais a relação entre clientes e fornecedores. Por definição, existe um conflito de interesses entre as pessoas e as empresas, e alguns utilizam esta situação para obter melhor tratamento ou condições para a organização em benefício de um ou mais dos envolvidos (Fassin, 2005). As práticas vão de pequenos presentes, serviços e privilégios, até o suborno. Em alguns mercados, como o farmacêutico, é comum "motivar" os médicos para que receitem certo medicamento em lugar de outro. No caso dos fornecedores de mercados ou corporações do governo, encontram-se com freqüência linhas tão tênues entre o lobby e o suborno, que as partes utilizam métodos engenhosos para favorecer as pessoas interessadas. De acordo com Bassin (2005), em todos os casos existe uma ou várias razões para o comportamento não ético das empresas que podemos classificar em doze grandes grupos:

1. As pressões dos grupos de interesse: acionistas, pessoal, clientes, fornecedores, bancos, governo.
2. A evolução da sociedade e suas normas: o individualismo das pessoas.
3. A globalização da economia.
4. As táticas de gestão de curto prazo.
5. O domínio dos interesses financeiros.
6. A jurisdição dos negócios.
7. A ineficiência do sistema judiciário.
8. A importância desproporcionada dos meios de comunicação (conteúdo dos programas, modelos sociais impostos etc.).
9. O sistema de recompensas e conseqüências dos negócios e dos dirigentes.
10. A dificuldade para traduzir a estratégia em formas práticas de implantação.
11. Os motivos fundamentais dos homens de negócios: dinheiro, poder, lucro, sucesso.
12. A psicologia (ou racionalização) do empreendedor.

Em particular, não devemos perder de vista as duas últimas causas associadas aos motivos pessoais que influem na conduta do dirigente e do empreendedor: o homem de negócios procura dinheiro e poder, enquanto o empreendedor é motivado pelo lucro e o sucesso. Lewicki et al. (2002) argumentam que existem três motivos que levam os diretores a uma conduta não ética:

1. Avareza e busca de benefícios.
2. Natureza da concorrência e o desejo de derrotar os demais em um contexto competitivo.
3. A necessidade de restabelecer a autoridade.

Quanto ao aspecto psicológico do empreendedor, não devemos esquecer que a necessidade de sucesso é um motivador importante. Pelo menos na sociedade ocidental, falhar em uma empresa tem uma conotação negativa que o empreendedor quase sempre procura evitar a qualquer custo. Além disso, considerando a pressão de alguns dos grupos de interesse, como os acionistas ou o sindicato, o dirigente tem um dilema difícil de resolver quando a conduta moral se confronta com o aparente sucesso na gestão.

De acordo com publicações especializadas, diferentes autores e pesquisas empíricas têm comprovado a relevância da tomada de decisão ética do pequeno empresário em relação aos dilemas associados à cadeia de suprimentos. Lahdesmaki (2005) menciona seis áreas ou temas de interesse em que pequenos empresários consideram que existem espaços para dilemas éticos na tomada de decisão; quatro delas têm a ver com a cadeia de suprimento.

Quanto à seleção dos fornecedores, o autor argumenta que mesmo que os dilemas éticos sejam numerosos e variados, o tema principal tem a ver com o fornecedor que é selecionado para determinada transação comercial. A seleção do fornecedor pode relacionar-se com a qualidade e oportunidade dos insumos, assim como com os preços e os serviços de venda e pós-venda. Entretanto, neste mundo globalizado, a possibilidade de adquirir os insumos necessários de um fornecedor regional ou importá-los de outra região ou país é possível para muitas empresas e indústrias, mas não deixa de ter um componente moral de solidariedade, assim como um investimento estratégico na mente do cliente local. Existem argumentos econômicos de longo prazo para adquirir os insumos na mesma região geográfica do comprador, relacionados com o desenvolvimento da competitividade regional, mas o impacto econômico de curto prazo não é totalmente claro para muitos pequenos empresários.

Outro aspecto importante é conseguir conciliar a qualidade da produção com a carência ou escassez de recursos. A cadeia de suprimento consiste em selecionar um insumo de menor qualidade para economizar recursos econômicos. Mas o dilema moral pode ser ainda mais complexo: apesar de que em alguns mercados determinados, os insumos têm estabelecidos critérios objetivos de qualidade, em muitos casos a apreciação de quais poderiam ser os limites da qualidade requerida cai sobre as costas do administrador. Neste caso, a decisão requer conciliar dois grupos de interesse concretos: os acionistas e os clientes. Tal decisão tem efeitos de curto e longo prazos. Os pequenos empresários entrevistados declararam que "boa qualidade" deve ser coerente tanto do ponto de vista econômico como moral. Para alguns deles, produzir e comercializar produtos de qualidade é indiscutível, por ser obrigação com o consumidor; o cliente tem, por sua vez, o direito moral de esperar alta qualidade do que compra. Desta maneira, o empreendedor não necessariamente considera de maneira explícita a dimensão ética da qualidade, mas está implícita nas suas obrigações morais; define-se até uma virtude sobre a qual a carência temporária de recursos materiais não tem efeito, mas "é obvio, existem situações quando não é possível dar o melhor de si mesmo. Às vezes é necessário cortar um pouco o caminho por falta de tempo" (Lahdesmaki, 2005).

Uma terceira questão abordada pelo estudo é a fixação de preços, que vai além de um simples cálculo matemático. Os dilemas fundamentais são os seguintes:

1. É correto ou não concorrer com um preço baixo?
2. Se o mercado me permite aumentar o preço sem agregar valor, é moralmente correto fazê-lo?

É obvio que existem dimensões financeiras e de concorrência que regulam de algum modo o processo de estabelecer preços dos produtos e serviços, mas a decisão final com freqüência entra numa área cinzenta que pode levar a um resultado moralmente duvidoso. Por outro lado, o senso comum do empreendedor evita que entre em uma concorrência de preços, sobretudo se estiver relacionada com a qualidade do produto ou serviço. Um aspecto interessante do pequeno empresário é sua atitude firme e decidida de não cair em práticas questionáveis na fixação de preços, mas, ao mesmo tempo, não percebe que seus concorrentes pensam da mesma maneira. Entretanto, para muitos mercados, a política e a prática estável e competitiva de preços são reflexos da situação saudável das empresas.

A última questão pesquisada em relação à cadeia de suprimento dos pequenos empresários é o conteúdo da informação dirigida ao mercado. No caso do empreendedor, sobretudo na empresa emergente, um dos aspectos mais complexos da gestão empresarial é o marketing de seus produtos ou serviços, processo que compreende o produto, o preço, a promoção e a forma de distribuição. Em particular, as publicações sobre o tema indicam que os processos de comercialização da pequena empresa diferem muito dos que desenvolvidos nas grandes corporações. Como outros processos da gestão empreendedora, o marketing está freqüentemente determinado pelas características e condutas do empreendedor, assim como pelo tamanho e o estado de evolução da empresa em questão. Por outro lado, os recursos destinados à comercialização são relativamente menores que os destinados à operação e geração de produtos e serviços. Entretanto, o empreendedor responsável compartilha a idéia de que não tem direito moral de "empurrar" para o consumidor determinado produto através de publicidade e promoção. Sabe que deve deixar que decida, julgando a qualidade e outras características do mesmo.

O estudo do efeito exercido pelos funcionários e pela família na conduta do empreendedor está fora do alcance desta seção, entretanto, esses grupos de interesses também fazem parte do sistema integral do processo de tomada de decisão do empreendedor. As conclusões da análise da conduta ética do empreendedor, que afeta sua interação com a cadeia de suprimento, aparecem de maneira simplificada na Figura 6-1.

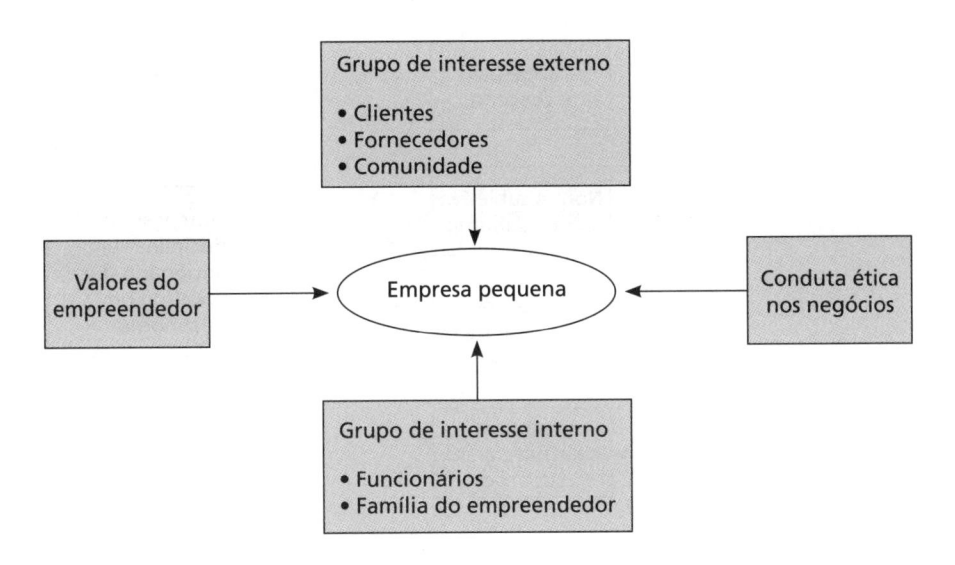

Figura 6-1 A responsabilidade moral do empreendedor.*

```
                 ┌─────────────────────────┐
                 │ Grupo de interesse externo │
                 │  • Clientes             │
                 │  • Fornecedores         │
                 │  • Comunidade           │
                 └───────────┬─────────────┘
                             │
                             ▼
┌──────────────┐      ╭───────────────╮      ┌──────────────┐
│  Valores do  │ ───▶ │ Empresa pequena│ ◀─── │ Conduta ética│
│ empreendedor │      ╰───────────────╯      │  nos negócios│
└──────────────┘              ▲              └──────────────┘
                              │
                 ┌────────────┴────────────┐
                 │ Grupo de interesse interno │
                 │  • Funcionários         │
                 │  • Família do empreendedor │
                 └─────────────────────────┘
```

* Adaptada de Lahdesmaki (2005).

O EMPREENDEDOR E SUA FUNÇÃO NA ECONOMIA DO SÉCULO XXI ALÉM DA ÉTICA PROFISSIONAL

A ética nos negócios não é um tema contemporâneo. Carlos V da Espanha se questionava, em 1550, se os nativos do Novo Mundo deveriam ser escravos ou receber um *status* mais elevado. É óbvio, o *status* não poderia ser igual ou superior ao dos membros da sociedade espanhola daquele tempo, porque a moral da Europa do século XVI não permitia. Apesar da mudança dos tempos, até hoje diferentes culturas têm perspectivas distintas da ética nos negócios.

As economias contemporâneas que toleram a corrupção no âmbito dos negócios desanimam os investidores estrangeiros, que procuram outras opções para suas operações internacionais. No caso do suborno, que representa uma das formas mais comuns de corrupção, os países latino-americanos se destacam por sua tolerância cultural a esta prática de gestão. O suborno se define como um pagamento em dinheiro ou espécie que gera uma obrigação recíproca entre duas partes, e está voltado a induzir um comportamento não ético da pessoa que o recebe. Um enfoque a este tipo de conduta afirma que o conhecimento profundo das atitudes culturais dos administradores locais em relação ao suborno ajuda o diretor a erradicar o problema. Da mesma maneira, a atitude do empreendedor com o suborno afetará a conduta dos envolvidos (veja a Figura 6-2).

Com base nessas premissas, pode-se afirmar que os atributos internos e externos para o suborno (os externos afetados pela variável cultural individualismo/coletivismo, unido à pressão social ou norma subjetiva, e à atitude moral do diretor para o suborno) afetam a intenção deste indivíduo a disciplinar o funcionário que aceitou o

Figura 6-2 Modelo para prever a intenção de disciplinar um funcionário.*

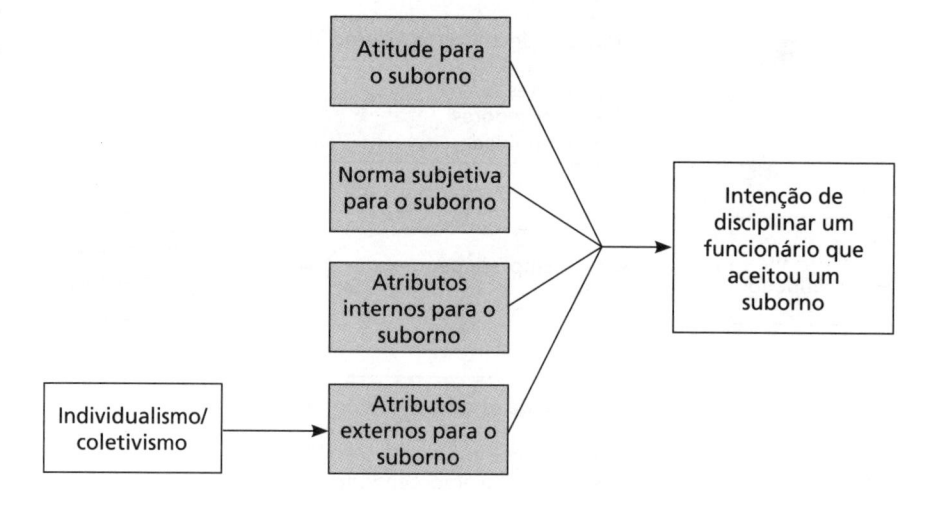

```
                    ┌──────────────┐
                    │ Atitude para │
                    │  o suborno   │
                    └──────┬───────┘
                           │
                    ┌──────────────┐
                    │Norma subjetiva│         ┌──────────────┐
                    │ para o suborno│────────▶│  Intenção de │
                    └──────┬───────┘          │ disciplinar um│
                           │                  │ funcionário que│
                    ┌──────────────┐          │  aceitou um  │
                    │  Atributos   │────────▶ │   suborno    │
                    │ internos para o│        └──────────────┘
                    │   suborno    │
                    └──────────────┘
┌──────────────┐    ┌──────────────┐
│Individualismo/│──▶│  Atributos   │
│  coletivismo │    │ externos para o│
└──────────────┘    │   suborno    │
                    └──────────────┘
```

*Adaptada de Wated e Sanchez (2005).

suborno. Então, é de esperar que a atitude do empreendedor e seu contexto imediato favoreçam o ato do suborno através da complacência.

Em um estudo comparativo entre dirigentes norte-americanos e equatorianos, Wated e Sánchez (2005) demonstraram que os diretores com uma atitude negativa para o suborno são propensos a disciplinar com maior energia os funcionários que aceitam subornos. Tal procedimento, com o tempo, gera um ambiente moralmente mais aceitável quanto a este tipo de corrupção. Dessa maneira é gerado um efeito em cascata, um círculo virtuoso para a moralização do local de trabalho. Mas não encontraram correlação significativa da influência do ambiente, supostamente mais tolerante no caso do país latino-americano, e a intenção do diretor em disciplinar o funcionário corrupto. Esta descoberta, considerando as limitações da indagação, leva a concluir que as atribuições culturais não influem sobre a intenção do diretor para a disciplina no trabalho, neste caso, em relação ao suborno.

Com base nas pesquisas, os autores recomendam ações concretas para combater o suborno em culturas mais propensas a ele:

1. Estabelecer políticas e regulamentos que proíbam explicitamente aceitar subornos.
2. Estabelecer procedimentos visíveis para fortalecer as políticas e regulamentos.
3. Acelerar os procedimentos e eliminar a burocracia relacionada com a aplicação de medidas disciplinares contra o suborno.
4. Aplicar as políticas, regulamentos e procedimentos rigorosamente em todos os níveis e áreas da organização.

Tomando como ilustração o fenômeno do suborno, é válido propor que, independentemente de seu contexto cultural, o dirigente ou empreendedor possa recorrer a dois elementos para moralizar seu ambiente imediato: delinear o ambiente através de sua própria atitude e conduta ética, e regulamentar previamente a conduta esperada dos indivíduos sob sua influência.

As duas ações devem atuar em conjunto, excluir alguma das duas pode diminuir sensivelmente o efeito.

Como já mencionamos, o empreendedor tem razões econômicas e de negócio para promover um ambiente ético em sua esfera de influência. Por um lado, razões legais e estratégicas são um motivador importante. Do mesmo modo, apresentam-se atitudes pragmáticas que levam a uma conduta ética: funcionários tratados com respeito e dignidade tendem a ser mais leais a sua empresa e produtivos em seu trabalho; consumidores de países desenvolvidos preferem produtos e serviços de empresas que tratam seus colaboradores com respeito e atuam de maneira responsável; os melhores funcionários preferem trabalhar para uma empresa com boa reputação moral.

Por outro lado, algumas empresas vão além do estabelecido legalmente ou das expectativas da sociedade, e atuam de forma exemplar no terreno moral. Hartman et al. (2005) propõem que essas corporações que se desviam positivamente do estabelecido têm "imaginação moral". Isto é, contam com a habilidade de entender o ambiente ou um problema em particular a partir de uma grande diversidade de perspectivas que não necessariamente se contrapõem, além da capacidade de avaliar estas perspectivas de um ponto de vista moral. O exercício desta imaginação moral faz com que aumente a liberdade de escolha, e conduz o indivíduo além da influência, das restrições culturais e das possibilidades preestabelecidas pelos padrões correspondentes.

Um elemento importante para o desenvolvimento da imaginação moral (Werhane, 1999) tem a ver com a capacidade do dirigente ou empreendedor de compreender e poder incorporar ao seu processo de tomada de decisão:

1. O caráter, contexto, situação, evento e dilema ético da situação em particular.
2. A conduta esperada e a função a ser desempenhada nesse contexto.
3. Possíveis dilemas ou conflitos morais que possam surgir, sem esquecer os criados em parte pela conduta esperada ou o papel a desempenhar.

Do mesmo modo, deve contar com as competências (atitudes, habilidades, conhecimentos) para o exercício de uma imaginação produtiva, e realizar as ações para levar adiante suas opções, por definição, radicais e insuspeitadas.

Hartman et al. (2005) concluem que ainda existem muitas perguntas a serem respondidas no tocante à relação dos empreendedores com a conduta exemplar na moralidade da gestão de negócios:

1. Por que alguns empreendedores mostram uma liderança visionária no exercício de sua imaginação moral e outros não? Sua conduta está associada com seu caráter ou personalidade?
2. Até que ponto a presença ou ausência desta imaginação moral têm relação com o sucesso de seus negócios?
3. Todos os empresários têm a obrigação de exercer sua imaginação moral em benefício da sociedade?

A resposta a essas indagações vai além de uma pesquisa científica: está no coração e no espírito de cada empreendedor, na força de sua capacidade criadora, em seu interesse por romper com o estabelecido para fazer contribuições singulares e transcendentes com a sociedade em que se desenvolve, assim como em sua sensibilidade para compreender de maneira legítima as prioridades e preocupações dos grupos de interesse que possam ser afetados por suas decisões.

Conclusões

As pequenas empresas e os empreendedores que as dirigem devem levar em conta as considerações éticas na gestão dos negócios. É fundamental que a empresa que inicia suas atividades nasça e se desenvolva sob um marco de ética empresarial e responsabilidade social.

Sob a premissa de que a cultura empresarial imposta em seu início moldará em boa parte a empresa futura, grande ou pequena, a liderança moral do empreendedor é a plataforma para cumprir sua transcendente contribuição para a sociedade.

A criatividade moral do empreendedor é sua principal arma diante do desafio que a nova economia representa: as novas formas de fazer negócios impostas pela globalização e são favorecidas pelos avanços técnicos da informação e comunicação.

CASO PRÁTICO

A MORTE DA FUNDIÇÃO MONTERREY

A irritação por ter sido demitido, devido ao fechamento da Fundição e Aço de Monterrey, fez com que Gonzalo Inés Martínez González se tornasse um animal hostil. Porém, para seu azar, a raiva contraída devido à mordida de cães o tornou mais agressivo e furioso.

>Gonzalo Martínez é uma das muitas vítimas do desemprego provocado pelo fechamento da Fundição Monterrey. Após anos de dedicação e de dependência quase total da população, a Fundição vai à falência e, com isso, literalmente, leva à falência os agora desempregados. A raiva não deixa Gonzalo descansar, não sabe o que fazer – o que dirão a sua esposa e filhos e, principalmente, do que viverão? Em uma noite solitária, Gonzalo caminhava e foi atacado por cães raivosos, o que o levou a uma lenta, mas definitiva, transformação – ele se tornará um enraivecido.
>
>*O enraivecido*, de Felipe Montes

Nascimento de La Maestranza

A primeira etapa da história da Companhia de Fundição de Ferro e Aço de Monterrey, S.A. começou em 1900. Perante o tabelião Tomás Crescencio Pacheco, em

5 de maio de 1900, Vicente Ferrara, Eugenio Kelly, León Signoret e Antonio Basagoiti protocolaram a constituição da empresa. Participaram da sociedade várias dezenas de acionistas de Monterrey, com um investimento inicial de dez milhões de pesos.

Segundo a ata constitutiva da companhia, foram mais de setenta os acionistas que assinaram os cem mil títulos de cem pesos cada um, para totalizar dez milhões de pesos de capital social.

A importância da Companhia Fundição de Ferro e Aço de Monterrey, S.A. para a cultura industrial de Monterrey consiste em seu significado simbólico, que se expressa em fórmulas verbais como "forte como o aço", "vontade de aço", entre outras.

A Companhia Fundição de Ferro e Aço de Monterrey, S.A. foi uma das empresas nascidas com o século, dentro do processo de industrialização da capital de Nuevo León no México.

A empresa tinha como objetivo a aquisição e a exploração de minas de ferro e carvão, bem como a fundição e o processo do metal para elaborar objetos diversos. É interessante observar que, em 1900, o consumo *per capita* de aço no México era só de seis quilogramas. Essa indústria, da mesma forma que as demais estabelecidas na mesma época, ficaram isentas de contribuições governamentais, conforme decreto de dezembro de 1888, durante o governo do Lázaro Garza Ayala, isenção essa prorrogada durante muitos anos.

A companhia se instalou ao leste da cidade de Monterrey em um terreno de 226 hectares, onde, segundo a visão de seus compradores, serviria para futuras ampliações, uma área seria destinada à construção de moradias para os trabalhadores e até escolas para a educação dos filhos dos operários.

A Fundição de Ferro e Aço de Monterrey, popularmente chamada 'La Maestranza', deu emprego inicialmente a 1 500 operários. Já em 1901, obtinha importantes lucros com a operação das oficinas de moldagem e de maquinário, embora algumas áreas ainda não houvessem começado suas operações.

Entretanto, como uma maldição, a empresa nunca conseguiu alcançar suas metas de produção devido aos muitos e diversos problemas enfrentados ao longo de sua história. Em 1904, enfrentou crescentes dificuldades econômicas, até que em 1907 foi atingida pela crise mundial. Além disso, a inundação de 1909 representou uma grande catástrofe, e o início da Revolução mexicana, um ano depois, teve também um efeito negativo.

Com a ajuda do governo federal, Don Adolfo Prieto, nomeado conselheiro delegado em 1908 e em 1917, presidente do Conselho de Administração, conseguiu tirar a Fundição Monterrey do pior momento. A empresa teve uma recuperação importante em 1929, manteve um ritmo moderado de produção e crescimento, e entre 1950 e 1953 foram traçadas linhas de expansão para a produção de aços planos.

No início, a Aços Planos era mais um departamento de La Maestranza, mas com o passar do tempo tornou-se uma divisão produtiva. Mais uma vez, em

1970, a sombra da incerteza pairou sobre a Fundição de Ferro e Aço de Monterrey devido a um bloqueio de 131 dias na ferrovia de Cerro del Mercado. Também os problemas econômicos desses anos, que resultaram em desvalorizações e restrições de mercado, contribuíram para levar de novo a empresa à beira do precipício.

A ajuda oficial sempre esteve ao alcance, e em 1978 começou o processo de integração da Sidermex, que criou uma única direção-geral para empresas como Altos Hornos de México, S.A., Fundição Monterrey, S.A. e Siderúrgica Lázaro Cárdenas Las Truchas. A velha Maestranza, que havia passado de proprietários estrangeiros para nacionais, neste novo momento da história se tornava uma paraestatal para ser administrada pelo Estado.

Fechamento da Fundição

Entretanto, os problemas técnicos, empresariais e sindicais continuavam. O pior de tudo era que, com o passar dos anos, as instalações da Fundição se tornaram antigas e obsoletas. Os esforços para modernizar a indústria levaram ao endividamento excessivo e à impossibilidade de pagamento. A tudo isso se somou a ação do grupo radical do Sindicato Industrial de Trabalhadores Mineiros, Metalúrgicos e Similares da República Mexicana, que não parava de pedir salários excessivos e condições cada vez mais onerosas para a empresa, em troca de realmente pouco esforço, responsabilidade e compromisso por parte dos trabalhadores.

Não imaginavam eles o dano causado a si mesmos e à sociedade. Contribuíam, daquela forma, para a queda de uma empresa que era, além de sua fonte de trabalho, o símbolo do surgimento da indústria de Monterrey e, durante décadas, de sua pujança e poderio.

O anúncio de 8 de maio de 1986 foi como um balde de água fria: a Fundição Monterrey foi à falência. Milhares de operários perderam seu emprego, saíram às ruas para protestar durante dias e meses inteiros, mas já não havia nada para exigir, nem emprego, nem indenizações mais elevadas.

Em 10 de maio de 1986, o presidente Miguel de la Madrid Hurtado ordenou o fechamento da Fundição. Seu argumento: falência técnica por falta de produtividade, aparentemente por culpa dos trabalhadores. Por sua vez, os envolvidos afirmam que a má administração provocou a quebra financeira de La Maestranza. O resultado: cerca de 10000 demissões.

Em 1986, o repórter Ramón Rodríguez Reyna, correspondente do *Notimex* em Miami, Flórida, publicou em 8 de maio o fechamento da Fundição Monterrey, que deixou 10000 pessoas sem emprego.

"Em maio de 1986, noticiamos, antes do *El Porvenir* e *El Norte*, o fechamento da Fundição Monterrey, que era a empresa mais representativa de Monterrey, e aconteceu algo muito curioso no dia seguinte quando tivemos as reações do governador, Jorge Treviño, e do secretário de governo, Lucas de la Garza. O jornal saiu em preto e branco, pois houve um acidente que derrubou os postes de energia elétrica, e saiu muito tarde, como algo simbólico. Não acreditavam em mim. Era muito difícil acreditar que uma empresa com 10000 trabalhadores e com mais de 100 anos de história fosse fechar."

Quinta-feira, 14 de março de 2002: ex-trabalhador relembra crise operária pelo fechamento da Fundição Monterrey
Cima Notícias, *Rafael Maya*

Mas de 12 mil famílias foram vítimas da agiotagem dos empresários e do avanço do modelo econômico neoliberal, depois do fechamento da Fundição de Aço Monterrey em 10 de maio de 1986, lembrou o ex-trabalhador dessa empresa, Jesus Medellín, durante a inauguração do Fórum Global: Financiamento para o Direito Sustentável com Eqüidade, que começou hoje nas instalações dessa antiga indústria.

"Milhares de trabalhadores da Fundição de Aço Monterrey, fundada no início do século passado, foram demitidos sem indenização, perseguidos, acusados de comunistas e vadios, como conseqüência dos processos de privatização, da corrupção e do ajuste estrutural e político a serviço dos grandes capitais", denunciou.

Como orador no ato inaugural do Fórum Global, organizado por grupos não-governamentais, Medellín falou em memória das centenas de operários que morreram calcinados ou eletrocutados em acidentes de trabalho, provocados por condições de superexploração, e que nunca foram indenizados pelos patrões.

Qualificou como uma vergonha que o auditório onde se realizaram as plenárias do evento tivesse o nome da empresa multinacional Coca-Cola, e exigiu que fosse rebatizado como auditório "Aço Monterrey". Por isso, pediu que todos os participantes do encontro assinassem uma carta dirigida à companhia de espetáculos Ocesa, para que mudasse a denominação desse espaço. De qualquer maneira, representantes religiosos realizaram uma cerimônia simbólica de batismo, e todos os assistentes aplaudiram o novo nome do auditório "Aço Monterrey".

Em nome dos ex-trabalhadores da fundição, Medellín apoiou as iniciativas cidadãs com o objetivo de erradicar uma política econômica que provoca 40 milhões de pobres no México, e convocou a "construir uma política social justa, sem exploração e a favor dos povos, não dos governos".

Finalmente propôs que em três dos 14 hectares que formam agora o Parque Fundição, seja levantado um museu em memória dos ex-trabalhadores, e que seja dirigido pela sociedade civil.

Quinta-feira, 11 de maio de 2006: mineiros da Fundição continuam "na rua" depois de 20 anos do fechamento da Fundição.
Jornal El Norte. *Filiberto Garza*

Um a um foram chegando, juntaram-se pouco mais de meia centena, são ex-mineiros da Fundição, Ferro e Aço de Monterrey, e Aços Planos, que há duas décadas ficaram "na rua" e, segundo eles mesmos, continuam nela.

Há vinte anos que o governo federal, liderado por Miguel de la Madrid Hurtado, decidiu fechar ambas as empresas, argumentando uma quebra técnica pela falta de produtividade, e responsabilizou trabalhadores pela má situação.

Os anos se passaram, e os aproximadamente 10000 trabalhadores destas paraestatais continuam, na maioria dos casos, sem trabalho formal, já que nenhuma empresa quer contratá-los nem a seus parentes, principalmente a seus filhos.

Rafael Duéñez Flores, que durante 26 anos trabalhou na lendária Fundição, manifestou que depois do fechamento das siderúrgicas circularam listas com seus nomes e ninguém lhes deu trabalho. "Não existe um censo de quantos estamos com ou sem emprego. A única coisa certa é que em algumas fábricas havia cartazes que diziam que não contratavam quem tivesse trabalhado na Fundição ou em Aços Planos; havia uma discriminação contra nós."

"Ainda hoje nossos filhos têm de mentir quando vão procurar emprego. Caso declarem que seu pai trabalhou na Fundição ou em Aços Planos, perdem sua chance; ainda somos discriminados." Lembrou que as promessas do governo federal de criar fontes de emprego para os mineiros e até de lhes entregar uma parte dos terrenos, onde agora está o Parque Fundição, ficaram no ar. "Disseram-nos que iriam empregar-nos em algumas empresas, inclusive o sindicato nos recolocaria em outras indústrias e tudo se reduziu a mentiras, como as mentiras de que contratariam os mineiros quando abrissem algumas outras indústrias, como aconteceu com a abertura da Aços Planos, que não contratou nenhum ex-mineiro."

Ao discursar diante de seus ex-companheiros, Duéñez Flores disse que era hora de sacudir a lama que jogaram nos mineiros 20 anos atrás, quando os culparam da quebra das empresas siderúrgicas do Estado.

Quinta-feira, 11 de maio de 2006: ex-operários comemoram 20 anos do fechamento da Fundição Monterrey
La Jornada, *David Carrizales*

Ex-trabalhadores da Fundição Monterrey e Aços Planos, que fechou há 20 anos e deixou sem trabalho 15000 operários, denunciaram que o governo federal descumpriu a promessa de indenizá-los com o equivalente a um ano e nove meses de trabalho, e os condenou a viver com "uma pensão de fome".

Monterrey, NL, 10 de maio. Após 20 anos do fechamento da Fundição de Ferro e Aço de Monterrey, e de sua filial Aços Planos, os sobreviventes daqueles milhares de trabalhadores que ficaram sem emprego realizaram uma manifestação em frente às antigas instalações da indústria, que hoje funcionam como parque recreativo. Os assistentes destacaram que foram vítimas de uma campanha para introduzir o modelo econômico neoliberal no México.

Anselmo Bustos, ex-trabalhador da Aços Planos, lembrou que, no momento do fechamento, a idade média dos operários era de 43 anos, e além disso eram vistos como encrenqueiros, por defenderem seus direitos. Ninguém queria contratá-los.

"Fomos abandonados na miséria e hoje, depois de vinte anos, o que sobra das privatizações é uma pensão de 1600 pesos mensais e o enriquecimento de uns poucos", disse. "Dez de maio não se esquece", diziam os manifestantes, que asseguram que a luta que então empreenderam pela reabertura da indústria continua presente com novas reivindicações para os trabalhadores e os menos favorecidos.

Ignacio Zapata, presidente da Aliança de Usuários de Serviços Públicos de Nuevo León, que se solidarizou com os ex-trabalhadores, disse que ainda se lembra das grandes mobilizações dos trabalhadores da Fundição e Aços Planos, que gritavam em coro: "Paloma Cordero, tu esposo es un culero" ("Paloma Cordero, teu marido é um vadio"), em alusão ao ex-presidente Miguel de la Madrid, "um obscuro governante escolhido pelos organismos financeiros internacionais e pelos donos do grande capital para dar o golpe ardiloso no setor siderúrgico nacional".

Durante o protesto houve canções e refrões alusivos ao fechamento da Fundição, que o governo realizou em 10 de maio de 1986, na mesma época da Copa do Mundo de futebol realizada no México.

Os 114 hectares que pertenceram à antiga aciaria, constituída em 5 de maio de 1900, hoje são um complexo recreativo, turístico e de difusão cultural, mas principalmente um espaço com o qual lucram grandes consórcios privados, enquanto os ex-operários requisitaram, sem sucesso, três hectares para construir um museu em memória de seus mortos e do esforço que eles e seus antecessores realizaram durante nove décadas pela industrialização do México.

Alberto Martínez Espinosa, que foi presidente do conselho de vigilância da seção 68 do sindicato mineiro, correspondente à empresa Aços Planos, comenta que o fechamento afetou a sociedade de Monterrey, porque da velha "Maestranza" dependiam numerosos comércios, oficinas e diversos fornecedores de serviços. A empresa gerava 11000 empregos diretos e outros tantos indiretos. Considera que se tratou de uma ação acertada pelo governo de Miguel de la Madrid para entregar o setor siderúrgico ao capital privado, embora o verdadeiro operador da manobra fosse o então secretário de Programação e Orçamento, Carlos Salinas de Gortari, "o verdadeiro cérebro do neoliberalismo no México, que foi o poder por trás do trono nos passados quatro sexênios, incluindo o de Vicente Fox".

Destacou que a equipe dirigente fechou a Fundição, apesar de que trabalhava com números positivos, porque havia decidido deixar o caminho livre para os grupos Hylsa e IMSA, que foram ampliados e modernizados para absorver a crescente demanda de produtos de aço. O segundo adquiriu a Aços Planos, "bem, foi quase dada de presente, e de lambuja receberam o controle", que esteve administrado pelos primos Fernando Canais e Benjamim Clariond, do PAN e do PRI, respectivamente, sócios do corporativo Grupo IMSA, afirmou o ex-dirigente mineiro.

Ainda lembra o drama que viveram. "Houve gente que se suicidou. Outros foram para os Estados Unidos, e nós estamos aqui sofrendo há vinte anos como subempregados, trabalhando por conta própria, porque a repressão, a discriminação e as listas negras sempre estiveram presentes; foram vinte anos muito difíceis. Ainda há filhos de trabalhadores que mudam o sobrenome para poder fazer algum bico."

Fundição reúne todos os requisitos para deslanchar um processo de mudança*

O relatório de janeiro apresentado pela diretoria Adjunta da Fundição Monterrey (FUMOSA) em seu último ano de vida começa assim: Janeiro de 1986 "Comentários relevantes sobre a produção do mês. A falta de fornecimento de coque iniciada no dia oito, que paralisou totalmente a produção nos altos fornos do dia nove a treze de janeiro, junto com a baixa pressão do gás natural pelo problema da Cactus, foram as principais causas do não cumprimento da meta interna de produção de aço líquido. Houve um déficit de 17750 toneladas de aço. O desabastecimento de lingotes no moinho quarenta e seis foi total de doze a dezessete, e parcial de dezoito a vinte de janeiro, pela escassez de gás natural." Cada mês, cada semana, cada dia, acumulavam-se os pretextos para não cumprir a meta de produção.

A Fundição tornou-se em seus últimos anos uma empresa lamentável, condenada a não crescer porque seu proprietário a tinha relegada a um terceiro plano. Desprezada pela comunidade, sempre era destacada como símbolo vivo da ineficiência burocrática e da corrupção sindical. O fim da Fundição foi um ato humanitário. A maior parte de suas doenças era incurável e sua morte atendeu a uma causa nobre, permitiu retomar a lógica da industrialização mexicana.

A FUMOSA tinha o dobro da idade de todas as empresas irmãs mexicanas de aço. Com seus oitenta e seis anos de idade, a Fundição havia passado por muitas transformações. A última, dez anos antes, permitiu-lhe conhecer alguns dos avanços tecnológicos do pós-guerra, como por exemplo a aciaria B.O.E. e a indústria peletizadora, que junto com o forno número três e a indústria de planos constituíam a parte moderna da empresa. Entretanto, junto a esses avanços, conviviam os fornos abertos, o forno número II e as outras anacrônicas linhas de produção, cujo melhor destino é o atual, como museu de tecnologia.

A Fundição, para entrar com o mínimo de oportunidades na concorrência da década de 1990, deveria ter sofrido tremendas modificações e caros investimentos, em especial o vazamento contínuo. A pergunta é: teria sido justificado o investimento de cem milhões de dólares em uma empresa com as condições da Fundição? A resposta é: Não! Outra pergunta: justificava-se o enorme esforço de reorganização e o custo político de lidar com o sindicato para transformar a empresa? A resposta é: Não!

A Fundição arrastava um enorme problema financeiro: mais de 80 bilhões de pesos em perdas por ano, 14 bilhões só no mês de janeiro de 1986. Qual teria sido um critério de salvação financeira que não envolvesse o fechamento da empresa? Uma medida populista teria sido que o governo (o contribuinte mexicano) absorvesse a dívida, para que imediatamente a empresa pudesse solicitar um crédito de cem milhões de dólares para modernizar-se.

---

* Adaptado da obra *La Muerte de Fundidora. Reconversión de la Cultura Industrial Mexicana*, por Juan Zapata Novoa.

Poderia justificar-se tal esbanjamento de dinheiro por uma empresa com expansão zero e um mercado saturado? Outra forma teria sido continuar subsidiando (160 milhões em 1986, 320 milhões em 1987) e tratando de colocar a produção a preços inferiores no mercado externo, praticando *dumping* para evitar um canibalismo interno na siderurgia.

O fechamento da Fundição trouxe conseqüências positivas sobre as finanças da AHMSA. Esta empresa já estava, em 1986, fazendo acordos com o Banco Mundial para conseguir o crédito do qual dependeria sua atualização tecnológica e sobrevivência, usando argumentos de nacionalização, competitividade e saúde financeira, com o difícil ônus de conviver com o frankenstein econômico que se tornou a Fundição Monterrey.

Além dos passivos financeiros e a contração do mercado, a Fundição Monterrey contava com um passivo trabalhista exagerado e impossível de administrar, constituído por um sindicato cuja máxima conquista operária foi colaborar com a destruição de sua fonte de trabalho. Mas as seções "67" e "68", do Sindicato Nacional de Trabajadores Mineros, Metalúrgicos y Similares de la República Mexicana, não foram uma exceção à regra destes comportamentos sindicais anacrônicos e destrutivos.

Em um artigo da Aço Mexicano de 1981 denominado *"Altos Fornos; O Inquieto Gigante de Aço se ergue para ser levado em consideração"*, descreve o peculiar comportamento do Sindicato Nacional de Trabalhadores Mineiros Metalúrgicos e Similares da República Mexicana nas instalações da AHMSA em Moclova, Coahuila. O artigo se refere às dificuldades para elevar a produtividade e afirma: "Em contraste com o cenário norte-americano, onde a União de Trabalhadores de Aço da América tem sua central em Pittsburgh, o que permite pelo menos que se estabeleçam as regras básicas para dirimir disputas locais, o líder do sindicato de mineiros e trabalhadores metalúrgicos da cidade do México foi totalmente ignorado pelos rebeldes da seção do Monclova, conhecida como a facção branca do sindicato (para diferenciá-la dos antigos grupos vermelho e azul). Esses dissidentes se apoderaram da organização trabalhista da AHMSA enquanto sistematicamente desobedecem e desafiam os diretores do quartel-geral do sindicato na cidade do México. Os rebeldes sindicais encontraram neste grupo dissidente de 2500 trabalhadores (muito mais jovens que os da fábrica 1) uma poderosa base da qual poderiam dirigir seus esforços para deslocar a confortável relação que durante anos havia existido entre os trabalhadores e a administração da AHMSA. No passado não importava qual das facções, a vermelha ou a azul, dirigia o sindicato; a paz e qualquer aspereza se aparava rapidamente".

Esta enorme citação se justifica pela eloqüente descrição da problemática. Do ponto de vista do SIDERMEX, o artigo continua mostrando a evolução do caso; em duas eleições consecutivas os brancos obtiveram o poder e, diz a matéria, pressionaram a administração para obter alguns dos frutos mais suculentos da vida industrial para os trabalhadores de Monclova; as greves se sucederam e a empresa esteve impedida de cumprir suas metas de produção.

O artigo diz que os operários da AHMSA imitavam os da Fundição, e que estes "queriam desfrutar das mordomias da vizinha HYLSA". A realidade já foi descrita acima. O período do licenciado Luis Echeverría permitiu, para as finalidades daquela época, a aparição e desenvolvimento dos chamados líderes conjunturais da esquerda mexicana, que se introduziram e se apoderaram de vários sindicatos, entre eles o da indústria siderúrgica.

Hoje em dia, a visão sobre estes acontecimentos do passado próximo provoca sentimentos de irritação e condenação. Esses líderes e liderados brincaram com uma indústria básica naquela época para o desenvolvimento do país, provocaram inúmeras perdas e enormes endividamentos. Seu pagamento, através da produtividade, era impossível. O resultado ainda pesa sobre o povo mexicano. Da mesma forma que no caso da Fundição, os operários podem alegar manipulação, ignorância, passividade. Mas não se livraram da condenação por cumplicidade em atos de negligência criminal contra a indústria do aço.

A Fundição Monterrey S.A. poderia ter algumas soluções de viabilidade; desconheço se foram analisadas nas altas esferas de governo. Se tivessem sido conhecidas pelos especialistas neste ramo industrial, poderiam ter escutado sempre a mesma frase: é possível, mas não com este sindicato.

A administração da Fundição tinha obtido nos seus últimos anos notáveis avanços ao neutralizar as folclóricas facções marxistas do sindicato. Logo após sucumbir diante de inumeráveis chantagens, conseguiu racionalizar em alguns aspectos a estrutura hierárquica.

Mas as possibilidades de sobrevivência requeriam mudanças drásticas na modernização da estrutura de seu pessoal de fábrica e administrativo. O primeiro requisito era o fim do absurdo sistema hierárquico e, como medida secundária, se passaria a planos de produtividade, de redução de pessoal e reorganização. Mas como o primeiro passo era impossível, não havia nenhum propósito considerar as medidas secundárias para a salvação da empresa.

Existe uma inclinação explicável para atribuir toda a culpa da cultura sindical da Fundição aos líderes sindicais e em especial ao sr. Napoleón Gómez Sada, que para muitos é o único e absoluto causador de todas as desgraças da Fundição. Embora este senhor tivesse condutas, em face dos acontecimentos, que oscilavam entre o grotesco e o medíocre, a culpa final do comportamento sindical está sempre na base. Entrevistei operários da Fundição e da Aços Planos; muitos deles não tinham realmente preparo escolar, mas não encontrei nenhum idiota ou incauto. Todos eram homens amadurecidos, conscientes do que envolviam suas ações, e não culpam a liderança sindical pelo rumo dos acontecimentos.

Este sindicato tinha a pior reputação possível nos mais de cem anos de história industrial de Monterrey. Desde há quase vinte anos, o antecedente trabalhista da Fundição impede ou dificulta enormemente a obtenção de emprego na cidade de Monterrey. Este estigma atinge parentes próximos de trabalhadores, como filhos e irmãos. Embora esta rejeição possa parecer exagerada, é produto do instinto de sobrevivência da empresa local diante da fama pública deste sindicato. O pessoal da Fundição sabia perfeitamente desta situação, e para compensar o isolamento do mundo industrial próximo, manipulava a cláusula de admissão para introduzir os parentes na empresa. Em nenhum momento o sindicato tratou de melhorar sua imagem nem analisou as causas de sua fama.

Esse divórcio entre sindicato e comunidade significava também que, em caso de ser fechada a empresa, nenhum elemento da sociedade de Monterrey iria mexer uma palha por esse grupo isolado de pessoas.

Além desta condição favorável do ambiente para a decisão de fechar a Fundição, existiam outras considerações de importância para esta decisão. Como já havia afirmado Don Adolfo Prieto em 1927, "a localização da Fundição Monterrey não era boa: a distância de seus suprimentos e da fronteira a deixavam limitada ao mercado central". Na década de oitenta estas limitações mencionadas meio século antes pesaram ainda mais contra a Fundição Monterrey; novas fábricas em Veracruz e Puebla forneciam o mercado do centro, e a logística favorecia as instalações da AHMSA e SICARTSA. Monterrey já contava com outra indústria integrada, a HYLSA, por isso a decisão da SIDERMEX nesses anos de "expansão-zero" se poderia justificar perfeitamente. Além disso, existia outra circunstância geográfica: as antigas instalações da Fundição haviam sido totalmente rodeadas pela expansão urbana de Monterrey. A empresa se considerava localizada no setor central da cidade.

Ter sido englobada pela cidade impedia seu crescimento físico; suas atividades cotidianas estavam causando severos problemas ao meio ambiente, um deles era a contaminação. A metade da produção da Fundição se realizava em fornos abertos, que são muito poluentes. Embora a comunidade da cidade, por seu caráter industrial, seja muito tolerante diante de agentes poluidores, a situação a médio prazo teria sido insustentável devido à pressão para realizar investimentos descontaminadores e outras medidas economicamente inviáveis, e que não se justificariam para uma empresa condenada a não crescer. Se não tivessem fechado a Fundição, no futuro ela provavelmente sucumbiria devido aos protestos e exigências dos moradores furiosos de Monterrey.

Outro aspecto do meio que incidia negativamente sobre a empresa era a água; o crescimento urbano das duas últimas décadas provocou situações difíceis para as empresas consumidoras de grandes volumes de água. A área de Monterrey sofre de secas cíclicas que, em ocasiões, prolongam-se durante quatro anos. Nestes períodos, a pressão pelo consumo do líquido provoca disputas entre população e indústrias. Os diferentes governos tiveram de realizar cada vez mais investimentos elevados para que o desenvolvimento da cidade não parasse (a indústria) por falta de água, o que faz com que o metro cúbico de água de Monterrey seja o mais caro da República Mexicana. A indústria siderúrgica é uma forte consumidora de água. A Fundição reciclava seu esgoto havia vários anos, mas em tempo de seca até o esgoto era procurado por outras indústrias.

A Fundição, em 1986, era a velha e problemática empresa de um pesado gigante burocrático, a SIDERMEX, e sua capacidade de resposta diante das mudanças se tornava cada vez mais lenta. Enquanto todas as empresas visavam a satisfação do cliente, a Fundição visava a satisfação dos chefes na cidade do México.

A Fundição lutava por sobreviver, e essa luta lhe fez esquecer que uma empresa tem como meta principal lucrar. Ao confundir a meta, confundiu também os meios; em vez de ágil, se tornou precavida. Preferiu o seguro ao arriscado, a proteção à competência, a rotina à criatividade. A capacidade de resposta da administração da empresa chegou a níveis tão baixos que, quando foi informada que a Fundição seria fechada, ficou imóvel. No nível administrativo, durante vários anos foi utilizada uma sentença que descreve a motivação do pessoal: "O pior que te pode acontecer é ser demitido, mas mesmo assim é lucro". Não é preciso ser um especialista em comportamento industrial para saber que essa visão corresponde a uma empresa agonizante.

A Fundição Monterrey S.A., em 1986, atendia a todos os requisitos para justificar o fechamento dentro de um processo de reconversão industrial do setor siderúrgico. Estes requisitos eram, resumidamente:

a) Convivência de tecnologias obsoletas e novas.
b) Forte carga econômica em fase de baixa liquidez.
c) Sobreoferta interna de aço e imprecisão no mercado externo.
d) Sindicalismo anacrônico, que representa um elevado passivo trabalhista.
e) Administração orientada para a hierarquia, e não para o mercado.
f) Localização inconveniente da fábrica.

Poderia a Fundição ter sobrevivido em uma época de alta concorrência?

Entramos aqui no difícil campo das suposições, por isso as especulações devem ser tratadas com extremo cuidado. Quando encarou esta questão, um dos melhores especialistas da indústria de aço no México respondeu que sim, teria podido sobreviver: "A Fundição contava com o moinho de planos mais moderno da América Latina. Se a empresa se tivesse limitado a ele, junto com o Alto Forno número III, a Fundição poderia estar funcionando".

Diante desta afirmação técnica, é procedente especular como teria sido a evolução dessa quase centenária empresa em uma ultramoderna fábrica dedicada à produção de planos, só para o mercado internacional como destino principal.

Como primeiro requisito, a empresa deveria ter tomado medidas desde 1982, quando ficou evidente o fim do populismo financeiro, e que o petróleo não iria mais subsidiar esta indústria. Em 1982, além disso, sabia-se perfeitamente que o panorama do aço já tinha se transformado. Os baixos custos e a qualidade eram os únicos meios para exportar de modo sadio. A empresa deveria ter iniciado nesse ano um agressivo plano de renegociação da dívida, como o fez o grupo industrial ALFA para obter um espaço econômico que permitisse a transformação. Independentemente dos resultados da negociação, e em forma simultânea, a Fundição poderia ter fechado todas as linhas de produção, com exceção dos planos. Além da demissão de todo o pessoal, na linha de planos deveria ter sido realizada uma drástica diminuição de pessoal, semelhante à área administrativa, junto com a contratação de elementos de mudança para modernizar a empresa, e de elementos com iniciativa para as vendas internacionais.

Esses passos descritos são muito difíceis, mas não são hipotéticos. Muitas empresas mexicanas e do mesmo ramo já conseguiram, e, além de sobreviver, agora gozam de um futuro promissor. Citando os economistas: se a Fundição tivesse tido uma administração empresarial, e se tivesse tido um sindicato profissional, a ação da FUMOSA seria uma boa alternativa de investimento na bolsa atual.

A morte da Fundição destrói mitos que afogam a indústria mexicana

Em 10 de maio de 1986, a decisão de liquidar a empresa Fundição Monterrey S.A. desmistificou de forma permanente símbolos que por mais de meio século foram considerados intocáveis, perpétuos e indiscutíveis. Entre eles se destacam a concepção da empresa pública como patrimônio nacional, a concepção da fonte de trabalho como um elemento supraeconômico, a força política de um sindicato poderoso que impede qualquer decisão administrativa contrária, e a existência de áreas de atividade industrial que, por seu caráter estratégico ou prioritário, ficam excluídas das leis e da lógica econômica.

PERGUNTAS SOBRE O CASO

1. Quais foram os responsáveis pela morte da Fundição, e em que medida?
2. Quais são as conseqüências do desaparecimento de La Maestranza quanto à cadeia de suprimento?
3. Descreva o ecossistema e responda à pergunta: qual foi o impacto específico para as pequenas e médias empresas dentro da cadeia de suprimento?
4. Qual foi o grupo ou grupos de interesse (*stakeholders*) principalmente prejudicados pela decisão?
5. Era possível conciliar os problemas econômicos da empresa com os valores morais associados? Se a resposta for afirmativa, quem podia tê-lo feito?
6. Quem são os responsáveis para que não aconteça de novo outra "Morte da Fundição"?

BIBLIOGRAFIA

Bayles, M. D. *Professional Ethics*. Belmont, California: Wadsworth Publishing Co., 1989.

Bednar, R. J. *Small Companies Need Ethics Programs Too*. National Defense, 2004. 88: 40-42.

Beugelsdijk, S.; Noorderhaven, N. *Personality Characteristics of Self-Employed. An Empirical Study*. Small Business Economics, 2005. 24: 159-167.

Blanchard, K.; Peale, N.V. *The Power of Ethical Management*. Nova York: William Morrow, 1988.

Blanchflower, D.G.; Oswald, A., Stutzer, A. *Latent Entrepreneurship Across Nations*. European Economic Review, 2001. 45: 680-691.

Boyd, M.W. *Business Ethics for Unseasoned Entrepreneurs: Trends and Concerns for Professionals and Stakeholders*. Proceedings of the Academy of Entrepreneurship, 2004. 10: 33-36.

Buchholz, R. A.; Rosenthal, S. B. The Spirit of Entrepreneurship and the Qualities of Moral Decision Making: Toward a Unifying Framework. *Journal of Business Ethics*, 2005. 60: 307-315.

Cárdenas, J. A. "Tendencias de los procesos de aprendizaje en la era de la administración del conocimiento." En: Soto E., Sauquet, A. (ed.): *Gestión y conocimiento*. México: International Thomson Editores, 2006.

Castillo-Mireles, R. "Mexican CPG companies hope to slow Wal-Mart with legislation." *Logistics Today*, 2005. 4: 1.

Cheung T.S.; King, A.Y. Righteousness and Profitableness: The Moral Choices of Contemporary Confucian. Entrepreneurs. *Journal of Business Ethics*, 2005. 54: 245-260.

Deal T.E.; Kennedy A.A. *Corporate Cultures: the Rites and Rituals of Corporate Lives*. Reading MA: Addison-Wesley, 1982.

Fassin Y. The Reasons behind Non-ethical Behaviour in Business and Entrepreneurship. *Journal of Business Ethics*, 2005. 60: 265-279.

Fimbel N.; Burstein J.S. Defining the Ethical Standards of the High-Technology Industry. *Journal of Business Ethics*, 1990. 9: 929-948.

Fitz-Enz, Jac. *The 8 Practices of Exceptional Companies*. Nueva York: Amacom, 1997.

Hartman, L.; Wilson, F.; Arnold, D. *Positive Ethical Deviance Inspired by Moral Imagination: The Entrepreneur as Deviant*. Zeitschrift für Wirtschafts und Unternehm-ensethik, 2005. 6: 343-359.

Hemingway, C.A. Personal Values as a Catalyst for Corporate Social Entrepreneurship. Christine A. *Journal of Business Ethics*, 2005. 60: 233-248.

Hohan, J. *"Good" Business Ethics and the Future of Small Business*. Futuristics, 2005. 29: 79-81.

Joseph-Christie P. M.; Kwon, G.; Stoeberl, I. et al. A cross-cultural comparison of ethical attitudes of business managers: India, Korea and the United States. *Journal of Business Ethics*, 2003. 46: 263-294

Lahdesmaki, M. When Ethics Matters-Interpreting the Ethical Discourse of Small Nature-Based Entrepreneurs. *Journal of Business Ethics*, 2005. 61: 55-68.

Lewicki, R. J.; Litterer, J. A.; Minton, J. A. et al. *Negotiation*, Nova York: McGraw-Hill/Irwin, 2002.

Llano-Cifuentes, Carlos. *Dilemas éticos de la empresa contemporánea*. México: Fondo de Cultura Económica, 1997.

Longenecker, J. G.; Moore, C. W.; Petty, J. W. et al. Ethical Attitudes in Small Businesses and Large Corporations: Theory and Empirical Findings from a Tracking Study Spanning Three Decades. *Journal of Small Business Management*, 2006. 44: 167-173.

Longenecker, J. G.; McKinney, J. A.; Moore C. W. Ethics in Small Business. *Journal of Small Business Management*, 1989. 1: 27-31.

May, L. *The Morality of Groups: Collective responsibility, Group-Based Harm, and Corporate Rights*. Notre Dame: University of Notre Dame Press, 1987.

Miller, R.A. Lifesizing Entrepreneurship: Lonergan, Bias and The Role of Business in Society. *Journal of Business Ethics*, 2005. 58: 219-225.

Schdmit, E. *Ética y Negocios para América Latina*. Lima: Universidad del Pacífico, 1995.

Scott, S. J.; Reynolds, S. J.; Schultz, F. C. et al. Stakeholder Theory and Managerial Decision-Making: Constraints and Implications of Balancing Stakeholder. *Journal of Business Ethics*, 2006. 64: 285-301.

Vyakarnam, S.; Bailey, A; Myers, A. et al. Towards an understanding of ethical behaviour in small firms. *Journal of Business Ethics*, 1997. 16: 1625-1637.

Wated, G.; Sánchez, J.I. The Effects of Attitudes, Subjective Norms, Attributions, and Individualism-Collectivism on Managers' Responses to Bribery in Organizations: Evidence from a Developing Nation. *Journal of Business Ethics*, 2005. 61: 111-127.

Werhane, P. *Moral Imagination and Management Decision Making*. Nova York: Oxford University Press, 1999.

Zapata, J. *La muerte de Fundidora. Reconversión de la cultura industrial mexicana*. Monterrey: Limusa, 1989.

7
Ética e vantagem competitiva

OBJETIVOS

- Compreender o compromisso moral da empresa como motor econômico da sociedade, a diferença entre o efeito da tomada de decisão de modo econômico-racional, e o efeito da tomada de decisão fundamentada em valores, assim como a importância das decisões estratégicas com base na responsabilidade da gestão empresarial.
- Analisar os efeitos da gestão socialmente responsável na competitividade dos negócios.
- Saber como administrar o processo conduta ética/resultados de negócio/conduta ética.
- Analisar o custo da conduta empresarial não aprovada pela sociedade.

INTRODUÇÃO

As novas regras do jogo para o governo corporativo incluem dois elementos-chave: a inclusão de novos participantes (ou seja, os grupos de interesse relevantes para a empresa – *stakeholders*) e o fato de que esses grupos de interesse utilizam sua influência para que as corporações se tornem responsáveis por suas obrigações com a sociedade, em termos morais e econômicos.

Fatores como a globalização, o aumento da influência das corporações na sociedade em todo o mundo, a perda de confiança do público diante dos grandes casos de escândalos corporativos, o aumento do ativismo social de indivíduos e instituições, assim como o interesse institucional dos investidores no aspecto da responsabilidade social da empresa, criaram o imperativo de reinventar a função da corporação na economia.

Entretanto, o propósito fundamental da empresa de retornar lucro aceitável a seus acionistas ainda persiste, por isso a empresa deve aprender a atender a todos os seus grupos de interesse, principalmente os acionistas, e evoluir para tornar-se uma organização rentável do ponto de vista econômico dentro do objetivo de suas obrigações morais.

A RESPONSABILIDADE DA EMPRESA NA ECONOMIA PÓS-MODERNA

O furacão "Andrew" foi um dos mais devastadores que atingiram os Estados Unidos. Entre 16 e 28 de agosto de 1992 alcançou as ilhas do noroeste das Bahamas, a área de Miami na península da Flórida e o sul de Louisiana, deixando perdas de 26,5 bilhões de dólares. Semelhante à maioria dos furacões de categoria alta, o pior do "Andrew" foram os fortes ventos, que provocaram 23 mortes nos Estados Unidos e mais três nas Ilhas Bahamas.

Durante o fim de semana, os habitantes do sul da Flórida lotaram as lojas especializadas procurando madeira e outros materiais de construção para proteger seus lares. Centenas de moradores se amontoaram nas lojas para comprar mantimentos e outros artigos de primeira necessidade, como mostraram as imagens das emissoras de televisão. Em geral, as principais cadeias de supermercados e lojas de ferragens do sul da Flórida estavam lotadas de pessoas que realizavam compras frenéticas. As lojas da rede The Home Depot da região, o maior varejista do mundo de materiais de construção para o lar, informou ter vendido nesses dois dias o equivalente às vendas de quinze dias em outras temporadas.

Depois do impacto do furacão, e dos 75000 lares destruídos, os comerciantes de produtos básicos e para a construção puderam vender suas mercadorias com um suculento superfaturamento, devido ao desequilíbrio temporário entre a oferta e a procura. Mas The Home Depot não o fez.

No início, a The Home Depot continuou vendendo em níveis de preço anteriores ao furacão, mas quando seus fornecedores de madeira anunciaram um aumento médio de 28%, a companhia anunciou, por sua vez, que venderia a preço de custo para não prejudicar a população. Os porta-vozes da The Home Depot declararam que não elevariam os preços para o consumidor final pois, por ética, não poderiam se beneficiar da tragédia que atingiu os habitantes da região. Entretanto, alguns observadores financeiros afirmaram que a empresa tinha tomado uma inteligente decisão de negócios (Boatright, 1997).

Treze anos depois, as costas da Flórida foram atingidas por um furacão ainda mais devastador, o "Katrina". Mesmo que as empresas privadas não tivessem nenhuma obrigação de atender os casos de urgência, algumas delas começaram a planejar a reação ao Katrina antes de que o furacão se aproximasse. Dois jornalistas do *Washington Post* escreveram que era "inquietante mas inevitável" que o comércio se recuperasse rapidamente logo após os desastres naturais; que "a Wal-Mart e a Home Depot são empresas únicas, que percorrem distâncias extraordinárias para manter seus clientes abastecidos". Teria sido preferível que a Wal-Mart e a Home Depot fechassem suas portas em homenagem às vítimas? Certamente foi melhor para os sobreviventes que estas empresas se preparassem para o desastre e reabrissem seus negócios o mais cedo possível.

Devido à magnitude deste furacão, a bolsa de valores de Nova York deu especial atenção ao possível impacto. Ao contrário do esperado, o mercado reagiu favoravelmente para algumas empresas, de acordo com os relatórios daqueles dias – a Home Depot subiu de US$ 0,47 para US$ 40,80 pela expectativa de compras para a reconstrução da zona devastada; a Wal-Mart Stores Inc. subiu de US$ 0,56 para US$ 45,11 logo após a empresa declarar que somente 18 de suas lojas e uma central de atendimento ao cliente permaneceriam fechados uma semana depois de que o "Katrina" arrasasse a costa do Golfo do México. A notícia era boa, em comparação com as 126 instalações da Wal-Mart que foram fechadas anteriormente.

Depois dessa devastadora temporada de furacões, reconhecida como a pior na história dos Estados Unidos, a The Home Depot anunciou um investimento de 57 milhões de dólares para apoiar os esforços de reconstrução em toda a região do Golfo. Ao combinar a construção de capital com o apoio filantrópico, procurou criar empregos, impulsionar a atividade econômica e apoiar os esforços da comunidade local para reconstruir lares oferecendo esperança para o futuro. Bob Nardelli, diretor e presidente do Conselho da The Home Depot, declarou: "A temporada de furacões de 2005 teve um efeito devastador em milhões de pessoas e centenas de comunidades. Criamos um modelo *holístico* para responder às necessidades da comunidade depois de um desastre, impulsionado pela comunidade e sustentável com o passar do tempo. Sendo uma empresa que conta com os recursos e o conhecimento para apoiar estes esforços, temos a responsabilidade de ajudar" (Jornal *USA*, 2006).

Efetivamente, o modelo de responsabilidade social da The Home Depot é impressionante pela sua magnitude e alcance, proporcional às dimensões da organização. A companhia, fundada em 1978 em Atlanta, Geórgia, informou ter tido vendas da ordem de US$ 81,5 bilhões em 2005, e ocupava o 14º lugar entre as 500 empresas mais importantes da revista *Fortune* de 2006. Do mesmo modo, sofre muitos dos problemas das grandes corporações: registraram-se vários casos de drogas ilegais encontradas na mercadoria de algumas lojas, como maconha e cocaína (CNN.com, 2006), é acusada com freqüência de práticas desleais de marketing e abusos contra seus funcionários.

No entanto, a The Home Depot é considerada uma corporação vitoriosa comercialmente e exemplar no que se refere a suas iniciativas de responsabilidade social (durante vários anos foi a número 1 na classificação do *Wall Street Journal*). A The Home Depot é também uma empresa de alto desempenho quanto aos resultados financeiros e a sua situação nos mercados de vários países do mundo.

Uma empresa com esse prestígio seria socialmente responsável devido ao seu sucesso comercial ou teria sucesso financeiro por ter sido socialmente responsável? Seria possível que, em geral, as organizações evoluam em sua dimensão ética assim como o fazem do ponto de vista empresarial? Sridhar e Camburn (1993) afirmam que, para poder analisar sua conduta ética, as organizações devem se considerar sistemas processadores de símbolos que integram linguagens e significados compartilhados: do mesmo modo que os indivíduos, as organizações evoluem passando por diferentes etapas de desenvolvimento moral e aprendem como sistemas sociais com base nas experiências das condutas de seus funcionários diante de uma crise ou dilema ético, assim como a partir de seu impacto.

De acordo com essa afirmação, os autores (Sridhar e Camburn, 1993) apresentam seis etapas no desenvolvimento moral das organizações:

1. Evitar danos para a sua própria organização.
2. Obter benefícios para a sua própria organização.
3. Respeitar as normas ou práticas do mercado.
4. Respeitar as leis e regulamentos vigentes.
5. Reconhecer as obrigações da empresa com a sociedade.
6. Agir respeitando os princípios morais universais.

Essa classificação não é necessariamente apresentada como um processo contínuo pelo qual passam todas as organizações mais cedo ou mais tarde, mas como etapas discretas nas quais uma organização ou um indivíduo podem localizar-se e manter-se por um período indefinido de tempo. Por outro lado, os resultados destes estudos indicam que, analisando as condutas individuais, linguagens, símbolos e significados compartilhados de uma organização, é possível prever sua conduta ética potencial diante de um dilema moral.

No caso da The Home Depot, o compromisso com a responsabilidade social tem suas raízes em seus fundadores, indivíduos de famílias modestas que consideravam que se deve devolver à comunidade parte ou todo benefício obtido dela. Entretanto, a posição atual da corporação é uma etapa no tempo, resultado de um longo processo de evolução gradativa, com uma série de eventos críticos claramente identificáveis (CSR, 2004), até situar-se no Nível 4 da classificação mencionada.

Além disso, os eventos críticos, ou crises, de uma organização são uma fonte de aprendizado e uma plataforma para que a organização possa adquirir maturidade moral. No entanto, por incrível que pareça, a reputação da empresa tem um valor econômico sujeito a riscos, diante de uma crise que afete a moralidade da organização. Charles Fombrun (Zingales, 1998), professor de negócios da Universidade de Nova York, conseguiu quantificar o impacto na bolsa de valores de diferentes empresas diante de uma crise moral pública. O impacto é real e grande e, com freqüência, duradouro. Como exemplo, o impacto nas ações da Johnson & Johnson pelo escândalo do envenenamento pelo medicamento Tylenol é estimado em 2 bilhões de dólares. O vazamento de petróleo da Exxon-Valdez representou 3 bilhões de dólares. Por outro lado, uma crise de menor repercussão real relativa, porém de ampla publicidade, esteve relacionada com o perigo potencial para a saúde pelo uso dos telefones celulares, e atingiu a Motorola em 6 bilhões de dólares de prejuízos. Não foram citadas neste estudo as crises que levaram à falência total empresas como a Enron ou a Firestone.

A contribuição nesta matéria dos catedráticos da Universidade do Sudoeste de Louisiana, Spuma Rao e Brook Hamilton (1996), é destacada: ao analisar os relatórios de conduta não ética publicados no *Wall Street Journal* entre 1989 e 1993, os autores apresentaram evidências de que existe uma conexão significativa entre a ética e a rentabilidade de empresas públicas norte-americanas e multinacionais. Sua pesquisa empírica, fundamentada em uma ampla análise das publicações especializadas, prova que o comportamento das ações na bolsa de valores foi mais baixo do que o esperado, pois a conduta não ética foi descoberta e divulgada. A posição cínica de algumas corporações, de que basta parecerem éticas para terem sucesso, também foi analisada. Os tipos de condutas investigadas abrangem escândalos, crimes de "colarinho branco", suborno, pagamentos ilegais, discriminação de minorias, poluição e ética duvidosa nos negócios. Uma das limitações deste estudo é que, por razões óbvias, não inclui as infrações relativamente menores que não tiveram ampla divulgação, nem as empresas não registradas na bolsa. Entretanto, é de se esperar que até estes casos tenham repercussões financeiras de outra magnitude em relação aos seus grupos de interesse.

A RESPONSABILIDADE SOCIAL DE SER COMPETITIVO

Por definição, a empresa tem a finalidade de gerar rendimento financeiro para seus investidores. De fato, esta obrigação é uma responsabilidade moral com relação a este grupo de interesse. Entretanto, sua responsabilidade total vai além de procurar somente objetivos financeiros. Para Raimond-Kedilhac (1997, citado por Llano, 1998) existem sete grandes finalidades de toda empresa:

1. *Produzir bens* e serviços *que satisfaçam necessidades do meio socioeconômico*. Esta finalidade tornou-se a linguagem coloquial da gestão de negócios, isto é, focalizar ou concentrar todas as atividades no cliente ou no consumidor, antecipar-se às suas necessidades e satisfazê-las além de suas expectativas de qualidade e custo.
2. *Gerar valor econômico agregado*. Isto é, que os produtos ou serviços vendidos por uma empresa tenham um valor econômico superior ao de compra.
3. *Estabelecer e cumprir de modo equilibrado e razoável os compromissos econômicos com os elementos ou fatores que participam da empresa, sem esquecer dos trabalhadores, funcionários, clientes, fornecedores, investidores etc*. Estes fatores da atividade empresarial são denominados *grupos de interesse* ou *stakeholders*. Cada um desses grupos de interesse tem uma expectativa específica de receber algo pela contribuição à empresa: salário, qualidade, serviço, preços razoáveis, lucros etc.
4. *Propiciar e manter um ambiente no qual os trabalhadores e funcionários se desenvolvam individualmente e como comunidade social, permitindo e estimulando motivações transcendentes*. Da mesma forma que outros grupos de interesse, a obrigação da empresa para os trabalhadores vai além da retribuição eco-

nômica, inclusive, neste caso, oferecer ou, pelo menos, prepará-los para um trabalho duradouro.
5. *Gerar a sustentabilidade da empresa, que garanta sua permanência no mercado.* Esta finalidade foi questionada na época pós-moderna, porque o negócio de algumas empresas é exatamente maximizar o valor da ação através de fusões, aquisições e divisões. Planejar uma vida efêmera para a empresa é próprio de alguns ramos, como o de extração de minérios, mas em geral o empreendedor responsável deve fortalecer a economia através de atividades empresariais mais ou menos permanentes.
6. *Multiplicar oportunidades para que um maior número de pessoas tenha acesso a elas. Isto é, dar preferência ao crescimento gerado pelo incremento de oportunidades trabalhistas, além do crescimento dos lucros e do acesso aos mercados.* Uma derivação deste problema é a proliferação de incubadoras de empresas que nascem para serem pequenas, em contraposição às aceleradoras de empresas, como a Techba em Austin, Texas, e a Silicon Valley, orientadas a fortalecer pequenas empresas para que cresçam e se desenvolvam em todos os aspectos.
7. *Responsabilizar-se pelo impacto na ecologia e as conseqüências secundárias negativas da empresa, e propiciar efeitos positivos.* Este ângulo da responsabilidade social é comum nos grandes conglomerados cuja atividade mercantil e de transformação afeta diretamente o meio ambiente; a empresa The Home Depot promove programas de reflorestamento e conservação das reservas madeireiras, pois um de seus produtos principais é derivado deste recurso natural.

Não obstante, a responsabilidade principal de manter a empresa economicamente viável é um requisito fundamental para cumprir as outras seis finalidades. Isolando este ângulo da responsabilidade empresarial, o propósito do dirigente se reduziria a maximizar o valor econômico dos resultados, minimizando o custo dos insumos utilizados para obtê-los. Em um nível superior, devemos incluir não só o custo dos insumos, mas o valor dos danos colaterais. Em outras palavras, as empresas calculam freqüentemente os custos e benefícios antecipados somente para si mesmas. Os legisladores, planejadores sociais e outros grupos de interesse utilizam a análise custo-benefício para quantificar tanto os custos como os benefícios para todos os envolvidos, dentro e fora da empresa (Boatright, 1997).

Na prática, a análise custo-benefício foi criticada sob muitos pontos de vista, mas o mais importante tem a ver com o fato de que nem todos os custos ou benefícios podem quantificar-se em termos monetários. O valor de um posto de trabalho, por exemplo, pode quantificar-se evidentemente em termos econômicos, mas se agregarmos alguns elementos associados às condições trabalhistas, como o ruído ou a temperatura, é impossível quantificá-lo na prática. Além disso, como sugere Boatright (1997), o mercado atribui valores aos bens e serviços além do valor econômico nominal, considerando fatores como a oportunidade de obter o produto, o potencial de ser substituído por um equivalente ou o valor emocional de um objeto precioso ou de coleção. É difícil quantificar alguns outros custos, como a vida humana no caso de um transplante de órgãos ou os custos de desenvolvimento de um medicamento.

Da mesma maneira, a perspectiva econômica de qualquer atividade empresarial, embora indispensável, leva a um reducionismo fora da realidade atual. As abordagens de Fukuyama (1995) afirmam que a atividade econômica incorpora em grande parte interações sociais e está unida por normas, pautas, obrigações morais e hábitos que dão forma à sociedade. Do mesmo modo, os agentes econômicos se apóiam entre si ao serem considerados parte de uma comunidade, com base na confiança. Citando este autor, se a riqueza da sociedade atual está fundamentada no capital humano, na técnica, na inovação e em tudo aquilo relacionado com a qualidade do trabalho, e não em sua quantidade, é imperativo que se incorpore formal e conscientemente todo o talento necessário disponível que permita maximizar a qualidade dos processos: os indivíduos que garantem sua prática.

Fukuyama (1995) assegura que o ser humano exige pautas e normas para relacionar-se com outros, que o projeto do trabalho deve incorporar. Por outro lado, em seu discurso sobre o "capital social", afirma que a confiança requerida para a efetividade dos processos sociais fundamenta-se na capacidade dos indivíduos de trabalharem juntos, que muda de uma cultura para outra. Esta sociabilidade espontânea, expressa, exige habituar-se a normas morais de uma comunidade, virtudes como lealdade e honestidade, e se transmite por mecanismos culturais, por isso este processo não acontece com a mesma facilidade nas diferentes sociedades. Para este autor, a origem do dilema e sua solução estão totalmente claras: não existe atividade econômica que não exija a cooperação social entre os seres humanos, que é a essência do capital social, isto é, a capacidade dos indivíduos de trabalharem junto a outros, procurando objetivos comuns.

Portanto, a empresa, na figura do empreendedor ou dirigente, tem a responsabilidade social de agregar valor em termos financeiros, mas deve fazê-lo atendendo a seus outros objetivos e grupos de interesse. No entanto, se esta atividade requer, em um dado momento, o sacrifício dos benefícios tangíveis do negócio por outros meramente intangíveis, é sensato lembrar que a ética nos negócios não é simplesmente escolher entre o bem e o mal, por mais complexo que seja, mas tomar uma direção que agrade a diferentes grupos de interesse, incorporando à decisão elementos que não só concorrem entre si, mas que com freqüência entram em conflito uns com outros (Simms, 2006).

ÉTICA E GERAÇÃO DE RIQUEZA: A TOMADA DE DECISÃO RACIONAL

Um aluno de Filosofia empresarial perguntou se a arte de negociar e a conduta ética constituíam um contra-senso. De imediato, não é fácil responder categoricamente, principalmente quando persiste esta percepção de que, em geral, são incompatíveis.

Analisar brevemente a conduta ética e os dilemas correspondentes no ramo de serviços e produtos para a saúde pode ser ilustrativo para esclarecer alguns destes grandes questionamentos. Friedman e Savage (1998) argumentam que existem pelo menos quatro modelos para explicar a relação entre a ética e os negócios:

1. Considerando que os dirigentes de alto nível são agentes ou funcionários dos acionistas proprietários da empresa, a única função do dirigente é aumentar o valor da ação incrementando o valor da organização. Sob essa limitada perspectiva, só é possível atender a algumas das sete finalidades da empresa mencionadas. Llano (1998) denomina este modelo *posição pragmática,* orientado a obter resultados econômicos sem respeitar os princípios axiológicos.
2. O dirigente utiliza um processo de raciocínio moral para a tomada de decisão da gestão empresarial. Levando em conta que neste modelo a moralidade se considera intrinsecamente boa e como um fim mais do que um meio, em um conflito entre geração de riqueza e moralidade, a moralidade sempre vence; qualifica-se como uma posição romântica ou idealista (Llano, 1997).
3. A ética constitui um veto moral obrigatório sobre o imperativo de gerar riqueza ou obter lucro. Por isso, os negócios não geram obrigações morais que superem as do dirigente como pessoa.
4. A conduta ética nos negócios está fundamentada em conciliar os direitos dos grupos de interesse, com base em padrões de justiça distributiva.

Ao tomar como referência este modelo, e ao aplicá-lo ao ramo de serviços e produtos para a saúde, a administração e direção das empresas enfrentam continuamente a complexidade de equilibrar ou conciliar as demandas dos acionistas com as necessidades dos médicos e pacientes. As principais categorias de conflitos ou dilemas são os seguintes (Friedman e Savage, 1998):

- *Recursos.* Atribuição e otimização dos recursos disponíveis, considerando que se limitam ao que o paciente paga e à captação de recursos financeiros de outras fontes. "Os médicos recebem incentivos financeiros para minimizar o consumo de recursos e tratar o maior número de pacientes em um determinado tempo."
- *Custos.* Gastar o mínimo com o máximo de informação viável através das análises e exames correspondentes que permitam estabelecer o melhor diagnóstico e tratamento possíveis. "O dilema de negar o acesso a determinados testes e exames para diminuir custos, mesmo que o paciente obtenha um benefício pela sua aplicação."
- *Eqüidade.* Os pacientes de um mesmo plano de saúde ou seguro médico devem ser tratados da mesma maneira e ter acesso aos mesmos recursos para recuperar sua saúde. "Com freqüência, as crianças e as pessoas da terceira idade são tratadas com menor cuidado e atenção quando fazem parte de um plano de saúde ou estão protegidos por um seguro."

Não existe uma resposta única e definitiva para tais dilemas éticos. Uma situação semelhante se apresenta também no caso dos estudantes e das universidades com fins lucrativos, pois a qualidade da educação é sacrificada para obter maiores vantagens e benefícios financeiros para os acionistas e proprietários deste tipo de instituições de educação superior. Todos os ramos de atividade enfrentam em maior ou menor escala dilemas éticos relacionados com a aplicação dos recursos, a otimização dos custos e a eqüidade no tratamento.

Um aspecto interessante desta análise é o fato de que alguns homens de negócios argumentam que existe uma relação direta entre a ética e os negócios, de tal maneira que, seguindo os princípios éticos, obterão resultados favoráveis no negócio. Por exemplo, se a empresa comercializa produtos de alta qualidade e seguros, reduzirá o risco e o custo de processos dos consumidores; o bom tratamento dado aos funcionários eleva seu moral e os estimula a ser produtivos e eficientes (Hartley 1993). Entretanto, esses resultados ocorrem a longo prazo, e muitos negócios requerem um tipo de gestão que dê resultados a curto prazo. Algumas práticas morais nem mesmo serão rentáveis a longo prazo, como deixar de substituir trabalhadores ineficientes por outros mais jovens e produtivos. Finalmente, o círculo virtuoso entre ética e lucros depende de fatores externos, como o mercado ou a situação política ou econômica. Fisher (2005) propõe outro ângulo do mesmo aspecto, segundo o qual afirma que um bom negócio leva a uma conduta ética favorável, ou seja, a razão final dos negócios de gerar riqueza conduzirá, com o tempo, a empresa a tornar-se moralmente responsável, para continuar mantendo esse estado.

Ao elevar estes enfoques a outros níveis, é possível falar da ética como vantagem competitiva de uma economia ou de uma nação (Donaldson, 2001), tomando como plataforma as seguintes afirmações:

- A conduta moral cria vantagens econômicas às nações ao ir além da noção idealizada da competitividade no mercado global.
- Para que a ética se torne vantagem competitiva, os conceitos morais devem ser aplicados até se tornarem um valor intrínseco para todos.
- Se existir realmente esta correlação entre a ética e a competitividade das nações, é imperativo que as diferentes economias prestem maior atenção à educação moral de seus cidadãos.

Para os dirigentes de uma nação, a responsabilidade de elevar a competitividade da economia através do fortalecimento de uma cultura de valores morais é árdua e cheia de frustrações. Donaldson (2001) propõe uma lista não exaustiva de ações para esse propósito:

- *Ações que levem o estabelecimento de uma plataforma de respeito à propriedade intelectual,* que com o tempo atraia investidores e empreendedores, ao sentirem-se protegidos e amparados pela legislação. Esta atitude é indispensável para o sucesso, mas apenas será suficiente, quando o mercado, fortalecido em valores morais, consiga erradicar a "pirataria".
- *Assegurar a livre concorrência de mercado* e evitar os monopólios, articulando a legislação e as práticas comerciais para construir um mercado atrativo de capitais.

- Instituir mecanismos para *evitar as práticas de nepotismo* e "capitalismo baseado em influência", de tal maneira que as possibilidades de investir e participar nos mercados de bens e serviços não estejam limitadas a favoritismos" e ao tráfico de influências.
- Assegurar um nível adequado da participação *e intervenção do governo na economia,* como um participante com funções definidas e delimitadas, para garantir um sistema de mercado ágil e livre, mas com obrigações fiscais e tributárias.
- Prover *informação confiável para os mercados* e as transações comerciais, sem esquecer a transparência da informação das instituições-chave de governo.
- *Erradicar a corrupção e o suborno, pois* estas práticas levam a distorcer os mercados, atribuem recursos que não ajudam na qualidade nem na produtividade e favorecem o interesses dos envolvidos.

Geração de bem-estar: a tomada de decisão fundamentada em valores

Em 1982, sete pessoas morreram depois de ingerir o analgésico Tylenol, produzido pela corporação farmacêutica norte-americana Johnson & Johnson. Após quase 25 anos do triste célebre envenenamento, o assunto é objeto de análise não só como exemplo de gestão em tempos de crise, mas também no terreno da conduta ética dos negócios.

Naquela época, os analistas especialistas em negócios consideraram que a marca Tylenol estava morta, e que a empresa tinha o mesmo destino. Entretanto, a forma de administrar o problema melhorou a reputação do Tylenol diante da opinião pública, e a partir daí o caso se tornou objeto de estudo para os especialistas em relações públicas. O fato é que a companhia retirou imediatamente dos estabelecimentos 31 milhões de frascos com um custo estimado de 100 milhões de dólares. A empresa recolocou seu medicamento no mercado assim que desenvolveu um recipiente inviolável. A Johnson & Johnson ofereceu aos clientes que haviam adquirido Tylenol há pouco tempo substituir o medicamento pelo novo produto. Outro aspecto surpreendente quanto à conduta da empresa foi a intensa campanha publicitária para persuadir os consumidores a *não adquirir nem utilizar o produto* até que a empresa pudesse garantir sua segurança. Em contrapartida, depois de ser detectado benzeno nas garrafas de água Perrier em 1990, a empresa resistiu o máximo possível antes de retirar o produto do mercado nos Estados Unidos. As vendas caíram e nunca voltaram a recuperar o nível anterior à crise. Algo semelhante aconteceu com a Ford Motor Company e a Bridgestone-Firestone.

Mesmo que a administração da crise do ponto de vista das relações públicas seja considerada exemplar, existem sérios dilemas éticos em relação à conduta dos dirigentes, pelo menos diante das exigências dos consumidores e da sociedade em geral na época do ocorrido. Gorney (2002) afirma que existem vários elementos que levam a desmistificar a história do Tylenol. Em primeiro lugar, na época da crise do Tylenol não se apresentaram escândalos semelhantes em outras grandes corporações, ou pelo menos não se registraram com a mesma velocidade e profundidade. Em segundo lugar, é difícil uma comparação objetiva entre o caso do Tylenol e outros mais atuais, como os da Enron ou da Ford-Firestone, pelas diferenças contextuais tão significativas. Além disso, há mais de duas décadas os meios de comunicação não eram tão tendenciosos nem tão efetivos como na atualidade. Este último argumento permitiu até certo ponto a ausência de processos legais, que em circunstâncias semelhantes são promovidos ativamente por todos os meios possíveis. Em resumo, a Johnson & Johnson foi tratada pelos meios de comunicação como a vítima da crise. Mas na atualidade, ficaria evidente que a empresa sabia que as embalagens do Tylenol podiam ser violadas, porque foi capaz de responder com uma embalagem apropriada em apenas seis semanas, demonstrando que já trabalhava no problema. Do mesmo modo, a Food and Drug Administration, responsável pela regulamentação do mercado, já tinha publicado, antes da data dos envenenamentos, uma ordem de abrangência nacional na qual exigia recipientes à prova de violação, e a Johnson & Johnson não havia respondido. Apesar de ter sido a primeira empresa farmacêutica a usar esses recipientes, o fez apenas depois da crise. Os problemas com o Tylenol terminaram. Entre 1989 e 1997 houve pelo menos 100 processos relacionados com mortes por overdose do ingrediente ativo, o acetaminofeno. Entretanto, apesar da publicidade negativa, a J&J não tomou a iniciativa de alertar seus consumidores (ICEFAI, 2006).

Por outro lado, Lawrence G. Foster, que foi vice-presidente da empresa farmacêutica Johnson & Johnson até 1990, afirma que a conduta da companhia no caso do Tylenol (Foster, 2002) foi coerente com seu Código de Conduta. Este código foi escrito em uma página pelo filho de seu fundador, Robert Wood Johnson, quando era presidente do conselho há mais de sessenta anos. O texto lista quatro responsabilidades em relação aos clientes, os funcionários, a comunidade onde atuam e os demais grupos de interesse. O código esteve depois, conforme Foster (2002), no coração da cultura corporativa da Johnson & Johnson. Os dirigentes e os 79 mil funcionários que trabalham nas 160 empresas da corporação estão comprometidos com ele. Argumenta-se que nenhuma empresa está taticamente preparada para reagir diante de uma crise desse porte; somente um código de valores e crenças sólido pode dar forças para superá-la.

Com o propósito de se aprofundar na origem das decisões morais no âmbito empresarial, é importante abordar o tema da integridade, entendida como a qualidade moral que permite uma auto-regulação em nível individual e coletivo; isto é, a capacidade de demonstrar um julgamento equilibrado no processo de tomada de decisão, embasado em uma conduta moral deliberada.

Um aspecto fundamental está em evoluir como organização, iniciando com uma capacidade, que é o que a empresa e sua gente podem fazer, até chegar a contar com um ativo, que é o que a empresa é e tem. Patrick e Quinn (2001) ilustram a diferença:

- As competências vêm do acúmulo de conhecimentos e habilidades (a experiência), além do "saber fazer". O resultado é o acréscimo de uma capacidade coletiva à organização.
- Os ativos tangíveis e intangíveis são valores pertencentes à empresa e se refletem, por sua vez, no valor geral da empresa.
- A competitividade sustentável de uma empresa vem fundamentalmente de seus ativos, difíceis de imitar e que são a base para formular uma estratégia de criação e oferta de valor. Entretanto, as competências se tornam ativos intangíveis na medida em que a organização consegue integrá-los a sua proposta de valor. De acordo com Patrick e Quinn (2001), as competências convertem a integridade em um valioso ativo organizacional, na medida em que fazem parte da responsabilidade dos diretores. São as seguintes:

1. Capacidade de alinhar as condutas morais individuais e coletivas, partindo da percepção, conhecimento e deliberação que assegure a análise, resolução e compromisso com os imperativos morais.
2. Capacidade de julgamento moral, o que significa alcançar os objetivos corretos seguindo os padrões de conduta moral, motivados pela boa intencionalidade da decisão, independentemente dos elementos adversos presentes no meio. Esta capacidade deve ir além das fronteiras da empresa, e considerar não só os componentes macroeconômicos associados com a decisão, mas sua inter-relação com o mercado, a política econômica e o impacto de ordem superior, como é o caso do meio ambiente.
3. Capacidade de evoluir dentro das etapas de maturação ética e habilidade de adaptação às normas morais externas. Esta competência leva a obter níveis de responsabilidade social após ter acumulado experiência e aprendido dos incidentes e dilemas éticos individuais e coletivos, próprios e alheios.
4. Capacidade de integrar os elementos da decisão moral, de tal maneira que seja possível conciliar e alinhar os processos organizacionais e externos à empresa. Esta capacidade é obtida na medida em que os processos éticos internos são melhorados, influindo no contexto moral do mercado, e exista uma conduta moral sustentável, inclusive em ambientes adversos e tolerantes.

Desenvolver as competências suscetíveis de se tornar um ativo para a competitividade requer esforços e iniciativas em várias frentes: educar os líderes, dirigentes e empreendedores na matéria; estabelecer responsabilidades e objetivos explícitos que assegurem o processo de conciliar as exigências dos grupos de interesse e efetuar auditorias periódicas, incorporando estes aspectos às auditorias financeiras e operativas tradicionais, para implantar planos de ação específicos. Na Figura 7-1 apresentamos alguns elementos a serem considerados para este último item.

1. Diagnóstico das condições atuais
   - Análise de identidade, para explorar a maneira como a companhia entende e apresenta sua conduta moral aos grupos de interesse.
   - Análise da imagem, para apreciar as percepções dos grupos de interesse principais em relação à projeção de sua conduta moral como empresa.
   - Análise de brechas, para avaliar a congruência de identidade e imagem por parte de fontes de *feedback*.

2. Capacidades futuras
   - Formular uma matriz de capacidade estratégica voltada a identificar as condições desejadas para alcançar uma vantagem competitiva sustentável baseada em valores.
   - Plano integral para assegurar a direção e atribuição de recursos requeridos, para instaurar a posição futura desejada.

3. Administração do processo de transição
   - Integrar uma equipe temporária de trabalho formada por membros de diversos grupos de interesse, para que se ocupe das questões levantadas na auditoria e diagnóstico.
   - Campanha sistemática de informação, para fortalecer a capacidade, credibilidade e visibilidade.

* Adaptado de Patrick e Quinn (2001).

Figura 7-1 Diagnóstico e ações para o fortalecimento da integridade como ativo da organização.*

O IMPERATIVO ECONÔMICO DA GESTÃO RESPONSÁVEL DA EMPRESA

Philip Condit, presidente da Boeing Co., a segunda maior empresa aeroespacial do mundo, renunciou a seu cargo em dezembro de 2002 depois de uma série de escândalos e acusações de conduta não ética (Wayne, 2003). A renúncia de Condit foi parte da seqüela de demissões do presidente de Finanças e outros executivos dessa corporação, sujeitos a uma investigação relacionada com um contrato fraudulento com a Força Aérea norte-americana de cerca de 20 bilhões de dólares. Aparentemente, tal contrato seria a salvação financeira da Boeing Co. após uma série de fracassos comerciais e a queda da aviação comercial resultante dos ataques terroristas de 11 de setembro. A situação econômica levou a empresa a demitir 30 mil funcionários e fechar várias de suas linhas de produção.

Os escândalos por falta de ética não eram novidade para a Boeing, pois a companhia já havia sido acusada de numerosas violações relacionadas com contratos da Secretaria de Defesa norte-americana durante anos. Por exemplo, a Boeing foi multada em 1982 em 450 mil dólares por supostas denúncias de tentativa de corrupção a oficiais do exército, e em 1989 a empresa foi acusada de tráfico de informação e multada em 5 milhões de dólares. Também foi culpada de exportar informação militar tecnológica secreta para outros países. Para muitos observadores, é inexplicável como a Boeing continua conseguindo contratos lucrativos do Departamento de Defesa dos Estados Unidos.

Cinco maneiras de analisar executivos, por Jim McNerney:

- Um líder traça o caminho, traduzindo a estratégia em planos administráveis.
- Estabelece altas expectativas, e as incrementa continuamente.
- Inspira os demais, para criar um clima de vencedores.
- Enfrenta a realidade, e se ajusta para cumprir seus compromissos.
- Apresenta resultados, e não racionaliza seus erros.

Phil Condit foi acusado de construir uma cultura organizacional na Boeing Co. que gerou os problemas mais recentes da corporação. Políticas de compensação e benefícios foram organizadas para permitir dispêndios e privilégios executivos sem precedentes. Por outro lado, Condit obteve uma série de suculentos contratos do Departamento de Defesa, o que permitiu a seus executivos fazer negócios no limite da legalidade. Do mesmo modo, promoveu práticas para não cooperar com as autoridades quando seus funcionários deviam ser investigados por conduta ética duvidosa.

Diante da renúncia de Phil Condit, Jim McNerney, antigo presidente da 3M Corporation, foi designado novo presidente da Boeing. Uma de suas primeiras ações foi atrelar em boa parte a compensação executiva, inclusive a própria, à liderança ética de seus diretores. McNerney declarou: "A forma de compensar mostra uma clara definição do que esperamos das pessoas. A mensagem é que não deve existir conflito entre fazer as coisas de maneira correta e obter resultados... Os dirigentes devem dar exemplo: entender como obter informação honestamente sobre como seus clientes pensam realmente. E nós vamos aprender a trabalhar com informação objetiva obtida dessa maneira" (Lunsford, 2006).

W. James (Jim) resolveu que os executivos da Boeing precisavam de uma boa chacoalhada. Em uma entrevista para a *Business Week* (13 de março de 2006) disse que existem elementos da cultura organizacional que se deformaram e deixaram de ser funcionais, por esse motivo tinham de ser alterados imediatamente. Mencionou que as rivalidades internas não só foram origem dos escândalos por falta de ética, mas também foram obstáculo para reduzir custos e realizar melhorias na corporação, por impedir o compartilhando de boas idéias entre todos. Em lugar de proferir discursos sobre valores, McNerney está tratando de administrar com o exemplo. "Havia uma cultura de ganhar a qualquer custo", afirmou, e o custo chegou a ser muito alto, já que a reputação da empresa ficou envolvida. Atualmente, na Boeing, o pagamento ao pessoal-chave está relacionado com o respeito aos novos valores da corporação, como promover a integridade e evitar a conduta abusiva. Aos poucos, a gigante está retomando o caminho da conduta moral e os resultados econômicos.

O novo dirigente da Boeing está conseguindo uma transformação necessária fundamentada em uma idéia simples: incluir a ética como parte da equação empresarial, pois está convencido de que é a base para os resultados econômicos esperados.

O conceito de que as corporações devem atender às exigências sociais, econômicas e ecológicas impostas por seus grupos de interesse e, ao mesmo tempo, às exigências financeiras impostas pelos acionistas, é conhecido como RSC (responsabilidade social corporativa). Infelizmente, os atuais dirigentes das corporações quase não conhecem este conceito, e muitos deles não chegaram a entender qual é sua função em relação a ele (Schacter, 2005). Para compreender o conceito basta revisar a história da The Home Depot, o caso da Johnson & Johnson ou a reação da Boeing Corporation. A reputação de todas estas empresas esteve em risco, por isso agiram estabelecendo ações socialmente responsáveis e obtiveram, ou estão obtendo, os benefícios econômicos da sociedade e de seus grupos de interesse.

As bases do governo corporativo estão sendo remodeladas por diversas razões, mas, de qualquer modo, a raiz está na distribuição do poder da empresa, antigamente concentrado em um pequeno grupo de acionistas e proprietários. Mark Schacter (2005) propõe uma análise da consciência com base nos seguintes questionamentos:

1. Como conter o poder da corporação?
2. A quais limites a corporação deve restringir-se para atender às exigências dos acionistas?
3. Que decisões devem ser tomadas para conciliar os interesses dos acionistas em um nível social mais amplo, que inclua os outros grupos de interesse pertinentes?
4. Quem deve ter influência no processo de tomada de decisão corporativo?

As considerações importantes em relação à gestão das corporações têm a ver com as regras e práticas formais e informais relativas ao exercício do poder nas corporações, à tomada de decisão e à forma de responsabilizar aqueles que as tomam. Visto desta maneira, a conduta ética nos negócios, isto é, a responsabilidade social das corporações, não é uma restrição, mas uma plataforma para fazer negócios.

CONCLUSÕES

A ética e a responsabilidade social representam uma vantagem competitiva para a organização que é capaz de evoluir até uma etapa onde pode e deseja conciliar os interesses dos acionistas com todos os seus outros grupos de interesse, ou *stakeholders*. A grande questão sobre a relação entre a conduta ética e os resultados financeiros na empresa se limita ao seguinte: uma corporação é socialmente responsável porque teve sucesso comercial ou tem sucesso porque foi socialmente responsável? É verdadeiramente possível que as organizações, de modo geral, evoluam na sua dimensão ética como o fazem do ponto de vista empresarial, para tornarem-se empresas de alto desempenho com base nos valores morais.

CASO PRÁTICO

FORD-FIRESTONE: A RESPONSABILIDADE SOCIAL DA CADEIA DE SUPRIMENTOS*

Em agosto de 2000, como resultado de uma investigação da Highway Traffic Safety Administration dos Estados Unidos, a Bridgestone-Firestone anunciou o *recall* de 6,5

---

* Com base na investigação documental realizada por José A. Cárdenas Marroquín, Josué G. González Pacheco, Alejandro Martínez Treviño, Nicolás Pombo Gallardo e Antonio Varela Cirilo para o curso de Filosofia Empresarial.

milhões de pneus defeituosos que haviam sido montados como parte do equipamento original de sete tipos de caminhonetes Ford e Mazda, fabricadas entre 1994 e 2000. As primeiras queixas apareceram na Venezuela, Arábia Saudita, Tailândia e Malásia em 1997, onde cerca de 47 mil usuários de caminhonetes Ford Explorer apresentaram reclamações. A Ford Motor Co. atribuiu oficialmente estes problemas às condições climáticas e às estradas desses países. A Firestone, por sua vez, considerou que os pneus haviam sido utilizados em condições "extremas e incomuns", provocando os problemas.

Ford Motor Company

A história desta empresa tem uma íntima relação com a família Ford. Henry Ford não era um empresário prodígio ou sujeito a um golpe de sorte. Ford cresceu em uma granja onde a principal atividade era a agricultura. Porém, algo muito forte atraiu sua imaginação desde pequeno: as máquinas e sua mecânica. Era reconhecido na vizinhança por sua habilidade para consertar relógios. Em 1896, inventou o quadriciclo, ainda longe do que no futuro seriam seus próprios automóveis, mas já mostrava habilidade para criar uma "carruagem sem cavalos". O quadriciclo trabalhava com um motor a gás, que ele fabricou na mesa de sua cozinha, e tinha força suficiente para que pudesse começar a atuar no mundo dos negócios.

O primeiro modelo de automóvel da Ford foi denominado Modelo A, e concorria com outros 15 fabricantes de automóveis em Michigan e com um total de 88 concorrentes nos Estados Unidos. Mas, desde o início, dava para perceber que a empresa seria grande. Sua persistência em fabricar automóveis para as massas lhe trouxe problemas com seus sócios, mas ele conseguiu adquirir 58,5% da empresa comprando a parte de outros sócios, e em 1906 tornou-se presidente da empresa.

Os anos que transcorreram entre as duas grandes guerras mundiais possibilitaram o crescimento de seu negócio de maneira notável, e Ford iniciou a produção de caminhões e tratores em 1917. Em 1919, houve um conflito com os demais acionistas que se opunham ao milionário investimento necessário para ampliar a unidade de Dearborn, Michigan. Por essa razão, Henry Ford ficou sozinho com seu filho Edsel como únicos proprietários. Edsel chegou a suceder seu pai na presidência da empresa, mas logo após sua morte em 1943, Henry Ford reassumiu o cargo.

Ao terminar a Segunda Guerra Mundial, seu neto mais velho, Henry Ford II, tornou-se presidente da companhia e iniciou os planos de reorganizar e descentralizar a empresa, que já começava a ter uma forte concorrência. Sua liderança permitiu à empresa continuar crescendo, e ele se manteve na presidência executiva até sua morte em 1987.

Atualmente, outro membro da família Ford é o presidente-executivo: William Clay Ford Jr., bisneto de Henry Ford, e que levou o conceito de "família Ford" a outra dimensão muito mais ampla, já que considera como membros de sua família todos seus funcionários, distribuidores, fornecedores, acionistas e clientes, e segue a visão estabelecida: "Criar grandes produtos que beneficiem nossos consumidores, acionistas e a sociedade".

A Ford Motor Company foi fundada em 16 de junho de 1903, quando Henry Ford e mais 11 sócios reuniram 28 mil dólares em efetivo para dar origem a uma das empresas mais representativas do desenvolvimento industrial do século XX. Como muitas outras grandes empresas, o início da Ford Motor Company foi modesto, e o primeiro registro de um embarque data de 20 de julho de 1903, um mês depois de ter iniciado as operações, quando venderam seu primeiro automóvel a um médico da cidade de Detroit.

Talvez a contribuição mais importante da Ford para a indústria automobilística tenha sido a linha de montagem em movimento. Foi utilizada pela primeira vez na unidade de Highland Park, Michigan, em 1913, e permitiu que os operários se especializassem em atividades específicas que realizavam sempre no mesmo lugar, enquanto os automóveis passavam por suas estações de trabalho. Este método permitiu uma eficiência nunca antes vista, porque elevou os níveis de produção de unidades, barateou o custo dos automóveis e os tornou mais acessíveis ao público.

Ford Modelo T.

Henry Ford insistiu em que o futuro da companhia fosse produzir automóveis econômicos para mercados de massa. Começando em 1903, decidiu usar as letras do alfabeto para nomear os novos veículos. E em 1908 nasceu o modelo T, que depois de 19 anos e 15 milhões de unidades vendidas, permitiu que a Ford se tornasse um complexo industrial que alcançaria reconhecimento mundial. Em 1925 a companhia adquiriu a Lincoln Motor Company com o objetivo de fabricar automóveis mais luxuosos, e em 1930 criou a divisão Mercury para atender ao segmento de preços médios. E a empresa continuava crescendo.

Nos anos 1950, foi criado o modelo Thunderbird, junto com a oportunidade de ter uma parte da Ford Motor Company, que tornou-se empresa pública em 24 de fevereiro de 1956. Então, com a visão que Henry Ford II tinha das tendências políticas e econômicas do mundo, trabalhou para expandir suas atividades pela Europa em 1967. Por outro lado, nos Estados Unidos, Canadá e México conseguiu uma consolidação na fabricação de componentes comuns desde 1971, antecipando-se por mais de vinte anos ao estabelecimento do Tratado de Livre Comércio da América do Norte.

A Ford Motor Company começou no século passado devido à visão de um único homem que procurou atender às necessidades das pessoas no momento de maior desenvolvimento industrial. Na atualidade, esta empresa é uma parte muito importante da indústria automobilística, e atua mundialmente com uma família de marcas como Ford, Lincoln, Mercury, Mazda, Jaguar, Land Rover, Aston Martin e Volvo.

Esta empresa iniciou seu segundo século de existência como uma organização global que mantém e expande o legado de Henry Ford, desenvolvendo produtos que atendem às variadas necessidades do mundo atual.

Firestone Corporation

Em 1895, Harvey Firestone conheceu Henry Ford, que estava procurando pneus para seus veículos. Até esse momento, a Ford usava pneus para bicicleta, que não atendiam aos requisitos de uma direção mais suave e, ao mesmo tempo, deveriam ser muito mais resistentes. A Firestone fabricou um jogo de pneus, o apresentou à Ford e assim definiu sua projeção dentro do negócio automotivo. Em 1900, fundou a The Firestone Tire & Rubber Company em Akron, Ohio. Em 1902, com um empréstimo bancário de 4500 dólares, instalou sua primeira fábrica de pneus, com máquinas usadas e 12 funcionários.

Em 1904, a Firestone desenvolveu o precursor do pneu moderno, com bandas laterais retas e de rápida produção. Já em 1906 estava entregando à Ford 2 mil jogos de pneus para seus automóveis, o maior pedido na história da indústria de pneus naquele momento. Os pneus desmontáveis surgiram em 1907. Foi outra inovação da Firestone, que oferecia ao condutor a facilidade de consertá-los e trocá-los. Em 1909 começou a fabricar também os aros metálicos.

Henry Ford

A expansão fora dos Estados Unidos começou em 1919, e chegou até o Canadá. Em 1928 estabeleceu sua primeira unidade em Brentford, Inglaterra.

No Japão, Ishibashi fundou a Bridgestone Tire Co., Ltd., em 1931 e inverteu seu sobrenome em inglês, Stonebridge, para que se parecesse com Firestone, empresa que ele admirava. Enquanto isso, a Firestone lançava no mercado dos Estados Unidos os primeiros pneus para trator.

Ao começar a Segunda Guerra Mundial, a Firestone começou a produzir pneus e outros equipamentos para veículos militares como jipes, caminhões e até tanques e pneus para avião. Ao terminar a guerra, a marca Firestone já era reconhecida em muitos países. Além disso, suas vitórias em corridas de automóveis deram maior impulso às vendas.

O primeiro pneu sem câmara surgiu em 1953; foi fabricado totalmente em náilon, material especial para uso doméstico. Ao mesmo tempo, a Bridgestone continuava avançando na Ásia, e sua qualidade lhe permitiu obter em 1968 o Prêmio Deming da qualidade. Com este prêmio, avançou no mercado norte-americano, e chegou à Califórnia mediante uma concessionária. A Firestone fabricou o primeiro pneu radial com cinturão de aço nos Estados Unidos em 1971.

A Bridgestone instalou sua primeira unidade produtora de pneus nos Estados Unidos ao comprar da Firestone as instalações de LaVergne, Tennessee, em 1983. A Bridgestone-Firestone estabeleceu seus escritórios corporativos em Chicago em 1987, e no ano seguinte, a japonesa comprou 100% da empresa norte-americana com todas suas operações mundiais, e mudou seu nome para Bridgestone-Firestone Inc. Em 2000, comemorou seu centésimo aniversário.

A aliança Ford-Firestone

A relação Ford-Firestone durou quase 100 anos, até surgir o caso dos tombamentos do Explorer da Ford, com pneus Firestone. Nesse momento, a Ford decidiu retirar os pneus de seu ex-sócio no negócio automobilístico, e ofereceu substituir os 13 milhões de pneus Wilderness AT de todos os seus veículos, pois esses acidentes haviam matado 174 pessoas e pelo menos 700 ficaram feridas.

Como veremos mais adiante, cada empresa acusa a outra de ser culpada pelos acidentes fatais ocorridos principalmente nos Estados Unidos e na Venezuela com o Ford Explorer. O mais grave é que ambas as empresas receberam informações sobre o problema muitos meses antes de decidirem retirar os pneus. Os norte-americanos não lhes perdoam o tempo desperdiçado em mútuas acusações, enquanto o problema afetava a vida das pessoas.

A indústria automobilística

Esta indústria sempre foi reconhecida como um dos pilares da indústria moderna. Os processos de produção e de qualidade de indústrias automobilísticas serviram de guia para outras indústrias. Que processo rege esta indústria? Que instituições se encarregam de regular a atividade e a segurança dos produtos oferecidos por estas empresas? Neste caso em análise, duas empresas historicamente bem-sucedidas, uma norte-americana e outra japonesa, viram-se envolvidas no maior caso de acidentes rodoviários da história provocados por empresa do ramo automobilístico. A combinação de dois importantes fatores desencadeou uma série de acidentes, em muitos dos quais houve mortes. As mortes foram provocadas pelo desprendimento da banda de rodagem, a parte do pneu que contém os arames de aço dos tipos ATX, ATX II e Wilderness AT Firestone, que ocasionava por sua vez uma forte instabilidade, principalmente nos veículos esportivo-utilitários Ford Explorer. Esta combinação fazia com que o veículo capotasse.

Para analisar o caso, é necessário conhecer detalhadamente o processo de fabricação de um pneu. As matérias-primas básicas para a manufatura de um pneu radial são produtos químicos, pigmentos, cerca de trinta diferentes tipos de lonas, cordão têxtil, cordão de arame etc. As lonas se misturam com azeites, carvão, pigmentos, antioxidantes, aceleradores e alguns outros aditivos que conferem algumas propriedades ao composto. Os compostos são aquecidos até obter uma pasta ardente que será processada em moinhos e cortada em tiras conforme o tipo de componente a ser fabricado. O poliéster, náilon ou rayon são utilizados para criar o corpo do pneu. O arame de aço é usado para criar a estrutura do pneu e oferecer a rigidez necessária. Adicionam-se ao pneu as cintas de aço que resistirão aos furos e manterão a banda de rodagem firmemente aderida à estrada. A banda de rodagem é o último componente a se unir ao pneu. O procedimento de vulcanização e inspeção se realiza no final do processo.

O marco legal

A National Highway Traffic Safety Administration (NHTSA) é responsável pela redução de mortes, lesões e perdas econômicas resultantes de choques de veículos automotivos. A NHTSA cria e desenvolve padrões de segurança para veículos motorizados e outros equipamentos, e mediante garantias a governos estaduais e locais, os incentiva a promoverem programas efetivos de direção em auto-estrada. A NHTSA investiga defeitos de segurança em veículos motorizados, cria e promove os padrões de economia de combustível, apóia as comunidades estaduais e locais a reduzirem a ameaça de motoristas sob efeitos do álcool, promove o uso de cintos de segurança, assentos para bebês e *airbags*, investiga fraudes em manipulação de odômetros, estabelece e implanta regulamentos para alarmes antifurto e fornece informações ao consumidor sobre segurança em veículos motorizados.

A NHTSA, ramo do Department of Transportation (DOT), decretou em uma de suas recentes atualizações, em 8 de abril de 2005, o documento "49 CFR Partes 571 e 585, Federal Motor Vehicle Safety Standards; Tire Pressure Monitoring Systems; Controls and Displays", a instalação de um sistema de monitoramento de pressão capaz de detectar quando um pneu estiver significativamente abaixo do nível recomendado de pressão de ar. Este novo regulamento se aplica a todos os veículos leves novos, e o sistema deve ser capaz de detectar qualquer redução de pressão menor ou igual a 25% da recomendada pelo fabricante.

Da mesma maneira, a NHTSA determina os regulamentos que deverão ser acatados pelas empresas de fabricação automobilística. No caso em estudo, a NHTSA decretou que a Firestone teria de realizar a retirada de 6,5 milhões de pneus ATX, ATX II e Wilderness AT XXXXX, que provocavam os acidentes nos Ford Explorer. Por sua vez, a Ford realizou um investimento de 2100 milhões de dólares para efetuar a troca dos pneus Firestone colocados nos veículos Ford por pneus de outro fabricante. Em ambos os casos, a NHTSA controlou os aspectos legais da forma de agir de ambas as empresas.

Qualidade, normas e responsabilidade social

O desprendimento da banda de rodagem do pneu gerou uma série de problemas que finalmente culminou com o capotamento do veículo. Por que se soltava? Havia algum defeito na qualidade dos materiais ou no processo de manufatura? Quando não há um processo de qualidade na montagem dos componentes, corre-se o perigo de que a banda de rodagem se desprenda da base do pneu. Outras causas do desprendimento são a temperatura extrema, o desgaste excessivo e o inflado excessivo ou deficiente do pneu. Existe um valor de desgaste relativo de um pneu, que está indicado nele: quanto maior for o número, maior deveria ser o tempo para o desgaste da banda de rodagem do pneu. Um pneu de controle (constante) está avaliado em 100. Os pneus do mercado se comparam com o pneu de controle. Por exemplo, um pneu comercial com valor de desgaste igual a 200 deveria demorar o dobro do tempo para sofrer desgaste do que o pneu de controle.

Cronologia e descrição de eventos

Quando as notícias dos acidentes com carros utilitários esportivos começaram a se avolumar, a NHTSA iniciou a investigação daquilo que unia os veículos ao pavimento: os pneus. As hipóteses eram corretas, e a Bridgestone-Firestone iniciou um dos maiores *recalls* de pneus da história.

1996. Escritórios governamentais do Arizona reclamam de falhas nos pneus da Firestone para caminhões leves. As reclamações apontavam para a separação da banda de rodagem como causa dos acidentes. Engenheiros da Firestone investigam, mas não encontram nenhum defeito.

1997-1998. A Ford Motor Co. começa a receber informações sobre a separação da banda de rodagem dos pneus Firestone em uma frota de Explorers na Arábia Saudita.

Julho de 1998. Um investigador da State Farm Mutual Insurance Co. envia um e-mail à National Highway Traffic Safety Administration, notificando que havia recebido 21 relatórios que culpavam os pneus Firestone ATX 14 do Ford Explorer.

Agosto de 1999. A Ford substitui os pneus Firestone Wilderness AT de 16 polegadas no Meio Oriente por pneus Goodyear. A Bridgestone-Firestone Inc. comunica à Ford que não há necessidade de realizar a substituição.

Fevereiro de 2000. KHOU, uma estação de televisão filial da CBS em Houston, informa sobre o problema de separação da banda de rodagem. A NHTSA começa a receber queixas dos clientes.

16 de fevereiro de 2000. A Ford substitui os pneus Firestone ST6 na Malásia e na Tailândia por pneus Goodyear. Uma vez mais, a Bridgestone-Firestone comunica que não há necessidade de substituição.

Abril de 2000. A Bridgestone-Firestone completa um estudo de cinco meses com pneus Firestone no Ford Explorer no Arizona, Nevada e Texas, e conclui que não há evidência de qualquer problema nos Estados Unidos.

Maio de 2000. A Ford substitui pneus de 15 e 16 polegadas da Firestone na Venezuela por pneus Goodyear. Mais uma vez, a Bridgestone-Firestone comunica que não há necessidade de substituição.

2 de maio de 2000. A NHTSA abre uma investigação sobre os pneus Firestone que pudessem apresentar uma separação da banda de rodagem. Até esse momento, a agência havia recebido 90 queixas e até relatórios de 33 colisões, com um resultado de 27 feridos e quatro mortes.

9 de agosto de 2000. A Bridgestone-Firestone Inc. anuncia o *recall* de 6,5 milhões de pneus ATX, ATX II e Wilderness AT, muitos deles vendidos como acessório de série dos novos Ford Explorer.

31 de agosto de 2000. A NHTSA intensifica a investigação para averiguação, preliminar a um teste de engenharia. Até esse momento, a agência já tinha informações sobre 88 mortes e mais de 250 casos de feridos. No dia seguinte, a agência publica uma lista de aproximadamente mais 1,4 milhões de pneus que necessitam ser substituídos. Mas a Bridgestone-Firestone rejeita o *recall*.

6 de setembro de 2000. O Congresso concede audiências sobre o caso. O diretor-executivo da Bridgestone-Firestone Inc., Masatoshi Ono, pede desculpas pelos acidentes fatais que pudessem estar relacionados com os pneus de sua companhia; o diretor-executivo da Ford Motor Co., Jacques Nasser, insiste em que sua companhia não deve ser responsabilizada.

6 de novembro de 2000. A Bridgestone-Firestone comunica que está procurando as possíveis causas dos defeitos dos pneus em projetos deficientes e problemas de manufatura em sua unidade em Decatur, Illinois.

27 de novembro de 2000. A Bridgestone-Firestone comunica que está concluindo seu *recall* de 5,3 milhões de pneus e com oferta de pneus de substituição para superar a demanda.

6 de dezembro de 2000. A NHTSA anuncia que foram comunicadas à agência 148 mortes e mais de 525 casos de feridos relacionados com os pneus Firestone.

14 de dezembro de 2000. O presidente da Bridgestone Corp., Yoichiro Kaizaki, comunica que os acidentes fatais relacionados com pneus Firestone são causados por uma série de fatores, não só por problemas nos pneus. Quase um mês depois, Kaizaki comunicou que renunciaria em março de 2001.

19 de dezembro de 2000. A Bridgestone-Firestone informa que as acusações questionavam a separação da banda de rodagem por um erro de projeto e pelo processo de fabricação de lonas em uma unidade em Illinois. Também culpa os níveis de pressão de ar menores e as sobrecargas no veículo superiores às recomendadas pela Ford.

2 de janeiro de 2001. A Ford comunica que oferecerá garantias para todos os seus modelos Ford, Lincoln e Mercury como uma forma de alerta por qualquer problema com os pneus. A Ford comunica que as garantias começarão a partir dos modelos 2001.

6 de fevereiro de 2001. A NHTSA anuncia que foram denunciadas 174 mortes e mais de 700 feridos.

23 de março de 2001. Em seu relatório anual, a Ford declara que os processos sobre a retirada de pneus Firestone e capotagens do Explorer geraram perdas de pelo menos 590 milhões de dólares até o final de 2000. Este número incluía apenas os danos que algumas vítimas citaram em seus processos, e não considerava os investimentos que a Ford realizou durante o *recall*.

18 de maio de 2001. A Ford comunica que não decidiu se pedirá um *recall* mais amplo de pneus Firestone, apesar de um relatório do *New York Times* a favor do mesmo.

21 de maio de 2001. A Bridgestone-Firestone encerra uma relação de 95 anos com a Ford, expressando que "o fundamento básico de nossa relação foi seriamente prejudicado". No dia seguinte, a Ford realiza a retirada dos 13 milhões de pneus Wilderness AT restantes de seus veículos, esclarecendo que está preocupada com a segurança das pessoas. O *recall* obrigará à Ford a gastar 2100 milhões de dólares.

24 de agosto de 2001. A Bridgestone-Firestone Inc. cobre uma fiança em uma demanda de 1 bilhão de dólares, após uma família do Texas exigir indenização por um acidente que deixou uma mulher paralítica. O valor não foi liberado.

4 de outubro de 2001. A National Highway Traffic Safety Administration intima a Bridgestone-Firestone a realizar um *recall* de mais 3,5 milhões de pneus Wilderness AT montados em veículos esportivo-utilitários. O *recall* afetou os pneus P235/75R15 e P255/70R16 Wilderness AT manufaturados até 1998. A Firestone afirma que unicamente cerca de 768 mil continuam ainda no mercado.

7 de novembro de 2001. A Bridgestone-Firestone Inc. aceita pagar 41,5 milhões de dólares em um acordo para encerrar os processos dos estados por pneus defeituosos. Cada um dos 50 estados, Washington, D.C., Puerto Rico e as Ilhas Virgens receberão 500000 dólares. A Bridgestone-Firestone em Nashville, Tenn., investirá também 5 milhões de dólares em uma campanha de educação ao consumidor e 10 milhões de dólares para devolver os honorários dos demandantes para os estados.

31 de janeiro de 2002. A Bridgestone-Firestone conclui o *recall* dos pneus.

13 de fevereiro de 2002. A NHTSA nega uma solicitação para investigar o Explorer, especificando que a informação não fundamenta a reclamação feita pela Bridgestone-Firestone de que as características de uso da caminhonete provocaram as capotagens seguidas da separação da banda de rodagem dos pneus.

31 de março de 2002. A Ford conclui o oferecimento de substituição gratuita dos pneus Firestone Wilderness AT em seus veículos.

15 de novembro de 2002. A CBS News divulga que o governo federal está considerando reabrir sua investigação focada nos pneus Firestone Steeltex com base em uma solicitação de um advogado *class-action*. A Firestone respondeu: "Nós estamos avaliando constantemente nossos pneus e estamos comprometidos em tomar medidas se for necessário. Neste caso, não é".

15 de março de 2004. Mais de três anos após o *recall*, um juiz da corte estadual do Texas aprovou uma indenização de 149 milhões de dólares para trinta processos contra a Bridgestone-Firestone. Ao todo, a indenização envolveria cerca de 15 milhões de motoristas e 60 milhões de pneus.

O dilema ético

Hipótese 1

A obrigação formal da relação Ford-Firestone. *"As empresas responsáveis não assumiram oportunamente seu compromisso com a qualidade e a segurança do produto final entregue ao consumidor."*

Considerando a Teoria Deontológica, a moralidade das ações destas empresas deveria ter respondido a certos princípios que em si mesmos estão ligados ao cumprimento de seu dever como fornecedores de produtos: ações explícitas que, mesmo não podendo ser consideradas como um código legal, são facilmente identificáveis, neste caso por afetar diretamente a segurança e integridade física dos usuários. A Ford e a Firestone assumiram oportunamente seu dever como fornecedores?

Hipótese 2

A justificativa do impacto das decisões. *"Nenhuma das duas empresas adotou as ações requeridas até o limite máximo de sua responsabilidade quanto a garantir a segurança do consumidor final."*

Uma crise organizacional se relaciona com uma série de eventos que, em certas circunstâncias, desencadeiam uma situação crítica. Uma conseqüência imediata pode ser uma reação do cliente, ou da empresa, ou de ambos, diante da situação que, com o tempo, chega a ponto de estabelecer um novo equilíbrio entre as partes. Na crise Firestone-Ford, a reação do cliente foi exigir legalmente compensações econômicas. Por parte das empresas, suas reações foram apoiar ao cliente, retirar o produto, negar o evento e responsabilizar um terceiro, não necessariamente nessa ordem. O desfecho foi essencialmente a favor do cliente, mesmo com perdas irreversíveis. As empresas, por sua vez, sofreram o desprestígio de sua organização e marca, queda nas vendas e falência técnica no caso da Firestone, além de grandes perdas de capital. O desfecho da crise foi resultado das reações das empresas? Foi conseqüência de não terem chegado aos limites de sua responsabilidade? Uma tendência utilitarista destaca que a empresa deveria avaliar as conseqüências de suas ações e considerar seu impacto. Isto pode ser aplicado ao caso Firestone-Ford?

Hipótese 3

A responsabilidade social da aliança Ford-Firestone. *"As empresas não assumiram a responsabilidade conjunta de ter colocado um produto inseguro nas mãos do consumidor."*

Algumas das teorias da justiça social defendem que todos os indivíduos têm direito aos mesmos benefícios sociais, independentemente das capacidades e habilidades individuais. Entretanto, no caso Ford-Firestone só aqueles que foram capazes de processar judicialmente as empresas foram favorecidos com compensações econômicas. Qual é a responsabilidade final das empresas diante da justiça social? Esta atitude responsável é alcançada agindo como a Bridgestone-Firestone e a Ford Motor CO.?

Em 1981, a Ford Motor Company foi processada pelas lesões e desfiguração causadas por queimaduras sofridas por Richard Grimshaw, um menino de 13 anos tentando sair de um Ford Pinto em chamas. Lilly Gray, que dirigia o automóvel, morreu poucos dias depois do acidente. Um júri da Califórnia concedeu uma compensação de 126 milhões de dólares a Richard. O acidente foi conseqüência da recusa dos diretores da Ford Motor Company em investir em projetos de segurança, que teriam custado entre US$ 1,80 e US$ 15,30 por Ford Pinto. Comenta-se que os donos da Ford preferiram pagar os casos ilícitos de morte e lesões, e como resultado o Ford Pinto tornou-se um alvo de alto risco em batidas, porque seu tanque de combustível explodia mesmo circulando em baixa velocidade. A Ford não aprendeu que sua responsabilidade social é produzir e comercializar produtos seguros para o consumidor?

Reescrevendo a história

Por um lado, parece evidente aceitar a hipótese de manter um contínuo debate e negar a culpa das partes responsáveis, que não assumem a responsabilidade de resolver o problema detectado. O constante interesse em não aumentar os custos em suas operações é evidente em ambas as empresas, que evitaram cumprir os critérios éticos definidos.

Por exemplo, o governo venezuelano acusa ambas as empresas de não ter realizado a retirada dos pneus logo depois dos primeiros casos de acidentes em 1998. Os engenheiros da Ford haviam identificado problemas com a pressão recomendada para calibração, e a direção não levou isso em conta. Os engenheiros recomendaram fazer ajustes no projeto do veículo, como modificar o centro de gravidade e a geometria da suspensão traseira. A Ford preferiu assumir os custos das possíveis reclamações sobre um veículo mal projetado, em vez de realizar uma reengenharia de seu veículo estrela.

A Firestone e a Ford fabricaram, desenvolveram e testaram conjuntamente os pneus defeituosos, por isso a Ford não pode atribuir toda a responsabilidade à Firestone. Antes de confirmar o pedido, a Ford comparou os pneus da Firestone com os da Goodyear. Todos os estudos recomendavam os da Goodyear. Mas a Ford optou pela Firestone, pois a Goodyear informou que não poderia fabricá-los com o preço pretendido. É evidente que se privilegiou o preço frente à qualidade, o que é contra o legado de sua missão.

Nenhuma das duas empresas aceitou sua culpa. A Ford encomendou mais pneus à Firestone em dezembro de 2000, antes da crise econômica, quando ainda se vendiam centenas de Explorers nos Estados Unidos. Mesmo depois disso, durante os processos, a Ford culpou a Firestone de ter descuidado do controle da qualidade. E assim foi: a Firestone aumentou sua produção, mas não com melhores máquinas. Simplesmente, acelerou a produção fazendo seus operários trabalharem mais, diminuindo o tempo de fabricação de cada pneu.

Yoichiro Kaizaki, presidente da Bridgestone Corporation, afirmou que eram várias as causas dos acidentes fatais relacionados com os pneus Firestone, e não estavam relacionados somente com problemas nos pneus. Quase um mês depois, Kaizaki comunicou que renunciaria em março de 2001. Em uma reunião em Nashville, à qual compareceram advogados das três partes, vítimas, Ford e Firestone, um advogado da Ford perguntou a um da Firestone: "Por que demoraram tanto em passar-nos a informação sobre as bandas de rodagem defeituosas?" O advogado da Firestone respondeu: "Seu departamento jurídico decidiu não assinar um acordo de confidencialidade". Ao se acusarem mutuamente, ambas as empresas demoraram para resolver e comunicar os problemas gerados.

Por outro lado, existem argumentos para invalidar esta hipótese. É certo que os pneus Firestone em questão foram projetados e manufaturados com alguns defeitos de qualidade, fato descoberto somente depois que aconteceram os acidentes nas estradas. Do mesmo modo, soube-se que, com o passar do tempo, os Ford Explorer apresentavam algumas oportunidades de melhoria no projeto, o que poderia eventualmente ter evitado os capotamentos. Entretanto, ambas as empresas adotaram ações de maneira independente para solucionar os problemas que se apresentavam. Engenheiros da Firestone investigaram em 1996 o caso da separação da banda de rodagem dos pneus de caminhões ligeiros no estado do Arizona, mas não acharam nenhum defeito. Em novembro de 2000, a Bridgestone-Firestone assumiu sua responsabilidade e comunicou que estava determinando as possíveis causas das falhas dos pneus em projetos de produtos defeituosos e problemas de manufatura em sua unidade em Decatur, Ill. Por sua vez, a Bridgestone-Firestone estava próxima de finalizar o *recall* de 5,3 milhões de pneus substituídos, e com oferta de pneus de substituição superando a demanda.

No caso em estudo, a evidência indica que as duas empresas, a Ford e a Bridgestone-Firestone, procuraram proteger o consumidor final. As circunstâncias e a imprensa sensacionalista procuraram desprestigiar totalmente ambas as empresas e destruí-las, sem perceber as ações empreendidas tanto pela Ford como pela Bridgestone-Firestone para garantir um produto final de qualidade. Quando os acidentes começaram em 1998 em países como a Venezuela, e depois na Arábia Saudita, Tailândia e Malásia, a Ford e a Bridgestone-Firestone fizeram o que tinham de fazer: retirar os pneus nesses países e avisar os Estados Unidos sobre o possível problema que poderiam ter os pneus. Entretanto, os meios de comunicação como o rádio, o jornal e a televisão, iniciaram a caçada à Ford e à Bridgestone-Firestone, inventando histórias e desprestigiando a ambas as empresas. Posteriormente vieram os processos, e a Ford e a Bridgestone-Firestone se tornaram autênticos vilões.

Talvez a maior omissão da Ford e da Bridgestone-Firestone foi não terem apresentado um boletim oficial explicando as prováveis causas do problema. Para começar, na Venezuela, Arábia Saudita, Tailândia e Malásia as pessoas dirigem em alta velocidade e com pouco senso de responsabilidade. Além disso, as estradas não estão nas melhores condições, o que aumenta a possibilidade de acidentes. Por último, os usuários das caminhonetes calibravam os pneus acima ou abaixo dos níveis recomendados, o que também influiu em muitos dos acidentes.

O assédio da imprensa chegou até extremos de inventar o seguinte:

- No Canadá foi proibida a venda do Explorer. Isto é completamente falso, já que a Ford manteve sua posição no segmento das SUV, com vendas que representavam 40 e 60% das vendas no Canadá entre 1996 e 2000.
- O Explorer tem uma alta incidência de acidentes. Não há cifras confiáveis na Venezuela que permitam provar a veracidade dessa afirmação. Nos Estados Unidos, as estatísticas mostram que rodam pelas estradas ao redor de 3,5 milhões de Explorers, que é o segundo modelo com menor freqüência de acidentes e está em terceiro lugar entre os que menos capotam.
- O *transfer* se ativa repentinamente e trava as rodas, inclusive nas 4 x 2. É completamente falsa esta afirmação; é como passar para a primeira marcha rodando a 120 km/h. Nos acidentes não foi evidenciado este defeito.
- O ABS se ativa e bloqueia as rodas. Pelo contrário, o ABS serve para evitar que as rodas se travem em caso de uma freada de urgência.
- No Explorer 2000 foi adicionada uma barra estabilizadora. É uma das afirmações falsas mais difundidas, já que o Explorer tinha, desde 1996, duas barras estabilizadoras.
- A Ford ordenou fazer aberturas de ventilação nos discos de freios traseiros, para dissipar o calor que derrete a borracha dos pneus. Completamente falso, já que nenhum disco pode gerar tanto calor para derreter a borracha dos pneus.
- O eixo traseiro do veículo se desloca para um lado. Nos casos investigados não há evidência de que isso tenha acontecido.

Como se pode ver, os meios de comunicação procuraram criar uma série de afirmações para desprestigiar a Ford e a Bridgestone-Firestone, apesar de elas terem assumido a responsabilidade de trocar os pneus e avisar os clientes sobre as possíveis falhas que os pneus e esses veículos pudessem ter.

É possível confirmar que tanto a Firestone como a Ford tiveram tempo e elementos para tomar uma decisão oportuna e evitar os acidentes fatais que se apresentaram com a combinação Ford Explorer-Firestone Wilderness AT/ATX. Quando surgiram os primeiros relatórios de acidentes, a Ford consultou a Firestone sobre as possíveis falhas, e aceitou a resposta de seu fornecedor de pneus por muito tempo: "são problemas de direção dos motoristas ou causados pelos climas extremos da Arábia e da Venezuela". Entretanto, existe a dúvida de que esta posição ambígua de ambas as empresas fosse assumida como medida para evitar mais "barulho" e danos à imagem de suas marcas, isto é, de terem "lavado as mãos" mutuamente.

Mas desconsiderar esses primeiros incidentes custou caro às empresas. Posteriormente, quando em abril de 2000 a Firestone realizou um estudo com seus pneus Firestone nos Ford Explorer nos Estados Unidos e concluiu que não havia evidências de problemas para os motoristas norte-americanos, estava a caminho de formalizar sua falência técnica.

Não passou muito tempo para que ocorresse o inevitável: em agosto de 2000 a Firestone aceitou fazer o anúncio de um *recall* de 6,5 milhões de pneus ATX, ATX II e Wilderness AT, muitos deles vendidos como equipamento de série nos novos Ford Explorer. Mas, enquanto isso, a Ford não fazia nada. Esperou durante todo esse tempo que seu fornecedor de pneus cuidasse do problema, e só em 2001 ofereceu garantias em todos seus modelos Ford, Lincoln e Mercury contra defeitos nos pneus. Efetuou a retirada de 13 milhões do Wilderness AT de seus veículos, e esclareceu que estava preocupado com a segurança dos usuários. Demorou a reagir quase cinco anos para resolver um problema de segurança que afetou clientes e consumidores.

O compromisso de garantir a segurança do consumidor final começa internamente na Ford e na Bridgestone-Firestone com controles de qualidade eficientes. A união entre a Ford e a Bridgestone-Firestone nunca existiu, já que se acusaram mutuamente, até que foi impossível manter esses pneus no mercado e tiveram de ser substituídos. Por último, o diretor-executivo da Bridgestone-Firestone mencionou em uma ocasião que preferia pagar a indenização de mortes e acidentes a enfrentar um enorme gasto para recuperar e substituir os pneus já vendidos. No final do dia, tiveram de trocar um grande número de pneus, e chegaram a ponto de que o desprestígio de ambas as empresas provocou uma deterioração substancial de suas finanças.

É importante considerar que, ao aceitar finalmente os problemas nos pneus, os parceiros comerciais retiraram o produto de muitas prateleiras nos postos de venda. Mas não trocaram em primeira instância os pneus de todos os veículos que já haviam sido montados. Foi uma ação irresponsável porque, de acordo com os estudos especializados do caso, a única forma de verificar a qualidade seria cortando os pneus para constatar a presença ou ausência das capas de náilon requeridas. Por outra parte, só em algumas instâncias, diante dos processos de alguns consumidores bem assessorados, substituíram gratuitamente os amortecedores e reforços das travessas dos veículos afetados. Mais ainda, existe responsabilidade compartilhada evidente por conspiração contra a segurança do usuário, devido ao fato de vários executivos das empresas em questão se reunirem premeditadamente para planejar saídas técnicas e legais de uma situação que afetava seus interesses mercantis "apesar de causar danos, destruição e morte". Por outro lado, a tolerância jurídica de um país para outro também mostrou um tratamento injusto das vítimas ao longo das fronteiras, não só no tempo de resposta, mas também nos montantes das indenizações. Na Venezuela, por exemplo, a Firestone e a Ford sofreram 45 processos, que demoraram meses até receber resposta favorável. Ao contrário, os processos dos mexicanos residentes nos Estados Unidos avançaram, enquanto os processos no México encontraram sérios obstáculos para favorecer ao consumidor. O *recall* dos pneus potencialmente defeituosos não foi uma ação unilateral das empresas culpadas, mas uma resposta aos relatórios de 62 acidentes fatais apresentados pela National Highway Traffic Safety Administration dos Estados Unidos. Além disso, a Firestone não contratou investigadores independentes para resolver os problemas. Somente o fez após receber a pressão direta de advogados e grupos de interesse. Por último, as empresas não ignoravam este tipo de problemas. Da mesma forma que a Ford no caso do automóvel Pinto, a Firestone tinha experiência em produtos defeituosos, pois em 1978 participou do maior *recall* de pneus até então, ao ter de recolher 14,5 milhões de seus produtos por ter aplicado excesso de adesivo, o que provocou mais de 500 acidentes.

De alguma maneira podemos afirmar que as empresas envolvidas responderam responsavelmente ao problema, pois reconheceram sua gravidade, embora minimizada por algumas investigações. Por exemplo, em alguns países como a Venezuela, onde o problema começou publicamente, não parece haver cifras confiáveis sobre a incidência dos acidentes da caminhonete Explorer, mas nos Estados Unidos ficou provado que os 3,5 milhões de veículos deste tipo que circulam nesse país são o segundo modelo com menor freqüência de acidentes e o terceiro que menos capota. Além disso, muitos dos acidentes fora da União americana ocorreram em países onde, legal ou ilegalmente, é comum dirigir a grande velocidade, por caminhos não muito confiáveis, e a altas temperaturas. Para finalizar, os problemas nos pneus não ocorreram apenas nos Ford Explorer, mas em muitos modelos de diversas marcas, e aparentemente provocados por pneus Firestone. Entretanto, uma vez identificado o impacto do problema, mas ainda não a causa, a Bridgestone-Firestone foi protagonista da segunda retirada de pneus mais numerosa na história dos Estados Unidos.

A responsabilidade social da Ford e da Firestone

Quanto à obrigação formal, o fato mais grave do caso é que nem a Firestone nem a Ford concordaram em aceitar de maneira oportuna um possível defeito em seus produtos e agir em conseqüência. O comportamento de ambas as empresas foi atacar-se mutuamente sem reconhecer responsabilidades, até quando a evidência as tornou culpadas. Nunca existiu uma iniciativa claramente desinteressada por parte das empresas de resolver a tempo os problemas. Decidiram agir somente quando a NHTSA abriu uma investigação formal contra ambas as empresas. A atitude egoísta foi o que as levou a ser alvo de muitas demandas e acusações por falta de responsabilidade e correspondência a seus clientes.

O momento da verdade ocorre quando os que estão dentro da empresa descobrem que algo está falhando em seus produtos ou processos. Esse momento coincide com uma situação difícil em relação à sua imagem pública, com quedas nas vendas e lucros, e a verdade costuma ser ignorada para poder manter a imagem e também os benefícios. A Ford e a Firestone esqueceram aqui um dos princípios da ética nos negócios: a verdade sempre é descoberta.

Cabe destacar que a tomada de decisão sob um esquema de responsabilidade ética que afeta a terceiros é fundamental para conseguir recuperar a confiança dos consumidores: o caminho da verdade é o mais curto, direto, transparente e o que obtém melhores resultados na perspectiva dos consumidores. Por esta razão, são estes momentos cruciais os que põem à prova a conduta ética da empresa, ao ter de agir, aceitar e responder a problemas importantes.

Está clara a responsabilidade conjunta da Ford e da Bridgestone-Firestone de entregar um produto que garanta a segurança do consumidor. Mas nenhuma destas duas grandes empresas, líderes e reconhecidas internacionalmente, atuaram de acordo. É surpreendente ver que até as grandes corporações passam por cima de aspectos tão fundamentais como oferecer um produto confiável e seguro. O mais delicado do caso foi que nenhuma das duas empresas levou a sério sua responsabilidade, até que a pressão da imprensa foi intensa e surgiram os processos impetrados pelas vítimas. A postura passiva lhes custou muito dinheiro e desprestígio. Talvez o desfecho tivesse sido muito diferente se em 1998 tivessem aceitado sua responsabilidade compartilhada, trabalhado em conjunto para aceitar o erro e corrigi-lo de maneira imediata.

A Bridgestone-Firestone e a Ford Motor Company não agiram eticamente. O raciocínio é que as empresas não assumiram sua responsabilidade conjunta de fabricar e comercializar produtos colocando no mercado um produto seguro para seus usuários, até certo ponto de maneira premeditada e de maneira recorrente. Por outra parte, uma vez descobertos os problemas, trataram de corrigir suas ações respondendo aos diferentes processos com soluções individuais, desiguais e injustas. Em todo caso, prevaleceram os interesses financeiros, comerciais e de imagem até que não puderam mais impedir o impacto dos processos das autoridades, dos grupos de interesse e da sociedade em geral.

Bibliografia

Argüelles, D.; Jacobi, J. "Explorer: Mitos, exageraciones y conclusiones". Disponível em: <http://www.auto-motriz.net/articulos/explorer-estudio.html>, em 18 de agosto de 2005.

Argüelles, D. "INDECU acusa a Bridgestone-Firestone y Ford de conspiración contra usuarios de Explorer". Disponível em: <http://www.automotriz.net/articulos/indecu-acusacion.html>, em 12 de agosto de 2005.

Boatright, J. R. *Ethics and the Conduct of Business*. Nova Jérsey: Prentice Hall, 1997.

"Cleaning Up Boeing". *Business Week on Line*. Disponível em: <http://www.businessweek.com/maga-zine/content/06_11/b3975088.htm>, em 18 de agosto de 2005.

CNN Money. "Firestone case scrutinized". Disponível em: <http://money.cnn.com/2000/08/27/compa-nies/firestone>, em 12 de agosto de 2005.

CNN Money. "Firestone tires retired". Disponível em: <http://money.cnn.com/2000/08/09/news/firestone_retiro>, em 15 de agosto de 2005.

CNN. "Drug caches found in Home Depot vanities" Disponível em: <http://www.cnn.com/2006/US/06/14/>, em 15 de agosto de 2005.

CSR Working Group. *The Home Depot. Giving Back to Communities.* Governo do Canadá, Disponível em: <http://www.nrcan.gc.ca/sd-dd/pubs/csr-rse/pdf/cas/hd_e.pdf#search='The por ciento20Home por ciento20Depot. por ciento20Giving por ciento-20Back por ciento20to por ciento20Communities'>, em 22 de junho de 2006.

Donaldson, T. "The ethical wealth of nations". *Journal of Business Ethics*, 2001. 31: 25-37.

EUROPA PRESS "El beneficio de Bridgestone cayó un 80 por ciento en 2000 a causa del caso Firestone", Tokio, 22 de fevereiro de 2001. <http://www.labolsa.com/noticias/20010222113027/>.

"Firestone/Ford: A Case Study How the Civil Justice System Uncovers the Truth for Consumers".12 de julho de 2000. Disponível em: <http://www.vtla.com/Firesto-necasestudy.htm>.

"Ford y Firestone en el banquillo". Disponível em: <http://www.producto.com.ve/204/notas/ford.html>, 15 de agosto de 2005.

Foster, L. G. "Tylenol 20 years later". *Public Relations Strategist*, 2002. 8: 16-21.

Friedman, L. H.; Savage G. T. "Can ethical management and managed care coexist?" *Health Care Management Review*, 1998. 23: 56-62.

Fukuyama, F. *Confianza*. Buenos Aires: Editorial Atlántida, 1995.

Gorney, C. "The mystification of the Tylenol crisis". *Public Relations Strategist*. 2002. 8: 21-26.

Hartley, R. F. *Business Ethics. Violations of the Public Trust.* Nova Caledônia: Leyh Publishing, 1993.

ICFAI Center for Management Research. "The Firestone Tire controversy". Disponível em: <http://icmr.icfai.org/catalogue/BusinessEthics>.

ICFAI Center for Management Research. "Tylenol Deaths". Disponível em: <http://icmr.icfai.org/cata-logue/Businessc Ethics>.

Llano-Cifuentes, C. *Dilemas éticos de la empresa contemporánea*. México: Fondo de Cultura Económica, 1998.

Lunsford, J. L. "Boss Talk: Piloting Boeing's New Course; CEO Jim McNerney Re-shapes Aerospace Giant After Scandal; Tying Executive Pay to Ethics", *Wall Street Journal*, EE.UU., 2006, B.1.

MacIssac, J. *What NHTSA AppliedResearch Has Learned From Industry About Tire Aging.* 31 de julho, 2003 Disponível em: <www-nrd.nhtsa.dot.gov/pdf/nrd-01/NRDmtgs/2003/0703MacIsaac.pdf>, em 7 de agosto de 2005.

Maharaj, D. "Feds Will Consider Criminal Case in Firestone Tire Deaths", Los Angeles Times, EE.UU. 2000, v. 120, n. 42. Disponível em: <http://www-tech.mit.edu/V120/N42/firestone.42w.html>.

Parker y Watchman. *Firestone Tires.* Disponível em: <http://www.yourlawyer.com/practice/overview. htm?topic=Firestone por ciento20Tires, >, em 2005.

Periódico USA. "The Home Depot incrementó su apoyo a reconstrucción de la Costa del Golfo", Atlanta, GA,. Disponível em: <http://www.elperi-odicousa.com/news>, em 5 de maio de 2006

Petrick, J. A., Quinn, J. F. "Integrity capacity as a strategic asset in achieving organizational excellence". *Measuring Business Excellence*, 2001. 5: 24-28.

Pinedo, M., Seshadri, S., Zemel, S. *The Ford-Firestone Case*. Nova York University, Department of Information, Operations, and Management Sciences, 2002.

Prince, A. "Lecciones del escándalo Ford/Fireston". Disponível em: <http://www.lrna.org/league/PT/PT.2000.10/PT.2000.10.18.html>, em 2001.

Rao, S. M.; Hamilton, J. B. "The effect of published reports of unethical conduct on stock prices". *Journal of Business Ethics*, 1996. 15: 1321-1336.

Salgado, I. "Bush, el buen amigo de las corporaciones", Disponível em: <http://www.rebelion.org/economia/040412is.htm>, em 2004.

Schacter, M. "Boards face new Social Responsibility". *CA Magazine.com*. Disponível em: <http://www.camagazine.com/index.cfm/ci_id/287/la_id/1.htm>, em 2005.

Schubert, D.; Ferrell, C. *Firestone Case: Danger on the Highway: Bridgestone-Firestone's Tire Retiro*. Disponível em: <http://www.e-businessethics.com/firestone.htm>, em 2003.

Simms, J. *The principles of profit*. Director, 2006: 59: 10.

Sridhar, B. S.; Camburn, A. "Stages of moral development of corporations". *Journal of Business Ethics*, 1993: 12: 727-739.

"The Firestone Tire Fiasco". Disponível em: <http://www.the por ciento20Firestone por ciento20Tire por ciento20Fiasco.htm>

Wayne, L. "Boeing CEO steps down amid ethics scandals", *New York Times*, USA, 2003.

"Xenophon Strategies Bridgestone-Firestone Tires: A Case Study." Washington DC 2001.

Zingales, F. "What's a company's reputation worth?" *Global Finance*, 1998, p. 17.

8
A ética e os processos humanos de negócio

> **OBJETIVOS**
>
> - Conhecer as conseqüências da gestão ética dos recursos humanos no local de trabalho.
> - Identificar as melhores práticas na gestão de recursos humanos quanto à responsabilidade social das relações trabalhador-empresa.
> - Distinguir os direitos dos trabalhadores e as obrigações morais dos empregadores.
> - Determinar o impacto da ética empresarial no clima trabalhista, na qualidade do produto e na produtividade dos processos.
> - Saber a responsabilidade moral do administrador de recursos humanos quanto à discriminação por idade, gênero, religião, raça ou deficiências físicas ou mentais.
> - Entender as conseqüências éticas relacionadas com o projeto de postos de trabalho e a estrutura da organização.

Introdução

Durante a década de 1960 foi realizada, nos Estados Unidos, uma série de estudos relacionados com os fenômenos que fazem com que o indivíduo apresente tensão emocional e suas correspondentes conseqüências fisiológicas e físicas. Estudos semelhantes foram realizados em diversos países ibero-americanos. Esta tensão, denominada freqüentemente *estresse,* é a resposta do corpo às condições que perturbam o equilíbrio emocional da pessoa: resposta fisiológica, psicológica e de conduta para adaptar-se e reajustar-se às pressões tanto internas como externas. O estresse é uma resposta do organismo para proteger a si mesmo, e se torna perigoso quando interfere na capacidade de viver uma vida normal durante um período prolongado. O estresse também pode afetar a saúde física devido aos mecanismos internos de resposta do corpo.

De acordo com a Sociedade Americana de Psicologia, as reações de longo prazo diante do estresse podem alterar o sistema imunológico do corpo provocando fragilidade física, redução da funcionalidade, doenças coronárias, osteoporose, artrite inflamatória, diabete e alguns tipos de câncer. Thomas Holmes e Richard Rahe elaboraram uma escala de eventos para quantificar o nível de estresse associado com cada um deles (Colmes e Rahe, 1967). Mesmo que a escala não esteja atualizada e alguns pesquisadores argumentem que o nível de estresse também está relacionado com a maneira com que cada indivíduo percebe o fato, o ponto central persiste; fatos provocados por terceiros no contexto do trabalho provocam estresse nos indivíduos.

De fato, considera-se tão importante o estresse trabalhista que recentemente a União de Trabalhadores Europeus (*Personnel Today,* 2004) assinou um acordo com várias das confederações de empregadores da Europa, comprometendo-se a entender melhor a problemática do estresse no âmbito do trabalho, identificar problemas concomitantes e estabelecer estratégias para a sua solução. Por outro lado, o estresse trabalhista, além de seu custo social, tem um custo financeiro significativo. Cryer et al. (2003) tornaram público, mediante um estudo efetuado com 46000 trabalhadores, que os custos médicos dos que sofrem de estresse e depressão são 147% maiores que os do resto da população, e propõem uma série de ferramentas e técnicas científicas para reduzir esse problema. Outros estudos indicam que o estresse no âmbito do trabalho não só aumentou substancialmente, mas também afetou as empresas com maiores proporções de absenteísmo, rotatividade, uso de recursos para a saúde e baixa produtividade, de acordo com o relatório da *HRMagazine* (2001).

Smith (2001) argumenta que não se pode afirmar de maneira concludente se a origem do estresse dos indivíduos no contexto do trabalho é absolutamente de natureza trabalhista, ou se está associado também com as características dos indivíduos que realizam certo tipo de trabalho. Entretanto, é importante notar que o nível de estresse no trabalho aumentou na última década, e a natureza dos postos de trabalho também mudou nesse período. Daí se pode deduzir que existe realmente uma correlação direta entre ambos.

Sob a perspectiva da ética, é importante considerar que o trabalho não deve gerar tensão ou estresse, mas atender a três grandes motivadores morais (Gürtler, 2002):

1. A necessidade de autopreservação através do esforço individual; o motivador da autonomia e independência econômica da pessoa.
2. A necessidade de reconhecimento social em uma relação de cooperação com outros; o motivador da auto-realização através da socialização.
3. A aspiração, no sentido ético, de ser útil para os demais; o motivador de servir às necessidades de outros.

Infelizmente, o fato de esses motivadores morais não serem considerados freqüentemente torna o trabalhador alvo de humilhação e exploração na sociedade moderna. Desta maneira, a tarefa fundamental do administrador de recursos humanos do negócio consiste em evitar a todo custo a presença ou aumento do estresse trabalhista dos indivíduos sob sua responsabilidade; tem a obrigação moral de definir, planejar, organizar e controlar os diferentes processos de gestão dos recursos humanos com o objetivo fundamental de minimizar a tensão do pessoal no contexto de seu trabalho.

ALINHAMENTO DOS PROCESSOS HUMANOS: O PLANEJAMENTO RESPONSÁVEL DOS RECURSOS HUMANOS

A formulação da estratégia dos negócios pressupõe uma série de atividades de reflexão, análise e decisões, questão amplamente abordada nos textos e tratados sobre gestão de negócios. O processo trata de entender os pontos fortes e as limitações da organização em relação às oportunidades e ameaças presentes no ambiente. Também é necessário que a empresa ou instituição definam o "ser" e o "dever ser", e o caminho para alcançá-lo. O resultado deve estabelecer a forma de desdobrar a estratégia, principalmente através de quatro elementos relacionados com a gestão de recursos humanos: liderança e direção, estrutura da organização e do trabalho, atribuição e desenvolvimento de recursos, e processos ou sistemas de gestão.

O dilema do administrador de recursos humanos nesse ponto está em assegurar que, através dos elementos mencionados, a estratégia de negócios seja alcançada sem prejudicar os objetivos dos indivíduos.

Edgar H. Schein, do Instituto Tecnológico de Massachusetts (Schein, 1997), em seu renomado artigo sobre estratégia de recursos humanos, estabelece que os processos de recursos humanos devem responder não somente às demandas da organização, mas também às necessidades individuais de todos os membros da empresa; ou seja, que o sistema de gestão de recursos humanos deve estar constituído por uma série de processos que unam os requisitos da organização com as necessidades individuais (Figura 8-1).

Com base no que foi mencionado anteriormente, não é arriscado concluir que o processo profissional e eticamente responsável para definir e desdobrar a estratégia de recursos humanos da empresa esteja relacionado ao alinhamento das necessidades individuais, em suas diferentes etapas da vida, com os requisitos da organização, por meio dos processos de recursos humanos. Desta maneira, os dois grupos de interesse que intervêm, os acionistas e os trabalhadores, são considerados na mesma linha de igualdade e eqüidade. Além disso, é importante considerar a justiça na tomada de decisão em relação ao grupo de trabalhadores.

Paul Millar (1996) abordou este assunto e recomendou incorporar uma série de considerações pertinentes para o responsável pela gestão dos processos humanos na empresa. Em primeiro lugar, é importante considerar, dentro do processo de decisão, os elementos fundamentais da justiça distributiva, isto é, os princípios de perfeita eqüidade, necessidade, mérito e resultado, contribuição e esforço. Em segundo lugar,

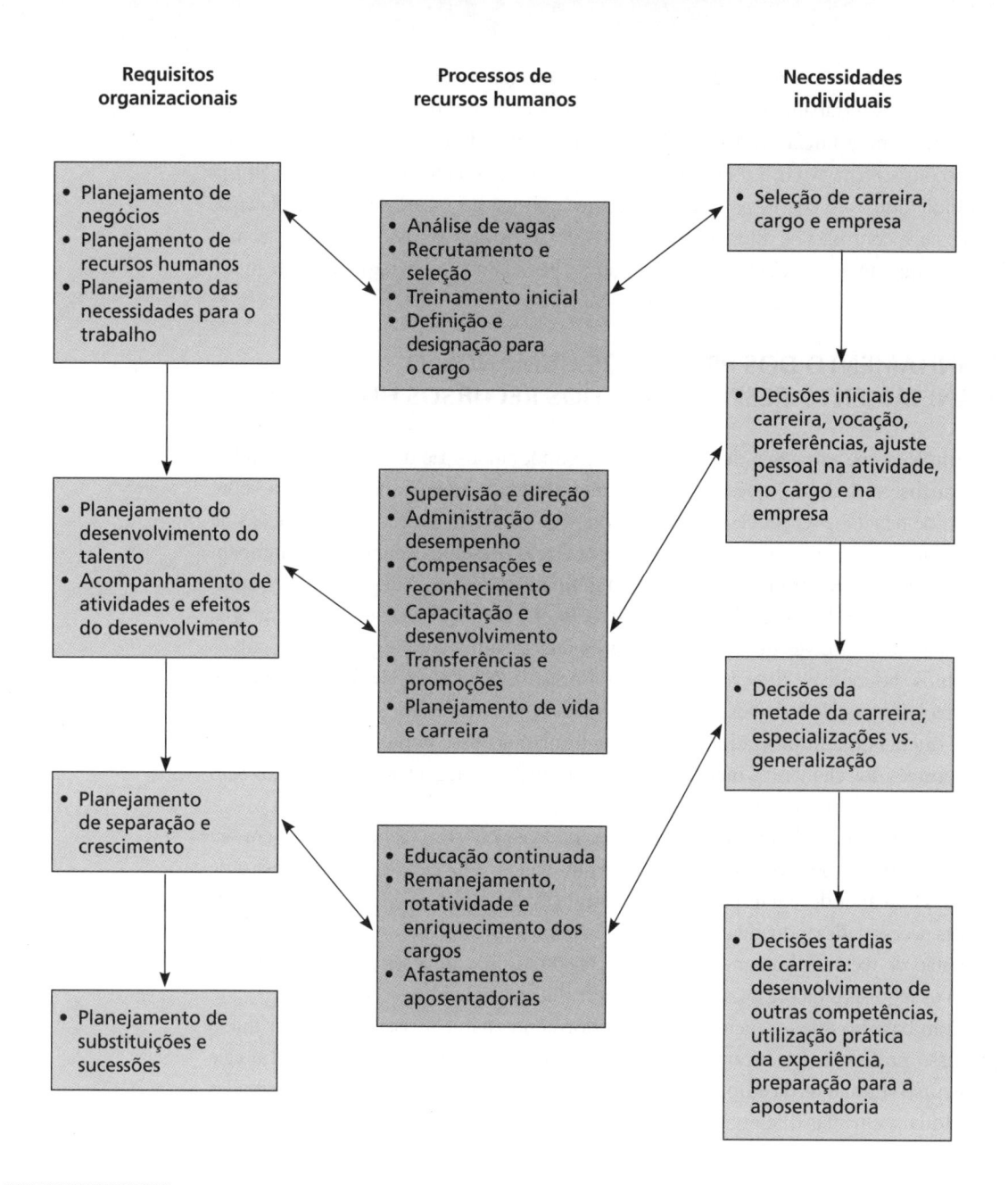

Requisitos organizacionais	Processos de recursos humanos	Necessidades individuais
• Planejamento de negócios • Planejamento de recursos humanos • Planejamento das necessidades para o trabalho	• Análise de vagas • Recrutamento e seleção • Treinamento inicial • Definição e designação para o cargo	• Seleção de carreira, cargo e empresa
		• Decisões iniciais de carreira, vocação, preferências, ajuste pessoal na atividade, no cargo e na empresa
• Planejamento do desenvolvimento do talento • Acompanhamento de atividades e efeitos do desenvolvimento	• Supervisão e direção • Administração do desempenho • Compensações e reconhecimento • Capacitação e desenvolvimento • Transferências e promoções • Planejamento de vida e carreira	
		• Decisões da metade da carreira; especializações vs. generalização
• Planejamento de separação e crescimento	• Educação continuada • Remanejamento, rotatividade e enriquecimento dos cargos • Afastamentos e aposentadorias	
• Planejamento de substituições e sucessões		• Decisões tardias de carreira: desenvolvimento de outras competências, utilização prática da experiência, preparação para a aposentadoria

Figura 8-1 Um modelo de planejamento e desenvolvimento de recursos humanos.*

*Adaptado de Edgar Schein (*Sloan Management Review*, outono, 1997. p. 7).

incluir e ponderar de maneira adequada a abordagem tradicional da administração de recursos humanos, em função do mérito e da contribuição atual e potencial do indivíduo. Terceiro, incorporar a dimensão da responsabilidade social da empresa, em que a necessidade e o esforço são elementos destacáveis.

O administrador responsável pelos recursos humanos deve procurar a maneira de estabelecer suas práticas de gestão e fazer um acompanhamento adequado para que os princípios apresentados nesta seção sejam alcançados. Uma forma de realizar esta tarefa consiste em instituir sistemas periódicos de avaliação e auditoria de processos. Outra modalidade que muitas empresas utilizam é a contratação de uma instituição externa, como o Great Place to Work Institute (http://www.greatplacetowork.com), instituição dedicada a ajudar as empresas a serem mais efetivas, mediante estudos comparativos. Por um lado, esta instituição apura um "índice de confiança" com base na identificação dos níveis de credibilidade, respeito, tratamento justo, orgulho e companheirismo, utilizando um questionário que se aplica aos trabalhadores da empresa em particular. Este índice pode ser comparado com estatísticas por tipo de empresa, mercado e região geográfica, assim como analisado para avaliar sua tendência no período. O relatório é complementado com uma "auditoria de cultura" para determinar alguns aspectos demográficos partindo de índices de rotatividade, clima de trabalho, tempo de casa dos funcionários e benefícios adicionais, entre outros. Para terminar, a empresa deve responder a determinadas perguntas concretas sobre a gestão de recursos humanos. Por outro lado, diversas publicações e empresas de consultoria publicam periodicamente suas próprias listas das melhores empresas para se trabalhar.

Algumas instituições exigem que a empresa seja considerada socialmente responsável para lhes outorgar serviços ou benefícios específicos, e utilizam auditorias como uma técnica de seleção ou filtro. Acionistas e investidores cada vez mais procuram esta informação, e se baseiam nela para tomar decisões. Uma destas instituições qualificadoras é a européia Domini Social Equity Fund (http://www. domini.com/), que utiliza as 400 empresas qualificadas para formar um pacote de ações "socialmente responsáveis" que oferece a seus investidores. Os critérios que utiliza são os seguintes:

1. Desqualifica ou evita empresas cujas atividades dependem do ramo do tabaco, álcool, jogo, armamento e material bélico, entre outras.
2. Procura empresas que têm programas inovadores e generosos, em particular os orientados à educação ou à moradia social, e empresas que deliberadamente devolvem à comunidade os recursos que utilizam em sua operação habitual; evita as empresas cujos programas sociais não passam de um esforço de relações públicas.
3. Prefere empresas nas quais mulheres e indivíduos de minorias étnicas e religiosas ocupam cargos executivos e no conselho de administração, e aquelas que compram insumos ou invistam neste tipo de empresas; companhias com programas e benefícios de apoio aos cuidados dos filhos, pessoas da terceira idade ou deficientes.
4. Seleciona empresas que têm um compromisso real com seus funcionários e trabalhadores, distribuição de lucros e participação na tomada de decisão; empresas cujas ações pertencem em grande parte aos trabalhadores através de regulamentação de ações, e que eles participam na gestão e operação atual da

empresa; evita as corporações com antecedentes de relações trabalhistas ou sindicais problemáticas.
5. Inclui as empresas que revelam respeito pelo meio ambiente e que demonstraram que seus produtos e serviços não afetam a ecologia; companhias cujas práticas operacionais, como o uso de energéticos, estão orientadas ao cuidado do ambiente; exclui, de modo geral, empresas cujos produtos afetam a camada de ozônio ou, a longo prazo, a agricultura, por meio de produtos químicos ou agrotóxicos.
6. Seleciona empresas cujas operações ou fornecedores em outros países pagam salários justos e respeitam os direitos humanos; empresas cujos códigos de ética e conduta empresarial são aplicados em todos os lugares onde operam; evita corporações que operam ou fazem negócio com países cuja conduta política e social não é aprovada pela comunidade das nações.
7. Prefere companhias cujos produtos e serviços são reconhecidos por sua alta qualidade, apoiada em pesquisa e desenvolvimento técnico, pois considera que a fortaleza de uma empresa depende em boa parte de seus produtos; evita empresas com antecedentes negativos quanto às segurança ou qualidade de produtos ou serviços.

Como sugerem Weraring e Lewer (2004), é importante que os administradores de recursos humanos levem em conta o valor real destas práticas responsáveis, já que cada vez mais estão se tornando a proposta de valor de uma empresa perante seus grupos de interesse atuais e potenciais, e muitas delas dependem da gestão efetiva do fator humano. Em particular, dentro da cadeia de fornecimento, os clientes e consumidores dos produtos das corporações multinacionais aumentaram seu interesse e a pressão correspondente. Pines e Meyer (2005) apresentaram, em um estudo recente, como a pressão do consumidor pode ser importante para reduzir a exploração dos trabalhadores. Suas conclusões são:

1. A pressão econômica sobre a empresa e os donos da marca tende a ser mais efetiva para melhorar as condições dos trabalhadores do que a pressão sociopolítica de terceiros.
2. Os donos da marca são mais suscetíveis e estão mais dispostos a melhorar as condições e combater a exploração dos trabalhadores, em comparação com os varejistas ou distribuidores.
3. Os varejistas que estejam sob pressões importantes com relação ao preço do produto tendem a resistir a melhorar as condições trabalhistas.

Entretanto, o administrador de recursos humanos é quem, em última instância, torna efetivas as práticas responsáveis. Seu compromisso fundamental consiste em alinhar as necessidades da organização expressas na estratégia de negócios com as necessidades dos trabalhadores e funcionários através dos processos de gestão. Como sugerem Mees e Bonham (2004), a responsabilidade social e a conduta ética das empresas *pertencem* ao administrador de recursos humanos: a agenda de recursos humanos deve incluir uma mudança permanente da cultura organizacional, reforçada pelos processos e práticas de pessoal com a finalidade de evoluir para uma empresa eticamente responsável.

ATRAÇÃO DE TALENTO: PROPOSTA DE VALOR E INDUÇÃO REAL

Uma vez estabelecidas as necessidades de pessoal em função do planejamento de recursos humanos correspondente, o foco da atenção é atrair o talento que a organização requer. Este objetivo tem de ser ajustado ao objetivo da filosofia da organização. Para ilustrar, analisamos o caso do Grupo Televisa, a maior companhia do mundo de meios de comunicação em língua espanhola.

Na atualidade, o Grupo Televisa é constituído por quatro cadeias de televisão que compreendem mais de 300 estações dentro da República Mexicana, e sua programação é transmitida no México e em 90 países ao redor do mundo. A visão deste grupo empresarial mexicano a definiu como a líder mundial na produção e distribuição de entretenimento e informação em língua espanhola; procura "satisfazer as necessidades de entretenimento e informação de nossas audiências, atendendo, ao mesmo tempo, às nossas exigências de rentabilidade através dos mais altos padrões mundiais de qualidade, criatividade e responsabilidade social" (www.televisa.com). Além disso, esta empresa constituiu a Fundação Televisa, que tem como objetivo cooperar com o desenvolvimento de crianças e jovens do México, assim como preservar e promover o patrimônio cultural dos mexicanos.

O Grupo Televisa estabeleceu um código de ética que todos os conselheiros e funcionários devem entender e cumprir. A certificação requer a assinatura de um certificado de cumprimento, cuja inobservância pode levar a uma ação disciplinar ou ao desligamento da empresa por justa causa. Um aspecto fundamental para o sucesso desse processo no longo prazo é atrair e contratar pessoas que tenham ou possam desenvolver facilmente a conduta moral que o código requer. Em que consiste a responsabilidade do administrador de recursos humanos para obter pessoas com essas características?

PRINCÍPIOS DE CONDUTA DO GRUPO TELEVISA*

Disciplina
A atividade pessoal deve realizar-se com a observância das políticas e normas internas, das leis e dos regulamentos, já que isso orienta tudo o que fazemos, garante a realização dos objetivos, o lucro da organização e assegura o patrimônio institucional.

* Código de Ética da Televisa.

Integridade

A grandeza genuína do ser humano somente pode ser resgatada com uma atitude ética; por isso devemos ser coerentes com o que dizemos e fazemos.

A harmonia entre o indivíduo e a organização deve ser de tal maneira que demonstre um interesse real no tratamento de acionistas, clientes e funcionários de maneira respeitosa, tendo sempre uma postura profissional.

Nossa atitude ética nos permite consolidar a reputação de integridade do Grupo, e que foi construída por nós que nele trabalhamos e por quem o fez no passado e, finalmente, a integridade é a mais importante técnica com que trabalhamos.

Respeito

Todos os que fazemos parte do Grupo, chefes e subordinados, somos obrigados a agir dentro de um nível de respeito e tolerância para com os outros, já que isso nos permitirá afiançar as relações interpessoais básicas para o bom desempenho de nossas atividades.

Desejamos a existência de um clima organizacional sadio, que propicie o desenvolvimento da força de trabalho e fomente o trabalho em equipe, o que resultará em condutas adequadas para o cumprimento das responsabilidades individuais e o bem-estar coletivo.

Discrição

Nossa conduta ética nos obriga a tratar os assuntos ou a informação com a qual lidamos como produto de nosso trabalho, com absoluta reserva e, portanto, não podemos divulgá-los a terceiros, salvo àqueles com os quais estamos autorizados a compartilhar.

Por um lado, o processo de recrutamento, seleção, escolha e contratação deve concentrar-se no perfil desejado e, sobretudo, no código pessoal de conduta do candidato. Uma prática difundida pelos administradores de recursos humanos indica que é preciso "contratar por valores, treinar por competências e pagar por desempenho", porque os valores são componentes da conduta e difíceis de adquirir na idade adulta. Um segundo componente moral do processo de emprego tem a ver com a eqüidade na seleção e escolha do candidato. Um último elemento é a veracidade e realidade da indução e orientação do candidato em processo de seleção. Em alguns casos, no Código de Ética ou nas políticas e procedimentos derivados do mesmo, se estabelecem claramente as ações a serem tomadas com relação aos três componentes morais acima descritos, mas em outros casos o responsável pelo processo de admissão deve deduzi-los e aplicá-los. Por exemplo, o Código de Conduta da Televisa põe em evidência boa parte do que se espera do pessoal a ser contratado e a maneira de fazê-lo.

No entanto, nem todas as empresas têm estabelecido claramente o que espera da conduta do contratante e do contratado. De fato, argumenta-se que o princípio de eqüidade é mais difícil de administrar em uma empresa nova ou pequena do que em uma empresa grande ou amadurecida, porque nesta última se sabe com mais precisão como proceder ou já existe uma série de práticas, políticas e procedimentos estabelecidos que facilita a tarefa. A idéia de que a falta de estrutura permite discrição e possível arbitrariedade no recrutamento e seleção de pessoal foi mantida por muito tempo (Snoeynbos e Almeder, 1983; Werhane, 1985, citados por Green, 1992). A prática eqüitativa requer análise do posto específico, o desenvolvimento de uma descrição dele, interpretação correta para compreender as características indispensáveis e desejadas do candidato procurado, atrair e contratar candidatos. Mas ainda é possível contar com as políticas e os procedimentos que devem ser seguidos e a maneira de administrar as exceções ou casos extraordinários. Michael Green (1992) afirma que, efetivamente, a subjetividade no processo de seleção e contratação diante da ausência de uma mínima estrutura e procedimentos pode levar a arbitrariedade e efeitos indesejáveis. Por isso, é imperativo pelo menos dar ênfase à motivação e qualidade moral do candidato, assim como à sua habilidade para finalmente ser treinado e capacitado.

É de se esperar que a maioria das empresas procure contratar pessoal de princípios morais adequados, e possivelmente estes candidatos, por sua vez, procurem características semelhantes em seu empregador potencial, esperando encontrar uma empresa que trate seus funcionários com respeito e tenha boa reputação e integridade. Desta maneira, para que a empresa consiga atrair o talento desejado, deve elaborar e pôr em prática uma estratégia de recrutamento apoiada nos valores morais da empresa (Holloway, 2004); não se trata de entregar ao candidato uma lista de valores da empresa ou de fazer com que leia o Código de Ética, mas de fazer com que descubra e possa constatar de primeira mão o perfil moral da organização. Por exemplo, se um princípio de conduta da Televisa é a disciplina, que pressupõe que todas as atividades devem ser realizadas de acordo com as políticas, as normas internas, as leis e os regulamentos, o próprio processo de recrutamento e seleção da empresa deve estruturar-se em com estrita ordem e disciplina, de tal maneira que o candidato o perceba de imediato. Por outro lado, é importante ajudar o candidato a decidir e convencer-se por si mesmo (Holloway, 2004). Por isso, é conveniente não limitar as entrevistas do candidato com o selecionador e o supervisor. Também deve ser entrevistado por colegas potenciais ou outros membros da organização para poder reforçar a perspectiva da organização que se pretende seja adquirida pelo candidato.

Por outro lado, se o novo funcionário foi atraído por ter-lhe sido apresentado um panorama distorcido do que na realidade é a organização, sua cultura e seus valores, o desencanto da realidade pode ser a causa de que não se consiga retê-lo. A prática conhecida como *indução real* tem como propósito evitar situações desse tipo e conseguir reter o candidato adequado. Neste caso, a postura do recrutador, e de todos os membros da organização que interajam com o candidato, deve comunicar de modo claro as condições reais de trabalho e da cultura predominante que o novo funcionário encontrará, uma vez que faça parte da empresa.

A entrevista de emprego é uma etapa do processo que é até certo ponto difícil de estruturar e de padronizar quanto aos procedimentos específicos. Primeiro, a entrevista, mesmo a semi-estruturada, depende das características do entrevistador e muitas vezes do entrevistado, já que a dinâmica da entrevista se ajusta durante seu desenvolvimento. Segundo, o cargo em questão e a quantidade e qualidade da informação disponível podem influenciar no foco da entrevista. E terceiro, a quantidade e qualidade da informação prévia disponível sobre o candidato interfere na intensidade da entrevista. Desta maneira, o entrevistador pode incorrer em práticas imorais se não planejar ou estruturar cuidadosamente a entrevista de trabalho. Fletcher (1992) sugere levar em consideração os seguintes pontos:

1. Fazer com que todos os candidatos tenham uma idéia do tipo de perguntas ou informações utilizadas na entrevista, para não serem apanhados de surpresa ou colocados em desvantagem.
2. Uma vez que a entrevista de emprego é para obter informações relevantes para a seleção do candidato, existem temas que é recomendável evitar direta ou indiretamente: preferências políticas, estado civil e situação conjugal, vida pessoal do candidato, afeições e antecedentes familiares. No processo clássico da entrevista, alguns destes temas podem levar o entrevistador a fazer inferências sobre a personalidade e hábitos do entrevistado, mas a linha em que estes questionamentos começam a invadir sua vida privada é realmente muito tênue.
3. Muito cuidado ao emitir um julgamento sobre eventual falta de honestidade relacionada com a informação obtida do entrevistado. É possível que a pessoa, por nervosismo ou excesso de cuidado quanto a revelar informações pessoais, não expresse toda a verdade ao entrevistador.
4. O entrevistado pode sentir-se pressionado e até perseguido em entrevistas com mais de um entrevistador. Uma alta percentagem de candidatos prefere as entrevistas individuais.
5. Mesmo que possa afetar a validade da informação obtida, do ponto de vista ético é conveniente declarar de antemão as regras e expectativas relacionadas com a entrevista para ambas as partes.
6. Procurar dar *feedback* claro e oportuno aos candidatos não selecionados. O entrevistado tem o direito moral de saber as razões pelas quais não foi escolhido.

Outro aspecto relacionado com a ética do processo de emprego é a fonte de recrutamento utilizada pela empresa, em particular quando procura o talento necessário nas empresas concorrentes. Recrutar diretamente de concorrentes, clientes e fornecedores, pode ser muito efetivo do ponto de vista do nível de desempenho e da curva de aprendizagem do funcionário ou trabalhador contratado. Entretanto, como muitas outras práticas de gestão, está sujeita a más interpretações, e possivelmente diante de um dilema moral. Por outro lado, comprovou-se que no recrutamento direto desta natureza os custos são maiores que os benefícios, por isso existe também o argumento econômico para não fazê-lo (*Workforce Management,* 2005). Particularmente, a remuneração dos candidatos selecionados tende a ser significativamente maior que a de outros candidatos, e a rotatividade esperada é, por sua vez, muito mais alta.

O outro lado da moeda é utilizar grupos de indivíduos com diferentes capacidades, ou socialmente marginalizados ou desprotegidos, como fonte de recrutamento.

Não é necessário enfatizar o impacto e o benefício social ao recrutar e, com o tempo, contratar pessoal com limitações físicas, com antecedentes penais ou membros de minorias socialmente pouco favorecidas. A transnacional mexicana Cemex criou e promoveu não só para dentro da empresa, mas também para seus grupos de interesse, um movimento neste sentido. Tomou como ponto de partida o fato de que, de acordo com suas informações, cerca de 10% da população mexicana tem algum tipo de deficiência, e que a maioria destas pessoas enfrenta graves dificuldades para trabalhar no México. Esta iniciativa, denominada Movimento Congruência, promove entre outras ações a geração de oportunidades de emprego para os deficientes. Sem menosprezar seu objetivo de se tornar a empresa de cimento mais eficiente do mundo, a Cemex reitera seu compromisso com a responsabilidade social não só gerando oportunidades de emprego para pessoas menos favorecidas, mas também exercendo ações firmes para eliminar as barreiras culturais e arquitetônicas que limitam a inclusão destes grupos na sociedade (http://www.cemex.com/).

A DISTRIBUIÇÃO INTERNA DA RIQUEZA: GESTÃO DO DESEMPENHO E DISTRIBUIÇÃO DE BENEFÍCIOS

A Marcopolo, S.A. é uma companhia especializada na fabricação de carrocerias de ônibus para estrada, cidade e microônibus. Fundada em 1949, em Caxias do Sul (RS, Brasil), atualmente a empresa fabrica mais da metade das carrocerias produzidas no Brasil. Tem fábricas na Argentina, Colômbia, México, Portugal e África do Sul, e exporta seus produtos para mais de 60 países. Além do sucesso nos negócios, a Marcopolo estabeleceu como princípio fundamental a valorização do ser humano e sua conduta responsável: "suas realizações profissionais e pessoais são consideradas as grandes diferenças competitivas" (http://www.marcopolo.com.br/). Dentro desta visão, a empresa define as políticas e práticas de recursos humanos, toda vez que seu Código de Conduta enfatiza o respeito e o valor do ser humano, propondo que qualquer pessoa, de dentro ou fora da empresa, seja tratada com dignidade e justiça. Para esta empresa o respeito e o valor do ser humano representam a base de todos os valores.

O Código de Conduta da Marcopolo é administrado e acompanhado pelo Comitê de Recursos Humanos e Ética, instância máxima de aplicação e avaliação de conflitos ou dilemas relacionados com o código por parte dos altos executivos. Outras instâncias ou comitês compartilham a responsabilidade de que a conduta esperada de todos os colaboradores da Marcopolo seja coerente com os valores corporativos. Em um contexto organizacional desse porte, quais seriam as expectativas quanto à gestão e distribuição de lucros entre os colaboradores? Tem relação com os lucros esperados por outros grupos de interesse?

Eduardo Schmidt (1997) afirma que existem três grupos de interesse que devem receber um benefício econômico legítimo por sua participação na empresa: os operários, os funcionários administrativos e os donos ou acionistas. O valor dos benefícios atribuídos a cada um dos grupos afeta o que os outros dois recebem. Por isso, existe uma relação recíproca que leva a um dilema ético de distribuição de lucros, manifestado em diversos eventos periódicos na vida da organização, como a revisão de salários ou a negociação de contrato sindical com os representantes dos trabalhadores. Entretanto, persiste uma justificativa econômica e moral em defesa de cada um destes três grupos, de acordo com a doutrina social da Igreja:

1. Com relação às remunerações e salários existem quatro fatores que devem ser levados em conta para assegurar a justiça no pagamento: a) o sustento da pessoa e sua família, de modo que a remuneração permita ao trabalhador pelo menos atender dignamente a sua família; b) a situação real da empresa, considerando que nem sempre é justo exigir que ela pague remunerações muito elevadas que coloquem em perigo sua situação; c) a contribuição efetiva da pessoa à produção ou administração da empresa, utilizando os métodos mais adequados para realizar a avaliação correspondente; e d) as necessidades do bem comum, isto é, manter a fonte de trabalho em operação, evitar que se formem categorias sociais privilegiadas, manter os preços dos produtos e serviços em níveis competitivos e assegurar que existam reservas para reaplicar e fortalecer a economia.
2. A determinação do benefício justo para a empresa deve considerar por sua vez: a) o rendimento financeiro em um investimento alternativo, tal como um fundo de investimento bancário, já que o interesse do acionista em destinar seu dinheiro à empresa incluiria este elemento em sua decisão; b) o índice de inflação e as oportunidades de investimento em outras divisas; e c) um ganho adicional, levando em conta, acima de tudo, um prazo razoável para recuperar o investimento, o fator risco do investimento (determinado, por sua vez, pelo tipo de empresa), a economia, a estabilidade política e social, e a necessidade de reaplicar na empresa para seguir crescendo.

A compensação pelo trabalho e, em geral, o pacote econômico e social que a empresa oferece a seu pessoal são fatores determinantes, embora não sejam os únicos, que permitem à empresa manter o talento requerido (Bell, 2005). Um conceito mais amplo, denominado oferta de valor ao pessoal, foi apresentado em detalhe pela empresa de consultoria de negócios McKinsey & Co. como resultado de um estudo conhecido como a Guerra do Talento. No relatório desta pesquisa, Michaels et al. (2001) argumentam que o talento nas organizações é atraído e mantido por diversas razões, que as empresas devem conhecer e administrar em seu objetivo de contar com os recursos humanos desejáveis. A forma de obtê-lo se limita a três estratégias concretas:

1. Criar e manter uma proposta bem-sucedida de valor por parte da empresa para os solicitantes, que inclui informar e difundir alta reputação, cultura e valores; estruturar a organização com cargos e trabalhos flexíveis e desafiadores, assim como desenvolver um esquema de compensação inovador que ofereça oportunidades reais e potenciais.

2. Administrar os talentos como prioridade corporativa, tomando como plataforma a crença real na importância do talento, a gestão das condutas ideais específicas esperadas, assim como atribuir claramente responsabilidades e assegurar seu cumprimento.
3. Recrutar pessoal excepcional e depois motivá-lo com vigor. Para isso é indispensável instituir planos de promoção e carreira permanentes e administrar de forma dinâmica e diferenciada a retenção do talento, quebrando, se for necessário, as regras tradicionais de compensações.

Como já foi mencionado, contar com uma organização socialmente responsável é requisito, mas não é determinante para atrair pessoas com alta moralidade; e um componente importante consiste em instalar e manter um esquema de compensações e benefícios congruente com os valores morais da empresa.

Logicamente, existe um importante elemento econômico na definição de um sistema de compensações, sem esquecer o conceito de pagamento justo em função da contribuição individual e coletiva dos trabalhadores. Entretanto, o significado de eqüidade e justiça vai além da perspectiva econômica ao incluir os conceitos de confiança, relações trabalhistas e ética (Bloom, 2004), fatores que desempenham um papel decisivo no processo de gestão, pois correspondem ao compromisso dos indivíduos para com a empresa e seu nível de desempenho. Desta maneira, quando o pessoal, mediante o sistema de compensações, é tratado com dignidade, respeito, confiança, eqüidade e justiça, é muito provável que mostre em sua conduta um alto compromisso com a empresa e responsabilidade no desempenho de seu trabalho.

A percepção de eqüidade e justiça na administração do processo é um aspecto de particular interesse, relacionado com os sistemas de compensações na empresa. De acordo com Bloom (2004), aqueles sistemas administrativos de remunerações, salários e benefícios que se percebam como consistentes, participativos, precisos e confiáveis cumprem uma função muito importante no moral e desempenho do funcionário, assim como na forma como apreciam os valores morais da empresa em que trabalham. Portanto, uma empresa que reflete esquemas ou administração injustos na remuneração do trabalho é considerada de conduta moral questionável e pouco atraente como fonte de trabalho, e isso afeta a médio e longo prazo sua capacidade de atrair e conservar o talento desejado. Do mesmo modo, Trujillo et al. (2002) afirmam que tanto o pessoal interno como externo à organização se preocupam com a eqüidade dos sistemas de compensação, mesmo que não afetem seu próprio pagamento ou remuneração, pelo fato de que tais sistemas são poderosos indicadores e reflexo dos valores e da conduta ética da empresa.

Um aspecto muito delicado do administrador das compensações na empresa é o relacionado com a gestão de recursos de benefícios para os trabalhadores, como contas de poupança, fundos de pensões e todos aqueles depósitos que pertencem a um setor importante dos funcionários e são administrados de maneira centralizada. Handelman et al. (2004) mostram problemas potenciais relacionados com conflitos de interesse, privilégios e confidencialidade da informação, principalmente quando o representante tem o poder legal ou administrativo para tomar decisões que afetem o rendimento, a atribuição e a distribuição dos fundos. Portanto, é importante considerar esquemas de gestão transparentes e eqüitativos para todos os interessados.

A ética na compensação dos altos executivos também tem sido alvo de atenção em nossos dias, de onde se deriva a importância de uma definição adequada da compensação para este grupo. Rodgers e Gago (2002) sugerem que a definição e os elementos de controle e monitoramento correspondentes devem estar consolidados em uma série de considerações morais, de tal maneira que o sistema de compensação executiva possa agradar a todos os grupos de interesse relacionados com a empresa:

1. Evitar os sistemas de compensação que promovam maximizar o lucro ou o valor da ação, e dêem pouca ou nenhuma atenção aos demais grupos potencialmente afetados apenas se atingirem as metas financeiras. Os incentivos econômicos adicionais ao salário fixo relacionados com os lucros anuais são um exemplo clássico.
2. Impedir que as decisões executivas gerem vantagens econômicas individuais e de grupos, privilegiando a gestão de curto prazo sobre a gestão estratégica de longo prazo.
3. Procurar motivar e fortalecer as ações e decisões que visem a compatibilidade entre os interesses dos acionistas e os dos outros grupos de interesse. Particularmente, assegurar que o sistema de compensação executiva favoreça apenas aos investidores.
4. Se for levada em conta a influência social dos grupos afins nos padrões éticos dos executivos, é importante considerar que a compensação executiva não esteja fundamentada em resolver conflitos, conciliar diferenças nem fazer acordos entre eles, mas em maximizar o benefício para todos os grupos de interesse.
5. Incorporar componentes na compensação executiva que não apenas privilegiem a obtenção de resultados financeiros, mas também que influenciem com suas decisões na moralidade e prestígio da empresa.
6. Não associar a compensação executiva apenas àquelas ações promovidas pelos grupos de interesse com maior influência, presença e interesse na organização, mas a todos aqueles com um direito moral.

Um último aspecto a considerar em relação à ética da gestão de compensações na empresa é abordado por diversos autores, e tem a ver com o peso moral de reter algumas pessoas e deixar sair outras quando a empresa se encontra com problemas. A plataforma de decisões está relacionada com a distribuição de benefícios, porque esta está limitada pelas condições econômicas específicas da empresa em dificuldades.

Millar (2001) destaca que existem quatro tipos de transições organizacionais relacionadas com a reestruturação da empresa que geram dilemas morais não fáceis de superar: racionalização, aquisição, redução de custos e encerramento. Em todos os casos, infelizmente ocorre o mau-trato às pessoas, visando a sobrevivência econômica.

Além disso, em muitas destas situações é necessário tomar duas grandes decisões: qual talento se deve reter e por quais meios, e quem deve deixar a empresa para o bem dela.

Com relação à primeira questão, a empresa dá especial atenção ao talento-chave que quer abandonar a empresa, mas a empresa quer mantê-lo. Poster (2002) argumenta que uma seleção efetiva pode inclusive definir o futuro da organização, porque este talento retido pode tirar a empresa de seus problemas para retomar uma posição mais estável. A questão, neste caso, tem dois aspectos: como selecionar as pessoas idôneas para que permaneçam, e que mecanismos utilizar para consegui-lo. Considerando que as empresas com ou sem problemas têm o imperativo de reter seus melhores funcionários, o problema está em que, de modo geral, não interessa, a tais funcionários, manter-se em uma empresa que tem dificuldades. Poster sugere que, como cada realidade é única, a definição do plano de compensações adequado deve ser sob medida (Poster, 2002). O contexto a ser analisado tem pelo menos cinco dimensões:

1. Qual é a causa do problema? É diferente quando se trata de uma dívida financeira eventual, ou o efeito de um longo período de erros de gestão. Com toda segurança, o otimismo e o moral dos empregados será muito diferente entre uma situação e outra, assim como o interesse por continuar na luta.
2. Qual é o resultado esperado? Quando se trata de um potencial endividamento de longo prazo, é diferente da possibilidade da falência ou liquidação. O nível de risco percebido pelos trabalhadores é fundamental.
3. Qual é a situação de competitividade no mercado trabalhista dos funcionários que se pretende reter? Não apenas pela situação do mercado, mas pela capacidade e habilidades dos indivíduos.
4. Quanto tempo durará a situação adversa? Na medida em que a situação problemática se mantiver, o incentivo para reter as pessoas deverá ser maior.
5. Qual é o sentimento do funcionário em relação à empresa? Neste caso, o investimento em práticas responsáveis de recursos humanos obterá retorno. Indivíduos muito identificados e com experiências favoráveis nos diferentes ciclos históricos da empresa tenderão a ser mantidos com menor custo e esforço.

A informação obtida a partir da resposta a cada uma das cinco perguntas permitirá ao responsável pelos recursos humanos formular um plano e delinear um sistema adequado e efetivo. Entretanto, alguns dilemas éticos entrarão em jogo na medida em que se pretenda sacrificar os interesses e futuro dos indivíduos à sobrevivência, pelo menos temporária, da empresa. Assim, a responsabilidade da decisão se concentra em três elementos: a qualidade e o nível de desempenho esperado por parte da pessoa, a importância das atividades que desempenha em relação à recuperação da empresa, e o potencial de contratação externa do indivíduo em questão.

Por outro lado, a empresa em dificuldades tem de decidir quem deve ser demitido e com que critérios se seleciona e comunica a decisão a esses indivíduos.

Em um estudo dirigido por Longenecker e Ariss (2004), foram entrevistados quase 250 dirigentes de mais de duas dezenas de empresas americanas para determinar os principais critérios utilizados nos processos de reestruturação organizacional com demissões em massa de pessoal. Os critérios encontrados foram os seguintes:

Fator 1: desempenho, que deve ser estabelecido com avaliações objetivas claramente definidas, tanto pelo dirigente como pelo empregado. Em termos gerais, as organizações preferem manter os indivíduos que agregam valor à empresa através de resultados.

Fator 2: habilidades demonstradas através de sua contribuição, versátil e variada, em diversos cargos e atividades. A empresa procura flexibilidade no indivíduo, assim como firmeza e atualização.

Fator 3: potencial, considerando a melhoria contínua de seu desempenho, pois se pretende, também, que responda às necessidades futuras da empresa. Entretanto, permanece o dilema de como agir em relação às pessoas de grande capacidade que já chegaram ao seu limite de competência. Este fator também é questionado quando existe incerteza em relação à sobrevivência da empresa.

Fator 4: motivação e ética no trabalho devido ao fato de que os diretores desejam manter os funcionários que estão dispostos a se esforçar e trabalhar duro, assim como aqueles que ultrapassam o âmbito de suas responsabilidades, sem necessidade de serem fiscalizados para que o façam.

Fator 5: atitude construtiva, com personalidade e caráter que ajude a trabalhar em harmonia.

Fator 6: relações internas que podem facilitar seu trabalho e o dos outros, assim como relações externas com clientes e fornecedores que podem levar a operações comerciais efetivas.

Fator 7: integridade e lealdade, considerando que aos dirigentes interessa trabalhar com pessoas em quem possam confiar e com conduta moral previsível.

Fator 8: experiência e tempo de permanência na empresa são fatores importantes para alguns líderes, principalmente se estas características podem vincular-se com o desempenho e a produtividade.

Fator 9: trabalho em equipe; apesar de que nos últimos anos as equipes de trabalho tenham se tornado uma peça importante para a empresa, este fator é um dos últimos a ser considerado prioritário. Do ponto de vista positivo, trabalhar em equipe se associa com colaboração, mas também pode ser relacionado com interdependência e falta de iniciativa individual.

Fator 10: leis e normas, associadas principalmente a evitar a discriminação de minorias e grupos menos favorecidos.

Em termos gerais, as revelações de Longenecker e Ariss (2004) não apresentam dilemas éticos evidentes se a aplicação dos fatores é objetiva e fundamentada em informações adequadas e oportunas. Conseqüentemente, é uma responsabilidade moral do administrador de recursos humanos manter informações relevantes atualizadas e disponíveis para que os dirigentes possam tomar decisões éticas nos processos de reestruturação organizacional.

Em relação à dimensão ética de organizar a estratégia de redução de pessoal, diversos estudos concordam que a comunicação adequada é um fator fundamental (Eby e Buch, 1998; Hopkins e Hopkins, 1999). Concretamente, Eby e Buch (1998) propõem um marco conceitual com base nas obrigações morais relacionadas com o processo (Figura 8-2).

Já foi mencionada a existência de um contrato psicológico entre o funcionário e o empregador: um conjunto de crenças e expectativas do funcionário quanto a seus direitos adquiridos pela lealdade à empresa (Robinson et al., 1994, citado por Eby e Buch, 1998). Este contrato psicológico pressupõe dois tipos de obrigações: transacionais e relacionais. As obrigações transacionais são associadas ao pagamento justo, condições de trabalho adequadas e de segurança no emprego. As obrigações relacionais se referem a laços pessoais e emocionais entre o funcionário e o empregador, inclusive o apoio e o respeito mútuo.

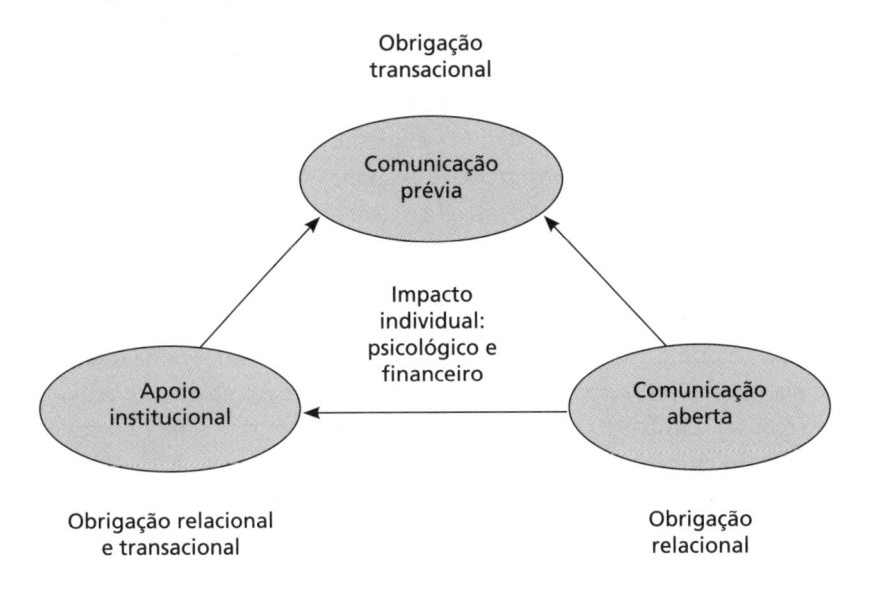

Figura 8-2 Marco de referência conceitual para um processo de redução de pessoal.*

*Adaptado de Eby e Buch (1998: 1.255).

Quando ocorre um processo de reestruturação organizacional que leva à redução de pessoal e o afastamento do indivíduo, violam-se tanto os contratos transacionais como relacionais, e surgem sentimentos de iniqüidade e desconfiança. Desta maneira, para cumprir com as obrigações transacionais a empresa tem a responsabilidade moral de comunicar, logo que for possível, a chegada da reestruturação e suas conseqüências. Quanto ao imperativo de cumprir com as obrigações relacionais, devem ser implantados canais de comunicação abertos entre o funcionário, os dirigentes e a empresa. Finalmente, para fortalecer ainda mais a relação contratual quanto a seus componentes transacional e relacional, a empresa deverá estruturar mecanismos e iniciativas de apoio para que o trabalhador possa aceitar da melhor maneira a transição da separação.

Com base nos conceitos aqui mencionados, pode-se afirmar que um imperativo moral para o administrador de recursos humanos responsável pelo processo de reestruturação organizacional é definir, instituir e dar seguimento a iniciativas orientadas ao cumprimento das obrigações derivadas do contrato psicológico entre o funcionário e o empregador, inclusive a comunicação oportuna e permanente, assim como sistemas de apoio que permitam ao trabalhador tolerar o processo de afastamento.

A ESTRUTURA DA ORGANIZAÇÃO E A ÉTICA EMPRESARIAL

A definição, o conteúdo, o engrandecimento e o enriquecimento do trabalho foi uma preocupação fundamental do responsável pela gestão de pessoal através da história. Por um lado, a evidente inter-relação destes esforços com produtividade, qualidade, satisfação e motivação de pessoal é um componente de especial interesse, considerando a possível relação causal entre a motivação e o desempenho individual.

Por outro lado, as obrigações morais do empregador são em boa medida um ambiente de trabalho sadio e com um menor risco de acidentes (Schmidt, 1995), e, a primeira vista, é algo tão evidente que parece não requerer maior discussão. Entretanto, as obrigações e responsabilidades não são tão claras na prática, por diversas razões (Boatright, 1997); um primeiro fator consiste em que os acidentes ocupacionais quase sempre são causados por uma diversidade de fatores atribuíveis tanto à empresa como ao trabalhador, por isso freqüentemente é impossível atribuir a uma só parte a responsabilidade. Em segundo lugar, não é prático nem econômico reduzir as probabilidades de um acidente a zero em muitos casos, mas pode-se argumentar que o trabalhador tem o direito de se recusar a trabalhar em determinadas condições sem temer represálias por parte de seu empregador.

Uma questão menos freqüente nas publicações especializadas é a relação entre a definição e a estrutura da organização e a conduta ética dos indivíduos, assim como a responsabilidade moral do encarregado de recursos humanos quanto à definição estrutural da empresa. Uma forma de diferenciar as organizações quanto a sua estrutura consiste em distinguir a configuração de seus canais de comunicação, seus mecanismos de coordenação, suas regras e procedimentos, a distribuição de poder, assim como a maneira com que as atividades e cargos estão organizados, agrupados e inter-relacionados. Observando todas essas variáveis, os estudos elaborados oferecem diversas classificações e enfoques. Um desses estudos mostra uma correlação entre uma organização rígida, grande e burocrática por um lado, e uma organização pequena, flexível e dinâmica por outro lado. Os extremos se denominam *organizações mecânicas e orgânicas,* respectivamente (Burns e Stalker 1994). Ambas as configurações, ainda que não existam em sua forma mais pura, apresentam vantagens e desvantagens, e respondem com maior efetividade a necessidades, estratégias, estilos de liderança, técnicas de tomada de decisão, avanços técnicos e mercados variados.

Entretanto, afirma-se que a ética desempenha um papel principal na orientação da conduta individual das corporações com uma estrutura orgânica (Schminke, 2001). Como resultado, os indivíduos que fazem parte de uma organização orgânica mostram maior predisposição ética do que aqueles que fazem parte de organizações mecânicas (Schminke, 2001: 337). O autor apresenta uma série de conclusões com base em uma pesquisa empírica sobre as três dimensões estruturais da organização e seu efeito na conduta ética: o porte da empresa (dimensões físicas, capacidade, número de trabalhadores, volume de recursos), o grau de centralização das decisões (concentração de poder e autoridade) e o nível de formalização (regras, procedimentos, políticas e práticas escritas definidas). As conclusões da pesquisa podem ser resumidas da seguinte maneira:

1. O tamanho da organização tem forte impacto na conduta ética de quem trabalha nela. Por exemplo, os trabalhadores das empresas grandes apresentam maior absenteísmo, menor compromisso e menor satisfação no trabalho do que seus colegas de empresas pequenas. Além disso, sentem-se mais restringidos e manifestam menor autonomia e raciocínio moral. Em geral, os trabalhadores de empresas maiores apresentam uma predisposição ética mais forte. Diferentemente, as normas éticas se difundem e se adaptam com maior facilidade nas empresas pequenas através do contato direto ou da observação casual.
2. Quanto ao grau de formalização, as organizações mais estruturadas apresentam maior predisposição a agir de acordo com os padrões morais estabelecidos. Entretanto, do estudo se deduz que as regras e procedimentos que definem as organizações mecânicas levam à permanência de níveis de referência éticos que freqüentemente permitem aos funcionários comportamentos morais diferentes das regras formais.
3. O grau de centralização não parece afetar de maneira determinante o nível de predisposição a determinada conduta ética.

Que conclusões e ações se derivam de estudos dessa natureza relacionados com o responsável pela gestão de recursos humanos na empresa? É imperativo que o responsável pela gestão compreenda os efeitos provocados por determinadas formas de estruturar a empresa quanto à conduta ética do pessoal, para que possa definir os programas adequados para a difusão e o desdobramento do código de conduta da empresa. Além disso, um conhecimento mais profundo pode ser útil para a proposta de esquemas organizacionais mais efetivos que fortaleçam a conduta moral na empresa. O conhecimento da relação entre as variáveis organizacionais (como tamanho, formalização e centralização) na conduta moral das pessoas permitirá ao responsável por recursos humanos diagnosticar problemas derivados de dilemas éticos, assim como prever condutas esperadas diante de determinadas situações.

Conclusões

Neste capítulo destacamos que uma responsabilidade básica do administrador de recursos humanos consiste em combater o estresse trabalhista do pessoal através da definição, planejamento e controle dos diferentes processos de gestão. Do mesmo modo, é responsável por definir e implantar a estratégia de recursos humanos da empresa, adaptando as necessidades individuais com os requisitos da organização mediante processos de gestão de pessoal, para que tanto os acionistas como os trabalhadores sejam considerados nos mesmos padrões de igualdade e eqüidade. Com relação aos sistemas de compensações, se estão estruturados para que o pessoal seja tratado com dignidade, respeito, confiança, eqüidade e justiça, é muito provável que influam em sua conduta e respondam com alto nível de comprometimento para com a organização e maior responsabilidade no desempenho de seu trabalho.

Todos e cada um dos diferentes processos de recursos humanos apresentam componentes e dimensões que ajudam a fortalecer uma cultura de conduta moral e responsabilidade social em toda a empresa. Com base nisso, não se deve perder de vista que a responsabilidade social e a conduta ética das empresas realmente se concentram em boa parte no administrador dos recursos humanos, por isso sua agenda deve incluir uma mudança permanente da cultura organizacional, reforçada pelos processos e práticas do pessoal, de modo que evolua para uma empresa eticamente responsável. Da mesma maneira, seu trabalho deve ir além dos processos tradicionais e fomentar iniciativas de responsabilidade social – como por exemplo, contratar grupos de indivíduos com diferentes capacidades ou socialmente marginalizados ou desprotegidos.

CASO PRÁTICO

Wal-Mart

Em 21 de novembro de 2003, milhares de pessoas saíram às ruas em quarenta cidades dos Estados Unidos para protestar contra os maus-tratos da Wal-Mart a seus funcionários. Enquanto isso, os porta-vozes da empresa negavam categoricamente que suas práticas de pessoal fossem ilegais ou contra a ética de negócios, e que suas políticas de contratação e de promoção interna fossem discriminatórias.

A história da Wal-Mart

Há quarenta anos, Sam Walton e seu irmão Bud estabeleceram a primeira loja Wal-Mart no povoado de Rogers, Arkansas. Naquela época, muitos os alertaram de que instalar uma loja de descontos em uma cidade pequena não seria rentável no longo prazo. Entretanto, os irmãos Walton ignoraram as críticas e se concentraram em oferecer um excelente serviço em sua loja, porque acreditavam firmemente em seu modelo de negócios e não temiam competir com sucesso com as redes de desconto regionais. Sam viajou pelos Estados Unidos até entender como ajustar seu modelo a um novo conceito de vendas de varejo que estava crescendo, e investiu dinheiro na empresa convencido de que o consumidor estava mudando seus hábitos de compra e ele podia captar o mercado.

"O segredo das vendas de varejo", escreveu Sam Walton em sua autobiografia, "é dar ao cliente o que ele deseja. E, se você pensar do ponto de vista do seu cliente, realmente vai querer tudo: uma grande variedade de mercadoria de alta qualidade; os preços mais baixos possíveis; garantia dos produtos comprados; serviço amigável e autorizado; horário adequado; estacionamento gratuito; uma experiência prazerosa de compras."

Os Estados Unidos, nos anos 1960, testemunharam o surgimento de grandes cadeias de lojas, como Kmart e Target, que se expandiram rapidamente por toda a nação. Para crescer com a velocidade que o mercado exigia, no início da década seguinte Walton colocou ações no mercado de valores com tanto sucesso que nos dez anos posteriores chegou a contar com mais de 270 lojas em onze estados norte-americanos. Nos anos 1980, a Wal-Mart se tornou a cadeia de lojas de varejo mais bem-sucedida do país. Suas vendas superaram 26 bilhões de dólares com cerca de 1400 lojas. Na atualidade, a Wal-Mart é uma empresa global com mais de 1,3 milhão de funcionários ("associados") no mundo, que operam 5000 lojas e clubes de compradores em 15 países. Sua receita supera os 256 milhões de dólares.

"Perguntam-me o que meu pai, Sam Walton, que fundou a Wal-Mart em 1962, pensaria de nossa companhia atualmente", comenta Rob Walton, no Relatório Anual 2006. "Não tenho dúvidas de que estaria orgulhoso de nosso sucesso e dos milhares de associados que atendem a nossos clientes diariamente. Também estaria orgulhoso de continuarmos com os princípios fundamentais de negócio e liderança que ele estabeleceu. Como presidente do Conselho da Wal-Mart, eu garanto a vocês, associados e acionistas, que nossa organização está mais comprometida do que nunca com os princípios de meu pai."

"A integridade: não existe uma área mais importante na liderança do que ela. Nossa cultura se baseia em uma integridade do mais alto nível, e vamos continuar mantendo nossos associados nesses padrões. Como empresa e como indivíduos devemos nos conduzir sob esses princípios. Uma liderança forte em todos os níveis, desde a sala de Conselho até os gerentes de loja, caixas, motoristas de veículos de carga e funcionários do turno noturno, que vivem diariamente os princípios que fazem da Wal-Mart o líder mundial do comércio varejista."

No site da Wal-Mart fica evidente o credo da companhia em relação aos seus funcionários: "Nossa gente é realmente diferente. Nossos associados nos permitiram converter-nos na maior loja de comércio varejista do mundo. Nosso futuro é brilhante com mais de 2700 lojas Wal-Mart, 495 Sam's clubes e 1150 lojas internacionais em funcionamento. O Wal-Mart tem se caracterizado pelo alto nível de seus gerentes associados. Continuamente necessitamos de novos associados dedicados, com desejo de se destacar e compartilhar novas idéias. Procuramos empreendedores motivados, entusiastas para que desenvolvam sua carreira profissional dando o primeiro passo ao participar de nosso Programa de Treinamento Gerencial".

O processo

Em junho de 2001, Betty Dukes, uma ex-funcionária do Wal-Mart, acusou formalmente a companhia de "discriminação de sexo em promoções, treinamento e pagamento". Muitos mais funcionários seguiram Dukes, e em maio de 2003 o caso tinha crescido em magnitude ao chegar a um tribunal federal uma demanda impetrada por mais de 1,5 milhão de mulheres. A empresa havia sido acusada de não tratar suas funcionárias de forma eqüitativa e responsável por um longo período.

Um estudo realizado por especialistas contratados pelas demandantes revelou que as mulheres haviam sido discriminadas de diversas maneiras. Informações internas indicavam que a Wal-Mart estava longe de seus concorrentes em relação à promoção de pessoal feminino. Entre outras muitas acusações, além dos processos por discriminação de sexo, a companhia foi culpada por violar as leis federais de livre associação de seus funcionários. Foram informados de que aqueles que pretendessem formar ou integrar-se a um sindicato seriam demitidos.

De acordo com a informação publicada no jornal mexicano *La Crónica de Hoy* em 23 de junho de 2004, o juiz do distrito de São Francisco, Martin Jenkins, concordou que o processo impetrado inicialmente em 2001 por seis funcionárias da empresa da Califórnia incluísse também 1,6 milhão de mulheres que trabalham ou trabalharam nas lojas Wal-Mart desde 26 de dezembro de 1998. Brad Seligman, especialista em processos coletivos, que ganhou mais de 40 processos coletivos sobre direitos civis, liderou uma das equipes de advogados das demandantes.

O processo acusou a Wal-Mart de discriminar suas funcionárias e aplicar represálias contra as mulheres que se queixaram. No processo, afirmava-se o fato de que as mulheres eram encaminhadas habitualmente a cargos de caixas, sem muitas possibilidades de promoção. Estudos apresentados pelas demandantes

> ## MEMORANDO CONFIDENCIAL DE M. SUSAN CHAMBERS
>
> ### Vice-presidente de Benefícios a Funcionários*
>
> O memorando, escrito por Chambers, incluía as seguintes recomendações aos dirigentes da Wal-Mart:
>
> - Redefinir os benefícios e os postos de trabalho para atrair candidatos mais sadios e produtivos.
> - Incluir atividades físicas para todos os funcionários. Por exemplo, que as caixas também transportassem carros.
> - Dissuadir as pessoas com saúde deficiente de trabalhar na empresa.
> - Fomentar programas para deixar de fumar e perder peso; promover descontos em academias.
> - Diminuir os custos dos seguros, diminuir o absenteísmo descontando os dias perdidos por doença e melhorar a produtividade através de uma mão-de-obra mais sadia.
>
> *Fonte: Lawyer's Weekly USA, dezembro de 2005.

mostram disparidades salariais de até 1115 dólares anuais entre os salários de homens e de mulheres.

La Crónica mostrou que a Wal-Mart, que já enfrentava dezenas de processos por supostas violações em matéria salarial e perseguição sindical, anunciou que apelaria da decisão.

As organizações sindicais

Alguns observadores independentes à empresa opinaram que a denominada "Wal-Martirização" de mulheres é uma tática dos sindicatos para conseguir adesão oficial de centenas de milhares de trabalhadores da Wal-Mart e obter os benefícios correspondentes. Isto é, os processos contra a Wal-Mart foram de alguma maneira uma maciça campanha nacional para desacreditar algumas de suas práticas trabalhistas.

Com base nisso, alguns dirigentes sindicais afirmam que os baixos preços da Wal-Mart e suas altas margens de lucro se devem fundamentalmente a seus baixos salários e condições de trabalho precárias. Por outro lado, o preço da ação da Wal-Mart se manteve vários anos sem oscilações significativas, e, de acordo com os especialistas, a publicidade negativa também afetou o moral dos funcionários. Cris Ohlinger, diretor de uma empresa de pesquisa de mercados, indica que um impacto real foi que muitos clientes já não acham os associados da Wal-Mart tão amigáveis e corteses como nos anos 1990, segundo estudos de atitude do consumidor realizados recentemente.

A American Federation of Labor-Congress of Industrial Organizations (AFL-CIO), poderosa e influente central operária, pode afetar terrivelmente a Wal-Mart

WAL-MART: PREÇOS BAIXOS SEMPRE?, OU DISCRIMINAÇÃO SEMPRE?

Olga E. Vives, *National NOW Times*, 2006

A Organização Nacional para Mulheres (NOW, National Organization for Woman) declarou em 2001 que a Wal-Mart, a maior distribuidora varejista e empregadora nos Estados Unidos, merecia o título de "Comerciante da vergonha", devido aos seus lamentáveis antecedentes no tratamento dos trabalhadores e à falta de eqüidade em salários e benefícios. Desde então, a NOW vem denunciando o sistema de emprego da Wal-Mart através de material didático, protestos diante das lojas e a promoção do filme "O alto custo dos preços baixos", com lançamento previsto para um futuro próximo. Também exigiu da empresa uma resposta sobre sua reiterada negativa à igualdade de salários e às limitadas possibilidades de promoção das mulheres para altos cargos em todos seus estabelecimentos. Um grupo de 1,6 milhão de mulheres, funcionárias e ex-funcionárias da Wal-Mart em suas lojas, adegas e clubes Sam's, abriu o maior processo de ação coletiva, cuja estimativa por perdas e danos supera os 100 bilhões.

Os preços baixos e os enormes lucros obtidos são fruto do sacrifício de seus trabalhadores, que suportam baixos salários, obstáculos para obter promoções e benefícios economicamente inalcançáveis. Ex-funcionárias da Wal-Mart comentaram às ativistas da NOW que durante o tempo em que trabalharam nessa empresa se queixavam da desigualdade nos salários e as inúteis tentativas de promoções no campo da administração. Por exemplo, os administradores das lojas, responsáveis pelo desempenho e resultados, são estimulados a expressar livremente a visão de que as mulheres podem receber salários inferiores aos de seus colegas homens porque não são elas que sustentam suas famílias.

se quiser. Esta central, dirigida por Ellen Moran, política veterana do Partido Democrata dos EUA, está propondo que milhares de membros do sindicato enviem e-mails, façam chamadas telefônicas e visitem locais de trabalho para convencer as donas-de-casa trabalhadoras e ao público em geral que a Wal-Mart está contribuindo para a diminuição de seu nível de vida.

A "campanha", que para alguns é um verdadeiro boicote, inclui a formação de uma instituição denominada Center for Community & Corporate Ethic, iniciada em 2004 com uma doação de um milhão de dólares. Esta organização tem como objetivo coordenar as críticas dispersas relacionadas à Wal-Mart, porque esta empresa está "afetando os pequenos negócios, destruindo o meio ambiente e aumentando seus lucros em detrimento das comunidades locais".

A reação da Wal-Mart

Em junho de 2004 um juiz federal norte-americano determinou que as demandas de discriminação contra a companhia seriam tratadas como um caso de *ação coletiva*. Este tipo de procedimento legal tem a vantagem de que várias demandas individuais, neste caso milhares, se agrupam em uma demanda única, com um

WAL-MART: DADOS E CIFRAS*

- É a maior cadeia de comércio varejista do mundo. É a maior empresa e empregador privado dos Estados Unidos.
- É o maior empregador em 25 estados dos Estados Unidos. Estabelece os padrões quanto a salários e práticas trabalhistas.
- Emprega 1,3 milhão de trabalhadores em todo o mundo e cerca de um milhão nos Estados Unidos; mais da metade de seus funcionários deixa a companhia a cada ano.
- A Wal-Mart tem mais de 3000 lojas nos Estados Unidos e cerca de 1200 operações internacionais.
- A fortuna da família Walton é calculada em 102 bilhões de dólares.
- A cadeia é o maior vendedor norte-americano de produtos que vão de alimentos para cães até anéis de diamantes, com vendas da ordem de 250 bilhões de dólares em 2005.
- Em 1970, o maior empregador nos Estados Unidos era a Geral Motors, com 350000 trabalhadores, quase todos sindicalizados. Ganhavam em média 17,50 por hora, além de seguros, pensões e outros benefícios. Hoje o maior empregador é a Wal-Mart, com mais de um milhão de trabalhadores no país. Ganham em média um salário de 8,00 dólares por hora, sem planos definidos de pensões e com programas de saúde inadequados.
- A Wal-Mart foi processada 4.851 vezes em 2000 (uma vez a cada duas horas, todos os dias do ano). Os advogados da Wal-Mart têm cerca de 9.400 processos instaurados, de acordo com um relatório publicado pelo jornal *USA Today* em 14 de agosto de 2001.

* *Fonte*: United Food and Commercial Workers, UFCW. Consultado em http://www.utcw.org/take_action/walmart_workers_campaign_info/facts_and_figures/walmartgeneralinfo.cfm, em 22 de maio de 2006.

potencial legal maior que a soma das individuais. Por outro lado, permite que o processo legal seja mais eficiente, menos dispendioso, a ação da Justiça seja aparentemente mais eqüitativa e as conseqüências para o demandado, se for culpado, podem ser consideráveis.

Quatro meses mais tarde, a Wal-Mart nomeou um novo vice-presidente de Recursos Humanos: Lawrence V. Jackson, de 51 anos, devido ao fato de que "seus valores pessoais e sua ampla experiência na indústria alimentícia e do comércio varejista o tornam a pessoa ideal para este cargo". Jackson substituiu Coleman Petersen, que se afastou com 55 anos, depois de ter ocupado o cargo durante dez anos.

Diante do iminente conflito legal, a estratégia da Wal-Mart foi a seguinte: a empresa sustentou que seus direitos constitucionais seriam violados se a corte permitisse uma demanda por parte de 1,5 milhão de pessoas, pois esse processo impediria a companhia de se defender dos argumentos de cada uma. Nesse caso, a corte deveria permitir demandas individuais relacionadas com cada uma das lojas. Se a Wal-Mart conseguir seu propósito, o precedente para o sistema legal dos Estados Unidos será significativo: "Uma vitória para a Wal-Mart representaria que nenhum grupo de demandantes poderia instaurar uma ação coletiva no futuro, e assim, ela deveria ser julgada de maneira local ou regional".

A estratégia da Wal-Mart é importante. Ainda que algumas empresas tenham tentado usar o mesmo método, não chegaram ao mesmo resultado, mas pela primeira vez o caso está sendo tratado como uma violação dos direitos constitucionais de uma organização. De acordo com os especialistas, se o procedimento sugerido pela Wal-Mart for aceito, é possível que das 3500 lojas envolvidas, só uma centena seja afetada, considerando a força e validade das demandas particulares. Isso significa que apenas só uma pequena porcentagem das mulheres teria um tratamento justo. Por outro lado, os direitos constitucionais da empresa e de muitos de seus grupos de interesse não seriam violados – mas isso não seria justo para as mulheres.

Se for procedente a demanda da ação coletiva, haveria eqüidade no tratamento dispensado para cada caso?

PERGUNTAS SOBRE O CASO

1. A Wal-Mart corresponde ao sonho de Sam Walton do ponto de vista dos negócios? E como empresa socialmente responsável?
2. Qual a sua opinião a respeito do memorando de Susan Chambers? Analise os aspectos positivos, negativos e os relacionados com a discriminação.
3. Qual sua opinião a respeito da função da NOW e da AFL-ClO? Esses tipos de instituições são necessários para assegurar a conduta social das empresas?
4. A aparente discriminação por sexo na Wal-Mart pode ser considerada, como uma crise de ética para a empresa? Por quê? A reação da Wal-Mart é considerada válida?
5. Do ponto de vista ético, qual deveria ser a recomendação do legislador quanto a aceitar ou não uma Ação Coletiva?
6. A Wal-Mart concilia seus interesses econômicos com seus valores éticos? Por quê?

BIBLIOGRAFIA

Andrews, L.W. *Model Capturing Ethics and Executive Compensation*. The Nexus of Ethics. *HRMagazine*, 2005. 50: 8-52.

AnÔnimo. "Investigan a Wal-Mart por discriminación salarial femenina". *La Jornada*. México, 13 de maio de 2005. Disponível em: <http://www.jornada.unam.mx/2005/05/13/027n2eco.php.> acesso em 24 de maio de 2006.

Ashley, A. S.; Yang, S. M. "Executive Compensation and Earnings Persistence". *Journal of Business Ethics*, 2004. 50: 4, 369.

Atkinson, J.; Leandri, S. *Best Practices: Organizational Structure that Supports Values*. Financial Executive, 2005. 21: 10, 36.

Banai, M.; Sama, L. M. "Ethical dilemmas in MNCs' international staffing policies a conceptual framework". *Journal of Business Ethics*, 2000. 25: 221.

Bell, A. "The employee value proposition redefined". *Strategic HR Review*, 2005. 4(4): 3.

Bernstein, A. "Declaring War On Wal-Mart". *Business Week*, 2005. 39(19): 31.

Bloom, M. "The Ethics of Compensation Systems". *Journal of Business Ethics*, 2004. 52(2): 149.

Boatright, J. R. *Ethics and the Conduct of Business*. Nova Jérsey: Prentice Hall, 1997.

Burns, T.; Stalker, G. M. *The Management of Innovation*. Nova York: Oxford University Press, 1994.

Card, R. F. "Individual Responsibility within Organizational Contexts". *Journal of Business Ethics*, 2005. 62: 397-405.

Clelland, G. "Wal-Mart fights ruling in discrimination case". *Sunday Business*, 7 de agosto de 2005. p. C-3.

Conlin, M.; Zellner, W. "Is Wal-Mart Hostile to Women?; Female workers paint a picture of a harsh, sexist culture". *Business Week*, 16 de julho de 2001, iss.3741, p. 58.

Cooper, C. L. *Executive Stress: A Ten-Country Comparison*. Human Resource Management, 1986. 23(4): 395.

Cryer, B.; McCraty, R.; Childre, D. "Pull the plug on stress". *Harvard Business Review*, 2003.

Cullen, L. T. "Wal-Mart's Gender Gap". *Time*, 2004. 164(1): 44.

Daniels, C. "Women vs. Wal-Mart". *Fortune*, 2003. 148(2): 79.

Deavers, J. *Ethical Selection of Vendors*. Leadership for Student Activities. 2004. 32(5): 25.

Despierta Wal-Mart. Disponível em: <http://www.wakeupwalmart.com/>. acesso em 17 de maio de 2006.

Dienhart, T. "Ethics and recruiting often don't mix". *Sporting News*, 2002. 226(8): 40.

Driscoll, D.; Hoffman, W. M. *HR plays a central role in ethics programs*. Workforce, 2002. 77(4): 3.

Eby, L.T.; Buch, K. "The impact of adopting an ethical approach to employee dismissal". *Journal of Business Ethics*, 1998. 17: 1253.

Employment policies for staff ethics on increase. Personnel Today; 2004, 75.

Europe unites to tackle workplace stress. Personnel Today; 2004.

Felton, E. L.; Sims, R. S. "Teaching Business Ethics: Targeted Outputs". *Journal of Business Ethics*, 2005. 60: 377-391.

Fletcher, C. *Ethics and the Job Interview*. Personnel Management, 1992. 24: 36.

Forcadell, F. J. "Democracy, Cooperation and Business Success: The Case of Mondragon Corporacion Cooperativa". *Journal of Business Ethics*, 2005. 56: 255-274.

Green, M.K. "Fairness in Hierarchical and Entrepreneurial Firms". *Journal of Business Ethics*, 1992. 11:877.

Gürtler, S. *The Ethical Dimension of Work: A Feminist Perspective*. Academic Research Library, 2002: 119.

Handelman, G. T.; Selwyn, D. M.; Steele, R.H. et al. "Ethics, Privilege, and Related Issues in Employee Benefits Practice". *Journal of Deferred Compensation*, 2004. 9: 1-70.

Henry, E. G., Jennings, J. P. "Age Discrimination in Layoffs: Factors of Injustice". *Journal of Business Ethics*. 2004. 54: 217-224.

Holloway, J. *Recruiting on principle: Selling a company's values*. Canadian HR Reporter, 2004. 17: 7.

Holmes, T.; Rahe, R. "Social Readjustment Rating Scale". *Journal of Psychosomatic Research*, 1967. II: 214.

Hopkins, W.E., Hopkins, S. A. "The ethics of downsizing: Perception of rights and responsiBilities". *Journal of Business Ethics*, 1999. 18: 145.

Hubbard, J. C.; Forcht, K. A.; Thomas, D.S. "Human resource information systems: An overview of current ethical and legal issues. *Journal of Business Ethics*, 1998. 17: 1319.

James, H.S. "Reinforcing ethical decision making through organizational structure". *Journal of Business Ethics*, 2000. 28: 43.

King, G. "The implications of an organization's structure on whistleblowing". *Journal of Business Ethics*, 1999. 20: 315.

Kubal, D.; Baker, M.; Coleman, K. *Doing the Right Thing: How Today's Leading Companies Are Becoming More Ethical*. Performance Improvement, 2006. 45: 5.

Lamsa, A. "Organizational downsizing-an ethical versus managerial viewpoint". *Leadership & Organization Development Journal*, 1999. 7: 345.

Longenecker, C. O.; Ariss, S. S. *Who Goes and Who Stays?* Industrial Management, 2004. 46: 8.

As melhores empresas para trabalhar. Disponível em : <site: http://www.greatplacetowork.es>, em 14 de maio de 2006.

Mahoney, L. S.; Thorne L. "Corporate Social Responsibility and Longterm Compensation: Evidence from Canada". *Journal of Business Ethics*, 2005. 57: 241-253.

Maitland, A. "Ethics: this time it's personal". *Financial Times*. 24 de março de 2005.

Masters, G. *Broader Implications to Wal-Mart Suit*. Retail Merchandiser, 2004. 44: 12.

Mees, A., Bonham, J. *Corporate social responsibility belongs with HR*. Canadian HR Reporter, 2004. 17: 11.

Michaels, E.; Handfield-Jones, H.; Axelrod, B. *The War for Talent*. Boston: Harvard Business School Publishing, 2001.

Miller, G. *Leadership and Integrity: How to ensure it exists in your organization*. The Canadian Manager, 2004. 29: 15-18.

Miller, P. "Strategy and the ethical management of human resources". *Human Resource Management Journal*, 1996. 6: 5-19.

Miller, R. A. "The four horsemen of downsizing and the Tower of Babel". *Journal of Business Ethics,* 2001. 29: 147.

Mirza, S. *Satisfied workers don't steal*. Human Resources, 2004. 9.

Mittelstaedt, H. F. "Research and Ethical Issues Related to Retirement Plans". *Journal of Business Ethics*, 2004. 52: 153.

Perel, M. "An Ethical Perspective on CEO Compensation". *Journal of Business Ethics*, 2003. 48: 381.

Pines, G.; Mayer, D. G. "Stopping the Exploitation of Workers: An Analysis of the Effective Application of Consumer or Socio-Political Pressure". *Journal of Business Ethics*, 2005. 59: 155-162.

Pomeroy, P. "The Ethics Squeeze". *HR Magazine*, 2006. 51: 48.

Poster, C. Z. *Retaining key people in troubled companies*. Compensation and Benefits Review, 2002. 34: 7-12.

Robinson, A. "Todos contra Wal Mart". Disponível em: <http://www.lavanguardia.es/web/20050825/51191426189.html>, no dia 22 de maio de 2006.

Rodgers, W.; Gago, S. A. "Model Capturing Ethics and Executive Compensation". *Journal of Business Ethics*, 2003. 48: 189.

Saunders, P. C. 'When Compensation Creates Culture". *The Georgetown Journal of Legal Ethics*, 2006. 19: 295.

Schdmit, E. *Ética y negocios para América Latina*. Lima: Universidad del Pacífico, 1995.

Schein, E. H. *Increasing Organizational Effectiveness through Better Human Resource Planning.* Sloan Management Review, 1977. 19: 1.

Schminke, M. "Considering the business in business ethics: An exploratory study". *Journal of Business Ethics*, 2001. 30: 375.

Shuit, D. P. *Wal-Mart women win a round.* Workforce Management, 2004. 83: 21.

Smith, A. "Perceptions of stress at work". *Human Resource Management Journal*, 2001. 11: 74.

Stress is still damaging UK workforce. Management Services, 2002. 46, 1: 7.

Szalkowski, A., Jankowicz, D. "The ethical problems of personnel management in a transition economy". *International. Journal of Social Economics*, 1999. 26: 1418.

The cost and benefit of "poaching". Workforce Management, 2005, 84, 15: 54.

Timmers, J., van Marrewijk M. "Human capital management: New possibilities in people Management". *Journal of Business Ethics*, 2003. 44: 171.

Turillo, C. J. R., Folger, J. J., Lavelle, E. E. et al. "Is virtue its own reward? Self-sacrificial decisions for the sake of fairness." Organizational Behavior and Human Decision Processes, 2002. 89: 839-865.

UFCW Homepage. Disponível em: <http://www.ufcw.org/index.cfm>, no dia 18 de maio de 2006.

Van Marrewijk, M. "The Social Dimension of Organizations: Recent experiences with Great Place to Work assessment practices". *Journal of Business Ethics*, 2004. 55: 135-146.

Vickers, M. R. *Business Ethics and the HR Role: Past, Present, and Future.* Human Resource Planning, 2005. 28: 26.

Vives, A. "Social and Environmental Responsibility in Small and Medium Enterprises". *The Journal of Corporate Citizenship*, 2006. 21: 39.

Vives, O. E. Wal-Mart: ¿Precios bajos siempre?, o ¿Siempre discriminación? National NOW Times. Disponível em: <http://www.now.org/nnt/spring-2006/walmart_ espanol.html no dia 3 de junho de 2006.

"Wal-Mart Announces New Vice President Of Human Resources". *Wall Street Journal.* 12 de dezembro de 2004. p. B.13.

Wal-Mart Annual Report 2002. Disponível em: <http://walmartstores.com/Files/annual_2002/page01.html>, no dia 12 de junho de 2006.

Wal-Mart Annual Report 2006: Building Smiles. Consultado em http://walmartstores.com/Files/2006_annual_report.pdf>, no dia 12 de junho de 2006.

Wal-Mart es la mayor compañía en EU. Disponível em: <http://www.cronica.com.mx/welcome.php>, no dia 18 de junho de 2006.

Waring, P.; Lewer, J. "The Impact of Socially Responsible Investment on Human Resource Management: A Conceptual Framework". *Journal of Business Ethics*, 2004. 52:99.

Weakland, J. H. "Human resources hollistic approach to healing downsizing survivors". *Organization Development Journal*, 2001. 19: 59-61.

Wilson, W.J. "From the practitioner's desk: A comment on Role Stress, Work-Family Conflicts. *The Journal of Personal Selling & Sales Management*, 1997. 17: 51.

"Workplace Stress". *HR Magazine*, 1991. 36, 8; 75.

Zimmerman, A. "Wal-Mart Appeals Bias-Suit Ruling; Retailer Seeks a Reversal Of the Class-Action Status In Sex-Discrimination Case". *Wall Street Journal.* 16 de abril de 2005, p. B.5.

9
Cultura e ética organizacional

> **OBJETIVOS**
>
> - Compreender os efeitos da cultura organizacional na estratégia, estrutura, processos e alocação de recursos da organização.
> - Valorizar a força da gestão ética e sua relação com a cultura da empresa ou instituição.
> - Conhecer as dimensões culturais das diferentes economias no mundo dos negócios.
> - Conhecer os elementos que influenciam a inter-relação e a interdependência da cultura de uma sociedade e a cultura da organização.
> - Aprofundar-se nos componentes da cultura empresarial e sua influência na ética de gestão.
> - Conhecer os fundamentos para construir uma cultura organizacional fundamentada em valores e responsabilidade social.

INTRODUÇÃO

Como já mencionamos em outros capítulos deste livro, o efeito da globalização em todos os aspectos da administração de empresas é inegável e inevitável. Um fator de especial importância e que está relacionado com a globalização das empresas é a presença de uma diversidade de culturas, valores, gerações e interesses do pessoal destas organizações (Cárdenas, 2006).

A gestão de negócios, com estes antecedentes, deve ser capaz de controlar diversos estilos administrativos, mas também de se adequar a diferentes valores, preferências, motivadores e níveis de auto-estima. Um componente crítico nesta nova economia é apresentado por Moran e Riesenberger (1994) em relação aos processos de tomada de decisão no contexto da globalização: a convivência da centralização e da descentralização na tomada de decisão gera a necessidade de mecanismos de comunicação com uma efetividade e eficiência sem precedentes para que exista aprendizado. Particularmente, isso representa um desafio do ponto de vista do desdobramento de valores e práticas de responsabilidade social, já que, em particular, as empresas com operações internacionais devem preparar seus funcionários para pensarem tanto global quanto localmente, e agirem de acordo. O antigo paradigma de pensar globalmente e atuar localmente fica no esquecimento. Entretanto, o fenômeno da globalização afeta todo tipo de empresa, independentemente de seu tamanho ou grau de presença internacional. Por isso, quanto à questão tratada neste capítulo, é imperativo compreender as conseqüências das diferentes culturas na tomada de decisão com base em valores.

Por outro lado, como a cultura é uma característica que identifica toda comunidade humana, o componente cultural varia de uma empresa ou organização para outra. Para Robbins (1999), a cultura organizacional tem uma série de funções: primeiro, por definição, estabelece a diferença entre uma organização e outra; segundo, é um elemento integrador e de identidade para as pessoas de uma mesma organização; terceiro, é um veículo para comprometer o indivíduo com os interesses da organização; quarto, a cultura proporciona estabilidade ao sistema social em particular; quinto, a cultura serve como mecanismo de controle para guiar a conduta dos funcionários. Nas palavras de Stephen Robbins, "A cultura define as regras do jogo em uma organização".

Neste capítulo são tratados os conceitos de cultura nacional e organizacional sob a perspectiva da ética e da responsabilidade social dos negócios, considerando que mesmo que a primeira não necessariamente defina a segunda, ambas coexistem em um complexo sistema que guia o comportamento do indivíduo no contexto da organização.

SOCIEDADE E CULTURA: AS DIMENSÕES CULTURAIS DAS NAÇÕES

O conceito *cultura foi* definido por diversos ângulos, perspectivas, enfoques e interesses, por isso os estudiosos do assunto podem sentir-se ao mesmo tempo satisfeitos e confusos. Para Kroeber e Kluckhohn (1991), a cultura tem fundamentalmente três atributos: é algo compartilhado por todos os membros de um grupo social; é algo que os membros veteranos de um grupo passam ou transferem aos membros mais novos. Consiste em moldar a conduta, a estrutura e a percepção que o indivíduo tem do mundo e influi na maneira como a pessoa responde a seu ambiente. Considerando que a cultura influi nos valores, atitudes e conduta, e que a conduta modela a cultura, a Figura 9-1 ilustra o processo.

Para o antropólogo Edgard Hall (1976), a *linguagem silenciosa* dos indivíduos torna-se conduta social, por isso é importante conhecê-la para visualizar a cultura de um grupo. Indivíduos de certas culturas utilizam as relações interpessoais para chegarem a um acordo, mas em outras culturas os acordos nascem de relações inter-pesoais

Figura 9-1 Influência da cultura na conduta.

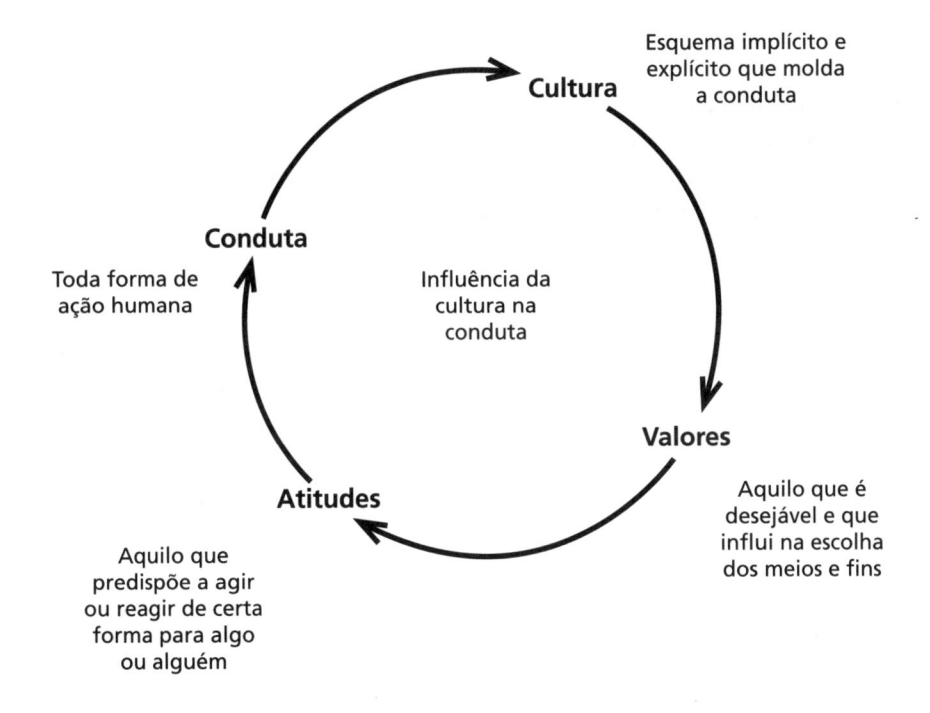

Cultura — Esquema implícito e explícito que molda a conduta

Conduta — Toda forma de ação humana

Influência da cultura na conduta

Valores — Aquilo que é desejável e que influi na escolha dos meios e fins

Atitudes — Aquilo que predispõe a agir ou reagir de certa forma para algo ou alguém

previamente moldadas. Outra dimensão pertinente é a forma de comunicar-se; uma cultura pode ser predominantemente verbal, outra pode dar importância à comunicação não verbal. Na primeira, o processo de comunicar-se entre os indivíduos é direto e de "baixo contexto" ou perfil, por isso, a informação é transmitida através de um código que permite que o significado seja explícito e específico. No outro tipo de culturas, a linguagem não verbal é o principal meio para transmitir os significados associados à informação, por isso, quando existe uma grande porção "contextual", a possibilidade de entender a mensagem fica mais difícil. Outra dimensão pertinente para diferenciar as culturas nacionais tem a ver com o tempo, já que algumas delas são obsessivas em relação à pontualidade e ao manuseio do tempo, enquanto outras são mais tolerantes e flexíveis. A última dimensão considerada por Hall é o espaço, e se relaciona com o aceitável e confortável pelos membros de algumas culturas em relação à proximidade espacial entre uma pessoa e outra.

Entre 1963 e 1967 realizou-se um estudo de grande transcendência para a identificação das diferentes dimensões que podem ajudar a descrever uma cultura nacional e a aplicação da informação obtida no âmbito da gestão de negócios. Geert Hofstede (2003) iniciou o estudo para a multinacional IBM com mais de 115000 pesquisas em 72 países, e depois continuou com estudos independentes de porte semelhante. Seus resultados estão resumidos em um conjunto de dimensões relevantes que constituem o ponto de partida para comparar diferentes culturas nacionais com relação a uma variedade de objetivos de gestão e pesquisa. A análise e a validação desses estudos ultrapassam o contexto deste livro, mas basta mencionar que a pesquisa de

Hofstede é considerada a pedra fundamental de centenas de estudos comparativos interculturais e multiculturais. Seus estudos têm como base o fato de que as culturas nacionais existem e se mantêm devido a diversos mecanismos que ajudam a proteger sua estabilidade, agindo conforme a Figura 9-2.

Hofstede identificou originalmente quatro dimensões culturais, mas em estudos mais recentes foi adicionada uma quinta dimensão:

Distância do poder. Refere-se ao grau de iniqüidade que os membros da cultura nacional acham aceitável. Em algumas culturas o poder está concentrado em poucas pessoas no alto da pirâmide, e elas tomam todas as decisões importantes. Essas sociedades têm uma distância de poder relativamente grande. Em outras culturas mais igualitárias, o poder se distribui entre muitos indivíduos e diversos níveis, nas quais, por terem uma distância menor do poder, os membros da sociedade esperam participar ativamente na tomada de decisão. A Dinamarca e a Áustria, por exemplo, apresentam pequena distância do poder, e o Japão uma distância relativamente grande.

Tolerância à incerteza. Está associada com o grau em que as pessoas preferem situações estruturadas ou desestruturadas. Em uma empresa, a estrutura ou certeza (baixa

Figura 9-2
Estabilização de padrões culturais.*

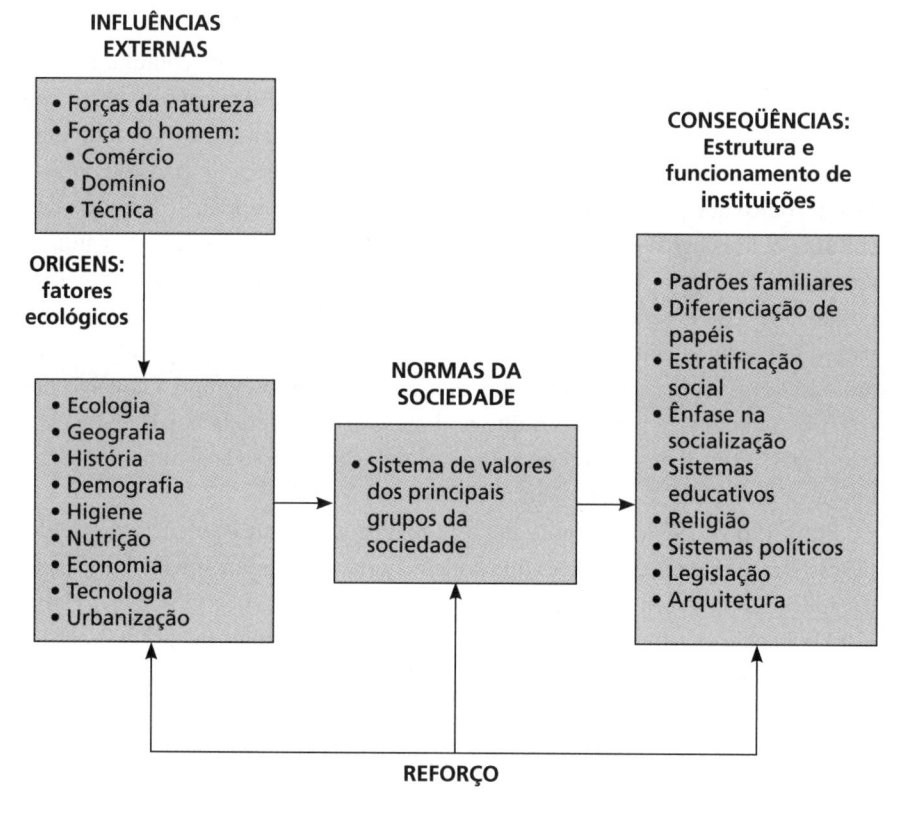

INFLUÊNCIAS EXTERNAS
- Forças da natureza
- Força do homem:
  - Comércio
  - Domínio
  - Técnica

ORIGENS: fatores ecológicos
- Ecologia
- Geografia
- História
- Demografia
- Higiene
- Nutrição
- Economia
- Tecnologia
- Urbanização

NORMAS DA SOCIEDADE
- Sistema de valores dos principais grupos da sociedade

CONSEQÜÊNCIAS: Estrutura e funcionamento de instituições
- Padrões familiares
- Diferenciação de papéis
- Estratificação social
- Ênfase na socialização
- Sistemas educativos
- Religião
- Sistemas políticos
- Legislação
- Arquitetura

REFORÇO

* Adaptada de Hofstede (2002: 12).

tolerância à incerteza) relaciona-se com a existência de regras, procedimentos, rituais e estabilidade trabalhista, isto é, os membros desta cultura não são propensos a assumir riscos. Uma cultura que tolera a incerteza vive situações menos estruturadas, e os membros dessa sociedade estão dispostos a assumir riscos e tomar decisões com relativamente pouca informação. Países como a Grécia e Portugal apresentam pouca tolerância à incerteza, enquanto os canadenses a toleram em maior grau.

Individualismo-coletivismo. Considera o grau com que os membros de uma sociedade sabem e desejam atuar como indivíduos ou como parte de um grupo coeso. Nas culturas individualistas, a pessoa é centrada em si mesma e sente que necessita de pouca ajuda dos demais. Em uma sociedade coletivista, pelo contrário, os membros se sentem interdependentes e procuram o trabalho em equipe, a ponto de subordinar os interesses individuais por aqueles próprios do grupo. A Grã-Bretanha se caracteriza por ser individualista; Venezuela, Costa Rica e Chile favorecem o coletivismo.

Masculinidade (harmonia-desempenho). Esta dimensão se relaciona com o grau em que o membro de uma sociedade favorece um conceito mais amplo de valores como qualidade de vida, solidariedade, harmonia, em contraste com valores "masculinos" como competência, desempenho, êxito. Nas culturas "masculinas" o grande é o importante, a ostentação prevalece, enquanto nas culturas "femininas" a qualidade de vida e a harmonia com o ambiente são mais importantes que os fins materialistas.

Orientação de longo prazo. Refere-se ao grau em que uma sociedade se orienta a longo prazo, em termos de valorizar os compromissos com o futuro e respeitar a tradição. Os membros dessas culturas apóiam o trabalho duro, porque o esforço de hoje trará resultados no futuro. Uma sociedade com um índice baixo dessa dimensão considera que o compromisso com o futuro não é um impedimento para a mudança iminente. A Alemanha e o Quênia têm um índice de orientação de longo prazo relativamente baixo, enquanto a China, como todas as culturas asiáticas, apresenta uma forte orientação a longo prazo.

ÉTICA E CULTURAS NACIONAIS

Os estudos de Hofstede foram criticados por diferentes razões, mas principalmente porque a cultura nacional não parece ser tão estável como o previam seus resultados originais. Um estudo realizado por Fernández et al. (1997), 25 anos depois das pesquisas na IBM em nove países de quatro continentes, revelou que as culturas correspondentes sofreram mudanças significativas, aparentemente relacionadas com mudanças no ambiente. As conclusões resultantes desse estudo destacam que, apesar de, normalmente, os valores associados ao trabalho serem estáveis, em algumas culturas estão sujeitos a mudanças no tempo, devido a transformações importantes que afetam a sociedade. Por exemplo, os Estados Unidos, de acordo com os estudos de

Hofstede, são firmes quanto à tolerância e à incerteza, mas em estudos mais recentes os valores apurados indicam o contrário. De acordo com os autores, estes resultados se devem às mudanças políticas, econômicas e sociais que ocorreram nesse país, e que contribuíram para o aumento da incerteza em relação ao verdadeiro poder econômico dos Estados Unidos. Quanto à dimensão de individualismo-coletivismo, de acordo com estas novas pesquisas, o México passou de uma sociedade eminentemente individualista para uma cultura coletivista. Essa mudança pode ser resultado do crescimento econômico nas últimas décadas, que gerou a adoção de esquemas de reconhecimento e recompensa associados ao indivíduo e seu desempenho pessoal.

A aplicação destas dimensões em estudos multiculturais relacionados com a conduta ética apresenta resultados semelhantes. Em um estudo sobre o raciocínio ético de indivíduos chineses e australianos (Tsui e Windsor, 2001), os pesquisadores afirmam que seus resultados são consistentes com as dimensões culturais de Hofstede. O raciocínio ético está vinculado aos fundamentos com os quais um indivíduo justifica escolher uma conduta ética em particular (Kohlberg, 1969, citado por Tsui e Windsor, 2001). A pessoa formula julgamentos morais que dependem do nível sociomoral em que se encontre: nível pré-convencional, centrado em si mesmo; nível convencional, centrado em suas inter-relações; nível pós-convencional, centrado em seus princípios pessoais. Os resultados previstos foram confirmados, considerando que a China e a Austrália diferem de maneira significativa em quatro das dimensões de Hofstede: orientação de longo prazo, distância de poder, individualismo e tolerância à incerteza. A pesquisa mostrou que os australianos (individualistas, menos seguros, mais democráticos quanto a suas relações e com mais estabilidade pessoal) apresentaram índices maiores de raciocínio moral. Enquanto isso, os chineses (menos individualistas, mais seguros, menos democráticos) apresentaram índices menores de raciocínio moral. A explicação é que o raciocínio moral se mede em termos de cooperação social, respeito às regras morais, maior igualdade e justiça. Um nível alto de raciocínio moral é consistente com o individualismo e os princípios pessoais associados, pouca distância do poder manifestada na igualdade das relações, orientação de curto prazo consistente com a estabilidade pessoal, e forte aversão à incerteza, dimensões características da cultura australiana. Com base nesse estudo, embora limitado em seu alcance, é possível prever a conduta moral dos membros de diferentes culturas, segundo as dimensões definidas por Hofstede.

Lu et al. (1999), em um estudo comparativo entre vendedores de Taiwan e dos Estados Unidos, analisaram as diferenças culturais dentro do marco do modelo de Hofstede. Seus resultados mostram o efeito das diferenças culturais no processo de tomada de decisão do ponto de vista moral, de tal maneira que é possível comparar a conduta dos indivíduos procedentes de culturas individualistas e coletivistas. Por outro lado, os autores argumentam que a sensibilidade para os grupos distintos de interesse da empresa é um aspecto de particular importância no processo ético de tomada de decisão e a responsabilidade social de um indivíduo. Blodgett et al.

(2001), estudando também as diferenças entre americanos e tailandeses, apuraram que a sensibilidade dos indivíduos para certos grupos de interesse difere em função dos níveis das dimensões culturais de Hofstede. Em particular, a pesquisa mostra que tanto os vendedores de Taiwan como os norte-americanos têm sensibilidade semelhante em relação aos interesses dos clientes. Entretanto, são mais sensíveis aos interesses da empresa e de seus concorrentes, mas menos sensíveis aos interesses de seus colegas vendedores. O estudo resultou em três importantes revelações para o responsável pela gestão de negócios: primeiro, as diferenças nas dimensões culturais de Hofstede influem na sensibilidade aos diferentes grupos de interesse; segundo, as empresas que operam em culturas com alto grau de aversão à incerteza podem esperar lealdade de sua gente, mas se os indivíduos tiverem de enfrentar situações ambíguas e incertas, isso pode ocasionar uma conduta não ética por parte deles; terceiro, as empresas que operam dentro de uma sociedade com pouca distância do poder precisam estabelecer claramente as linhas de autoridade e liberdade em cada nível para evitar condutas não desejadas.

Outro ângulo da cultura ética nacional está relacionado à conduta moral dos consumidores, já que a empresa pós-moderna diversificou em grande medida o destino de seus produtos e serviços. Rawwas (2001) tomou como referência a taxionomia cultural de Hofstede e os traços de personalidade do consumidor, e apresentou uma classificação das crenças morais de consumidores de oito países diferentes. A importância de suas contribuições concentra-se na premissa de que a atitude moral e a conduta ética do consumidor podem ser muito diferentes daquelas do país de onde procede a empresa e o vendedor, e que a mensagem, conteúdo, forma e estratégia de comunicação devem considerar a dimensão ética. A Figura 9-3 apresenta os quadrantes que resultam da combinação de duas das dimensões de Hofstede: aversão à incerteza e distância do poder. Esta classificação permite localizar certos tipos de culturas nos quadrantes resultantes. Cada quadrante é denominado com um termo que descreve em termos gerais o perfil dos indivíduos

AVERSÃO À INCERTEZA

Distância do poder	Fraca	Forte
Alta	**Entusiastas** Toleram riscos Aceitam ordens	**Deferentes** Trabalham duro Obedientes Figura de autoridade
Baixa	**Funcionalistas** Com riscos pessoais Senso comum Pouca fé na autoridade	**Sobreviventes** Ações ponderadas Selecionam aquelas que lhes convém

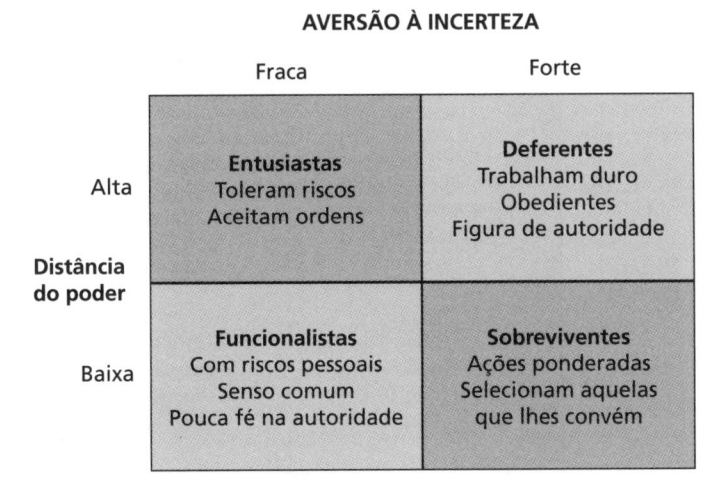

Figura 9-3
Classificação e descrição de grupos de consumidores com base em duas dimensões culturais de Hofstede.

Figura 9-4 Categorias de consumidores e características associadas.

AVERSÃO À INCERTEZA

	Fraca	Forte
Distância do poder — Alta	**Entusiastas** *Asiáticos* Aceitam o risco de mudar o que o superior decide como moral	**Deferentes** *Latinos* Conduta baseada no que é socialmente correto
Distância do poder — Baixa	**Funcionalistas** *Anglos e nórdicos* Conduta ética com base no julgamento próprio	**Sobreviventes** *Germânicos* Ignoram regras morais se a situação o permitir

que pertencem à cultura correspondente: Entusiastas, Deferentes, Funcionalistas e Sobreviventes (Rawwas, 2001).

Por outro lado, com base nas pesquisas e classificações de Hofstede, é possível localizar grupos de países, sobretudo por regiões, que se relacionem com uma categoria em particular. Mesmo sendo generalizações, em boa medida respondem à tipologia de Hofstede. Do mesmo modo, é aceitável atribuir certas características de atitude e condutas, e associá-las a cada classificação. Este exercício se apresenta na Figura 9-4.

Do estudo do Rawwas (2001) se deduz, entre outras conclusões relevantes, que os diferentes grupos de consumidores respondem de determinada maneira às regras estabelecidas, o que determina sua atitude e condutas éticas (Figura 9-5).

Figura 9-5 Observância das regras por categoria de consumidor.

AVERSÃO À INCERTEZA

	Fraca	Forte
Distância do poder — Alta	**Entusiastas** Moderadamente rigorosos com as regras	**Deferentes** Rigorosos em obedecer regras
Distância do poder — Baixa	**Funcionalistas** Menos rigorosos que os deferentes em obedecer a regras	**Sobreviventes** Moderadamente rigorosos com as regras

Ao considerar que os valores são uma dimensão muito importante da cultura, e que de algum modo condicionam a conduta dos indivíduos imersos nela, a apreciação desses valores oferece informação para prever o comportamento, neste caso dos consumidores. Além disso, a importância deste grupo de interesse é considerável, porque pode influir, por sua vez, na conduta ética do vendedor e com o tempo na cultura moral da organização. Os resultados da pesquisa de Rawwas (2001) indicam que o grupo denominado *funcionalistas*, caracterizado por ser suscetível a assumir maiores riscos pessoais, a tomar decisões fundamentadas no senso comum e que apresentam relativa pouca fé na autoridade, efetivamente tende a ser mais pragmático quanto a sua conduta moral e menos rigoroso em obedecer a regras, embora tenda a seguir regras e padrões informais. Por outro lado, os consumidores *deferentes,* que baseiam sua conduta no que percebem como socialmente correto, são respeitosos com as figuras de autoridade e tendem a ser mais rigorosos na obediência às regras. Com relação a este último grupo, é necessário estabelecer guias e instruções em relação à moralidade no uso do produto, por que estes indivíduos querem evitar a incerteza.

Sims e Gaez (2004), em um estudo comparativo entre cinco países, também encontraram significativas diferenças nas atitudes dos indivíduos em relação à ética de negócios. Neste caso, a amostra estudada, procedente da Turquia, afirma que o mundo dos negócios deve ser governado por uma série de regras que não inclui a moral. Os autores do estudo explicam seus resultados com o fato de que este país tem um índice de corrupção, de acordo com Transparência Internacional, muito abaixo dos Estados Unidos, ou seja, é um país avaliado como relativamente mais corrupto que os Estados Unidos ou a Austrália, culturas que não foram tão determinantes em estarem de acordo em que os negócios devam ter suas próprias regras. Do ponto de vista da taxonomia de Hofstede, a Turquia é um país relativamente coletivista que pretende a harmonia entre seus membros, por isso uma mudança contra as práticas não éticas dos negócios não poderia ocorrer sem conflito ou confronto. Do mesmo modo, de acordo com esta pesquisa, os turcos consideram que a má reputação dos negócios quanto à sua conduta não ética é desmerecida.

RESOLUÇÃO DE CONFLITOS ÉTICOS ENTRE CULTURAS

Resumindo, as dimensões culturais de Hofstede e sua correspondente classificação das distintas culturas nacionais estabelecem um índice de referência para descrever e prever as condutas dos indivíduos. Swaidan e Hayes (2005) apresentam uma série de conclusões, devidamente sustentadas pelas publicações especializadas:

1. As culturas individualistas são mais sensíveis aos problemas e dilemas éticos do que as sociedades onde predomina o coletivismo.

2. As pessoas que fazem parte de uma sociedade "masculina" tendem a ser menos sensíveis aos dilemas éticos do que aqueles imersos em uma sociedade considerada "feminina".
3. Os indivíduos que apresentam maior distância do poder serão menos sensíveis aos problemas morais do que as pessoas com menor distância do poder.
4. Aquelas pessoas que fazem parte de sociedades com uma forte aversão à ambigüidade tenderão a ser mais sensíveis aos problemas éticos do que os indivíduos com aversão relativamente fraca à ambigüidade.
5. As culturas com forte orientação no longo prazo serão mais sensíveis aos dilemas éticos do que as pessoas com orientação no curto prazo.

É evidente que as diferenças culturais e sua influência na conduta ética dos negócios apresentam problemas importantes para serem superados. Embora não estejam completamente fundamentados em evidências empíricas, Kohls e Buller (1994) recomendam sete estratégias para resolver conflitos éticos interculturais, que não são necessariamente exaustivas nem mutuamente excludentes. Os conflitos a serem resolvidos se classificam em função do consenso dos valores regentes, da influência de quem toma a decisão e da urgência por resolver o problema:

1. *Evasão*. Recomenda-se baixo enfoque quando o conflito é menor ou pode ser adiado com pouco risco. O mesmo se aplica quando os custos de entrar no conflito são econômica ou socialmente consideráveis.
2. *Força*. É recomendável quando uma das partes é relativamente mais forte do que a outra. Normalmente, as autoridades de um país utilizam este enfoque para assegurar o cumprimento das obrigações de uma empresa ou indivíduo.
3. *Educação-persuasão*. Mecanismo que pretende modificar a posição de uma das partes mediante a informação, raciocínio ou emoção da outra. Este enfoque se pode ilustrar vendo os benefícios econômicos de uma determinada conduta ética.
4. *Infiltração*. Refere-se a introduzir os valores de uma sociedade em outra cultura, de forma deliberada ou não intencional. Por exemplo, os valores da liberdade e a honestidade.
5. *Negociação-compromisso*. Neste caso, ambas as partes cedem algo até negociarem um acordo comum. Como em qualquer processo de negociação, deve ser evitada a sensação de que somente uma das partes foi beneficiada.
6. *Aceitação*. Nesta técnica, uma das partes aceita a posição moral da outra.
7. *Colaboração-solução de problemas*. Esta estratégia recomenda que ambas as partes trabalhem e se apóiem de maneira recíproca para encontrar uma solução comum satisfatória, e obter um resultado ganha-ganha.

Como já mencionamos, a recomendação de Kohls e Buller (1994) fundamenta-se em que a seleção da estratégia ou estratégias depende de três elementos situacionais: a intensidade ou importância dos valores, a influência relativa das partes em conflito e a urgência para resolver o problema ético. Na Figura 9-6 mostramos a possível estratégia em cada caso.

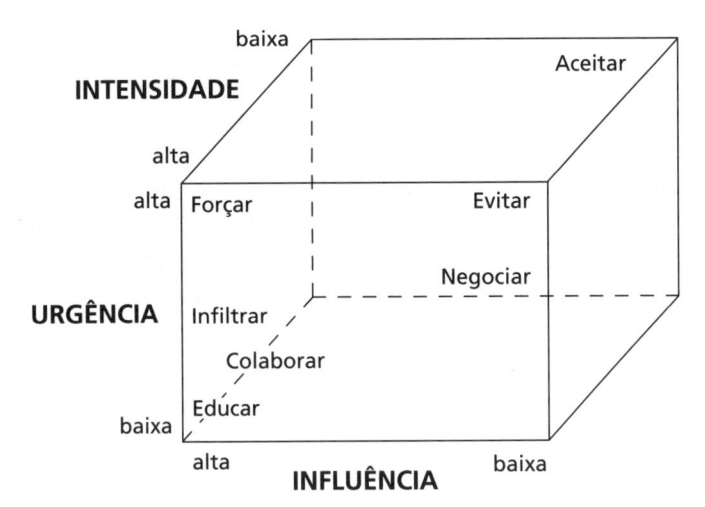

Figura 9-6
Modelo de contingência de estratégias para resolver conflitos entre culturas.*

*Adaptado de Kohs e Buller (1994).

OS PAÍSES IBERO-AMERICANOS: TRAÇOS CULTURAIS E CONDUTA ESPERADA

Como demonstrado no estudo das culturas nacionais e regionais, os países ibero-americanos também têm características singulares que influem no comportamento moral de seus habitantes. Um ponto de partida consiste em determinar se existem atitudes morais universais observadas também nestes países, ou eles assumem somente algumas atitudes.

Em um estudo realizado entre estudantes norte-americanos e espanhóis graduados de negócios, Clark e Aram (1997) tentaram provar que indivíduos de diferentes países apresentam mais semelhanças do que diferenças nas atitudes relacionadas aos valores morais fundamentais e à maneira de abordar dilemas éticos com uma postura empreendedora. Por outro lado, apresentam mais diferenças do que semelhanças quanto à percepção das fontes de conduta não ética. Com efeito, os resultados destacam que pelo menos os espanhóis e os norte-americanos compartilham valores e princípios morais universais. O estudo também comprova que existe consistência entre as culturas estudadas quanto à possível exigência universal pela formalização necessária para a observância destes valores. Entretanto, diversos outros estudos provam que existe realmente uma sensibilidade cultural em relação aos ditos valores "universais", e pode haver diferenças significativas de uma nação para outra. A comprovação da hipótese de Clark e Aram (1997), quanto à percepção das fontes de conduta não ética, fundamenta esses estudos: existe realmente uma diferença clara entre os dois países quanto às razões pelas quais os indivíduos se comportam de maneira não ética. Por outro lado, Valentine e Ritteburg (2004) estudaram as diferenças nacionais de mais de 200 pessoas de negócios, espanhóis e norte-americanos, quanto a considerações teológicas e julgamentos e intenções éticas. Em geral, seus resultados, limitados por uma série de condições metodológicas, levam a concluir que os norte-americanos têm maiores intenções teológicas para agir de maneira ética do que seus colegas espanhóis. A Espanha, com suas características singulares tanto culturais como econômicas e históricas, representa uma sociedade importante de analisar em função da conduta moral empresarial. Ao contrastá-la com os Estados Unidos, os norte-americanos estão comparativamente mais preocupados com os resultados morais de práticas de negócios questionáveis. Este resultado supostamente é conseqüência da sensibilidade crescente da sociedade norte-americana diante da responsabilidade ética das corporações, e revela que essas empresas estão em processo de adotar uma cultura empresarial moralmente mais responsável. Por outro lado, os estudos do Hofstede apóiam estes resultados ao considerar o grau de individualismo dos Estados Unidos.

Por outro lado, os países ibero-americanos foram caracterizados como fatalistas, resistentes à mudança e propensos à corrupção e outras condutas de negócios questionáveis. Alguns consultores estrangeiros com ampla experiência em empresas ibero-americanas propõem o aprofundamento nas culturas regionais para fortalecer as práticas administrativas desejáveis (Osland et al., 1999). Os autores não duvidam que existem numerosas empresas e instituições na América Latina muito eficazes e com uma admirável ética no trabalho. Muitas delas são o resultado de mudanças profundas nas formas de gestão, mas sugerem que o estrangeiro deve conhecer os elementos culturais distintivos para operá-las com sucesso. A seguir apresentamos as dimensões culturais mais importantes:

Simpatia, dignidade pessoal e classicismo. Ênfase na dignidade humana e aversão à crítica, insultos ou à perda da imagem. Simpatia do ponto de vista de uma conduta social que enfatiza a empatia, mas que evita os confrontos, muitas vezes, indispensáveis. O contraste é um iminente classicismo, que pode evoluir para a discriminação, apoiada em uma extrema rigidez de classes sociais.

Personalismo. A relação de trabalho está sujeita ao relacionamento e à lealdade pessoal, por isso a estrutura da organização ou as descrições de cargos não garantem que o trabalho será realizado. O utilitarismo deste aspecto cultural tem a ver com a criação de redes profissionais, pessoais e familiares, como plataforma para subir na hierarquia corporativa. Por outro lado, as amizades costumam ser sólidas e duram muito tempo quando baseadas na confiança e ajuda mútua. O personalismo é particularmente atrativo porque é agradável tratar o indivíduo como pessoa e não como um número.

Particularismo. Em contraste com o tratamento das pessoas de acordo com regras burocráticas e códigos sociais abstratos, o particularismo enfatiza abrir exceções dependendo das pessoas e das obrigações derivadas da amizade. Esse traço cultural é enganoso, pois o poder e a influência podem levar a injustiças e falta de eqüidade no trato social e trabalhista. Neste contexto, tanto os cidadãos como os trabalhadores solicitam favores e privilégios em vez de exigir e exercer seus direitos. Por outro lado, existe a crença de que se a autoridade deseja culpar alguém de uma violação às regras ou às leis, certamente o fará.

Confiança. As publicações especializadas mostram que os ibero-americanos são particularmente desconfiados, não confiando em pessoas alheias ao círculo familiar e de amizade. Desta maneira, a confiança se confunde com a lealdade e a relação se transforma em uma mistura de confiança e controle. A falta de confiança é mais evidente na medida em que freqüentemente se estruturam regras e procedimentos para evitar que os funcionários cometam abusos de confiança ou até fraudes. Para uma transação comercial no varejo, freqüentemente participam duas ou mais pessoas na elaboração da fatura, no recebimento do pagamento e na entrega da mercadoria.

Coletivismo e conduta dentro e fora do grupo. Mesmo que as culturas ibero-americanas sejam descritas como sociedades coletivistas, caracterizadas pela lealdade do indivíduo para com o grupo, e pela responsabilidade do grupo por cuidar do indivíduo, a unidade coletiva na América Latina é na verdade a família, e o ibero-americano pode ser paradoxalmente individualista quando se trata de confiança e de lealdade. De fato, o nepotismo é uma prática social aceita pelos direitos e obrigações que surgem da relação familiar. Por outro lado, a conduta social dentro e fora do grupo tem particular importância na América Latina. Por isso, o favoritismo e a excessiva lealdade dentro dos grupos dão lugar à desmotivação, quando os que estão fora se vêem pouco favorecidos pelos sistemas de remuneração. O coletivismo relativo das culturas ibero-americanas aparece na Figura 9-7.

Paternalismo e relações hierárquicas. O terceiro "P" da cultura latina, depois do personalismo e do particularismo, é precisamente o paternalismo. Baseia-se nas estruturas

Figura 9-7
Tipos de culturas individualistas e coletivistas.*

	ALTA CONFIANÇA		
RELAÇÃO HORIZONTAL	Cultura cívica (Cooperação baseada em interesses particulares, Estados Unidos)	Coletivismo (Mosteiros, algumas vilas africanas, Japão)	RELAÇÃO VERTICAL
	Individualismo (anarquia, colapso social)	Pseudocoletivismo (estruturas hierárquicas protecionistas, comuns na América Latina)	
	BAIXA CONFIANÇA		

*Adaptado de Osland et al. (1999).

monárquicas e nos papéis históricos da Igreja, do patrão e do governo. Os funcionários ibero-americanos esperam que os chefes se interessem por suas vidas pessoais, em um grau que não se encontra em outras culturas. Assume-se que os chefes estarão a par dos problemas pessoais e familiares do funcionário e participarão ativamente em diferentes eventos de caráter alheio ao trabalho, muitas vezes na fronteira do círculo familiar e de amizades. Portanto, os benefícios e serviços ao pessoal da empresa estão definidos de tal maneira que fique evidente que a empresa se preocupa com seus trabalhadores. Por extensão, o chefe trata seus colegas como concorrentes, sobretudo em organizações médias e grandes, e as pessoas que fazem parte do grupo de trabalho são tratadas freqüentemente como "sua" propriedade.

Poder. Este componente cultural é a pedra fundamental das relações nas sociedades latinas. A influência, mais do que a liderança ou a autoridade formal, é aplicada através do poder. No âmbito do trabalho, esta conduta se traduz em estilos autocráticos de gestão em diversos graus. Os ibero-americanos não favorecem nem preferem trabalhar para este tipo de supervisores, mas tampouco os supervisores são reprimidos ou despedidos por esse tipo de comportamento. No âmbito político, o poder muitas vezes se manifesta através de autocracia e despotismo.

Humor e alegria. Uma característica cultural é o senso de humor e o ambiente festivo dos ibero-americanos. O bom humor desempenha um papel importante na vida trabalhista, porque é um catalisador social e ao mesmo tempo uma válvula de escape para as tensões do trabalho.

Fatalismo. Este fator cultural está muito bem documentado, e está associado ao baixo *locus* de controle dos latinos. Isto é, a percepção de que se tem pouco controle sobre os eventos, suas conseqüências e o futuro. O fatalismo é uma característica nada favorável na cultura empresarial pós-moderna, mas parece que está diminuindo sua intensidade no âmbito dos negócios da América Latina. Algumas condutas associadas são a orientação para o curto prazo, a resistência à mudança e a atitude derrotista diante de problemas cuja causa está fora de controle.

É importante acrescentar que esses fatores culturais, em termos habituais, podem ser considerados como pontos culturais fortes ou fracos quanto à capacidade do latino para enfrentar os dilemas morais de maneira responsável. Além disso, por se tratar de generalizações, sua aplicação pode ser limitada em alguns países ou contextos específicos de negócio. Não obstante, traçam uma importante linha divisória entre esta cultura e outras sociedades do círculo.

OS IBERO-AMERICANOS SÃO SOCIALMENTE RESPONSÁVEIS?

A manifestação da ética empresarial nos países ibero-americanos não é um tema recente. O ressurgimento da ética de negócios em todo o continente, foi motivado não apenas pelas demandas da sociedade diante dos diversos escândalos financeiros relacionados com empresas ibero-americanas, mas também por uma legislação mais exigente e por um novo perfil de empresário socialmente responsável. Por outro lado, a maioria dos países ibero-americanos ainda sofre transtornos originados de ou como resultado de uma conduta moral questionável: ditaduras, imperialismo desenfreado, consumo desproporcionado, materialismo, egoísmo das classes mais privilegiadas, pobreza, exploração desmedida dos recursos naturais, pouco compromisso com a qualidade e produtividade, associações sindicais corruptas, condutas não éticas no âmbito empresarial e governamental, dupla moral da Igreja, da iniciativa privada e do governo. Para Cecília Arruda (1997), catedrática e pesquisadora da Fundação Getúlio Vargas do Brasil, os países latino-americanos enfrentam diversos desafios quanto à ética de negócios. Primeiro, a corrupção nas organizações deve ser erradicada, já que é evidente o imperativo de ser competitivo dentro dos limites legais e morais. Este desafio exige primeiro rever profundamente a cultura organizacional, com base no propósito de trabalhar com benefícios econômicos razoáveis no marco da ética empresarial e da responsabilidade social. Segundo, as empresas devem responder solidariamente a três problemas fundamentais destes países: a proteção ao meio ambiente, a erradicação da pobreza e a democratização da educação. Terceiro, transformar o local de trabalho em termos de segurança, higiene, condições especiais para mulheres, menores e minorias pouco favorecidas. Quarto, tirar proveito dos valores e crenças religiosas emanadas da Igreja católica romana, recuperando a observação desta cultura religiosa e incorporando às novas gerações essas práticas morais. Quinto, manter as vantagens competitivas das empresas nacionais diante do embate das corporações internacionais, sem incorrer em práticas não éticas de negócio. E, para finalizar, fortalecer os valores nacionais para fazer frente às práticas de negócio, os hábitos comerciais e os valores familiares das culturas anglo-saxônicas que atentam contra as crenças fundamentais dos ibero-americanos.

Com base em tudo isso, acabar com a corrupção na América Latina é prioritário. A Transparência Internacional (TI) é uma organização civil global orientada a combater a corrupção convocando as pessoas a formar uma coalizão com o fim de extingui-la. Em 1996, esta organização instalou uma divisão para a América Latina e o Caribe (TILAC) com o propósito de unir esforços e encontrar soluções para os problemas comuns destes países. Corrupção, de acordo com a Transparência Internacional, é o abuso do poder pessoal, perpetrado por uma pessoa com poder decisório no setor público ou privado com fins de lucro pessoal, iniciado por essa pessoa ou provocado por um terceiro que queira influir no processo de tomada de decisão que lhe favoreçam. Há vários anos a TI publica o *Índice de percepção da corrupção,* formado por 16 pesquisas de 10 instituições diferentes, que reflete as percepções de empresários e analistas de países diversos. O *Índice* constitui um indicador objetivo da posição relativa de uma sociedade quanto à corrupção, e é um termômetro que reflete os esforços por combatê-la. Em 2005 foram classificados 156 países em uma escala de 0 a 10, onde 10 é a categoria de menor corrupção. Um indicador da problemática dos países latino-americanos na questão aqui tratada é o fato de que, à exceção do Chile e Uruguai, o resto dos países do continente apresenta um índice inferior a 4,3 (Ibero-América, Espanha e Portugal apresentam um índice superior a 6,5).

Certamente, existe uma série de iniciativas e programas para combater a corrupção, adotada pelos países da América Latina. Entretanto, alguns analistas afirmam que as características culturais destes países demandam ações e iniciativas fundamentadas em outro tipo de estratégias (Hustead, 2002). De acordo com essas conclusões, e considerando as culturas nacionais predominantes, o pesquisador propõe que a luta contra a corrupção deva ser realizada, entre outros aspectos, mediante normas de grupos, sob uma forte direção executiva e com regras muito claras orientadas a unificar os interesses individuais e dos grupos para combater a corrupção. Ele opina que isto pode ser mais efetivo que as formas de controle inerentes às iniciativas e sanções emanadas das convenções da Organização de Estados Americanos e da Organização para a Cooperação e o Desenvolvimento Econômico.

> ### A CORRUPÇÃO PREJUDICA DE MUITAS MANEIRAS*
>
> A corrupção gera pobreza e cria barreiras que impedem superá-la.
> A corrupção viola os direitos humanos.
> A corrupção atenta contra a democracia representativa.
> A corrupção é uma barreira ao desenvolvimento econômico.
> A corrupção é uma causa da deterioração do ambiente.
> A corrupção é uma ferramenta do crime organizado.
>
> *Adaptado da Transparência Internacional (2005).

Para Wisley (2006), tanto o futebol quanto o capitalismo consistem basicamente no "desejo infantil de fazer com que os sonhos se tornem realidade, a qualquer custo", obtido por aqueles com suficiente dinheiro para integrar os insumos necessários, uma situação até certo ponto injusta que descreve o negócio desse esporte na atualidade. O futebol, fonte de esperanças às vezes milagrosas, governado por regras simples e às vezes contraditórias, com freqüência provoca violência, injustiças e até corrupção. No verão de 2006, a equipe de futebol representativa da Itália ganhou a Taça Mundial da Federação Internacional de Futebol Amador (FIFA), depois de uma série de jogos contra os times mais poderosos do mundo. Entretanto, pouco tempo depois que a equipe campeã chegou a seu país, o presidente e o vice-presidente da federação italiana, Franco Carraro e Innocenzo Mazzini, respectivamente, renunciaram a seus cargos logo depois de ser descoberta uma vasta rede de fraude e chantagem com o objetivo de controlar o futebol na Itália. Entre as descobertas das atônitas autoridades italianas, foram detectados manipulação de jogos, um mercado corrupto de compra e venda de jogadores, programas de televisão tendenciosos, vínculos com bancos para chantagear clubes endividados e até a cooperação de um grupo de agentes nas promotorias de

Nápoles, Turim e Roma, que notificavam com antecedência todos os movimentos da Justiça. O idealizador dessa rede de corrupção, Luciano Moggi, indivíduo com passado e presente nebulosos, odiado e temido no esporte italiano, controlava os árbitros através da associação mais respeitada da Itália, e também se comunicava constantemente com os encarregados de designá-los. Vários clubes, árbitros e funcionários italianos estão sob investigação; dezenas de dirigentes, federativos, membros de comissões e árbitros foram suspensos ou multados, e pelo menos quatro importantes clubes de futebol foram punidos com o rebaixamento para a segunda divisão ou com suspensões na participação de torneios internacionais. Para três desses clubes, as sanções representam perdas de mais de 250 milhões de dólares anuais por direitos de transmissão cancelados (López, 2006). O escândalo do futebol foi considerado o maior evento negativo que abalou o futebol italiano desde suas origens.

Tomando como ponto de partida este fato, podemos afirmar que uma consideração pertinente relacionada com a conduta ética tem a ver com a possibilidade de que os atos de corrupção não sejam eventos isolados nem independentes, mas que respondam a um sistema ou rede de corrupção que existe e existiu por muito tempo com ampla cobertura geográfica e diferentes propósitos. Nielsen (2003) propõe uma estratégia para promover uma mudança sistêmica e tratar de modificar doze elementos-chave, subsistemas difíceis de mudar devido a sua estabilidade e interdependência. É importante esclarecer que, embora estes componentes do sistema de corrupção não sejam específicos dos países latino-americanos, estão presentes e arraigados também nessas economias:

1. *Reciprocidade de ganhar-ganhar dentro de redes exclusivas de corrupção,* que resultam em benefícios abundantes para os indivíduos ou instituições que participam da rede, mas afetam sensivelmente a sociedade em geral, por definição, excluída do processo.
2. *Extorsão propiciada por governos e governantes, um problema maior que o suborno,* pois este último é, com freqüência, isolado e individual, enquanto a extorsão se generaliza de maneira sistemática e afeta setores importantes da sociedade.
3. *Condutas moralmente questionáveis com resultados benéficos para parte da comunidade,* que conduzem a um dilema social, já que ao eliminá-los se prescinde de um resultado coletivo positivo. Independentemente de sua essência imoral, o impacto destes atos de corrupção é mais prejudicial que humanitário no longo prazo.
4. *Atos de corrupção generalizados que se tornaram habituais para a sociedade,* característica que os converte em práticas relativamente estáveis e difíceis de erradicar.
5. *Atores-chave corruptos considerados generosos e atraentes,* que obtiveram um lugar de destaque na sociedade, podendo assim manter-se e até fortalecer sua posição dentro da rede de corrupção.

6. *Leis e políticas irreais ou com resultados questionáveis, que ao serem aprovadas apresentam oportunidades de corrupção,* de modo que a máquina política e burocrática é beneficiada pelas inumeráveis fontes de extorsão e fortalecem um círculo vicioso para mantê-las vigentes.
7. *Ligas de corrupção entre partidos políticos, polícia, autoridades legislativas e judiciais,* que, devido a firmeza, fortaleza e permanência, aumentam continuamente seu poder e presença na sociedade, fazendo com que até as autoridades do governo ou da sociedade civil interessada em eliminá-las não encontrem formas efetivas de fazê-lo.
8. *Redes de corrupção entre agências de governo e instituições estabelecidas para vigiá-las,* como auditores, jornalistas, universidades e instituições profissionais. Ao fechar o círculo desta maneira, as práticas corruptas se tornam legítimas diante dos olhos da sociedade, e é mais difícil serem erradicadas.
9. *Fundos de campanhas políticas que geram relações e compromissos que afetam sensivelmente a atuação dos funcionários uma vez eleitos;* essa é uma realidade fortalecida pelo fato de que as redes de corrupção têm maior poder econômico do que os candidatos aos cargos públicos.
10. *Ofertas de participação lucrativa em redes de corrupção, seguidas por ataques se a cooperação não for aceita.* Mesmo que estes ataques sejam sutis e discretos, podem tornar-se um sistema de reforço que evita que o envolvido abandone voluntariamente a rede de corrupção.
11. *Conflitos de interesse entre o setor público e as instituições privadas envolvidas,* que fazem com que nunca seja aprovada a legislação necessária ou sua aplicação não seja fiscalizada.
12. *Programas governamentais de resgate que beneficiam grupos minoritários capitalistas e afetam a população em geral;* são iniciativas definidas e implantadas quando algumas instituições chegam ao limite de sua capacidade econômica e de sobrevivência, e seu desaparecimento ou quebra afeta aparentemente a economia.

Nielsen (2003) ilustra e documenta esta série de subsistemas que fortalece as redes de corrupção, e propõe seis reformas essenciais que ajudam a eliminá-las de maneira definitiva. Mas, por definição, o caminho é longo, a implantação é complexa, e a vontade política e a energia de diversos elementos da sociedade é fundamental para consegui-lo.

A aplicação prática das diferenças culturais entre os países da América Latina e outras economias com características distintas quanto a sua conduta moral se manifesta nos recentes pactos comerciais internacionais, como é o caso do Tratado de Livre Comércio da América do Norte (TLC ou NAFTA, North American Trade Agreement). A formalização desse tratado comercial chamou a atenção dos pesquisadores, já que pela primeira vez na história moderna três culturas radicalmente diferentes estão em posição de trocar não apenas bens e serviços, mas também informação e recursos humanos, com uma intensidade e magnitude sem precedentes. Uma questão de particular interesse foi a moralidade das negociações e transações entre o México e os outros dois países do TLC.

Elahee et al. (2002) estudaram os componentes culturais do fortalecimento da confiança entre parceiros comerciais internacionais, na hipótese de que sua ausência pode ser a base para que surjam táticas de negociação moralmente questionáveis entre os interlocutores. Seu estudo, fundamentado em uma pesquisa de campo entre homens de negócios mexicanos, norte-americanos e canadenses, indica que as práticas moralmente inaceitáveis se apresentam exatamente em contextos de pouca confiança entre os indivíduos. Um achado muito interessante é que os homens de negócios mexicanos não são tão suscetíveis a práticas moralmente questionáveis quando tratam com seus conterrâneos, diferentemente de quando fazem negociações intraculturais. Por outro lado, a conduta dos norte-americanos e canadenses não varia de maneira significativa, independentemente da procedência de seus colegas. Uma lista parcial, adaptada de práticas de negociação não éticas, encontradas nas publicações de diferentes autores é a seguinte (Elahee et al., 2002):

1. *Fanfarronice,* quando o negociador manifesta a intenção de fazer algo, mas na realidade não tem qualquer intenção de fazê-lo. Esta prática inclui falsas promessas ou ameaças.
2. *Distorção de posição* (econômica, de urgência, relevância ou interesse) por parte do negociador diante de seu oponente, com o propósito de confundi-lo e obter benefícios a seu favor.
3. *Posição de negociação tradicional,* que inclui ocultar informações relevantes ou inflar suas petições ou pretensões originais.
4. *Ataque à rede do oponente* com o propósito de desarticular ou desestabilizar o grupo ou as pessoas que o integram. Também procura atrair estas pessoas para que mudem de partido.
5. *Obtenção inapropriada de informação,* seja pela forma de fazê-lo ou pela natureza da informação, classificada, confidencial ou pessoal.

No caso do processo de negociação, a confiança é um elemento fundamental porque, como aponta Volkema (1999, citado por Elahee et al., 2002), a linha tênue entre o ético e o não ético é mais difícil de identificar do que em qualquer outra instância. A hipótese é que quando existe confiança entre as partes, é maior a possibilidade de que sua conduta seja moralmente aceitável. Os resultados da pesquisa a ratificam (Elahee et al. 2002). No estudo, os mexicanos apresentam-se relativamente mais propensos a utilizar as práticas questionáveis de negociação, principalmente ao tratarem com homens de negócios dos outros dois países, pela falta de confiança inerente ao processo. Para os negociadores do México é mais fácil desenvolver uma rede de relações com base na confiança com os conterrâneos do que com os estrangeiros. Para os três países, tanto em negociações internas como interculturais, a tática mais utilizada é a posição de negociação tradicional.

Um dilema ético de ordem superior relacionado com o TLC é a gestão do processo de transferência de áreas de manufatura e empregos dos Estados Unidos para o México, aproveitando os benefícios evidentes de custo de mão-de-obra, energia e outros insumos. Hosmer e Scott (1995) argumentam que existem benefícios para todo o sistema, mas que também existe um impacto negativo no âmbito da ética. Por um lado, cada novo emprego criado no México por razões da internacionalização de uma empresa norte-americana, tem como efeito um emprego equivalente não criado nos Estados Unidos, com o respectivo prejuízo a trabalhadores potenciais e à comunidade em geral. Segundo, supõe-se que no México não serão mantidas as condições de segurança e higiene equivalentes aos padrões americanos, pois, mesmo que a legislação existisse, a lei não se aplicaria de maneira adequada. Terceiro, a legislação ambiental no México não tem o nível de exigência das leis dos Estados Unidos quanto às descargas e emissões que podem afetar o meio ambiente.

Se for tomada uma posição eminentemente utilitarista, os benefícios da transferência de operações de manufatura para o México seriam superiores ao dano previsto. Entretanto, as dimensões não econômicas deste dano são difíceis de quantificar, e a distribuição dos benefícios e, se for o caso, dos prejuízos, se repartem de maneira desigual entre os dois países e seus habitantes. Por esta razão, alguns consideram que o processo não é outra coisa que um colonialismo econômico da modernidade, que se justifica pelo desenvolvimento integral da região. Em geral, o ponto de partida é que a validade dos princípios morais e seu impacto nas pessoas devem estar condicionados, e não limitados, pelo impacto econômico inerente. Existem decisões que por sua natureza não são moralmente válidas, como as que transgridem a Justiça e os direitos humanos. O dilema fundamental que prevalece consiste em assegurar que as decisões de gestão mantenham a oferta de produtos e serviços de modo que sirvam melhor à sociedade, sem sacrificar o trato justo, a observância dos direitos humanos e as garantias individuais dos trabalhadores.

A CULTURA ORGANIZACIONAL: FORMALIZAR A ESTRATÉGIA DE NEGÓCIOS

A cultura empresarial tem sido definida de diversas maneiras, mas a maioria das definições considera que a cultura é a forma de ser da organização que identifica a empresa em particular e se manifesta por meio da conduta implícita e explícita de seus integrantes. A cultura organizacional pode ser uma vantagem competitiva para a companhia, mas também pode tornar-se fonte de problemas ou do seu fracasso. A cultura deve corresponder à estrutura da organização, e deve andar junto com a estratégia. É possível que, em sua origem, a cultura seja o reflexo do fundador ou líder, mas com o passar do tempo é adotada por cada um dos membros da organização, e é aceita e compartilhada por todos.

Um sacerdote espanhol fundou a Mondragón Corporação Cooperativa em 1956, como uma pequena oficina de estufas e fogões a querosene. Atualmente é o primeiro grupo empresarial basco e o sétimo maior da Espanha. Além disso, em 2002 e 2003, a revista *Fortune* a considerou como uma das dez melhores empresas da Europa para trabalhar. Os observadores consideram que não é possível falar do sucesso da empresa sem considerar seriamente sua cultura empresarial.

A Mondragón é uma corporação com características próprias, tanto em sua forma de operar como em relação aos seus princípios trabalhistas. Para a Cooperativa, os valores da empresa "são o núcleo da cultura empresarial, contribuindo com um sentido de direção comum a todas as pessoas e com linhas diretrizes na tarefa diária. Aqueles valores dos quais somos participantes definem o caráter fundamental da organização e criam um determinado sentido de identidade" (http://www.mondragon.mcc.es/). Estes valores se resumem da seguinte maneira:

- *Cooperação*. Plataforma para a coesão corporativa, necessária para a eficiência e o dinamismo empresarial. Os desafios individuais são a fonte de superação pessoal, que deve ser combinada com a transferência interna de conhecimentos e a co-participação na solução dos problemas com clientes, fornecedores, concorrentes e instituições sociais.
- *Participação*. Um direito e uma obrigação para alinhar o potencial pessoal, colocá-lo a serviço dos interesses comuns e incrementar a satisfação e o sentido de posse. O desenvolvimento da participação requer estruturas organizacionais flexíveis que favoreçam um bom clima trabalhista, a gestão dos processos interfuncionais, o trabalho em equipe e a formação e capacitação permanentes.
- *Responsabilidade social*. Como os fins pessoais devem ser compatíveis com os da empresa, e os da empresa com seu compromisso social, o alcance do pessoal da Mondragón deve influir no ambiente mais próximo, buscando, pela solidariedade, a melhoria, assim como o desenvolvimento de seu povo.
- *Inovação* ou atitude permanente de busca de novas opções em todos os âmbitos de atuação como condição necessária para o progresso empresarial, assim como para atender, da maneira mais conveniente, às expectativas geradas na sociedade.

Com o propósito de estabelecer seu conceito de gestão de maneira mais operativa, a Mondragón estabeleceu uma série de *objetivos básicos*. É importante esclarecer que estes objetivos definem o marco de referência para as atividades e funções, e pretendem ser o elemento integrador para os planos estratégicos e operacionais: satisfação do cliente, rentabilidade, internacionalização, desenvolvimento e participação social.

Para Aranzadi (2003), a principal vantagem competitiva da Mondragón é a "profunda contribuição" e participação entusiasta de seu pessoal, além de ter bons funcionários e priorizar o pessoal como o ativo mais importante. A participação real das pessoas é uma vantagem que, quando não está presente, todas as modas e modismos de gestão se revelam apenas soluções de curto prazo. Outro aspecto a ser considerado é que, além de seus valores de suma importância e transcendência, os *objetivos básicos* da cooperativa Mondragón refletem o pragmatismo de uma empresa ou negócio orientado para resultados financeiros. E seu êxito econômico é uma evidência do equilíbrio entre a ética e os resultados materiais.

> ## A MISSÃO DA CORPORAÇÃO MONDRAGÓN
>
> A Mondragón Corporação Cooperativa é uma realidade socioeconômica de caráter empresarial, com profundas raízes culturais no País Basco, criada por pessoas e para elas, inspirada nos princípios básicos da experiência cooperativa, comprometida com o ambiente, a melhoria competitiva e a satisfação do cliente, para gerar riquezas na sociedade mediante o desenvolvimento empresarial e a criação de empregos, que:
>
> - sustenta-se com compromissos de solidariedade e utiliza métodos democráticos para sua organização e direção;
> - impulsiona a participação e a integração das pessoas na gestão, resultados e propriedade de suas empresas, os quais desenvolvem um projeto comum harmonizador do progresso social, empresarial e pessoal;
> - promove a formação e inovação do desenvolvimento das capacidades humanas e técnicas;
> - aplica um modelo de gestão próprio para alcançar posições de liderança e fomentar a cooperação.

A cultura da Mondragón Corporação Cooperativa, descrita em termos de sua missão, valores e objetivos, presumivelmente contém todos os elementos de uma organização bem-sucedida, mas é provável que esta cultura tenha se ajustado ao longo do tempo, até chegar a sua forma atual, e não possa ser reproduzida com facilidade por outras organizações. Entretanto, permanece a possibilidade de que uma liderança adequada possa conduzir a cultura de uma empresa na direção desejada. É moralmente aceitável fazê-lo? Para alguns pesquisadores é impossível que um dirigente consiga deliberadamente criar e administrar a cultura de sua organização (Schein, 1985; Smirchich, 1983; citados por Beyer e Nino, 1999). Não obstante, é relativamente simples apoiar a hipótese de que virtualmente todas as atividades de gestão de um dirigente, suas decisões, programas e estratégias enviem mensagens culturais que influenciem a conduta corporativa, sem importar se o fazem de forma deliberada ou inconsciente (Beber e Nino, 1999). Para o propósito desta obra é muito importante que a cultura corporativa seja dirigida ou evolua para uma cultura ética e socialmente responsável. Como já mencionamos, além das forças internas pertinentes, como a liderança responsável, existem forças externas, como a legislação e a sociedade, que fazem com que as empresas se responsabilizem por seus atos de maneira aceitável do ponto de vista moral.

Sinclair (1993) argumenta que existem dois enfoques para obter a melhoria da conduta ética na empresa através da administração da cultura organizacional. O primeiro deles, ilustrado no caso da Mondragón, pressupõe que através da gestão pertinente se pode criar uma cultura unitária e com coesão, tendo como centro uma série de valores organizacionais. Estas culturas organizacionais se diferenciam pela presença de valores e normas aceitas por todos os funcionários, e existe uma metodologia para construí-las. Por um lado, é necessário articular a estratégia corporativa, fundamentada em uma missão que inclui não apenas metas econômicas, mas também a classe de empresa que se deseja ser, ou seja, valores, responsabilidade social, compromisso com os clientes e outros grupos de interesse. Seus princípios muitas vezes são denominados "credo corporativo", e são a base para um código de ética ou política de responsabilidade social. Neste enfoque, o líder desempenha uma função fundamental, e através de sua equipe de diretores orienta a empresa para alcançar os seus objetivos e se consolida como um dirigente carismático ou transformador. O modelo pressupõe também que todos os processos nos quais o homem intervém respeitem a estratégia e sejam definidos para fortalecer a cultura e os valores desejados: recrutamento, seleção, desenvolvimento, e compensações.

Na prática, esboçar e coordenar todos os processos que dão lugar à criação de uma cultura corporativa são tarefas difíceis e demoradas. Uma crítica importante a esta abordagem é que a construção e a adesão a uma cultura organizacional desta natureza, por um lado subordina os valores pessoais e individuais a outros coletivos e, por outro, cria uma força de choque interna, implícita ou explícita, formada por aqueles que não aceitam a cultura predominante. Com base nessas considerações, há outra forma de entender a cultura organizacional (Sinclair, 1999) que reconhece a existência de subculturas e feudos de poder, em que a cultura corporativa é resultado do diálogo, ajuste de forças e valores contrapostos. Embora este enfoque exija uma árdua tarefa administrativa para o dirigente, existem evidências que indicam que as organizações podem obter benefícios derivados da afluência de várias culturas e valores aparentemente contrapostos, e o respeito e administração das diferenças, com o tempo dão lugar a uma organização mais inclusiva e adepta à diversidade. Por outro lado, este enfoque pode conduzir a uma anarquia ou paralisia organizacional diante do dirigente inapto para conciliar valores e interesses diversos.

Quanto à presença e gestão de subculturas dentro da organização, de acordo com Dion (1996) e do ponto de vista da ética empresarial, o problema se torna mais complexo quando existem diferentes etnias na empresa, como é cada vez mais freqüente nas empresas multinacionais. Portanto, é imperativo considerar os elementos estruturais da organização em particular, e para isto são propostos quatro subsistemas da cultura organizacional e seus efeitos éticos:

1. *Subsistema de representações.* As *crenças organizacionais,* que revelam como a empresa é administrada e como concorre com os demais, apresentam-se freqüentemente na missão ou código de ética. Na maioria dos casos, entre as crenças organizacionais se encontra a maneira como as relações interpessoais são interpretadas e construídas, e, em particular, como o poder, a liderança e a autoridade são exercidos. As *ideologias organizacionais* oferecem direção, coerência, motivação, critérios e normas de comportamento para os membros da corporação. O mais importante para nossa análise é que este componente da cultura contém os ideais geralmente aceitos, exerce uma influência significativa nos valores da empresa e facilita a tomada de decisão.

2. *Subsistema de valores e normas.* As normas constituem os determinantes básicos das atitudes sociais e da conduta humana, adquiridos durante toda a vida. Os valores são importantes porque servem como critérios de decisão, moldam as percepções e as interpretações do indivíduo, delimitam as opções disponíveis e definem as sanções positivas, como respeito e recompensas (Word, 1990, citado por Dion, 1996). As normas, por sua vez, mantêm as expectativas sociais e delimitam as sanções correspondentes em resposta às aspirações individuais e o bem comum da sociedade.
3. *Subsistema de modos de expressão.* As metáforas são derivações da linguagem utilizadas para definir a organização e seus componentes, ou para refletir a imagem que a sociedade deseja. Os heróis e histórias organizacionais representam as experiências e personagens bem-sucedidos dentro da empresa. A força das histórias é que podem modelar a conduta de terceiros através de parábolas, e os heróis representam o modelo ideal a ser seguido para ter êxito na corporação. Os *rituais e as cerimônias* sustentam a coesão e permitem a socialização dos indivíduos dentro de um limite aceito implicitamente pela corporação; são referência concreto e coerente à conduta esperada do indivíduo, ajudam a administrar as diferenças antes que ocorra um conflito ou dilema em potencial, e proporcionam uma identidade coletiva com significado para a pessoa e para a corporação.
4. *Subsistema de modos* de ação e organização. Os *padrões para a ação* diferem se é o indivíduo a prioridade da forma de fazer as coisas, ou a organização. Os *jogos de relação* correspondem às condutas ocultas que servem como plataforma para a relação entre as pessoas. Estes jogos, por definição, são de natureza desonesta e dramática.

Cada um desses quatro subsistemas culturais exercem uma série de influências morais na organização. Formam o marco de referência para a conduta esperada de cada um de seus membros (Dion, 1996), e, em particular, o subsistema de normas e valores que constitui o ponto central da ética corporativa, de sua compreensão e potencial transformação.

Benson e Ross (1998) argumentam que a mudança cultural para uma empresa moralmente responsável significa não apenas a mudança de cultura, mas também a gestão do impacto das mudanças na conduta ética dos funcionários. Os autores argumentam que existem algumas condições que podem colaborar para a mudança cultural, como as seguintes:

- Quando a empresa esteve sujeita a alguma sanção ou multa por alguma violação moralmente questionável, mesmo que falsa.
- Quando a direção da empresa promove enfaticamente a conduta ética como um componente essencial dentro das responsabilidades trabalhistas e aprova que os funcionários perguntem quando tiverem dúvidas em algum dilema moral.

- Quando a direção da companhia implanta um programa para fomentar que os trabalhadores delatem condutas questionáveis, com medidas efetivas para proteger a identidade do delator.

A respeito de facilitar a conduta ética por parte dos funcionários, a empresa tem muito a fazer. É importante contar com uma instância, um meio, um canal ou um responsável pela ética empresarial a quem seja possível recorrer para informação ou apoio. Também é necessário um programa transparente para fomentar a conduta ética e socialmente responsável. Um outro aspecto importante que deve ser implementado consiste em garantir que os funcionários compreendam as mensagens, modifiquem sua conduta e percebam o efeito das conseqüências.

Conclusões

Há alguns anos, o Ethics Resource Center, organização sem fins lucrativos dedicada a fortalecer a ética corporativa, apresentou os resultados de uma pesquisa nacional entre vários milhares de trabalhadores norte-americanos. Os resultados indicam que mais de 50% dos pesquisados incorreram em uma falta moral no contexto do trabalho nos últimos doze meses, e mais de um terço deles o fez pelo menos duas vezes (Verschoor, 2005). Entre as faltas divulgadas estão conduta abusiva ou intimidação de colegas, mentiras a funcionários, clientes ou vendedores, violações de regras de segurança e, em geral, dar prioridade a seus interesses pessoais em detrimento dos interesses da empresa. Um resultado interessante foi que a cultura ética da empresa aparenta ser um elemento determinante para guiar a conduta ética do trabalhador.

No entanto, persiste o problema de que o trabalhador pode perceber ambigüidades entre a conduta moral divulgada e a observada, o que exige coordenação com as expectativas éticas da sociedade da qual a empresa é participante. Waters e Bird (1987) sugerem inclusive que esta ambigüidade pode gerar uma tensão moral quando a pessoa enfrenta com um dilema ético e tem de decidir que padrão moral é o apropriado ou qual deve priorizar em caso de conflito. Do mesmo modo, devem ser consideradas as repercussões econômicas ou materiais da decisão. Uma resposta freqüente é que a pessoa tende a solucionar o dilema em um curto espaço de tempo, porque fazê-lo em um espaço de tempo maior envolve um nível adicional de complexidade. Além disso, quando o padrão de conduta da empresa difere, real ou aparentemente, dos padrões da sociedade em geral, o nível de tensão moral do indivíduo aumenta significativamente. Esta última situação ocorre cada vez mais nas empresas imersas em uma cultura nacional propensa a condutas moralmente questionáveis.

Considerando tudo isso, podemos deduzir que a conduta responsável do indivíduo, no contexto de sua organização, é sempre uma tarefa difícil; é significativamente alta a probabilidade de que a conduta acertada gere em um primeiro momento tensão moral, em vez de satisfação por haver cumprido com o seu dever. Se as culturas organizacionais são relativamente difíceis de modificar, as culturas nacionais, como se viu neste capítulo, são mais estáveis e imutáveis. No entanto, a responsabilidade moral do indivíduo consiste essencialmente em conciliar os valores morais e os resultados esperados com todos os grupos de interesse, dentro da cultura corporativa e do contexto da cultura nacional.

CASO PRÁTICO

PANAMÁ E O PACTO MUNDIAL DAS NAÇÕES UNIDAS

O pacto mundial

Kofi Annan.

A iniciativa de criar um pacto mundial de responsabilidade social surgiu de Kofi Annan, secretário-geral das Nações Unidas, em janeiro de 1999. Seis meses depois, Annan fez um apelo aos líderes das principais companhias internacionais para se integrarem ao pacto e colocarem em prática o objetivo de criar uma cidadania corporativa global, para conciliar interesses e processos da atividade empresarial com os valores e demandas da sociedade civil. A iniciativa pretende responder aos mais importantes e danosos efeitos da economia no bem-estar e na dignidade humana. Em 2003, mais de 1200 empresas de 65 países haviam assinado o pacto. Para que uma corporação faça parte do pacto, o executivo de mais alto nível deve assinar uma carta se comprometendo a aderir aos dez princípios acordados, fornecer informações das atividades relacionadas em um relatório anual, publicá-lo no site do pacto mundial, assim como avançar continuamente em sua implementação.

A Organização das Nações Unidas julga que existem numerosos benefícios para as empresas participarem do pacto mundial ou global, tais como:

> "As empresas estão se tornando protagonistas da globalização, autênticos cidadãos mundiais e, em conseqüência, responsáveis por fechar a brecha aberta entre os países."
>
> George Kell, diretor-executivo do Pacto Mundial. Expansão, outubro de 2003.

- demonstrar liderança ao adotar princípios universais de vanguarda e responsabilidade corporativa para fazer com que a economia global seja mais sustentável e abrangente;
- fornecer soluções práticas a problemas contemporâneos relacionados com a globalização, responsabilidade corporativa e desenvolvimento sustentável em um contexto de múltiplos grupos de interesse;

PRINCÍPIOS DO PACTO MUNDIAL DAS NAÇÕES UNIDAS

"Acima de tudo e sobretudo, o pacto mundial é um firme compromisso de cada entidade avançar em suas atividades no caminho marcado por estes dez princípios."

Princípio número um: as empresas devem apoiar e respeitar a proteção dos direitos humanos fundamentais reconhecidos internacionalmente, dentro de seu âmbito de influência.

Princípio número dois: as empresas devem assegurar-se de que suas empresas não são cúmplices na violação dos direitos humanos.

Princípio número três: as empresas devem apoiar a liberdade de filiação e o reconhecimento efetivo do direito à negociação coletiva.

Princípio número quatro: as empresas devem apoiar a eliminação de toda forma de trabalho forçado ou realizado sob coação.

Princípio número cinco: as empresas devem apoiar a erradicação do trabalho infantil.

Princípio número seis: as empresas devem apoiar a abolição das práticas de discriminação no emprego e profissão.

Princípio número sete: as empresas devem manter programas preventivos que favoreçam o meio ambiente.

Princípio número oito: as empresas devem fomentar as iniciativas que promovam maior responsabilidade ambiental.

Princípio número nove: as empresas devem favorecer o desenvolvimento e a difusão de métodos que respeitem o meio ambiente.

Princípio número dez: as empresas devem trabalhar contra a corrupção em todas suas formas, como extorsão e suborno.

- administrar os riscos ao tomar posição com antecedência em assuntos críticos;
- conhecer o alcance global e poder de convocação das Nações Unidas entre governos, empresas, sindicatos, sociedade civil e outros grupos de interesse;
- compartilhar práticas e aprendizagens bem-sucedidas;
- melhorar a administração corporativa e de marca, o moral dos funcionários e a produtividade e eficiência operacional.

A resposta na Ibero-América

A reação de muitas nações, corporações e grupos de interesse foi sentida de imediato. Instituições de presença significativa na economia, como a Organização Internacional do Trabalho (OIT), aderiu à iniciativa com objetivos particulares congruentes com sua razão de ser. A OIT é um organismo especializado das Nações Unidas que trata de fomentar a justiça social e os direitos humanos e trabalhistas internacionalmente reconhecidos, por isso sua participação no pacto mundial e se concentra na promoção dos quatro princípios sobre o trabalho:

- respeitar a liberdade de associação e reconhecer o direito à negociação coletiva;
- apoiar a eliminação de todas as formas de trabalho forçado ou obrigatório;
- unir-se à luta pela abolição efetiva do trabalho infantil;
- eliminar a discriminação em matéria de emprego e profissão.

A OIT contribui significativamente com o alcance do objetivo do pacto mundial, apoiada no diálogo social entre empresários e sindicatos, embora boa parte de sua contribuição se concentre na área da aprendizagem, mediante um programa de formação para gerentes. Este programa objetiva desenvolver a capacidade dos dirigentes empresariais para aplicar os quatro princípios e direitos fundamentais no trabalho; além disso, o programa é elaborado em parceria com as organizações de empregadores e de trabalhadores.

Diferentes países se incorporaram ao pacto mundial de maneiras distintas. A Espanha, por exemplo, opera por meio da Associação Espanhola do Pacto Mundial (Asepam), estrutura que supostamente é um grande avanço, pela solidez jurídica que outorga ao referido pacto. A Asepam utiliza como instrumento de trabalho a Mesa Quadrada, na qual sempre tem de prevalecer o equilíbrio entre os diferentes grupos de interesse que participam, de forma a garantir o cumprimento de seus objetivos particulares por meio do diálogo. A Mesa Quadrada conta com representantes de cada um dos quatro grandes grupos assinantes do Pacto Mundial das Nações Unidas: as pequenas, médias e grandes empresas; as organizações não governamentais (terceiro setor); as entidades educativas; e os representantes de instituições sociais, políticas e sindicais.

Na Argentina, em uma iniciativa adotada pelo governo no marco deste pacto mundial, foi assinado em 24 de outubro de 2003 um documento no qual foram definidos os Objetivos de Desenvolvimento do Milênio para a Argentina. Do mesmo modo, foram estabelecidas metas específicas para cada objetivo, como datas e índices de medição. Os oito objetivos são:

Objetivo 1: Erradicar a pobreza extrema e a fome
Metas: erradicar a indigência e a fome; reduzir a pobreza a menos de 20%.

Objetivo 2: Alcançar a educação básica universal
Metas: assegurar que em 2010 todas as crianças e adolescentes possam completar os três níveis de educação básica, e que em 2015 todas as crianças e adolescentes possam completar todos os níveis de educação.

Objetivo 3: Promover o trabalho decente
Metas: Reduzir em 2015 o desemprego a uma taxa inferior a 10%; aumentar a cobertura de amparo social a dois terços da população até 2015; erradicar o trabalho infantil.

Objetivo 4: Promover a igualdade de gênero
Metas: alcançar em 2015 uma maior eqüidade de gênero mediante melhor participação econômica da mulher, redução da diferença salarial entre ho-

mens e mulheres, e conservar os níveis de igualdade de gênero alcançados até 2000 no âmbito educativo; aumentar a participação da mulher nos níveis onde a tomada de decisão seja importante em empresas e em instituições públicas e privadas.

Objetivo 5: Reduzir a mortalidade infantil
Metas: reduzir 75% da mortalidade de menores de 5 anos, e 20% da desigualdade entre províncias entre 1990 e 2015.

Objetivo 6: Melhorar a saúde materna
Metas: reduzir dois terços da taxa de mortalidade materna e 20% da desigualdade entre províncias entre 1990 e 2015.

Objetivo 7: Combater o HIV/Aids, a tuberculose e a doença de Chagas
Metas: deter a propagação do HIV/Aids em 2015; reduzir a incidência da tuberculose para 8% anual, e a taxa de mortalidade por tuberculose para 10% anual; e assegurar a interrupção da transmissão vetorial da doença de Chagas em todo o país em 2015.

Objetivo 8: Assegurar um ambiente sustentável
Metas: conseguir em 2015 que todas as políticas e programas do país estejam integradas aos princípios do desenvolvimento sustentável, e seja revertida a perda de recursos naturais; reduzir dois terços da proporção da população sem acesso à água potável entre 1990 e 2015; reduzir à metade a proporção da população residente em favelas e assentamentos irregulares.

O governo argentino entende que para atingir os seus objetivos é importante transformar a sociedade até conseguir uma importante mudança cultural, manifestada em novas práticas com base na ética e na responsabilidade social, tanto dentro da empresa como em sua relação com todos os grupos de interesse pertinentes. Espera-se que todos os setores da Argentina contribuam para o desenvolvimento de um país mais sustentável e abrangente. Para isso, em 16 de dezembro de 2003 um grupo formado por mais de 30 entidades do setor privado, o mundo acadêmico e a sociedade civil constituíram o Grupo Promotor do Pacto Global na Argentina, como objetivo de difundir seus princípios e assumir um compromisso de responsabilidades.

O Grupo Promotor desempenha um papel importante na iniciativa do Pacto Mundial na Argentina, não só com a promoção de eventos formais, mas também mediante a interação informal para reunir todos os setores relacionados e estabelecer estratégias que visam convidar cada vez mais instituições a tomar parte do pacto. Um exemplo foi a adoção de um mecanismo denominado 5 x 1, em que cada integrante do Grupo Promotor assume o compromisso de convidar pelo menos cinco empresas a assinar o Pacto Global, e tudo através de cafés-da-manhã de trabalho e da aproximação com clientes e fornecedores.

Em 2006, 68 empresas, duas ONGs e duas universidades aderiram ao Pacto Mundial em Santo Domingo. Na promoção, destaca-se a participação ativa do presidente da República, que por diversos meios convidou pessoas importantes do país para formular e construir a Rede de Empresas do Pacto Global das Nações Unidas em Santo Domingo. A estratégia de promoção do pacto afirmou, em Santo Domingo, que é uma oportunidade para aproveitar seus valores e transformá-los em uma força positiva para o país. Além disso, a mensagem aos empresários expressa a expectativa de sua responsabilidade solidária para cumprir os Objetivos de Desenvolvimento do Milênio, já que "o empresariado é um elemento-chave para o crescimento e desenvolvimento... Ao adotar uma estratégia empresarial baseada em 'princípios', as companhias-membros asseguram que suas práticas de 'responsabilidade social corporativa' sejam uma contribuição ao desenvolvimento humano, e que os benefícios da globalização sejam compartilhados equitativamente entre todos os dominicanos e dominicanas".

Na Republica Dominicana existe uma Comissão Presidencial sobre os Objetivos do Milênio e o Desenvolvimento Sustentável (Copdes), liderada pelo presidente constitucional, cujo propósito é monitorar e avaliar o progresso do país no cumprimento dos Objetivos de Desenvolvimento da Organização das Nações Unidas, que envolve setores governamentais, o setor empresarial, a sociedade civil e as dependências da ONU.

É importante esclarecer que, mesmo que os Objetivos do Milênio tenham surgido de um compromisso de todos os países-membros das Nações Unidas, nos quais os dirigentes mundiais acertaram uma série de metas e objetivos com prazos para combater a pobreza, a fome, as doenças, o analfabetismo, a degradação do meio ambiente e a discriminação contra a mulher, o presidente de Santo Domingo estendeu uma ponte entre estes Objetos e o Pacto Mundial para fazer com que os empresários participassem de sua iniciativa nacional.

A participação da Venezuela no Pacto Mundial difere de muitos outros países latino-americanos. Por um lado, o órgão coordenador e reitor das iniciativas oriundas das Nações Unidas é a Associação das Nações Unidas na República Bolivariana da Venezuela (ANUV), instalada em 1996. A ANUV é uma organização não-governamental de âmbito nacional e alcance internacional devido a sua integração, cujo único membro é a Venezuela, que faz parte da Federação Mundial de Associações das Nações Unidas. Esta instituição declara que, para que o Pacto Mundial tenha verdadeiro sentido, "deve ter repercussões em nível sistêmico e ser aceito e posto em prática a partir da base, isto é, das pequenas e médias empresas, por meio de uma ação maciça de informação e incorporação, sustentável no tempo através de um programa contínuo de manutenção. O Pacto não é um 'código de conduta' ou uma iniciativa do tipo normativo; trata-se de um modelo de aprendizagem baseado na troca de experiências".

Com base nessas considerações, a finalidade da ANUV em relação às empresas venezuelanas é, em essência, facilitar a adesão ao Pacto Mundial das empresas que o desejarem e oferecer as ferramentas necessárias, segmentadas em três fases: fase de adesão, fase de formação e fase de difusão e interação. Um dos

OBJETIVOS DA COMISSÃO PRESIDENCIAL SOBRE OS OBJETIVOS DO MILÊNIO E O DESENVOLVIMENTO SUSTENTÁVEL DE SANTO DOMINGO

- Agir como uma instituição multissetorial que responde ao presidente constitucional da República e dirige a colaboração do governo com o Projeto do Milênio da Organização das Nações Unidas e as dependências deste organismo mundial no país.
- Promover uma colaboração multissetorial entre as instituições governamentais nacionais, o setor privado e empresarial, a sociedade civil e as autoridades locais para coordenar consultas públicas interativas entre estas entidades, e manter uma relação próxima e preventiva com o povo dominicano.
- Monitorar e avaliar o progresso de Santo Domingo com relação ao cumprimento dos Objetivos de Desenvolvimento da Organização das Nações Unidas para o Milênio (ODM).
- Servir como instituição central para coordenar a preparação de uma Estratégia de Redução da Pobreza (ERP) e uma Estratégia Nacional sobre o Desenvolvimento Sustentável (ENDS), fundamentadas nos Objetivos do Milênio.
- Coordenar as contribuições das Secretarias de Estado, Departamentos e outras repartições governamentais com a Estratégia de Redução da Pobreza (ERP) com base nos Objetivos do Milênio, sem esquecer a identificação cooperativa das estratégias de investimento público que o país necessita para realizar os Objetivos do Milênio.
- Coordenar a ajuda externa das repartições e o Projeto do Milênio da ONU, e de organismos regionais, como a Organização dos Estados Americanos (OEA), para cumprir os Objetivos do Milênio.
- Recomendar ao presidente da República oportunidades para organizar projetos multissetoriais de desenvolvimento que facilitem o cumprimento dos Objetivos do Milênio.
- Recomendar o estabelecimento de alianças entre instituições locais, nacionais, regionais e internacionais para enriquecer a colaboração inter-institucional e a promoção do desenvolvimento sustentável.
- Auxiliar as Secretarias de Estado e outras repartições governamentais com a criação e organização de projetos inter-institucionais e iniciativas multissetoriais para cumprir os Objetivos do Milênio.
- Apoiar os secretários de Estado com informação atualizada sobre oportunidades oferecidas pelas Nações Unidas e outras instituições internacionais ou regionais.
- Atuar como ligação ou ponto focal entre agências governamentais e Secretarias de Estado para fortalecer a cooperação e colaboração entre elas e as esferas da sociedade para promover o cumprimento dos Objetivos do Milênio, e instituir os princípios do desenvolvimento sustentável, estabelecidos na Declaração do Milênio, Agenda 21 e o Plano de Implantação de Johannesburgo.
- Analisar os acordos multilaterais, tratados, declarações e planos de ação das Nações Unidas, a Organização de Estados Americanos (OEA) e outros organismos internacionais e regionais para prover informações e mecanismos para realizar os Objetivos do Milênio.
- Avaliar a política pública de Santo Domingo e fazer recomendações ao presidente da República, que instruirá as Secretarias de Estado e demais repartições governamentais para que facilitem o cumprimento dos Objetivos do Milênio e mantenham coerência entre as políticas nacionais e os acordos mundiais.

meios é um curso interativo para que os participantes estejam em "condições de compreender plenamente os alcances da iniciativa; ampliar seus horizontes, integrando-se ao grupo de cidadãos e cidadãs universais e experimentando um sensível crescimento como pessoas, e para cooperar com a construção de uma sociedade mais justa, livre e feliz". Outra iniciativa foi denominada "Sete dias com a ONU", em que um grupo de 100 empresários venezuelanos foram a Barcelona e Genebra visitar as instalações das Nações Unidas, reunir-se com funcionários da OIT e com altos dirigentes da Federação Mundial de Associações das Nações Unidas, conhecer as enriquecedoras experiências adquiridas sobre o Pacto Mundial, assim como algumas das principais empresas multinacionais européias, e estabelecer reuniões com empresários europeus e autoridades econômicas da região.

Quanto aos Estados Unidos Mexicanos (nome oficial do México), em 9 de junho de 2005 começaram formalmente as atividades do Pacto Mundial com o objetivo específico de apoiar os esforços que empresas e organizações sociais do país realizaram em prol do entendimento e da difusão da cultura da responsabilidade social. O lançamento teve como testemunhas de honra o presidente da República e alguns membros de seu gabinete, mas foi organizado e presidido pelos representantes de diferentes divisões das Nações Unidas. O primeiro ano de operações do Pacto no México foi intenso, mas com um perfil discreto. Mais de 300 empresas e instituições mexicanas aderiram, inclusive Petróleos Mexicanos (Pemex), a primeira empresa petroleira no mundo a fazê-lo. Luis Ramírez Corzo, diretor-geral da Pemex, entregou em 9 de janeiro de 2006 uma carta-compromisso para a adesão da empresa paraestatal mexicana ao Pacto Mundial. A transcendência deste evento é que se prevê um efeito multiplicador, através do qual se incorporarão cerca de 3000 fornecedores da empresa. Além da Pemex, a Comissão Federal de Eletricidade (CFE) já assinou o pacto.

Uma iniciativa de apoio interessante foi um projeto da Cimentos Mexicanos (Cemex), de cursos on-line e conferências via satélite chamado "Introdução à cidadania corporativa", voltado às empresas mexicanas assinantes do Pacto Mundial. Os cursos divulgam questões relacionadas com a responsabilidade social do ponto de vista de uma cidadania corporativa de classe mundial. Além disso, A Compite A.C. disponibilizou para as empresas interessadas o curso-oficina "Benefícios do Pacto Mundial nas PMEs (Pequenas e Médias Empresas)" para mostrar a maneira de desenvolver uma empresa com a aplicação dos dez princípios do Pacto Mundial.

O Chile, por sua vez, foi o primeiro país da América Latina a lançar o Pacto Mundial, em 10 de outubro de 2001, em uma cerimônia onde se encontraram mais de 350 representantes do governo, da sociedade civil e do setor privado. Também participaram de um seminário sobre a responsabilidade social das empresas para começar a aplicar o Pacto Mundial.

O Programa das Nações Unidas para o Desenvolvimento (PNUD) no Chile e a Fundação PROHumana foram os principais protagonistas no esforço. Essa fundação é uma organização sem fins lucrativos voltada a promover a responsabilidade social empresarial e cidadã. Nasceu no Chile em 1998 a partir do projeto "A ação filantrópica como um elemento da responsabilidade social". Ambas as instituições realizaram dezenas de mesas-redondas com as empresas, a sociedade civil e o governo para promover o Pacto Mundial no Chile. Além disso, com um grupo numeroso de colaboradores voluntários das Nações Unidas, criaram o primeiro site na internet em espanhol focado na responsabilidade social das empresas. Neste site são publicadas informações sobre as atividades no Chile e no resto do mundo. Os interessados também podem oferecer ajuda a grupos da sociedade civil. Contam com recursos educacionais sobre responsabilidade social, um centro de serviços para dar apoio às iniciativas adotadas e um inventário de atividades e documentação sobre as melhores práticas.

O Pacto Mundial no Panamá

"No Panamá existe um campo muito fértil em relação à participação e trajetória das empresas na solução de problemas sociais. Entretanto, em outras partes do mundo, devido à globalização e a outras tendências presentes, existe já o convencimento de que as empresas devem ir além do tradicional, passando do assistencialismo para um enfoque de investimento social."[*]

No Panamá, a iniciativa nasceu das empresas privadas. A Associação Rede do Pacto Global Panamá é uma organização que começou a partir de um conjunto de empresas panamenhas que decidiram promover a Responsabilidade Social Empresarial (RSE) e os Nove Princípios do Pacto Global propostos pelas Nações Unidas.

Essa associação estabeleceu os seguintes objetivos:

a) trabalhar para que o Pacto Global e seus princípios façam parte das estratégias e operações empresariais;
b) permitir a cooperação entre diferentes grupos de interesse das empresas e facilitar a busca de soluções práticas aos problemas através de diálogos, projetos de aprendizagem e de alianças;
c) informar, motivar e impulsionar a participação de empresas no Pacto Global, assim como a capacitação e comunicação sobre a Responsabilidade Social Empresarial e os Nove Princípios do Pacto Global, e contribuir com a criação de uma cultura de responsabilidade social empresarial que ajude a construir um país melhor para viver;
d) promover o diálogo e a aprendizagem da Responsabilidade Social Empresarial e os Nove Princípios mediante o intercâmbio das experiências concretas e boas práticas das empresas assinantes;

---

[*] Marcela Álvarez-Calderón de Pardini, presidenta executiva, Centro Empresarial de Investimento Social (Cedis). Organização sem fins lucrativos cujo objetivo é contribuir com o desenvolvimento econômico e social do Panamá através do fortalecimento, a mobilização e a articulação dos protagonistas relevantes da Responsabilidade Social Empresarial. Foi estabelecida em janeiro de 2000 e está formada por um grupo executivo de empresários.

e) zelar para que os valores pelos quais as ações das empresas assinantes da Rede do Pacto Global são regidas, sejam:

- Responsabilidade
- Solidariedade
- Compromisso
- Justiça
- Consciência das necessidades existentes no país
- Contribuição
- Convicção de que o resultado é possível; consenso
- Persistência
- Eqüidade
- Trabalho em equipe (sinergia)
- Sensibilidade
- Honestidade
- Autocrítica (humildade)
- Paixão com disciplina
- Companheirismo

A Associação Panamenha de Executivos de Empresas (Apede), instituição que participa de atividades desta natureza de maneira permanente, foi o elemento catalisador para uma série de iniciativas relacionadas com a ética empresarial, a transparência e bom governo, e a responsabilidade social corporativa. Para alguns observadores, as iniciativas idealizadas, promovidas ou apoiadas pela Apede formam agora uma rede de esforços em diferentes setores que ajudam o fortalecimento de uma cultura ética e de responsabilidade social no Panamá. De acordo com um relatório da Apede, alguns desses programas são os seguintes:

1. *Fundação Panamenha de Ética e Civismo.* Resultado do trabalho contínuo de três diferentes presidências da Associação Panamenha de Executivos de Empresa. Atualmente, é uma fundação sem fins lucrativos com personalidade jurídica própria, totalmente independente da Associação, e que atua de modo abrangente sobre a questão da ética e do civismo em nível nacional.
2. *Lei de Transparência na gestão de governo.* Os esforços para integrar, adequar, melhorar, redigir e promover a aprovação da denominada Lei de Transparência alcançaram seu objetivo. Consiste em uma iniciativa desenvolvida em etapas e atividades distintas com o fim de dotar o país de uma legislação que garanta aos cidadãos o livre acesso à informação de caráter público, e que o Estado tenha a obrigação de proporcionar essa informação. O anteprojeto foi enriquecido com contribuições de diversas organizações da sociedade civil que se somaram a esta iniciativa. A idéia surgiu em 1966, quando a Transparência Internacional Panamá 1996 identificou a necessidade de contar com uma lei que permitisse o livre acesso à informação, mas só em janeiro de 2002 a lei foi promulgada.

3. *Fórum de Ética no setor financeiro.* Contou com a colaboração dos três principais organismos reguladores do setor financeiro, a colaboração de três instituições privadas de empresas financeiras (Associação Bancária do Panamá, Bolsa de Valores do Panamá e Associação Panamenha de Seguradoras), com o patrocínio da Embaixada dos Estados Unidos no Panamá.
4. *Mecanismo de avaliação e certificação da conduta ética na empresa.* A proposta é uma nova norma tipo ISO, mas centrada na questão da conduta ética nas empresas. Encontra-se em desenvolvimento, com assessoria local e internacional.
5. *Normativa bancária.* A Junta Diretora da Superintendência de Bancos emitiu importantes acordos bancários relacionados com a questão da ética (Acordo 8-2000, Acordo 9-2000, Acordo 4-2001, sobre Governo Corporativo e o Acordo 1-2002 sobre Auditores Externos dos bancos).
6. *Lei de Delitos Financeiros.* Responde à necessidade de contar com uma legislação penal adequada para a prevenção e repressão de atividades contra a economia nacional. Inclui a Lei Número 45, que acrescenta o Capítulo VII, denominado Delitos Financeiros.
7. *Pacto ético empresarial do Panamá.* Assinado na cidade do Panamá em outubro de 2003, diante de mais de vinte instituições representantes da sociedade civil, a academia, a Igreja e os órgãos Executivo, Legislativo e Judiciário do governo. Entre os assinantes estavam a Associação Panamenha de Executivos de Empresa; a Câmara de Comércio, Indústrias e Agricultura do Panamá; a American Chamber of Commerce; o Colégio Nacional de Contadores Públicos Autorizados do Panamá; a Associação Bancária do Panamá; a Bolsa de Valores do Panamá; a Associação Panamenha de Seguradores; o Colégio Nacional de Jornalistas; o Sindicato de Industriais do Panamá; a União Nacional da Pequena e Média Empresa; a Associação Nacional de Financeiras; a Associação de Agentes Imobiliários; o Colégio Nacional de Advogados; a Associação Médica Nacional; a Sociedade Panamenha de Engenheiros e Arquitetos; o Conselho Empresarial Estados Unidos – Panamá; a Associação de Pequenos e Médios Produtores; a Câmara Oficial Espanhola de Comércio; a Associação de Usuários da Zona Livre de Colón; e o Conselho Nacional de Jornalismo.
8. *Princípios básicos de ética empresarial.* Princípios e padrões geralmente aceitos que servem como referência para as empresas no Panamá em matéria de conduta ética empresarial, ou, para que com base neles adaptem ou desenvolvam seus códigos de conduta ética empresarial.

Um processo de grande transcendência foi a formulação e assinatura do Pacto Ético Empresarial do Panamá, não apenas pela qualidade e representatividade dos assinantes, mas pela importância de cada um dos sete aspectos nele estabelecidos. Na data da assinatura, numerosas empresas e instituições já haviam aderido ao Pacto Mundial, o que ajudou a consolidar e fortalecer ainda mais o interesse da sociedade pela responsabilidade social empresarial. Em dezembro de 2002, a Au-

OS SETE ASPECTOS DO PACTO ÉTICO EMPRESARIAL DO PANAMÁ

1. **Princípios básicos de ética empresarial.** O compromisso é fazer com que todas as empresas afiliadas adotem estes princípios e os estabeleçam como requisito para se candidatarem a membros dos respectivos grêmios.
2. **Diálogo e coordenação permanente e abrangente.** Através de conferências, seminários e fóruns sobre ética no setor privado, assim como mecanismos de consulta permanente dentro do setor privado sobre a questão da ética.
3. **Capacitação em matéria da ética empresarial.** Como resultado desse esforço, se pretende obter o fortalecimento da habilidade no setor privado para organizar programas sustentáveis de ética empresarial.
4. **Elaboração de um manual de ética empresarial** para fortalecer a cultura ética permanente nas empresas, além de servir como uma ferramenta complementar dentro dos processos de capacitação e monitoramento.
5. **Coalizão entre o setor público, a sociedade civil e o setor privado,** para que conjuntamente se estabeleça um mecanismo de coordenação, organização e monitoramento permanente em torno da questão da conduta ética na sociedade panamenha.
6. **Instaurar a atuação ética empresarial de forma sustentável e duradoura.** Significa que os integrantes de uma empresa, funcionários e empregadores, atuem no exercício ou desempenho de suas funções diárias tendo sempre presentes os preceitos éticos básicos.
7. **Mecanismo de avaliação e certificação da conduta ética nas empresas.** Estruturação, estabelecimento e funcionalidade integral de uma entidade certificadora para o comportamento ético das empresas.

toridade do Canal do Panamá assinou sua adesão em um evento significativo. Diante da coordenadora residente da ONU no Panamá, o administrador da ACP e os dirigentes da entidade, a Autoridade do Canal do Panamá se tornou a empresa panamenha número 40 incorporada ao movimento panamenho de responsabilidade social. Esta adesão tem especial significado em virtude de a ACP ser uma instituição autônoma do governo do Panamá encarregada de administrar, operar e manter o Canal do Panamá, constituída em 1999, quando o Panamá recuperou o controle do canal. A empresa é agora uma organização voltada ao mercado, tendo incorporado em sua administração práticas operacionais de classe mundial e bases para a responsabilidade social. Em seu primeiro relatório anual de resultados, a Autoridade do Canal do Panamá mostrou progresso significativo nas condições de trabalho, clima organizacional, capacitação e treinamento, higiene, segurança e igualdade de oportunidades para seus 9000 trabalhadores. A publicação e difusão desse tipo de relatório fazem parte do compromisso que as empresas assumem quando se incorporam ao Pacto Mundial.

Para unificar os critérios de conduta ética como referência na solução de dilemas éticos, ou para adequar ou elaborar os próprios códigos de ética das empresas interessadas, um dos sete aspectos do Pacto de Ética Empresarial do Panamá é o postulado dos princípios básicos.

Em abril de 2006, Klaus M. Leisinger, assessor especial do secretário-geral do Pacto Mundial das Nações Unidas, publicou um relatório relacionado com a responsabilidade social da empresa focado nos direitos humanos. Um ponto fundamental de seu discurso se relaciona com a necessária coexistência dos direitos e as obrigações: "A liberdade e os direitos não se podem entender nem exercer sem levar em conta as responsabilidades correspondentes... Os direitos e as responsabilidades devem ser considerados como um programa completo, e quando se falar de direitos, deve ficar claro em quem recaem as obrigações ou responsabilidades correspondentes".

O tradicional é que o governo e suas instituições tenham a responsabilidade e obrigação de assegurar os direitos humanos da sociedade. De fato, existem obrigações do governo que não podem ser transferidas para outros setores, como:

- estabelecer condições legais, claras e confiáveis para apoiar e respeitar os direitos humanos;
- assegurar que se cumpram as leis existentes; e
- punir quem as infrinja.

Entretanto, à medida que mais casos de violações dos direitos humanos são cometidos pelas empresas e corporações, os ativistas dos direitos humanos e a sociedade

PRINCÍPIOS BÁSICOS DE ÉTICA EMPRESARIAL DO PANAMÁ

1. Governança corporativa e a responsabilidade da prestação de contas.
   - Mecanismo de consulta, acompanhamento e auditoria ética.
   - Relatórios sobre infrações.
   - Contabilidade e controles internos.
   - Conduta fraudulenta.
   - Conflitos de interesses, presentes e pagamentos inadequados.
   - Gestão e proteção da informação.
2. Relação com os funcionários.
   - Trabalho em equipe e trato eqüitativo e justo.
   - Evitar a discriminação e a perseguição.
   - Manter padrões adequados de saúde e segurança.
3. Princípios nas relações pessoais e profissionais.
4. Relação com outras empresas e com o consumidor.
5. Relação com a comunidade global e a responsabilidade social.
6. Relação com autoridades governamentais.
7. Prevenção da extorsão e do suborno.
8. Contribuições e atividades políticas.
9. Recomendações para a instauração destes princípios.
10. Implantação de uma cultura que promova padrões sólidos de ética empresarial.
11. Verificação de decisão ética.

em geral co-responsabilizam este setor, ao ponto de exigirem que adote diretamente obrigações e aplique as normas dentro da própria empresa. No Panamá, o movimento de responsabilidade social do Pacto Mundial já está abordando a questão, e seu reflexo são alguns dos princípios que trata de promover.

Alguns resultados do Pacto Mundial

O escritório do Pacto Mundial anunciou na cidade de Nova York, em 13 de março de 2006, os resultados da primeira fase da iniciativa, que inclui a obrigação por parte das empresas e instituições adeptas de publicar e difundir entre seus grupos de interesse seu avanço em relação à observação dos dez princípios acordados. Mesmo que o pacto já inclua vários milhares de companhias, só 977 estavam obrigadas nessa data a informar o seu progresso. Entretanto, 62% delas não publicaram um relatório ou não comunicaram ao escritório do Pacto Mundial o que haviam feito. Isto chama a atenção por várias razões: primeiro, documentar e publicar o progresso no respeito e aplicação dos princípios é uma tarefa relativamente simples para as empresas, se houver algo a informar. Segundo, as empresas que não cumpriram seu compromisso são as primeiras que aderiram ao pacto, supostamente as mais comprometidas. Terceiro, as empresas tiveram dois anos para empreender ações e compartilhá-las. Será que não é prazo suficiente para que algo significativo aconteça?

> O custo sociopolítico e econômico da corrupção ou conduta não ética é tão brutal que o que está em jogo é a fibra moral da Pátria, seu futuro como o país próspero e decente que merece ser, e o bem-estar de todos os parceiros. É claro que existe uma relação direta entre pobreza e corrupção; a pobreza de mais de 1,2 milhão de nossos irmãos. Segundo o último relatório da Transparência Internacional, subimos somente 0,3 pontos, evidenciando assim ainda níveis endêmicos de corrupção. Por isso, é claro, também, que na mesma medida em que melhorarmos substancialmente o índice de corrupção, seremos um país mais competitivo em termos do fortalecimento das instituições, da administração de Justiça isenta, eficaz e eficiente, da segurança jurídica, da aplicação firme e imparcial da Lei. Tudo isso repercutirá imediatamente em um país muito mais atraente para o investimento local ou estrangeiro, na diminuição radical dos altos níveis de desemprego e no alívio da pobreza e da pobreza extrema de tantos compatriotas[**].

[**] Enrique Arturo de Obarrio, presidente da Apede, durante o Ato Comemorativo do Primeiro Aniversário da assinatura do Pacto Ético Empresarial do Panamá, 21 de outubro de 2004.

Nota: O índice de corrupção da TI para o Panamá baixou 0,2 pontos do ano 2001 para 2005, e sua posição mundial passou de 51 para 62 no mesmo período. A Finlândia é considerada como o país menos corrupto (posição número 1 em quase todos os anos neste período), e seu índice oscila entre 9,7 e 9,9.

Perguntas sobre o caso

1. Um Pacto Mundial como o promovido pela Organização das Nações Unidas é aplicável a todas as culturas do mundo?
2. Quais são as diferenças entre os países ibero-americanos diversos quanto à implantação do pacto?
3. Os resultados podem ser influenciados por quem adotar o papel de líder na iniciativa?
4. O aspecto cultural dos diferentes países ibero-americanos influi na sua forma de realizar a implantação?
5. Existe uma maneira mais efetiva de fazê-lo?
6. Qual sua opinião sobre o enfoque do Panamá para aderir ao pacto?

Bibliografia

Aranzadi, D. *El significado de la experiencia cooperativa de Mondragón*. Universidad de Deusto, 2003. Bilbao, España.

Arruda, M. C. "Business ethics in Latin America". *Journal of Business Ethics,* 1997. 16: 14.

Benson, J. A., Ross, D .L. "Sundstrand: A case study in transformation of cultural ethics". *Journal of Business Ethics*, 1998. 17: 14.

Beyer, J. M., Nico, D. "Ethics and cultures in international business". *Journal of Management Inquiry*, 1999. 8: 3.

Blodgett, J. G., Lu, L., Rose, G. M. et al. "Ethical sensitivity to stakeholder interests: A crosscultural comparison". *Academy of Marketing Science Journal*, 2001. 29: 2.

Brackley, D., Schubeck, T. L. *Moral theology in Latin America*. Theological Studies, 2002. 63: 1.

Cárdenas, J. A. "Tendencias de los procesos de aprendizaje en la era de la administración del conocimiento". En: Soto, E., Sauquet, A. (ed.): *Gestión y conocimiento*. México: International Thomson Editores, 2006.

Clarke, R., Aram, J. "Universal values, behavioral ethics and entrepreneurship". *Journal of Business Ethics*, 1997. 16: 5.

Dion, M. "Organizational culture as matrix of corporate ethics". *International Journal of Organizational Analysis*, 1996. 4: 4.

Elahee, M. N., Kirby, S. L., Nasif, E. "National culture, trust, and perceptions about ethical behavior in intra- and cross-cultural negotiations: An analysis of NAFTA countries". *Thunderbird International Business Review*, 2002. 44: 799.

Fernández, D. R., Carlson, D. S., Stepina, L. P . et al. "Hofstede's country classification 25 years later". *The Journal of Social Psychology*, 1997. 137: 1.

Hall, E. T. *Beyond Culture*. Nueva York: Anchor, 1976.

Hofstede, G. *Culture's Consequences: Comparing Values, Behaviors, Institutions and Organizations Across Nations*. London: Sage Publications, 2003.

Hosmer, L. T., Masten, S. E. "Ethics vs. economics: The issue of free trade with Mexico". *Journal of Business Ethics*, 1995. 14: 287.

Hustead, B. W. "Culture and international anti-corruption agreements in Latin America". *Journal of Business Ethics*, 2002. 37: 4.

Kohls, J., Buller, P. "Resolving cross-cultural ethical conflict: Exploring alternative strategies". *Journal of Business Ethics*, 1994. 13: 1.

Kroeber, A.L. *Culture: A Critical Review of Concepts and Definitions*. Nova York: Greenwood Press, 2001.

López, I. "Pegan duro a corruptos". *El Norte*, 15 de julho de 2006. Disponível em http://busquedas.gruporeforma.com/utilerias/imdservicios3W.DLL?JSearchformatS& file=MTY/NORTE01/00541/00541560.htm&palabra=pegan%20duro&siteeln orte, em 17 de julio de 2006.

Lu, L., Rose, G. M., Blodget, J. G. "The effects of cultural dimensions on ethical decision making in marketing: an exploratory study". *Journal of Business Ethics*, 1999; 18; 1.

Moran, R. T., Riesenberger, J. R. *The Global Challenge*. Cambridge: McGraw-Hill, 1994.

Nielsen, R. P. "Corruption networks and implications for ethical corruption reform". *Journal of Business Ethics*, 2003. 42: 2.

Osland, J. C., De Franco, S., Osland, A. "Organizational implications of Latin American culture: Lessons for the expatriate manager". *Journal of Management Inquiry*, 1999. 8: 219.

Rawwas, M. A. "Culture, personality and morality: A typology of international consumers' ethical beliefs". *International Marketing Review*, 2001. 18: 188.

Robbins, S. P. *Comportamiento Organizacional*. México: Prentice Hall, 1999.

Sims, R. L., Gegez, A. E. "Attitudes Towards Business Ethics: A Five Nation Comparative Study". *Journal of Business Ethics*, 2004. 50: 253.

Sinclair, A. "Approaches to organisational culture and ethics". *Journal of Business Ethics*, 1993. 12: 1.

Swaidan, Z., Hayes, L. A. "Hofstede Theory and Cross Cultural Ethics Conceptualization, Review, and Research". *Journal of American Academy of Business*, Cambridge, 2005. 6: 2.

Tsui, J., Windsor, C. "Some cross-cultural evidence on ethical reasoning." *Journal of Business Ethics*, 2001. 31: 2.

Valentine, S., Rittenburg, T. L. "Spanish and American Business Professionals' Ethical Evaluations in Global Situations". *Journal of Business Ethics*, 2004. 51: 1.

Verschoor, C.C. *Ethical Culture: Most Important Barrier to Ethical Misconduct*. Strategic Finance, 2005. 87: 6.

Waters, J. A., Bird, F. "The Moral Dimension of Organizational Culture". *Journal of Business Ethic*, 1987. 6: 1.

Wisley, S. "The World's Game". *National Geographic*, Interactive Edition, junho de 2006. Disponível em http://www7.nationalgeographic.com/ngm/0606/index.html, em 20 de junio de 2006.

10
A ética na organização multinacional

> **OBJETIVOS**
>
> - Revisar o efeito da globalização na prática dos negócios socialmente responsáveis.
> - Entender os conceitos universais de responsabilidade social, geração de riqueza e desenvolvimento das nações.
> - Compreender a importância da governança corporativa responsável na empresa pós-moderna.
> - Analisar os conceitos de valor agregado e capital social relacionados aos grupos de interesse locais e à gestão global das empresas multinacionais.
> - Identificar os elementos da gestão responsável da empresa multinacional e seus efeitos legais e sociais.
> - Saber como integrar os interesses, práticas e cultura regional e nacional com o processo da gestão multinacional.

INTRODUÇÃO

As causas e manifestações da globalização são uma questão recorrente nas publicações sobre negócios; e as empresas multinacionais, por definição, converteram-se em protagonistas globais por excelência. Por outro lado, uma vez superadas as distâncias mediante os avanços tecnológicos na informação e nos sistemas de suprimento globais, persiste a necessidade de contar com um esquema de gestão que permita à empresa transnacional responder pela ética e pela responsabilidade social da corporação. As duas grandes vertentes para fazê-lo são impor um código de conduta por meio de todas as operações internacionais e fomentar um ambiente de moralidade, respeitando as culturas nacionais e as ideologias econômicas distintas.

Neste capítulo, apresentamos ambos os enfoques, suas vantagens, desvantagens e considerações pertinentes. É oportuno mostrar que ainda existem controvérsias entre as duas abordagens, mas também casos bem-sucedidos evidentes para ilustrar sua efetividade.

A NOVA ERA DA EMPRESA: A GESTÃO ALÉM DAS FRONTEIRAS

Possivelmente um dos mercados mais controversos quanto à sua responsabilidade, ou irresponsabilidade social, é o do tabaco. Durante décadas, centenas de milhares de cidadãos representados por inumeráveis associações civis processaram legalmente esse mercado em diferentes instâncias. Virtualmente, todos os dias vem à baila algum assunto relacionado com a questão, principalmente nos Estados Unidos, onde histórias impressionantes foram destacadas pelo cinema, pela televisão e por todos os meios de informação de massas. Um assunto particularmente difundido foi o caso de Jeffrey Wigland, executivo da Brown & Williamson Tobacco Corporation, que entrou nesta empresa esperando criar um cigarro mais seguro para os fumantes de todo o mundo. Mesmo não tendo conseguido, em 1998 contribuiu para que seis milhões de documentos secretos de sete grandes fabricantes de produtos derivados do tabaco se tornassem públicos como resultado de uma ação legal (Hirschhorn, 2003). O mais surpreendente é que esta informação evidenciou os planos e ações dos líderes desse mercado para adiar ou obstruir as medidas e a legislação que tentavam controlar o uso do tabaco por motivos de higiene e saúde. As pesquisas dessas empresas mostravam, a partir dos anos 1950, os efeitos cancerígenos do tabaco, e algumas corporações chegaram a fazer testes até conseguirem que a nicotina gerasse mais dependência, e tudo apoiado em interesses meramente comerciais. Uma vez descobertos, os industriais trataram de destruir a documentação, enviaram as provas a outros países e fecharam seus próprios laboratórios de pesquisa. É interessante acrescentar que as multas e sanções de 145 bilhões de dólares, aplicadas às empresas envolvidas em julho de 2000, seis anos depois foram canceladas, já que a Suprema Corte do Estado da Flórida as considerou desproporcionais, e argumentou que eram "claramente excessivas porque poderiam levar à falência algumas das empresas acusadas" (Nieves, 2006).

Entretanto, a conduta moralmente questionável das empresas deste ramo continua sendo criticada, muitas vezes apenas pela própria natureza do produto que distribuem e nem sequer deveriam ter o direito de propor e promover iniciativas de "responsabilidade social". Chapman e Shatenstein (2005) consideram que as iniciativas das empresas de cigarros são até certo ponto cínicas, porque pretendem que suas práticas sejam eticamente aceitáveis. O argumento se baseia em que supostamente quase 5 milhões de pessoas no mundo morrem por causa do tabaco a cada ano, e que o alvo de várias destas empresas são os países mais pobres do planeta. Segundo estimativas, 10,5 milhões de pessoas afetadas por desnutrição em Bangladesh poderiam ter uma dieta adequada se o dinheiro não fosse gasto em promoção e consumo do fumo nesse país (Chapman e Shatenstein, 2005).

Em um estudo sobre a responsabilidade social corporativa das empresas relacionadas com o tabaco, Palazzo e Richer (2005) provam que existe grande desconfiança por parte da sociedade quanto aos efeitos nocivos e letais que os produtos desse ramo provocam, assim como pela conduta duvidosa de seus representantes nas últimas décadas. Desta maneira, os esforços dessas empresas para obter credibilidade através de filantropia, auto-regulamentação e outras iniciativas de responsabilidade social são ineficazes e até contraproducentes. Enquanto os cigarros continuarem matando fumantes ativos e passivos, o máximo que uma empresa de tabacos pode aspirar é melhorar sua reputação mediante a integridade transacional, isto é, adotando uma conduta responsável e ética dentro de sua cadeia de suprimento. Por outro lado, esse tipo de investigações abre a porta para outro grande dilema ético: muitos outros mercados podem sofrer o mesmo tratamento por parte de uma sociedade cada vez mais amadurecida e crítica em termos morais. Entre eles estaria o alimentar, por causar obesidade e diabetes; o eletrônico, porque alguns de seus produtos causam enfermidades letais; o farmacêutico, pelos efeitos daninhos secundários de muitos dos medicamentos e fármacos; o dos jogos eletrônicos, porque seu uso incita a violência etc.

Por outro lado, o mercado do tabaco é constituído por fortes corporações multinacionais que, por definição, operam através de importantes cadeias de suprimento em muitas partes do mundo, e estão expostas a dilemas éticos ao maximizar seus benefícios em prejuízo do bem-estar social. O Instituto de Ética Global (2006) argumenta que o mercado do fumo conta com um plano muito elaborado e sistemático para manipular os preços dos cigarros ao redor do mundo. Se os argumentos da demanda dos atacadistas desse ramo forem reais, existe uma manobra de cinco das grandes corporações para controlar os preços nos Estados Unidos, América Latina, Canadá e algumas nações do Caribe, desde, pelo menos, 1988.

Outra alegação também originada dentro deste mercado (*Institut of Global Ethics*, 2000) afirma que 4000 agricultores acusaram as principais empresas de tabaco de conspirar para modificar o sistema vigente de colheitas de tabaco, ignorando os controles federais e acordos de cotas, e importaram folhas de tabaco de outros países.

Boa parte dos dilemas éticos deste mercado é igual, em essência, aos que outras empresas multinacionais enfrentam em outros mercados muito diferentes. É possível que o porte e a dispersão de suas operações as tornem mais sujeitas a questionamentos por parte da sociedade do que as empresas regionais? É mais complexo resolver os dilemas éticos e solucionar os problemas do ponto de vista moral em um contexto multinacional?

Jackson (2000) argumenta que a tomada de decisão ética em um contexto internacional envolve os seguintes elementos:

1. Cenários nos quais se apresentam conflitos múltiplos entre os interesses e direitos das partes envolvidas.
2. Cenários nos quais as normas são geradas por múltiplas disposições legislativas.
3. Cenários nos quais diferentes fontes e perspectivas são incluídas na interpretação e aplicação das normas pertinentes.

O autor considera diferenciado esse caráter *policêntrico* do processo de decisão das empresas multinacionais. Em suas palavras, um *centro* é o ponto ao redor do qual se toma a decisão, e cada centro tem direitos e obrigações diferentes das partes distintas, e cria repercussões, muitas vezes imprevisíveis, ao redor de outro ou outros centros.

A essência do dilema ético persiste, isto é, o imperativo de conciliar interesses entre os grupos pertinentes e obter resultados materiais na conduta moral. Entretanto, o contexto internacional da empresa global complica ainda mais o processo de mediação e de tomada de decisões. Por exemplo, o dirigente percebe que os cenários não só têm a ver com interesses que deve conciliar, mas também com direitos e obrigações que devem ser observados, e com freqüência somente estes últimos estão fundamentados formalmente em normas ou princípios estabelecidos e reconhecidos como válidos.

Uma entidade legislativa de uma sociedade conta com um conjunto de normas legais aplicável aos membros integrantes de uma comunidade, que compartilham uma série de hipóteses e acordos. Essas normas são o limite de referência da conduta esperada. Da mesma maneira, com o propósito de contar com um acordo de referência sólido e fundamentado para direcionar a conduta moral e a responsabilidade social das multinacionais, Jackson (2000) propõe a integração de uma *matriz normativa,* levando em consideração:

1. As hipóteses sobre o que se interpreta nas questões da ética dos negócios: o entendimento básico do que significa uma norma ética.
2. O consenso das fontes válidas das normas éticas.
3. O uso cotidiano de determinadas regras ou princípios, como os utilizados com os grupos de interesse, os contratos sociais etc.
4. O acordo geral de quais valores e avaliações se requerem para interpretar as normas da ética de negócios: os valores são ferramentas essenciais para as teoria e prática da ética de negócios.

A *matriz* difere do sistema legal não somente na sua abordagem, mas também em que suas fontes vêm da acumulação de casos práticos e experiências em diferentes contextos multinacionais (Jackson, 2000). No caso dos problemas ou decisões policêntricos, característicos das empresas multinacionais, contar com uma *matriz normativa* é indispensável, mas não suficiente, porque é muito provável que a interpretação exija diversas opiniões relacionadas com diferentes fontes. Por um lado, não se apresenta um caso claro, único, sobre o qual o grupo de interesse afetado possa construir suas provas e argumentos. Por exemplo, ao mesmo tempo que as condições de higiene trabalhista devem atender a determinados aspectos preventivos elementares em matéria de saúde, também devem ser consideradas questões relacionadas com os direitos humanos. Segundo, o dilema policêntrico enseja que tomadas de decisões em favor de um determinado grupo de interesse origine uma série de complexas repercussões relacionadas com outros grupos. Por exemplo, uma política de salários radicalmente diferente da que predomina na região ou país pode afetar o resto do mercado de trabalho dessa economia, inclusive o das multinacionais que operam na região, e pode levar alguma empresa ou mercado a graves problemas gerados pelas forças de oferta e demanda trabalhista. Terceiro, o fenômeno tem níveis: quanto mais intensa for a natureza policêntrica da situação, maior dificuldade haverá na tomada de decisão. Quarto, as dimensões de um grupo de interesse não necessariamente originam um maior grau de policentricidade. Para finalizar, a resolução de qualquer dilema ético em favor dos direitos ou interesses de alguma das partes pode estabelecer um precedente que, por sua vez, repercuta em um terceiro na legislação, entre outros.

Desta maneira, Jackson (2000) argumenta que a tomada de decisão para a resolução de dilemas éticos nas empresas multinacionais está relacionada com problemas complexos, multidimensionais e imprevisíveis, que devem ser resolvidos de maneira casuística e abrangente, tomando como marco conceitual uma matriz normativa.

A EMPRESA TRANSNACIONAL E A MORALIZAÇÃO DA SOCIEDADE

Por outro lado, a empresa transnacional pode ser um fator moderador do perfil moral de uma economia na medida em que a corporação influa no processo de regulamentação da sociedade, em particular de duas formas: por meio do aumento da responsabilidade social de suas operações, ou ao condicionar seu investimento nessa economia, privilegiando países com maior sentido ético dos negócios. Quanto a esta última forma de influência, argumentou-se neste livro que existe uma relação inversa entre a corrupção percebida de um país e o interesse das empresas em investir nele. De fato, o papel da transparência internacional neste aspecto é muito significativo, pois conseguiu dar prestígio a uma escala relativa do nível de corrupção dos diferentes países do mundo. Uma empresa transnacional com alto sentido de responsabilidade social, mas também com um enfoque pragmático quanto a seus resultados financeiros a curto e longo prazos, prefere investir em uma economia de menor "risco moral" e não em um país que possa afugentar seus acionistas e investidores. Antes ou depois, os dirigentes políticos percebem a importância desta realidade. Breeze (2001) analisa o caso da Turquia, cuja infra-estrutura e cultura corporativa são questionadas pelas empresas que nela desejam fazer negócios: a aceitação generalizada de práticas de negócio não éticas, a tendência a controles excessivos e a corrupção do governo fizeram com que os investidores estrangeiros se afastassem, evitando o investimento neste país. Essa situação se explica em parte pela instabilidade governamental e a inconsistência da política do governo no longo dos anos, a pequena pressão dos consumidores devido a sua hierarquia de valores e a efetividade do sistema educativo.

Do mesmo modo, uma empresa transnacional que já conta com operações em diversos países se transforma facilmente em uma "caixa de ressonância moral" quando os ativistas sociais o exigem. Se a corporação demandada retoma seu papel como empresa responsável, se for considerável a importância relativa da empresa na economia em particular e se as conseqüências de não seguir uma conduta ética nos negócios são ponderadas pelos grupos de interesse distintos, a empresa transnacional pode influenciar de maneira significativa na moralização da sociedade. Um caso amplamente difundido é o da Nike, fabricante de artigos esportivos, e suas operações no Vietnã. Esta empresa, que nasceu como uma distribuidora de sapatos esportivos japoneses em 1964, 25 anos depois, basicamente devido à revalorização do iene, fabricava 90% de sua produção fora desse país asiático (Knight, 1998). Com o passar do tempo, embora não existisse indústria de calçados no Vietnã, decidiram fabricar lá seus artigos, e transferiram supervisores da Tailândia e da Coréia para administrar os funcionários vietnamitas. Talvez pela rivalidade étnica das culturas e pela negligência dos escritórios centrais, junto com as precárias condições nos centros de trabalho no Vietnã, a Nike foi surpreendida por observadores civis internacionais, que chegaram a considerar que o trabalho era realizado em condições de escravidão. Em 12 de maio de 1998, o diretor-geral e presidente do conselho da Nike, uma vez acalmada a crise que abalou seus escritórios corporativos, e que afetou virtualmente todos os grupos de interesse, anunciou seis grandes iniciativas inspiradas na responsabilidade social da empresa:

1. A mudança dos adesivos elaborados com solventes tóxicos por outros elaborados com água, para melhorar as condições higiênicas de suas fábricas.
2. O aumento da idade mínima de contratação para 18 anos em todas as fábricas de calçado.
3. A inclusão de uma empresa reconhecida de auditoria como observadora externa de suas operações.
4. A ampliação de seus programas de educação, que começou com a oferta de ensino fundamental para todos os funcionários no Vietnã.
5. O aumento do programa de financiamento para microempresários agrícolas no Vietnã, Indonésia, Paquistão e Tailândia.
6. A criação de um fundo para pesquisas acadêmicas sobre manufatura global e práticas responsáveis.

Com o tempo, outras empresas do ramo calçadista e de outros diversos mercados revisaram suas práticas corporativas e aderiram às normas multinacionais moralmente responsáveis; o efeito policêntrico dos dilemas multinacionais ficou em evidência, neste caso, em benefício dos grupos de interesse. Em 2004, a Nike deu outro passo com uma iniciativa sem precedentes de transparência organizacional: tornou pública a informação detalhada das práticas administrativas e operacionais de 705 subsidiárias e subcontratadas em 50 países do mundo (Rafter, 2005).

O DIRIGENTE RESPONSÁVEL NA EMPRESA TRANSNACIONAL

Assim como as empresas transnacionais e suas práticas de negócios influem nos ambientes nos quais operam, as atitudes e condutas dos dirigentes que moram em outros países, longe dos escritórios centrais, também podem ser modificadas pela cultura e práticas locais.

Brand e Slater (2003), com base em uma pesquisa qualitativa da experiência de executivos australianos que trabalhavam na China, consideram que os diretores das transnacionais enfrentam fortes problemas éticos ao se encontrarem imersos em uma cultura estranha, mas também concluem que é possível melhorar a forma com que os estrangeiros abordam os dilemas éticos no país anfitrião. Neste estudo destacam-se as características da China em contraste com a Austrália. A China esteve sujeita à observação e às críticas internacionais com a divulgação das condições trabalhistas deploráveis de algumas de suas fábricas, assim como do alto grau de corrupção e práticas questionáveis de gestão. Por seu lado, a Austrália tem um dos índices de corrupção mais baixos, de acordo com as avaliações da transparência internacional.

Os pesquisadores Brand e Slater (2003) argumentam que existem formas de se ajustar à cultura que podem ser particularmente bem-sucedidas; e como é possível predizer seu efeito na conduta, podem-se treinar os líderes com base em algumas estratégias-chave identificadas:

1. Comprometimento com o código pessoal de conduta.
2. Esforçar-se por entender os motivos da conduta de outros.
3. Esforçar-se por convencer os outros a aderir às políticas da empresa.
4. Aderir pessoalmente às políticas da companhia.

Ficou evidente a dificuldade dos ocidentais para tratar com os homens de negócios da China, sobretudo no terreno da ética nos negócios. Snell e Tseng (2001) argumentam que existem certas forças por trás da corrupção na China: o poder absoluto e as atribuições dos superiores na hierarquia de autoridade; o sentido de diferenças relativas materiais e no bem-estar entre os indivíduos; a ausência de valores, o egoísmo, o oportunismo da comunidade de negócios. Do mesmo modo, é possível destacar algumas linhas de ação:

1. Mesmo que a utilidade dos códigos de conduta seja restrita em sociedades com limitações legais e racionais com relação à moralidade, é importante contar com políticas para os estrangeiros que regulamentem as transações que possam contribuir com a corrupção e as práticas de negócio questionáveis.
2. Se a empresa transnacional é administrada através de intermediários, deve assegurar-se de que seus parceiros comerciais operem dentro de um código que delimite sua conduta e reduza a incerteza.

3. Ao capacitar os dirigentes internacionais, deve-se enfatizar a importância de apreciar a cultura do país anfitrião, seus aspectos críticos e vulneráveis.
4. É necessário considerar como uma variável a tendência do dirigente internacional ao suborno e à corrupção, por mínima que seja, e não justificar a conduta moralmente reprovável pela cultura do país anfitrião.

Recentemente, empresas e organismos multinacionais e ativistas dos direitos humanos enfatizaram a importância de contar com códigos de conduta para regulamentar a empresa tanto em seu país sede como naqueles onde conta com operações produtivas ou comerciais. Destacam-se os esforços do Centro Internacional para a Responsabilidade Corporativa (ICCA, a sigla em inglês), organismo que fomenta a elaboração de códigos de conduta para orientar as empresas em sua gestão global.

O CÓDIGO DE CONDUTA DA EMPRESA TRANSNACIONAL

O ICCA conta com um sistema para a criação de códigos de conduta que foi adotado por diversas transnacionais. É um sistema focalizado na missão social da empresa, no código de conduta e na sua lista de comprovação, assim como no protocolo de Auditoria de Campo (Veral, 2005).

O ponto de partida para fortalecer a corporação com uma norma de responsabilidade corporativa é a natureza voluntária do processo e a necessidade do compromisso de todos os participantes; com esse comprometimento pessoal, a possibilidade de êxito se eleva de maneira notável, fundamentada na credibilidade e no compromisso.

Alguns estudiosos argumentam que é indispensável contar com um código de ética universal, válido em todas as organizações em suas múltiplas esferas de ação, já que até dentro de um mesmo país existem inconsistências legais e culturais que afetam de algum modo os grupos de interesse de uma corporação (Payne et al., 1997). Em sua tentativa de construir um único código aplicável a qualquer mercado em qualquer país ou cultura, os autores se baseiam em um esquema de conduta ética que abrange todos os possíveis matizes do comportamento moral (Figura 10-1): o Padrão Básico indica apenas respeitar a lei ao pé da letra, e mostra o comportamento mínimo aceitável; o Padrão Aceitável reflete o comportamento moral da sociedade, que requer interpretar a lei com um sentido comum e de boa-fé; o Padrão Prático reflete a máxima intenção para o comportamento moral; o Padrão Teórico representa a bondade em sua máxima expressão, o reflexo do espírito de moralidade.

Por outro lado, existem quatro valores básicos que deveriam ser considerados fundamentais, independentemente da sociedade na qual a empresa transnacional opera: *integridade*, que incorpora honestidade, sinceridade e transparência; *justiça*, que reflete imparcialidade, consciência e boa fé; *competência*, que se refere a ser capaz, confiável, qualificado; *utilidade*, ou proporcionar o máximo benefício para o maior número de pessoas.

Figura 10-1 Conduta ética.*

Padrão básico: o menos ético	Padrão aceitável no momento	Padrão prático	Padrão teórico: o mais ético
Observância rigorosa da lei	Observância da lei e do uso do sentido comum de boa-fé	Intenção máxima para o comportamento moral	Espírito de moralidade

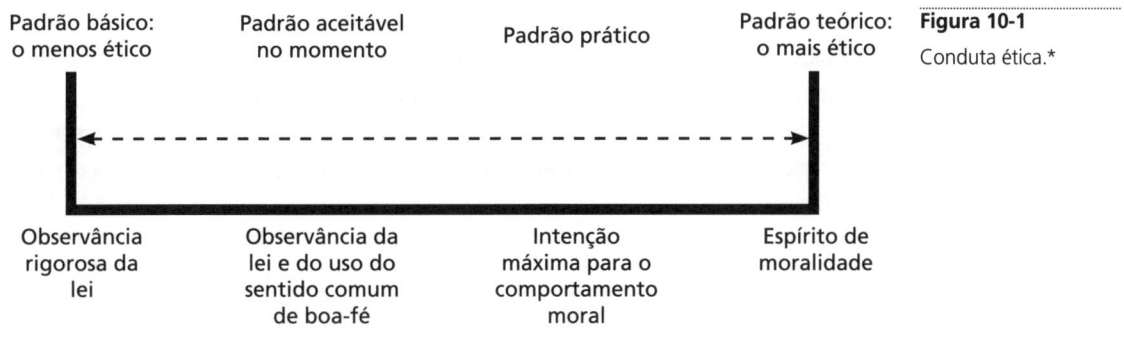

*Adaptado de Payne et al. (1997).

Ao combinar os padrões de conduta ética com os valores universais, Payne et al. (1997) recomendam construir um código de conduta global (Figura 10-2), levando em consideração cinco importantes relações, obtidas de vários códigos de conduta corporativos de empresas multinacionais:

1. Relações organizacionais (competência, alianças, provedoria).
2. Relações econômicas (financiamento, obrigações tributárias, preços de transferência).
3. Relações trabalhistas (compensações, direitos humanos, contratação coletiva).
4. Relações com o cliente (preços, qualidade, publicidade).
5. Relações industriais (transferência de avanços técnicos, pesquisa e desenvolvimento).
6. Relações políticas (legislação, incentivos fiscais, suborno e outras atividades ligadas à corrupção).

De acordo com o ICCA (Veral, 2005), antes de estabelecer um código de conduta propriamente dito, é importante que a corporação transnacional publique um postulado no qual declare suas responsabilidades como cidadão corporativo, de maneira concisa, denominado Missão Social.

Figura 10-2 Matriz de padrões e valores universais.*

	Padrão básico	Padrão aceitável	Padrão prático	Padrão teórico
Integridade				
Justiça		Relações organizacionais Relações econômicas Relações trabalhistas Relações com o cliente Relações industriais Relações políticas		
Competência				
Utilidade				

*Adaptado de Payne et al. (1997).

O objetivo é manifestar os princípios da corporação quanto à responsabilidade social para que sirva de referência na elaboração do código de conduta e no processo posterior do acompanhamento e controle ou auditoria de campo.

O código de conduta deve ser congruente com a missão social. Para que responda aos interesses e expectativas de todos os grupos de interesse, deve atender aos seguintes requisitos:

1. Ser aceito por todos os grupos de interesse pertinentes e ser compatível com as realidades do mercado, assim como responder à dinâmica da sociedade e da economia.
2. Incorporar temas básicos importantes, primeiro para os funcionários, e depois para os outros grupos de interesse da empresa, inclusive os governos estrangeiros e outros grupos envolvidos.
3. Ser economicamente viável para a corporação, considerando a dinâmica da estrutura de mercado e as realidades econômicas e sociopolíticas dos países em desenvolvimento nos quais realize suas atividades.
4. Distribuir justamente os lucros obtidos com as melhorias na produtividade entre os funcionários que contribuíram com tais melhorias.

Uma vez estabelecido o código de conduta, recomenda-se preparar uma lista de verificação incorporando atividades-chave e resultados esperados e quantificáveis para ser utilizada como medidas de desempenho e avanço. Finalmente, quanto ao último elemento a considerar, a auditoria de campo, o ICCA propõe uma série de protocolos ilustrados na Figura 10-3.

Levando em conta as expectativas dos diversos grupos de interesse relacionados com as corporações multinacionais, uma empresa dessa natureza tem de responder de maneira sistemática e transparente a suas obrigações sociais. Mesmo não sendo a única disponível, a metodologia proposta pelo Centro Internacional para a Responsabilidade Corporativa (ICCA) foi utilizada com êxito durante vários anos em numerosas auditorias de empresas de diversos ramos (veja o caso Mattel no final do capítulo).

Um aspecto importante a ser considerado, não só no processo de criação de um Código de Conduta e na auditoria de sua aplicação, mas na gestão responsável da empresa multinacional, tem a ver com o etnocentrismo característico deste tipo de empresas. Em particular, se a empresa tiver como base os Estados Unidos ou algum país da União Européia, é de se esperar que os modelos de gestão, incluindo o componente ético, tendam a responder ao modelo de conduta desses países, subordinando tacitamente os outros países onde opera. O tema é abordado por Nadler (2002) sob a perspectiva da sensibilidade ética e do ponto de religiosidade ao estudar as interações entre vários fatores pertinentes (Figura 10-4).

Além de contribuições significativas e linhas de pesquisa potenciais relacionadas com o estudo, o autor argumenta que pelo menos duas importantes conclusões podem ser observadas para a comunidade de negócios, e, em particular, para as empresas multinacionais.

Figura 10-3
Protocolos da Auditoria de Campo do ICCA.*

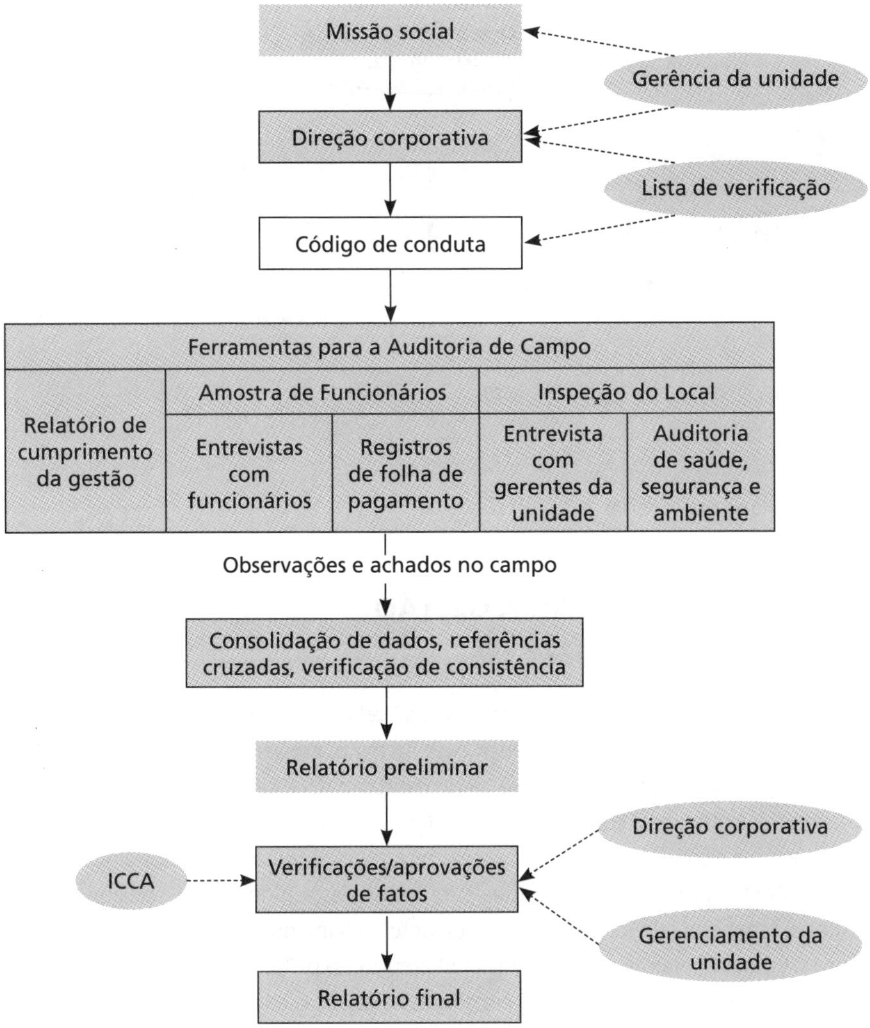

```
                    Missão social ◄╌╌╌╌╌╌╌╌╌╌╮
                          │                   ╰╌ Gerência da unidade
                          ▼
                  Direção corporativa ◄╌╌╌╌╌╌╮
                          │                   ╰╌ Lista de verificação
                          ▼
                  Código de conduta ◄╌╌╌╌╌╌╌╯
                          │
                          ▼
```

Ferramentas para a Auditoria de Campo				
Relatório de cumprimento da gestão	Amostra de Funcionários		Inspeção do Local	
	Entrevistas com funcionários	Registros de folha de pagamento	Entrevista com gerentes da unidade	Auditoria de saúde, segurança e ambiente

```
            Observações e achados no campo
                          │
                          ▼
         Consolidação de dados, referências
         cruzadas, verificação de consistência
                          │
                          ▼
                  Relatório preliminar
                          │
                          ▼                          Direção corporativa
    ICCA ╌╌╌►  Verificações/aprovações ◄╌╌╌╌╌╌╌╌╮
                       de fatos         ◄╌╌╌╌╌╌╌ Gerenciamento da unidade
                          │
                          ▼
                   Relatório final
```

*Adaptado de Veral (2005).

Em primeiro lugar, a pesquisa comprova empiricamente que, em média, a maioria dos 66 países estudados é menos religiosa e sensível do ponto de vista ético do que os Estados Unidos; segundo, a importância da religiosidade diminui ao aumentar o desenvolvimento econômico. Essas descobertas reforçam a importância de considerar desde sua origem as variáveis culturais, religiosas e econômicas na definição do discurso moral das empresas transnacionais, assim como todas as ações derivadas dele. Além disso, a religiosidade das outras culturas desempenha um papel importante na conduta ética de seus habitantes e, portanto, no processo de gestão da força de trabalho da empresa multinacional.

Figura 10-4
Sistema da sensibilidade ética.*

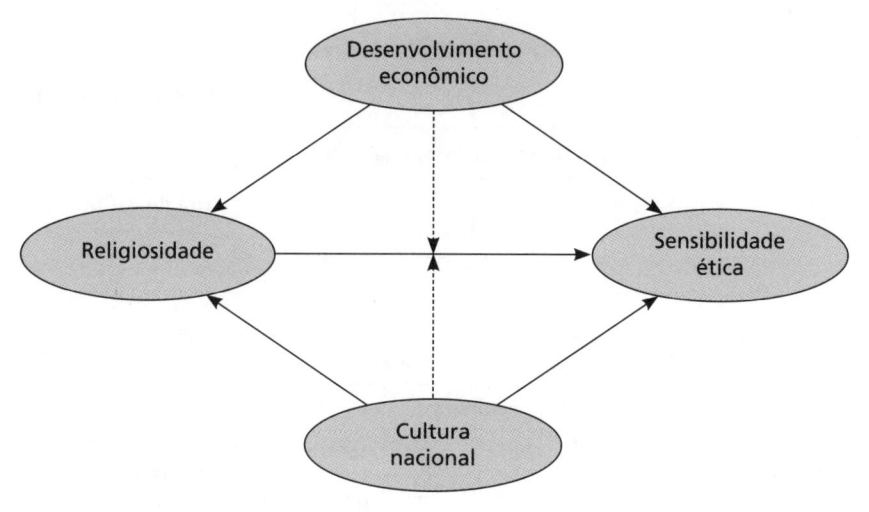

```
        Desenvolvimento
          econômico
         /          \
        ↓            ↓
  Religiosidade → Sensibilidade
        ↑            ↑  ética
         \          /
           Cultura
           nacional
```

*Adaptado de Nadler (2002).

O IMPERATIVO GLOBAL: A GESTÃO DE NEGÓCIOS RESPONSÁVEL

O dilema ético que se evidencia neste livro está relacionado, em boa parte, ao estabelecimento de um equilíbrio entre a ética e os lucros materiais na gestão empresarial, ou seja, poder atender simultaneamente às demandas e necessidades de múltiplos grupos de interesse. Entretanto, como já dissemos, talvez não exista uma fórmula única e direta para descrever a conduta moral ideal para uma empresa, embora se pretenda enquadrá-la em um código corporativo de conduta. Para o caso das multinacionais, na equação deve haver pelo menos a religiosidade, o nível de desenvolvimento econômico e a cultura; esta última é um componente multidimensional por direito próprio. Pelas razões expostas, os modelos de responsabilidade social corporativa estão apoiados freqüentemente na realidade percebida dentro de alguns países ocidentais com economia estável, sem incorporar a realidade social e cultural da maioria das economias em que operam. Quazi e O'Brien (2000) propõem uma abordagem diferente que considera o alcance da responsabilidade corporativa, assim como o nível dos resultados que vêm do compromisso social da empresa, isto é, uma perspectiva de custo-benefício (Figura 10-5).

O enfoque filantrópico mantém ampla perspectiva da responsabilidade social, pois considera que sua atuação deve superar o estabelecido pela legislação, mas espera recuperar o investimento social no curto prazo. O enfoque clássico também espera um retorno do investimento no curto prazo, mas tem como foco de ação a função da empresa limitada a fornecer bens e serviços, procurando maximizar seus benefícios. As empresas que adotam o enfoque socioeconômico tampouco esperam benefícios no curto prazo, mas o grau de adoção de medidas socialmente responsáveis é mais limitado. Por último, o enfoque moderno da responsabilidade social corporativa considera uma perspectiva ampla voltada a servir à sociedade além do que ditam

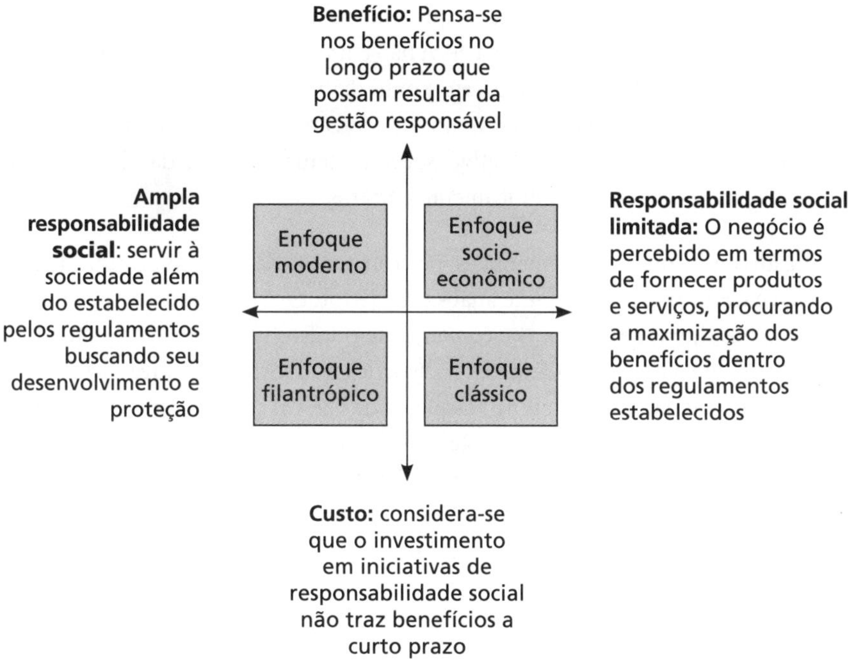

Figura 10-5
Modelo bidimensional da responsabilidade social.*

Benefício: Pensa-se nos benefícios no longo prazo que possam resultar da gestão responsável

Ampla responsabilidade social: servir à sociedade além do estabelecido pelos regulamentos buscando seu desenvolvimento e proteção

Enfoque moderno	Enfoque socio-econômico
Enfoque filantrópico	Enfoque clássico

Responsabilidade social limitada: O negócio é percebido em termos de fornecer produtos e serviços, procurando a maximização dos benefícios dentro dos regulamentos estabelecidos

Custo: considera-se que o investimento em iniciativas de responsabilidade social não traz benefícios a curto prazo

*Adaptado de Quazi e O´Brien (2000).

as leis e os regulamentos, esperando, em todo caso, um retorno ou benefício no longo prazo.

Aceitar a diversidade de posições com relação à responsabilidade social põe em evidência a pluralidade dos atores na arena global e a conseqüente diversidade cultural. No entanto, é por si só um dilema a ser resolvido, se considerarmos que existem argumentos sólidos, como os que apóiam a criação de códigos universais de conduta, para sustentar que o sucesso da globalização depende de uma eventual homogeneidade cultural e social em todo o mundo. González (2003) afirma que o minimalismo ético, entendido como o efeito de reduzir os critérios morais às normas de conduta, é necessário, mas não suficiente para orientar as ações de uma comunidade plural; é imperativo considerar as virtudes morais na equação.

A proposta de considerar tanto as virtudes como as normas fundamenta-se na posição de respeitar a essência de cada realidade cultural, isto é, privilegiar a pluralidade sobre a homogeneidade cultural, porque o pluralismo ético não origina riscos sociais pelas seguintes razões (González, 2003):

1. Apoiar o minimalismo ético requer assumir uma visão estática da ética, esquecendo que os seres humanos mudam suas perspectivas com o tempo, e com freqüência para melhorar.
2. Regular a conduta moral somente através de normas pressupõe uma visão anti-social da ética, esquecendo que os seres humanos também procuram a verdade através da interação com seus semelhantes.

3. O minimalismo ético tende a apresentar a moral como um conhecimento técnico, sem considerar que a ética não é um assunto de peritos, mas de toda a humanidade, enfoque até certo ponto democrático.
4. A aplicação da ética apoiada em normas descarta das organizações e do público um diálogo sério e informativo sobre os temas morais, dando preferência somente aos que são politicamente corretos.

Considerando que, efetivamente, a posição moral das pessoas é um elemento dinâmico e evolutivo, é importante analisar se a evolução dos valores associados com o trabalho das diferentes culturas é convergente ou divergente, isto é, se a tendência dos sistemas de valores das diferentes sociedades que formam a nova ordem global está evoluindo ou não para um único esquema de valores que formará, com o tempo, uma cultura corporativa universal. Este enfoque pretende conciliar os conceitos de diversidade cultural e reducionismo ético. Ralston et al. (1997) argumentam que, para determinar a tendência da evolução dos valores associados com a atividade laboral, é importante considerar não só as culturas nacionais, mas também a ideologia econômica, porque são as duas forças principais que conformam esse sistema de valores. Na Figura 10-6 ilustramos quatro economias enquadradas em suas respectivas dimensões culturais e ideológicas.

As conclusões, mediante um estudo sobre as tendências dos sistemas de valores de quatro economias representativas que correspondem a cada um dos quadrantes da matriz da Figura 10-6, não sustentam o conceito de um sistema de valores universal, sobretudo se forem consideradas as importantes diferenças entre os países estudados (Ralston et al., 1997), por isso é mais indicado um esquema de cultura corporativa global apoiado na busca pela harmonia entre as diferentes economias, sem pretender forçar as culturas individuais para um sistema homogêneo de valores. Não obstante, se a transferência de valores de uma cultura para outra dentro de uma empresa transnacional é um processo intenso que se realiza logo que as culturas começam a interagir, pode-se argumentar que este fenômeno pode ser uma condição

Figura 10-6 Matriz de cultura nacional e ideologia econômica.*

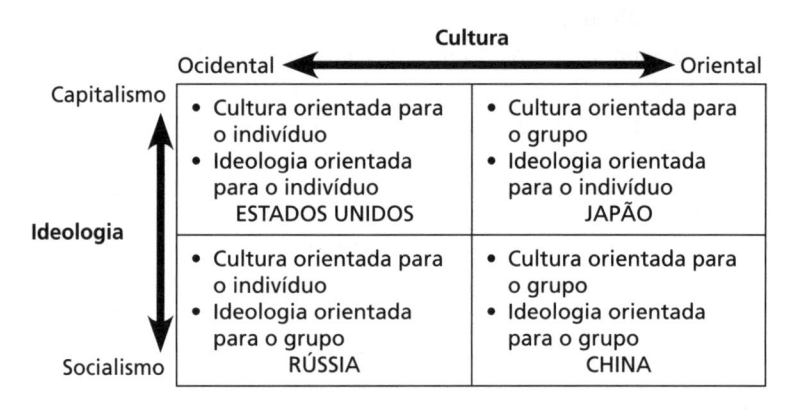

Ideologia	Cultura Ocidental	Cultura Oriental
Capitalismo	• Cultura orientada para o indivíduo • Ideologia orientada para o indivíduo **ESTADOS UNIDOS**	• Cultura orientada para o grupo • Ideologia orientada para o indivíduo **JAPÃO**
Socialismo	• Cultura orientada para o indivíduo • Ideologia orientada para o grupo **RÚSSIA**	• Cultura orientada para o grupo • Ideologia orientada para o grupo **CHINA**

*Ralston et al. (1997).

temporária entre a divergência ideológica e cultural e a convergência para um sistema único de valores.

Conclusões

As empresas multinacionais apresentam características próprias que as colocam em uma posição particularmente complicada quanto à sua responsabilidade social corporativa. O tamanho, a dispersão geográfica, a presença em diferentes economias com diferentes culturas, bem como sua interação com diversas ideologias e sistemas de valores distintos, são algumas das variáveis que interagem. Por outro lado, as pressões da sociedade e os ativistas internacionais levaram muitas empresas a definir códigos de conduta e a implantá-los internamente, sem esquecer os parceiros e fornecedores. Entretanto, a diversidade cultural e a realidade política e econômica dos países nos quais está presente tornam o processo de moralizar uma empresa transnacional uma tarefa árdua e complexa, que vai além da implantação de um sistema de normas e da monitoração do seu cumprimento.

CASO PRÁTICO

Mattel: a ética no mercado de brinquedos*

Li Chunmei, uma moça de 19 anos, desmaiou na linha de produção onde trabalhava, e naquela noite morreu em virtude do que um jornal da China chamou *guolaosi* ("morte por excesso de trabalho"). O artigo confirma as descobertas de um relatório do National Labor Council, de janeiro de 2002, "Brinquedos de Miséria", que acusa as empresas dos Estados Unidos de práticas antiéticas, pois vendem esses brinquedos em grandes quantidades: Wal Mart, Toys'R Us, Disney, Mattel e Hasbro. A investigação documenta sérias violações sistemáticas das leis do trabalho na China, como turnos diários obrigatórios de 15 horas em condições de trabalho subumanas, cuja difusão abalou o mundo civilizado.

Nos últimos anos, e apesar de ser prática ilegal, o número de protestos e conflitos trabalhistas protagonizados por multidões de funcionários cresceu de maneira notável na China. Os funcionários estão protestando pelas condições de emprego, pelos salários reduzidos e pela corrupção administrativa, entre outros. Em março e abril de 2002 foram realizadas manifestações quase diariamente, além de greves, protestos e ocupações de fábricas por funcionários descontentes na China. Também são freqüentes os relatos de mortes e lesões de funcionários em acidentes de trabalho. Calcula-se que 1.200 pessoas morreram em inúmeros acidentes de trabalho nos primeiros seis meses de 2001.

---

* Adaptado do relatório da Anistia Internacional da Espanha, 30 de abril de 2002; e da reportagem de Philip P. Pan, Washington Post Foreign Service, 13 de maio de 2002.

O mercado de brinquedos

A fabricação e distribuição de brinquedos tornaram-se uma importante atividade em todo o mundo, com um aumento notável das vendas devido ao surgimento dos jogos eletrônicos. Em 2003, esse segmento representava 59,5 bilhões de dólares, e 85,4 bilhões incluindo os videogames. Deste volume de vendas, cerca de 30% foi gerado na Ásia e na Oceania, de acordo com o Conselho Internacional de Indústrias de Brinquedos (ICTI – International Council of Toy Industries, http://www.toy-icti.org/).

A conduta ética nesse setor, quanto a projeto, fabricação, administração e distribuição, tornou-se um tema tão importante que foram constituídas instituições como o ICTI para promover padrões de segurança do produto, normas de fabricação e atitudes responsáveis na sua promoção e marketing. Para este conselho, que reúne mais de 20 países importantes produtores de brinquedos, "a saúde e a segurança das crianças em todo o mundo são a força impulsionadora do ICTI".

Para fomentar a conduta responsável entre seus associados, o Conselho espera que o seguinte Código de Práticas de Negócios seja observado:

1. Do trabalhador
   - Que a jornada de trabalho, os salários e o pagamento por horas extras trabalhadas obedeçam aos padrões estabelecidos pela lei e, na ausência desta, que respeite as condições humanitárias, seguras e produtivas.
   - Que ninguém abaixo da idade legal trabalhista, 14 anos, seja empregado em nenhuma etapa da manufatura de brinquedos.
   - Que não se contratem prisioneiros nem funcionários de maneira forçada; que os funcionários sejam livres para sair ao terminar o turno, e que os guardas encarregados somente cumpram tarefas relacionadas com a segurança.
   - Que todos os funcionários desfrutem dos benefícios legais de seguro maternidade e doença.
   - Que todos os funcionários exerçam livremente seu direito de associação e representação, de acordo com a legislação local.

2. Do local de trabalho
   - Que as fábricas de brinquedos proporcionem um ambiente seguro de trabalho para todos seus funcionários, pelo menos de acordo com o estabelecido pela legislação local, quanto à higiene e proteção de risco.
   - Que as fábricas estejam iluminadas e ventiladas, com corredores e saídas de emergência acessíveis em todo momento.
   - Que exista assistência médica disponível para casos de urgência e funcionários treinados designados para aplicar os primeiros socorros.
   - Que existam saídas de emergência muito bem identificadas, e todos os funcionários estejam treinados para abandonar o local rapidamente.

- Que se conte com um equipamento de segurança adequado e os funcionários estejam treinados para usá-lo.
- Que as máquinas cumpram ou superem as normas locais.
- Que haja serviços sanitários adequados com as normas de higiene, e que sejam mantidos em condições de uso.
- Que existam instalações para preparar refeições, consumi-las e para descansar.
- Que as habitações para os funcionários, se a fábrica as proporciona, estejam constituídas por dormitórios que atendam às necessidades básicas de higiene e segurança, de acordo com a lei.
- Que não se utilizem medidas disciplinares físicas ou mentais.

3. Do cumprimento do código
   - O propósito deste código é estabelecer um padrão de desempenho, educar e fomentar a fabricação responsável, e não punir os infratores.
   - Para determinar a observância do código, as empresas membros do ICTI devem avaliar suas próprias fábricas e instalações, assim como as de suas subcontratadas e as do resto da cadeia de fornecimento.
   - Cada empresa deve apresentar um relatório anual de atendimento, assinado por um executivo de cada fábrica e dos fornecedores.
   - As instalações dos fornecedores que não cumpram os padrões estabelecidos devem apresentar e implantar um programa corretivo, cujo descumprimento causará o cancelamento do fornecimento.
   - Considerando a diversidade de produtos e de sistemas e métodos de manufatura, assim como do porte das instalações e do número de funcionários, existem três anexos com detalhes específicos para o estabelecimento das normas a serem cumpridas.
   - O código deve ser publicado ou ficar à disposição de todos os funcionários no idioma local.

Um observador moderadamente curioso se perguntaria por que é necessário um código internacional de práticas de negócios como este, para que as grandes corporações fabricantes e distribuidoras de brinquedos cumpram obrigações morais fundamentais, evitando práticas que parecem ter sido erradicadas do mundo civilizado desde princípios do século passado. Outra pergunta razoável seria, parafraseando Bob Dylan, quantas mulheres chinesas têm de morrer por excesso de trabalho para que haja uma indústria de brinquedos moralmente responsável?

Os Estados Unidos da América comercializam 40% dos brinquedos do mundo. Em 2005, essa cifra foi de 21,4 bilhões de dólares, dos quais cerca de 50% são provenientes de videogames. É interessante notar que menos de 2% corresponde a brinquedos educativos. Em 2002, os Estados Unidos importavam 17 bilhões de dólares em brinquedos.

Em 1916 foi fundada nos Estados Unidos a Associação da Indústria de Brinquedo (TIA – Toy Industry Association), que incorpora fabricantes e importadores norte-americanos de brinquedos, jogos e produtos de entretenimento infantis. Sua missão é promover o crescimento global do mercado e apoiar o desenvolvimento das crianças garantindo o direito de fabricar e distribuir produtos seguros, educativos e divertidos para todas as idades. Pretende alcançar sua missão com as seguintes ações:

- Criar programas que incentivem os membros, para ajudar a obter o crescimento e melhorar a rentabilidade.
- Estabelecer este ramo como um grupo dedicado às crianças.
- Informar aos pais, educadores e outros adultos sobre a importância do jogo e da segurança dos brinquedos.
- Ampliar a base de membros, estabelecer alianças estratégicas e filiar-se a outras instituições relacionadas com a indústria do brinquedo para fomentar o crescimento e a rentabilidade de todos.
- Pôr em prática um sistema de comunicação para apoiar os membros em todos os aspectos do negócio.
- Organizar programas permanentes para divulgar os avanços tecnológicos e ter acesso a eles.
- Representar a indústria perante as organizações governamentais ou independentes.
- Apoiar a produção de brinquedos seguros em fábricas operadas de acordo com a lei e com normas éticas dentro do código da ICTI.
- Orientar o compromisso do setor com a proteção do meio ambiente.

A responsabilidade social da indústria

Em geral, existem três aspectos básicos do mercado de brinquedos quanto à sua responsabilidade social: a segurança do produto, a forma de distribuí-lo e as características do processo de fabricação.

Quanto à segurança, destacam-se as questões de criação do produto, materiais utilizados e como usar. De acordo com a TIA, o ponto de partida é que o brinquedo desempenhe um papel importante na vida da criança, não só para diversão ou entretenimento, mas também para sua educação e crescimento. Portanto, para garantir que a criança tenha uma experiência integral positiva, o brinquedo deve ser seguro. Tanto as repartições do governo como outras instituições da sociedade civil apóiam essas iniciativas, principalmente diante de padrões industriais e práticas desejáveis relacionadas com ensaios de qualidade, análise de riscos no uso do brinquedo e estudos antropométricos da criança. Em particular, trata-se de incentivar que o brinquedo seja projetado pensando na criança, por isso é indispensável reunir informações de diferentes fontes, como pais, psicólogos, educadores e outros especialistas. Naturalmente, é importante também testar o brinquedo entre as crianças, tomando as devidas precauções. Um resultado desses estudos é a forma de apresentar as instruções de uso e a faixa etária recomendada. Diferentes países contam com regras específicas, que algumas vezes diferem de uma nação para outra. Por exemplo, no México, a norma correspondente estabelece que seja apresentada a informação comercial e de segurança, que os materiais escolares sejam seguros, além de indicar as restrições quanto ao uso de determinados metais, plásticos, tintas e corantes, e as especificações químicas de tudo aquilo que faz parte do produto. Na Argentina, a norma é mais específica quanto ao rótulo e à embalagem, à inflamabilidade do brinquedo e aos requisitos toxicológicos. Na União Européia existem também normas particulares para jogos de química e experimentais, com relação à linguagem gráfica e símbolos nas etiquetas.

A distribuição eticamente responsável do brinquedo é um aspecto de particular importância, por que os clientes correspondentes (os pais e as crianças) são muito sensíveis ao uso imoral do marketing. É muito importante que a informação esclareça o uso do produto e os benefícios reais ao usá-lo, e que se expliquem os possíveis riscos físicos e psicológicos derivados do uso. Com relação a este último aspecto, destacam-se os anúncios sobre a relação direta e causal de certos tipos de brinquedos com a violência na sociedade. Do mesmo modo, os valores que se inspiram às crianças através dos brinquedos foram objeto de profundo estudo sob diversas perspectivas. Chin (1999) aborda o tema dos preconceitos e dos brinquedos "etnicamente corretos": os fabricantes de brinquedos, para ter sucesso em mercados onde predominam determinadas etnias ou raças, projetam e distribuem bonecos com características étnicas predominantes exageradas, mas quando estes brinquedos chegam a outros povos enviam mensagens fortes das diferenças raciais, não somente físicas, mas também como estereótipos em sua forma de vestir e comportar-se.

Um aspecto particularmente controverso é a percepção por parte das empresas de brinquedos de que as crianças hoje amadurecem mais rápido. É possível que essa suposição seja ao mesmo tempo causa e efeito do marketing, com seus correspondentes efeitos negativos (Feeley, 2005). Por um lado, assume-se que a técnica e a globalização estão influindo na maturidade precoce da criança, como conseqüência, idades menores podem ser um mercado atraente para produtos que eram orientados no passado para faixas etárias maiores. Por outro lado, o desenvolvimento acelerado da criança também leva à assimilação precoce de valores, por isso os fabricantes de brinquedos, mais do que buscarem sozinhos o crescimento de um mercado que não os favoreceu sensivelmente durante vários anos, devem enfrentar sua responsabilidade social de corresponder a um fenômeno moralmente questionável, mas não provocá-lo por razões materiais. A resposta ética inclui a redefinição da publicidade, com base na ética de distribuição aceita pela sociedade, sem esquecer o conteúdo e a quem serão dirigidas as mensagens. Nesta questão, a TIA tem sido particularmente oportuna: quando foi detectado através de estudos de mercado que cerca de 15% dos brinquedos (3 a 4 bilhões de dólares) havia sido comprado pelos avós em 2004, a TIA reestruturou suas estratégias, orientando-as para este segmento da população (Feeley, 2005).

Um aspecto que afeta a moralidade do mercado de brinquedo tem a ver com as condições de trabalho e as características dos vendedores e vendedoras das lojas e distribuidoras de brinquedos. Pelo menos nos Estados Unidos foi revelada uma série de práticas questionáveis nas principais lojas distribuidoras de brinquedos ou em departamentos especializados de cadeias comerciais de varejo (Jackson, 2006). Independentemente da evidente discriminação de raça, gênero, idade e capacidade, que tem um agravante moral implícito, os resultados deste estudo destacam que essas práticas de negócio afetam diretamente o consumidor e o usuário, neste caso a criança, já que as pessoas que atendem não são aptas a proporcionar as indicações ou conselhos em relação aos brinquedos que distribuem.

Quanto ao terceiro fator de responsabilidade social do mercado de brinquedos, sem a informação proporcionada há poucos anos pelos movimentos civis e de ativistas independentes, pouco se saberia das condições de trabalho em fábricas ao redor do mundo, principalmente na China. Entretanto, isto fez com que o setor considerasse como uma de suas prioridades de ordem moral as condições de trabalho e as características dos processos de fabricação de seus parceiros e subcontratados. O código de práticas de negócios do Conselho Internacional das Indústrias de Brinquedos apresenta os principais aspectos, que podem ser resumidos em três grandes grupos: a duração e os horários da jornada de trabalho e a remuneração pelo trabalho; as condições de segurança e higiene do local de trabalho; as práticas administrativas, sem esquecer o trabalho de grupos pouco favorecidos, e a supervisão e disciplina aplicadas aos funcionários.

De acordo com a Unicef o trabalho infantil se intensificou devido à globalização e aos laços criados entre diferentes nações. Do mesmo modo, destaca que existe uma relação significativa entre a pobreza e o trabalho infantil, pois, aliada à necessidade de maiores lucros das empresas de países industrializados, a exploração infantil voltou a crescer. Este problema fica mais evidente diante de autoridades coniventes e ávidas por divisas. Para ilustrar a situação, descrevemos a seguir parte do relatório da Canadian International Development Agency (CIDA, 2000):

> Chen Yuying era uma feliz e afortunada garota de 15 anos quando começou a trabalhar para a Zhili Toy Factory em Hawai Yong, uma cidade na província chinesa de Censen. Durante três anos ganhou o equivalente a sete centavos de dólar por hora, recheando animais de brinquedo que a companhia italiana Chicco vendia no Canadá e na Itália. Ela mandava para casa o que podia dos 26 dólares mensais de salário para ajudar nos estudos de seu irmão mais velho.
>
> Em novembro de 1993, a fábrica de Zhili se incendiou. O prédio não tinha hidrantes, nem alarme ou equipamento contra incêndio, nem saídas de emergência. Além disso, as janelas estavam protegidas por grades de arame e as portas do andar térreo estavam trancadas com chave para evitar que os funcionários saíssem da fábrica antes de terminarem a cota estabelecida. Quando conseguiram controlar o incêndio, 84 funcionários tinham morrido; centenas de seus colegas, incluindo Yuying, ficaram feridos.

Chen Yuying, agora com 24 anos de idade, considera-se uma aleijada irreversível. As queimaduras de sua orelha esquerda, busto, braço esquerdo, cintura, quadris e ambas as pernas, mantiveram-na totalmente paralisada em uma cadeira de rodas durante meses. Atualmente, movimenta-se parcialmente e pode agarrar algumas coisas com apenas dois dedos da mão esquerda. A maior parte de sua pele não pode respirar e sangra continuamente. Os gastos com medicamentos e médicos foram superiores aos 5800 dólares que recebeu pelo acidente. A empresa italiana Chicco prometeu pagamentos adicionais que nunca se concretizaram.

O acidente sofrido por Yuying não fez parte de um incidente isolado. Entre muitos outros que mataram e feriram centenas de pessoas, está o incêndio da Kader Industrial Toy Company, instalada na Tailândia, em maio de 1993, no qual houve 188 mortes e 469 funcionários feridos. De acordo com a Confederação Internacional de Sindicatos Comerciais Livres, a Kader empregava meninas de 13 anos por tempo parcial que recebiam US$ 2,40 diários, mais 87 centavos por hora extra de trabalho, em jornadas de até 19 horas. Na época do incêndio a empresa fabricava brinquedos como Cabbage Patch Kids, Bugs Bunny, Bart Simpson, Muppets e bonecos da Vila Sésamo, entre outros, para as lojas Toys'R Us.

A luta para melhorar as condições e características do trabalho é árdua e lenta, mas é uma necessidade pelo menos reconhecida pelas indústrias. Existe uma grande diferença entre estabelecer um código de conduta em uma empresa e definir um manual de regras operacionais (Frost, 2000). O primeiro tende a ser vago e muito amplo, enquanto o aspecto específico das regras pode ser de maior ajuda, por deixar pouca margem de interpretação e liberdade. Além disso, uma grande verdade permanece: os códigos de conduta não são escritos para os funcionários, mas para outras pessoas e grupos de interesse.

Mattel Inc.

A Mattel começou em 1945 como fabricante de móveis para bonecas e brinquedos musicais em uma oficina de automóveis, e com o tempo conseguiu estabelecer seus escritórios centrais no estado da Califórnia. Dez anos depois de sua fundação reinventou a maneira de promover brinquedos, fazendo-o através do Clube do Mickey Mouse, programa popular de televisão infantil. Ruth Handler, proprietária fundadora da empresa, sugeriu fabricar uma boneca tridimensional e a batizou com o nome *Barbie*, como ela chamava sua filha Bárbara. Em 1959 nasceu a boneca mais popular de todos os tempos. Em 1972, depois de tornar-se uma empresa pública, estruturou-se com uma divisão e sete filiais. Em 1982, nasceu uma linha singular de produtos para meninos, He-Man, obscurecendo a popularidade da Barbie ao chegar a produzir 400 milhões de dólares em vendas em apenas dois anos. Como marco operacional de seu compromisso com a sociedade, a Mattel estabeleceu em 1997 seus Princípios de Manufatura Global como uma instância independente para criar e monitorar as práticas operacionais de suas empresas, subsidiárias e fornecedores, e cinco anos depois recebeu o Prêmio de Responsabilidade Corporativa da Unicef.

Em 2001, a Mattel Inc. anunciou que, de acordo com sua estratégia de fabricação global e seu programa de redução de custos, a última unidade de fabricação que tinha no território dos Estados Unidos iria fechar em alguns meses (*Wall Street Journal*, 2001). Em 2002, todas as operações produtivas foram transferidas para suas subsidiárias no México, onde os custos de mão-de-obra são muito menores. O resto de seus recursos operacionais está localizado na China, Indonésia, Malásia e Tailândia.

Como indica a Fundação da Indústria de Brinquedos (TIF, 2003), o brinquedo é universal e as crianças de todas as culturas através da história utilizaram brinquedos; parece claro que brincar é instintivo e é uma parte essencial do crescimento. Entretanto, só recentemente se reconheceu que o brinquedo é ao mesmo tempo diversão e processo formativo, e um meio para desenvolver habilidades e atitudes. Atualmente o brinquedo é também um importante mercado e um alvo para os ativistas de recursos humanos.

De acordo com a análise da *Business Week* de novembro de 2003, o gasto por habitante norte-americano em brinquedos é da ordem de 300 dólares ao ano, três vezes maior que na União Européia, e dez vezes superior à América Latina ou Ásia, e apenas 38% se concentram na época natalina. Entretanto, este mercado sofreu efeitos adversos, como a importante rede Toys'R Us, corporação que já vinha todo o ano registrando perdas e esperava recuperar-se com as vendas no Natal. Por outro lado, Fao Schuartz estava próximo à falência. No entanto, a Mattel Inc. se encontrava em seus melhores anos, de acordo com alguns observadores.

Três anos antes, quando Robert Eckert assumiu o comando da Mattel Inc., a companhia estava longe do que havia sido no passado, com produtos vencedores e crescimento sustentado em vendas e lucros. Segundo Ruiz (2006), a empresa era um desastre: o presidente foi demitido, não havia um plano estratégico, o pessoal estava desmotivado e a situação financeira piorava dia após dia. No entanto, chegar à situação atual de vendas anuais acima de 5 bilhões de dólares, com uma força de trabalho de mais de 25000 pessoas em 42 países e uma invejável situação financeira no mercado de valores, exigiu um esforço significativo, com base em uma verdadeira transformação da cultura organizacional. Para isto foi necessária uma série de iniciativas para romper com os grupos de poder internos e "feudos organizacionais", unificando a corporação, padronizando os processos de desenvolvimento do potencial humano, desdobrando as estratégias de maneira rápida e efetiva, e formalizando planos de carreira e sucessão, entre outros. Por outro lado, Eckert liderou um processo para obter de maneira sistemática as opiniões e sugestões de todos os funcionários, com a finalidade de unificar a empresa e estabelecer uma plataforma para a criação e assimilação dos novos valores corporativos que a empresa e o mercado exigiam.

MISSÃO DO CONSELHO DE DIRETORES DA MATTEL

O conselho de diretores se esforça para assegurar uma boa gestão e governança corporativas. Seleciona, controla, avalia e apóia o presidente do conselho e fiscaliza o desenvolvimento e aplicação de políticas e estratégias. Serve aos grupos de interesse da companhia por meio de um compromisso com a gestão ética e efetiva da empresa, de maneira que os lucros sejam sustentáveis no longo prazo. Também é responsável pelos interesses legítimos dos outros grupos de interesse, como funcionários, clientes, fornecedores e as comunidades nas quais a empresa opera.

Robert Eckert sucedeu Jill Barad, executiva que em sua época foi considerada a força impulsora da Mattel, Inc., que chegou a ser considerada uma das mulheres mais poderosas no mundo corporativo e a terceira com melhor salário nos Estados Unidos. Barad deixou a empresa devido a uma infrutífera operação financeira com a The Learning Company, adquirida pela Mattel alguns anos antes, e pela queda de alguns de seus principais produtos, embora tenha iniciado o processo de redefinição das práticas corporativas no âmbito da responsabilidade social. De fato, em 1997 a Mattel iniciou uma série de auditorias sociais através de seu Conselho Independente de Monitoramento, formado por pessoal externo à empresa, que culminou na criação de 200 normas para os locais de trabalho, impondo que suas fábricas ao redor do mundo não atentassem contra os direitos humanos (Zipkin, 2000).

Sob a direção de Robert Eckert todo um sistema interno de políticas foi formalizado, com regulamentos e padrões de conduta orientados para tornar a empresa moralmente responsável, começando por um guia de governança corporativa com a missão do conselho de diretores e uma série de condutas específicas esperadas pelo conselho (http://www.mattel.com/):

PARECE QUE BARBIE É RESPONSÁVEL AO FAZER NEGÓCIOS*

No Tepeji del Río, no estado de Hidalgo, México, uma empresa têxtil fabricava roupa da Barbie com permissão da Mattel, mas o local de trabalho era supostamente horrível.

Teresita de Jesús Hernández é uma das funcionárias da empresa. Tem 15 anos de idade, e sabe que é muito jovem legalmente para trabalhar, mas afirma que o supervisor lhe pediu que mentisse com relação à sua idade: "Estou aqui porque necessito dinheiro para minha família, desde que meu pai não mora mais conosco", e mostra sua certidão de nascimento e recibos de pagamento que comprovam que trabalhou na unidade durante mais de um ano.

Uma inspeção da Mattel encontrou violações a seu Código de Manufatura Global, em resposta à queixa de um sindicato mexicano com relação às condições de trabalho na empresa

---

* Adaptado da reportagem de Edgard Iwata, *USA Today*, 26 de março de 2005, e do *Financial Times*, 12 de maio de 2005.

> Rubie's do México, subsidiária da transnacional Rubie's Custume Company: trabalho infantil, funcionárias forçadas a fazer horas extras e submeter-se a teste de gravidez em um ambiente nauseabundo causador de vômitos e enjôos. A Mattel identificou também que a Rubie's evitava a livre escolha dos funcionários de reunirem-se sindicalmente. Posteriormente, a Mattel encerrou a relação com a empresa, por que havia passado o prazo estabelecido para corrigir as anomalias. Desde o estabelecimento de seu código em 1997, a Mattel cortou relações comerciais com dezenas de fornecedores e empresas filiadas que não cumpriam os padrões estabelecidos, práticas adotadas recentemente pelo Conselho Internacional da Indústria de Brinquedos.
>
> "Nós denominamos tolerância zero", afirma Jim Walter, executivo da Mattel. "Se encontrarmos evidência de violações sistemáticas, não faremos mais negócios com você."

Quanto à responsabilidade social da Mattel, Inc., o discurso formal desta empresa está incluído em cinco grandes capítulos: a Missão de Sustentabilidade, os Princípios de Manufatura Global, o Compromisso com a Segurança e a Saúde Ambiental, a Transparência e Controle Independente, e a Segurança do Produto.

A Missão de Sustentabilidade da Mattel está expressa da seguinte maneira: "Como líder global do mercado de brinquedos, acreditamos que a maneira de obter sucesso é tão importante como o próprio sucesso. Por isso, nos preocupa a gestão transparente da saúde e segurança ambiental de nossos funcionários, clientes e vizinhos como uma das mais altas prioridades, e como elementos-chave de nossa responsabilidade para ser uma empresa sustentável hoje e amanhã".

Os Princípios Globais de Manufatura da Mattel (GMP) foram a pedra fundamental de sua resposta à sociedade como empresa moralmente responsável. Esta política se aplica a todos os produtos que sejam fabricados, montados, distribuídos ou que contenham algum tipo de licença para alguma embalagem que leve a marca ou logotipo da Mattel.

Os Princípios são realmente um guia mínimo, mas se aplicam a todos os parceiros comerciais, e incluem a adoção de medidas para aplicá-los, melhorá-los, controlá-los, assim como o uso de avaliações independentes de seu cumprimento. Por sua vez, a Mattel apóia as unidades no projeto dos sistemas e procedimentos que sustentam os Princípios de Manufatura, mas ela está preparada e disposta a cortar relação com aqueles que não os cumpram. Ambas as partes devem reconhecer que os princípios são dinâmicos e devem ajustar-se a alguns contextos particulares, mas isso não exime os associados de cumpri-los fielmente. Em resumo, os Princípios Globais de Manufatura da Mattel são os seguintes (http://www.mattel.com):

1. Sistemas de gestão
   a) As instalações devem ter sistemas para administrar assuntos relacionados com aspectos trabalhistas, sociais, ambientais, de segurança e higiene.

2. Salários e horas de trabalho
   a) Os funcionários devem receber compensação por todas as horas trabalhadas. Os salários para horas normais ou extraordinárias devem atender à legislação local estabelecida.
   b) Os salários devem ser pagos em moeda legal e, no mínimo, mensalmente.
   c) As horas de trabalho devem responder aos requisitos legais e ao estabelecido pela Mattel.
   d) As horas trabalhadas, tanto normais como extraordinárias, devem estar documentadas, ser verificáveis e devem refletir o tempo trabalhado pelos funcionários.
   e) O trabalho em horas extras deve ser voluntário.
   f) Os funcionários devem gozar de dias de descanso de acordo com a lei e com a Mattel.
   g) Os descontos no pagamento devem corresponder ao estabelecido pela legislação e pela Mattel.

3. Regimento de idade
   a) Todos os funcionários devem ter no mínimo a idade trabalhista estabelecida pela legislação e pela Mattel.

4. Trabalhos forçados
   a) Os funcionários devem ser contratados livremente.
   b) O trabalho forçado ou de prisioneiros não deve ser utilizado na fabricação, montagem ou distribuição de produtos da Mattel.

5. Discriminação
   a) As unidades devem contar com políticas relacionadas à contratação, promoção, direitos dos funcionários e práticas disciplinares, e não deve haver discriminação trabalhista.

6. Liberdade de expressão e associação
   a) A empresa deve reconhecer os direitos dos funcionários associarem-se ou renunciarem a atividades sindicais e relações coletivas de trabalho legais através de representantes selecionados, de acordo com a lei correspondente.
   b) A administração deve estabelecer canais formais para fomentar a comunicação, em todos os níveis, de diretores e funcionários sobre questões que influenciam nas condições de vida e de trabalho.

7. Condições de vida
   a) Os dormitórios devem estar separados dos galpões de produção e dos depósitos de armazenamento.
   b) Os dormitórios e refeitórios dos funcionários devem ser seguros, higiênicos e reunir as condições básicas de funcionamento.

8. Segurança no trabalho
   a) As instalações devem contar com programas vigentes para garantir a segurança e higiene que o local de trabalho requer.

9. Saúde
   a) Deve haver equipamento disponível para primeiros socorros e tratamento médico para todos os funcionários.
   b) Deve haver programas vigentes de monitoramento, para ter a certeza de que os funcionários não estão expostos a condições perigosas (emanações químicas, ruídos, temperatura excessiva etc.).

10. Planejamento de emergências
    a) As instalações devem contar com programas e sistemas vigentes para os casos de emergências, como incêndios, vazamentos e desastres naturais.
    b) As saídas de emergência devem manter-se destrancadas enquanto o prédio estiver ocupado. As saídas devem estar claramente sinalizadas e livres de obstruções.

11. Proteção ao meio ambiente
    a) Deve haver programas ambientais estabelecidos nas instalações para reduzir ao mínimo o efeito nocivo ao meio ambiente.

A CHINA MANTÉM SUAS FÁBRICAS DE BRINQUEDOS, ENQUANTO OS FUNCIONÁRIOS COMEÇAM A ABANDONÁ-LAS*

Durante anos, as fábricas que abundam no sul da China proporcionaram mão-de-obra barata aos fabricantes de brinquedos do mundo. Seus lucros talvez estejam ameaçados depois do anúncio das autoridades pressionando para que alterem as condições de trabalho, antecipando-se a uma possível escassez de funcionários, que estão encontrando trabalho menos opressivo em outros locais.

Uma investigação da semana passada em fábricas na província costeira de Guangdong evidenciou os baixos salários, as jornadas de trabalho de treze horas e as regras trabalhistas desumanas nas fábricas que trabalhavam a todo vapor para produzir brinquedos natalinos de marcas conhecidas que encherão as listas de Natal das crianças na Grã-Bretanha e outros países desenvolvidos.

Muitos fabricantes, cuja matriz está no Ocidente e suas unidades no corredor industrial chinês (conhecido como "a oficina do mundo"), insistem que seus funcionários chineses contam com as melhores condições trabalhistas. Uma das maiores corporações, a Mattel Inc; da Califórnia, que produz marcas como Harry Potter, Matchbox e Barbie, orgulham-se das condições trabalhistas em suas enormes fábricas de Guangdong, e declaram que estão cumprindo os padrões mundiais.

Entretanto, as pesquisas clandestinas apresentam um panorama menos tranqüilizador: funcionárias que montam bonecas Barbie na unidade da Mattel em Chang, condado de

* Michel Sheridan, *London Times*, 5 de dezembro de 2004.

Dongguan, se queixaram de que foram obrigadas rotineiramente pelos supervisores locais a trabalhar doze ou treze horas por dia, seis dias por semana, a partir das 6 da manhã. Se isto for verdade, os horários de trabalho representam uma violação da legislação trabalhista da China e do código de conduta da própria Mattel. Estas reclamações foram apresentadas em um estudo do Comitê Industrial Cristão de Hong Kong, no qual se analisaram as condições de trabalho entre 4 e 16 de maio, durante a parte alta do ciclo de fabricação. Os funcionários reclamaram que o sistema de pagamento por incentivo de produção os mantêm em tensão constante. Na semana passada percebeu-se um clima de intimidação no exterior desta mesma unidade. Mais de uma dúzia de funcionárias se recusaram a falar e os guardas de segurança revistavam as pessoas estranhas à unidade, ao mesmo tempo que interrogavam os funcionários que falaram com estranhos.

Leung Pak-nang, funcionário do Comitê de Hong Kong, mencionou que possivelmente os guardas haviam começado a suspeitar devido à presença de pessoas enviadas pelas multinacionais. "Os supervisores os enganavam com relatórios de tempo falsos e registros de dupla contabilidade", indicou. "Eles advertem os funcionários de que perderão seus empregos, se falarem. Ensinam-lhes a mentir a partir de uns modelos especiais de perguntas e respostas."

O Executivo Corporativo da Mattel na América do Norte não quis fazer comentários.

Para esclarecer e tornar efetivo o compromisso com a segurança e higiene ambiental de seus funcionários, a Mattel desenvolveu padrões relacionados com estas práticas industriais (EHS – Environmental Health & Safety, segurança e saúde ambiental). Seu compromisso vai além, já que busca a aplicação de políticas e procedimentos para que as operações possam cumprir a legislação correspondente, assim como os padrões da Mattel. Parte do compromisso estabelecido é assegurar o seguinte (http://wwwmattelcoml):

- "Integrar padrões ambientais de segurança e saúde em nossas operações de negócios com o propósito de reduzir riscos, minimizar eventualidades, assim como avançar rumo a um local de trabalho livre de incidentes.
- "Dialogar com nossos funcionários, clientes e público em geral para que compartilhem suas preocupações com o meio ambiente, a segurança e a saúde relacionadas com nossas operações e produtos.
- "Assegurar o desempenho da empresa quanto à melhoria do meio ambiente, segurança e saúde por meio de auditorias periódicas programadas em nossas operações."

De modo geral, a Mattel se declara responsável e comprometida com o assunto, porque se considera a líder mundial na manufatura e distribuição das famílias de produtos que levam sua marca. Tudo isso é desenvolvido através de normas internas, como padrões, políticas e procedimentos para a criação de iniciativas, assim como para a sua implantação e estrito controle (Goldman, 2004).

SUOR, TEMOR E RESIGNAÇÃO ENTRE BRINQUEDOS: APESAR DOS ESFORÇOS DA MATTEL POR CONTROLAR AS EMPRESAS, MILHARES DE FUNCIONÁRIOS AINDA SOFREM*

Quando se trata de limitar as horas de trabalho, de garantir salários justos e de melhorar os padrões de saúde e segurança, "a Mattel é uma das melhores", afirmou Chan Ka Wai, diretor associado do Comitê Industrial Cristão de Hong Kong, organismo que realizou extensas investigações acerca das condições de trabalho nas indústrias chinesas de brinquedos.

Entretanto, dezenas de milhares de funcionários que fabricam produtos da Mattel ainda sofrem.

Uma razão importante é que metade dos brinquedos que exibem o familiar logotipo vermelho da Mattel é fabricada em instalações como esta da área industrial de Shenzhen, que não pertence à companhia norte-americana. "A Mattel não tem nenhuma maneira de saber a verdade sobre o que acontece realmente aqui", manifesta um funcionário de 24 anos da fábrica de Shenzhen. "Cada vez que há uma inspeção, os chefes nos instruem sobre que mentiras devemos dizer."

Os ativistas trabalhistas reconhecem que a situação é difícil. "A Mattel pode fazer muito para transformar suas unidades nas vitrines", diz Chan, ",mas seus fornecedores são muito diferentes", acrescenta.

À medida que muitos fabricantes ocidentais transferem sua produção para a China e outros países em desenvolvimento, a experiência da Mattel mostra como é difícil garantir condições de trabalho humanas e, além disso, fabricar as mercadorias tão baratas como o consumidor freqüentemente exige. Também surge o questionamento de quanta responsabilidade uma única empresa pode assumir quando opera em lugares do mundo nos quais a pobreza é onipresente e a exploração de funcionários é desenfreada.

O jornal *The New York Times* entrevistou funcionários em 13 fábricas no sul da China, Indonésia e México que fabricam os produtos da Mattel, inclusive instalações que pertencem à Mattel e a unidades fornecedoras. As visitas a cinco das fábricas foram organizadas pela Mattel. O *Times* falou separadamente com os funcionários nas outras unidades, nas quais funcionários apenas concordaram em relatar suas histórias se não fossem mencionados seus nomes nem os de seus patrões. Muitos afirmaram que lhes preocupava que seus supervisores os castigassem. Outros expressaram sua preocupação de que, se a Mattel conhecesse as condições de trabalho, a companhia cancelaria seus contratos e os funcionários seriam despedidos.

"É bom que eles fiscalizem as condições de trabalho, mas não à custa de nossos empregos", disse um trabalhador da fábrica de Shenzhen, que realizou uma variedade de tarefas para um fornecedor da Mattel nos dois anos anteriores. A última delas consistia em pintar os olhos de animais de plástico. "É melhor ter más condições de trabalho do que não ter nenhum..."

"Desejamos que a pessoa viva melhor? Evidentemente", afirma Robert A. Eckert, presidente do Conselho e diretor-geral da Mattel. "Desejamos realizar coisas unilateralmente que nos tornem não competitivos e, portanto, que nossos produtos não se vendam e ninguém seja contratado? Não."

---

*Abigail Goldman, Los Angeles *Times*, 26 de novembro de 2004.

Quanto à transparência de suas atividades e à presença de um organismo independente de controle, a Mattel também esteve sempre na vanguarda. Desde 1997, a empresa estabeleceu um programa completo de controle independente, procurando objetividade na avaliação de seus avanços quanto à responsabilidade social. Este organismo autônomo e sem fins lucrativos é o Centro Internacional de Responsabilidade Corporativa, ou ICCA (http://www.icca-corporateaccountability.org/), cuja missão é assegurar que as corporações multinacionais criem voluntariamente padrões que orientem sua conduta na gestão de suas operações multinacionais em temas como salários, condições de trabalho, apoio aos direitos humanos e crescimento sustentável. O ICCA é composto por peritos de diversas formações como economistas, cientistas políticos e ambientalistas, acadêmicos, líderes religiosos e advogados, e sua base está em uma escola de negócios da cidade de Nova York. É possível revisar os relatórios relacionados com as operações da Mattel em diferentes fontes, como sua página na internet. Esses relatórios são o resultado de extensas auditorias e refletem não apenas os avanços, mas também as áreas de oportunidade. Transcrevemos aqui alguns fragmentos do relatório publicado em 13 de abril de 2004 com relação à inspeção das unidades de fabricação mexicanas localizadas em Tijuana (Mabamex) e em Escobedo, N.L., México, empresas da Mattel, Inc. que fabricam brinquedos só para ela:

"Avaliação geral: as evidências encontradas pela ICCA na auditoria de 16 de abril de 2003 são muito favoráveis. A Mabamex tem em andamento numerosas práticas e procedimentos de gestão admiráveis para assegurar a saúde e segurança dos funcionários. O ICCA se impressionou com a transparência de seus relatos e registros e com a disponibilidade imediata de informação. O ICCA felicita os administradores da Mabamex por operar uma unidade de primeira linha e por contar com um programa de gestão de recursos humanos claro e eficiente.

"Os temas preocupantes estão relacionados com a gerência média e baixa. Tanto no caso de Escobedo como na Mabamex, aproximadamente um terço dos funcionários indicou que tinha medo de denunciar incidentes de perseguição ou de acidentes, pelo risco de perder seu emprego. Além disso, devido ao fato de que a proporção de funcionárias que relataram incidentes de assédio sexual ter sido comparativamente menor, a questão mostra a necessidade de tomar medidas. A gerência da Mabamex reafirmou seu compromisso de erradicar o problema e esboçou um plano de ação, que inclui sensibilizar todos os níveis mediante a intensificação do respectivo treinamento, estabelecer canais de comunicação, assim como a aplicação rigorosa de políticas contra o assédio, incluindo medidas disciplinares e, quando necessário, a demissão de funcionários. O ICCA considera que estas medidas são um bom começo e solicita um relatório do gerente da unidade antes de 31 de maio de 2004 sobre o sucesso das medidas. O ICCA voltará para visitar a unidade para reavaliar a situação e, se for necessário, entrevistar os funcionários em junho de 2004."

A última questão relacionada com a responsabilidade social da Mattel tem a ver com a segurança do produto, questão de particular relevância: criação e materiais

AS EMPRESAS DE BRINQUEDOS NA CHINA ENFRENTAM O DILEMA DO ICTI*

Como alguns especialistas explicam, a eliminação das deploráveis fábricas de brinquedos na China não pode ser realizada em um piscar de olhos, nem um código de conduta levará a uma transformação imediata.

Para interpretar o fenômeno destas fábricas a partir de uma perspectiva de globalização econômica, podemos considerar uma cadeia de protagonistas: distribuidoras multinacionais e companhias proprietárias das marcas, agentes de vendas, fábricas de brinquedos, subcontratadas, funcionários. Além disso, existem outros dois agentes críticos: o governo local e as associações não governamentais.

Do ponto de vista de Christian Ewert, encarregado da promoção do Código de Práticas de Negócio do Conselho Internacional da Indústria do Brinquedo (ICTI), a causa dos problemas das fábricas chinesas está em seus donos. Por esta razão, o objetivo do Código do ICTI é garantir que nenhum fornecedor do mercado global de brinquedo opere sob normas que atentem contra os direitos humanos. Christian indica que o fenômeno destas fábricas é evidentemente fruto da avareza.

Entretanto, Li Qiang, diretor-executivo do Observador Trabalhista Chinês, empresa independente sem fins lucrativos orientada à defesa dos direitos dos funcionários chineses, dirige sua crítica às empresas multinacionais. Ele considera que a economia globalizada mundial formou um sistema de pirâmide de múltiplas camadas de contratos. Os distribuidores e produtores multinacionais estão na ponta da pirâmide e têm o comando do mais alto nível. Pressionam ao máximo o preço de compra, e para evitar riscos e conseguir mão-de-obra barata contratam ordens de fabricação dos países em desenvolvimento. As multinacionais seguiram este sistema porque permite reduzir o risco de seu investimento e, mais importante ainda, transferir as responsabilidades legais e morais associadas à violação dos direitos humanos que se cometam nestas fábricas.

O dr. Lui Kaiming, do Instituto de Investigação Social de Censen, pensa que os códigos de conduta são efetivos só até certo ponto. A solução para as lamentáveis fábricas está na conversão econômica e na evolução da indústria; e durante o processo de transição, o papel do governo é o mais crítico.

* Fragmento do artigo de Liu Sonjie, *Phoenix Weekíy*, 15 de fevereiro de 2006.

utilizados na fabricação dos brinquedos, e como o cliente usa o produto. A empresa argumenta que sua estratégia de segurança do produto é superior ao estabelecido nos regulamentos e na legislação exigida pela Comissão de Segurança de Produto do Consumidor e outras normas equivalentes ao redor do mundo.

Dezessete de julho de 2006. Os resultados financeiros da Mattel Inc. correspondentes ao segundo trimestre do ano de 2006 foram excelentes. Com vendas líquidas de 957,7 milhões de dólares e um lucro líquido de 37,4 milhões, a maior fabricante multinacional de brinquedos do mundo cresceu em comparação ao ano anterior. Os diretores atribuem os bons resultados em grande parte às linhas de brinquedos baseadas nos filmes *Cars* e *Superman*...

Perguntas sobre o caso

1. O negócio de brinquedos é compatível com a responsabilidade social corporativa de uma multinacional?
2. Qual é a origem da estratégia de responsabilidade corporativa da Mattel Inc.?
3. Podemos considerar a Mattel Inc. uma empresa bem-sucedida do ponto de vista financeiro? É uma empresa socialmente responsável?
4. Quem é o responsável pelas deploráveis práticas trabalhistas das fábricas de brinquedos na China? Por quê?
5. Como é possível conciliar os interesses materiais das empresas multinacionais com a moralidade de sua estratégia global de fabricação?

Bibliografia

ANGELA, K. *"Do the right thing: compared with the green 1980s today's marketers are taking a selective approach to ethical branding."* Marketing Magazine, 2000, 105: 22.

BRAND, V., SLATER, A. *"Using a qualitative approach to gain insights into the business ethics experiences of Australian managers in China"*. Journal of Business Ethics, 2003, 45: 167.

BREEZE, J. "Corporate culture poses a challenge: Business Ethics", *Financial Times*, 18 de abril de 2001, p. 3.

Business Brief. "Mattel Inc.: Last Manufacturing Plant in the U.S. Will Be Closed", *Wall Street Journal*, 4 de abril de 2001, p. 8.

Canadian International Development Agency Barbie' s Trip Around the World: Globalization in the Toy Industry, 2000. Victoria International Development, Education Association. Victoria, British Columbia.

CHAPMAN, S., SHATENSTEIN, S. Extreme Corporate Makeover: Tobacco Companies Corporate Responsibility and the Corruption of "Ethics" Tobacco Control, 2005. Disponível em: http://www.tobacco.org/news/165397.html em 22 de junho de 2006.

CHIN, E. *"Ethnically correct dolls: Toying with the race industry"*. American Anthropologist, 1999, 101: 305.

FEELY, P. S. "The Toy Industry and Youth Marketing Today: Going Beyond 'KGOY'" Institute for International Research, 2005. Disponível em: http://www.toy-tia.org/Content/NavigationMenu/Press_Room/Toy_Book_TIA_Perspectives/Maio de_2005, 1/May_2005.htm, em 3 de junho de 2006.

FROST, S. "Factory Rules versus Codes of Conduct: Which One Makes Sense for Business?"Disponível em: http://www.carnegiecouncil.org// em 8 de maio de 2006.

Fun Play Safe Play. Toy Industry Foundation. Disponível em www.toy-tia.org em 26 de junho de 2006.

GOLDMAN, A. "Sweat Fear and Resignation amid All the Toys; Despite Mattel's efforts to police factories thousands of workers are suffering", *Los Angeles Times*, 26 de novembro de 2004.

GONZÁLEZ, A.M. "*Ethics in global business and in a plural society*". Journal of Business Ethics, 2003, 44: 1.

HIRSCHHORN, N. *The tobacco industry documents: what they are what they tell us and how to search them*. World Health Organization, 2003: 8.

Institute for Global Ethics. "Big Tobacco hit with Price-Fixing Suit: Tobacco Wholesalers Claim Cigarette Companies Raised Prices in 'Lockstep'". Disponível em http://www.globalethics.org/newsline/members/issue.tmpl?articleid=02130016104627, em 12 de maio de 2006.

Institute for Global Ethics. Tobacco Farmers sue Four Tobacco Companies, 2000 Disponível em http://www.globalethics.org/newsline/members/issue.tmpl?articleid=02200019383036, em 30 de maio de 2006.

IWATA, E. "How Barbie is making business a little better", USA Today, Disponível em http://www.usatoday.com/money/companies/2006-03-26-corporate-responsibility_x.htm, em 2 de junho de 2006.

JACKSON, K.M. "*Inside Toyland: Working Shopping and Social Inequity*". The Journal of American Culture, 2006, 29: 244.

JACKSON, K.T. "*The polycentric character of business ethics decision making in international Contexts*". Journal of Business Ethics, 2000, 23, 123-143.

KNIGHT, P. *Global manufacturing: The Nike story is just good business*. Vital Speeches of the Day, 1998, 64: 637-641.

NADLER, S.S. *Business Implications of national Culture Religiosity and Ethical Sensitivity: Amulti-Country Investigation*. Doctoral Dissertation University of Alabama, 2002.

NIEVES, R. Florida high court quashes 145-billion-dollar tobacco award. Yahoo UK & Irland News, Disponível em http://uk.news.yahoo.com/06072006/323/floridahigh-court-quashes-145-billion-dollar-tobacco-award.html, em 21 de maio de 2006.

PALAZZO, G., RICHTER, U. "*CSR Business as Usual? The Case of the Tobacco Industry*". Journal of Business Ethics, 2005, 61: 387-401.

PAYNE, D., RAIBORN, C., ASKVIK, J. " *A global code of business ethics*". Journal of Business Ethics, 1997, 16: 1727.

PEGGY, H. "Toymakers 'ignoring factory code'", *Financial Times*, 4 de dezembro de 1996. p. 7.

QUAZI, A. M., O'BRIEN D. "*An empirical test of a cross-national model of corporate social Responsibility*". Journal of Business Ethics, 2000, 25: 1.

RAFTER, M. V. *Nike Opens a Window on Overseas Factories*. Workforce Management, 2005, 84: 17.

RALSTON, D. A., HOLT, D., TERPSTRA, R.H. et al. "*The impact of national culture and economic ideology on managerial work values*". Journal of International Business Studies, 1997, 28: 1.

RUIZ, G. *Shaking up the Toyshop*. Workforce Management; 2006, 85: 12.

SNELL, R.S., TSENG, C. "*Ethical dilemmas of relationship building in China Thunderbird*". International Business Review, 2001, 43: 2.

STONE, A., TSAO, A., WAHLGREN, E. "So Many Toys So Little Joy". Disponível em http:// www.businessweek.com, em 30 de maio de 2006.

VERAL, E. A. "*Designing and Monitoring Corporate Codes of Conduct for Multinational Corporations*".

The Business Review Cambridge, 2005; 4: 1. Zipkin, A. "Big Corporations Are Getting Religion on Ethics", *New York Times*, 2004.

Índice remissivo

A

Ação coletiva, caso de, 276
Aceitação, 292
Ações concretas para combater o suborno, 204
Administração
    amoral, 121
        exemplos de, 121
    da empresa, problemas sociais da, 2
    Imoral, 119
        exemplos de, 119
    modelos de moralidade da, 118-122
    moral, 21, 120
        exemplos de, 120
Aquisição de poder. Ver empowerment
Agir com integridade, 12
Aldeia global, 28
Altruísmo egoísta, 70
Ambiente global, 24
    ambiente, 24
    características fundamentais, 24
Ambiente, análise do, 83
American Federation of Labor-Congress of Industrial Organizations (AFLCIO), 275
Amorais
    deliberados administradores, 121
    involuntários, administradores, 121
Amoral, administração, 121
    exemplos de, 121

Análise do ambiente, 83
Annan, Kofi, 308
Anuário Mundial de Competitividade, 28
APEC (Cooperação Econômica Ásia-Pacífico), 3
Argumentação, mito da, 133
Associação da Indústria de Brinquedo dos Estados Unidos (TIA, siglas em inglês), 339
Associação Espanhola do Pacto Mundial (Asepam), 310
Associação Panamenha de Executivos de Empresa (Apede), 316
Associação Rede do Pacto Global Panamá, 315
Ataque à rede do oponente, 301
Atitude moral fundamental, 188
Atividade empreendedora, 69
Ato
    de irresponsabilidade de uma multinacional, 2
    livre, 14
Atributos dos empreendedores sociais, 63
Auditoria de cultura, 257
Autocrítica, 144
Aventureiro, 146
Axiologia, 8

B

Barbie, boneca, 343
Battista, Vico Giovanni, 13

Bem comum, princípio de orientação para o, 36
Bens
　compartilháveis, 34
　excludentes, 33
Bentham, cálculos utilitaristas de, 125
Bíblia, a, 162
Boeing Co., 233
Bom ladrão, mito do, 135
Bom negociante, mito do, 136
Boneca Barbie, 343
Bridgestone-Firestone, 235
Brown & Williamson Tobacco Corporation, 324
Business Week, 116

C

Cálculos utilitaristas de Bentham, 125
Campo de estudo da ética, 6
Canadian International Development Agency (CIDA), 342
Capacidade de julgamento moral, 232
Capitalista, conceito de, 64
Características
　do empreendedor social, 67-68
　dos valores, 9
　fundamentais de uma economia global, 24
Caráter, 165
　ético, 135
Cartilha, mito da, 134
Caso prático
　a filha do chefe, 16
　a morte da Fundidora Monterrey, 206
　Alberto Fujimori, 44
　Ford-Firestone, 235
　Mario Conde, 37
　Mattel, 337
　Panamá e o pacto mundial das Nações Unidas, 308
Cegueira dos rios, 120
Center for Community & Corporate Ethic, 276
Centro Internacional para a Responsabilidade Corporativa (ICCA, siglas em inglês), 330-332
Choque de civilizações, 27
Choque do futuro, 4

Cimentos Mexicanos (Cemex), 263, 314
Código de Conduta da Marcopolo, 263
Código de Conduta da Televisa, 260
Código de Práticas de Negócios do ICTI, 338
Colaboração-solução de problemas, 292
Coletivismo, 295
Comando, habilidades para o, 143
Comissão Federal de Eletricidade (CFE), 314
Comitê Industrial Cristião de Hong-Kong, 349
Comitê para a Democratização da Informática, 65
Comitê para o Desenvolvimento Econômico (CDE), 126
Companhia de Fundição de Ferro e Aço de Monterrey, S.A., 206
Compensações, ética da gestão de, 264-266
Competência, 32
Competências diferenciadoras das empresas, 32
Competitividade sustentável, 232
Comunicações informais, 155
Conceito
　de capitalista, 64
　de contrato social, 129
　de cultura, 284
　de empreendedor, 64
　de empresário, 64
　de ética, 5-6
　de filosofia, 6
　de fraternidade, 41
　de habilidades, 23
　de igualdade, 41
　de liberdade, 41
　de líder, 142
　de princípio, 11
　de programas sociais, 84
　de relatório social, 85
　de responsabilidade social empresarial, 72
　de responsividade, 83
　de sentido comum, 13
　de stakeholder, 83
　de valor, 8-9
Conduta social, 284

Confiança, 295
   índice de, 257
Conflitos, solução de, 152
Conhecimento, sociedade do, 30
Consciência social, empreendedor com, 64
Conselho Internacional de Indústrias de Brinquedo (ICTI, siglas em inglês), 338
Conseqüencialismo, 15
Conseqüências da indecisão, 20
Consumidores deferentes, 291
Consumismo, 33
Contrato social
   conceito de, 129
   dimensão normativa, 78
   dimensão positiva, 78
   elementos explícitos, 77
   elementos implícitos, 78
   teoria do, 77, 128
Convicções, ética das, 34
Cooperação, 303
Corrupção, índice de percepção da, 297
Crenças organizacionais, 305
Critérios utilizados nos processos de reestruturação organizacional, 268
Cultura
   auditoria de, 257
   conceito, 284
   de 'aposte na sua empresa', 192
   de processos, 192
   de trabalho duro e recreio, 192
   empresarial, 73
   machista, 192
   nacional, 285
   não verbal, 285
   organizacional, subsistemas de, 305
   valores fundamentais de nossa, 9
   verbal, 285

D

Darwinismo social, principio do, 32
   de ação coletiva, 276
   de dilema, 15
   de liderança, 142
   de moral, 5
   de pensar, 43
   de procedimentos operacionais
   de responsabilidade social corporativa (RSC), 77
   de suborno, 203
   de tortura, 169
   Enron, 159
   padrão, 151
   Tylenol, 124
Decisão
   elementos fundamentais da, 21
   o processo da, 14
Decisões éticas, 19
Declaração de Montevidéu, 56
Declaração de Paz de Itamaraty, 56
Deferentes, consumidores, 291
Delegação de faculdades, 165
Desastre da empresa Exxon, 2
Desenvolvimento
   moral
      etapa convencional do, 167
      etapa pós-convencional do, 167
      etapa pré-convencional do, 167
   sustentável, 82
Desorientação provocada pela mudança prematura acelerada, 5
Desvalor, 9
Dever moral do dirigente, 90
Dez Mandamentos, nos, 162
Diferentes personalidades, 21
Dilemas éticos, 15
Dimensão
   externa da responsabilidade social, 73
   interna da responsabilidade social, 73
   normativa do contrato social, 78
   positiva do contrato social, 78
Dirigente
   dever moral do, 90
   moral da empresa, influência de, 90
Dirigentes
   amorais deliberados, 121
   amorais involuntários, 121
Distância do poder, 286
Distorção de posição, 301
Domini Social Equity Fund, 257

E

Economia
    global, características fundamentais de uma, 24
    terceiro setor da, 69
Educação-persuasão, 292
Eficácia da KGB, mito da, 135
Egoísmo, 147
Elementos
    explícitos do contrato social, 77
    fundamentais da decisão, 21
    fundamentais da justiça distributiva, 255
    implícitos do contrato social, 79
Emocional, tensão, 253
Empoderamento (empowerment), 157
Empreendedor
    com consciência social, 64
    conceito de, 64
    social, características do, 67-68
Empreendedora
    atividade, 69
    personalidade, 67
Empreendedores sociais, 64
    atributos dos, 63
Empresa
    cultura da, 73
    emergente, 190
    forças incentivadoras, 194
    influência do dirigente na moral da, 90
    legitimidade, 78
    problemas sociais da administração da, 2
    teoria do participante na, 121
Empresariais, princípios, 11
Empresarial, responsabilidade, 11
Empresário, conceito de, 64
Empresas, competências diferenciadoras das, 32
Empresas, responsabilidades sociais das, 114
Enfoque
    contratual, 79
    utilitarista, 79
Engenharia ética, mito da, 134
Enron, 159
    caso, 159
Epistemologia, 6

Era
    da informação, 4
    da reengenharia, 4
    da técnica, 4
Erros na tomada de decisão, 21
Escola de Negócios de Harvard, 133
Esquecimento dos princípios, 43
Estado do bem-estar (welfare state), 33
Estratégia de integridade, 120
Estratégias para resolver conflitos éticos interculturais, 292
Estresse trabalhista, 254
Etapa
    convencional do desenvolvimento social, 167
    pós-convencional do desenvolvimento social, 167
    pré-convencional do desenvolvimento social, 167
Ethics Resource Center, 307
Ética
    campo de estudo da, 6
    comparada, 7
    conceito de, 5-6
    da gestão de compensações, 266
    da responsabilidade, 34
    das convicções, 34
    de regras, 137
    de virtudes, 137
    descritiva, 114
    etimologia de, 5
    gerencial, 114
    mito da intransferibilidade da, 133
    normativa, 114
    nos negócios, 2
        princípio de, 123
    o processo da reflexão, 18
    para os gregos, a, 137
    prova da, 124
Ética a Nicômaco (Aristóteles), 36
Éticas
    razões para não tomar decisões, 20
    tomada de decisões, 120-121
Ético, caráter, 135
Éticos, dilemas, 15
Etzioni, Amitai, 160

Evasão, 292
Exemplos
    de administração amoral, 121
    de administração imoral, 119
    de administração moral, 120
Exxon, desastre da empresa, 2

F

Faculdades, delegação de, 165
Falsa liderança, 145
Fanfarronice, 301
Fatalismo, 296
Feminista, teoria, 125
Filosofia de Confúcio, 196
Filosofia, conceito de, 6
Firestone Corporation, 238
Força, 292
Forças
    divisórias, 147-150
Ford Motor Company, 236
Fraternidade, conceito de, 41
Frederick Taylor, 165
Friedman, Milton, 89
Frigitemp Corporation, 119
Fromm, Eric, 162
Fujimori, Alberto, 44
Fujishock, 48
Fundação Panamenha de Ética e Civismo, 316
Fundação Televisa, 259

G

Gerar valor econômico agregado, 225
Gestão
    ambiental, 73
    de stakeholders, 83
Global
Globalização, 23
Great Place to Work Institute, 257
Gregários, 21
Gregos, a ética para os, 137
Grupo funcionalistas, 291
Grupo Promotor do Pacto Global na Argentina, 311
Grupo Televisa, 259

Grupos de interesse. Ver Stakeholders
Guzmán Reynoso, Abimael, 49

H

Habilidades
    conceito de, 23
    para o comando, 143
Health South Corp., 159
Hierarquia das necessidades humanas de Maslow, 166
Highway Traffic Safety Administration dos Estados Unidos, 235
Hipernormas, 130
Hipóteses
    de moralidade da população, 122
    individual de moralidade, 122
Hofstede, Geert, 285
Home Depot, The, 222
Honda Motor Co., 119
Humanismo renascentista, 30

I

Ideologias organizacionais, 305
Igualdade, conceito de, 41
Imaginação moral, 205
Imoral, administração, 119
    exemplos de, 119
Imparcialidade moral, 125
Império do Mal, O, 3
Impetuosos, 21
Incerteza, tolerância à, 286
Indecisão, conseqüências da, 20
Índice de confiança, 257
Índice de percepção da corrupção, 297
Índice de Percepção de Corrupção de 2005, 162
Individualismo-coletivismo, 287
Indivíduos, linguagem silenciosa dos, 284
Indução real, 261
Infiltração, 292
Informação, era da, 4
Informais, comunicações, 155
Inovação, 303
Instituto de Ética Global, 325

Instituto Internacional para o Desenvolvimento Gerencial (International Institute for Management Development, IMD), 29
Integração de uma matriz normativa, 326
Integridade, 166
    agir com, 12
    estratégia de, 120
Intuitivos, 21
Irresponsabilidade social de uma multinacional, ato de, 2

J

Jogos de relação, 306
Johnson &Johnson, 124
Julgamento, 14
    moral, capacidade de, 232
Justiça distributiva, elementos fundamentais da, 255

K

Kant, regras morais universais de, 125

L

Lawrence Kohlberg, 166
Legalismo, mito do, 135
Legitimidade da empresa, 78
Liberdade, 10
    conceito de, 40
Líder
    conceito de, 142
    qualidades essenciais do, 143
Liderança, 142
    definição de, 142
    falsa, 145
    mitos da, 164
    organizacional, 164
    segredo da, 4
    situacional, 164
    tarefa da, 142
    teoria X da, 165
    transformacional, 165
    visionária, 164
Linguagem silenciosa dos indivíduos, 284
Livre, ato, 14
Livro Verde da União Européia, 77

"Localitis", 150
Lógica dos resultados, 34

M

Marcopolo, S.A., 263
Mario Conde, 37
Marshall, George C., 150
Masculinidade (harmonia-desempenho), 287
Maslow, hierarquia das necessidades humanas, 166
Matriz normativa, integração de uma, 326
Mattel Inc., 343
McCullough Corporation, 120
McNeil Laboratories, 124
Merck and Co., 120
Mesa Quadrada, 310
Metafísica, 6
Metalúrgica Mexicana Peñoles, 94
Minimalismo ético, 335
Missão de Sustentabilidade da Mattel, 346
Mito(s)
    da argumentação, 133
    da eficácia da KGB, 135
    da engenharia ética, 134
    da intransferibilidade da ética, 133
    da liderança, 164
    da moral dupla, 132
    de Pípila, 136
    do bom ladrão, 135
    do bom negociante, 136
    do legalismo, 135
    do organograma, 136
    do saber misterioso, 133
    puritano, 136
Modelos de Comportamento Social (MCS), 80
Modelos de moralidade da administração, 118-122
Mondragón Corporação Cooperativa, 302
Monicagate, 159
Moral
    administração, 21, 120
    da empresa, influência do dirigente na, 90
    definição de, 5
    exemplos de, 120

imaginação, 205
imparcialidade, 125
Moralidade da administração, modelos de, 118-122
Morte por excesso de trabalho, 337
Movimento Congruência, 263
Movimento Revolucionário Tupac Amaru (MRTA), 49
Mudança
   acelerada prematura, desorientação devida à, 5
   Peñoles, 94
   resistência à, 150
   Rodrigo Baggio, 64
   Secretário da Defesa: Donald Rumsfeld, 169
   Wal-Mart, 272
Multinacional, ato de irresponsabilidade social de uma, 2
Múltiplos, 24

N

Negociação-compromisso, 292
Negócios, ética nos, 2
Nível sóciomoral, 288

O

Objetivos de Desenvolvimento do Milênio para a Argentina, 310
Obrigações
   relacionais, 269
   transacionais, 269
Obtenção inapropriada de informação, 301
Oncocercose, 120
Operação
   Isolux, 39
   promoções hoteleiras (Protelsa), 39
Operacionais padrão (POE), procedimentos, 150
   definição de, 151
Ordem
   da propriedade, 34
   de responsabilidades, princípio de, 36
   do ser, 34
   do ter, 34

Organização das Nações Unidas, 308
Organização Internacional do Trabalho (OIT), 309
Organização Mundial de Comércio, 3
Organização Nacional para Mulheres (NOW, National Organization for Woman), 276
Organização orgânica, 271
Organizacionais
   crenças, 305
   ideologias, 305
Organizações mecânicas, 271
Orientação
   a longo prazo, 287
   para o bem comum, princípio de, 36

P

Pacto Ético Empresarial do Panamá, 317
Pacto Mundial de Responsabilidade Social, 308
   princípios do, 309
Padrão Aceitável, 330
Padrão Prático, 330
Padrão Teórico, 330
Participação, 303
Particularismo, 294
Paternalismo, 295
Paz, 10
Pensamento único, 33
Pensar, definição de, 43
Personalidade empreendedora, 67
Personalidades, tipos de, 21
Personalismo, 294
Pesquisa The Wall Street Journal / Harris, 160
Petroleiro Exxon Valdés, 2
Petróleos Mexicanos (Pemex), 314
Pípila, mito do, 136
Poder, distância de, 286
Posição
   de negociação tradicional, 301
   pragmática, 228
   romântica ou idealista, 228
Posturas
   maximalistas, 36
   minimalistas, 36

Práticas de negociação não éticas, 301
Preço justo, teoria do, 31
Principais categorias de conflito, 228
Princípio
    conceito de, 11
    de ética nos negócios, 123
    de ordem de responsabilidades, 36
    de orientação para o bem comum, 36
    de prudência dos dirigentes, 37
    de solidariedade, 36
    de subsidiariedade, 36
    do darwinismo social, 32
    personalista, 35
Princípio da Institucionalização, 81
Princípio de Responsabilidade Pública, 81
Princípio do Agente Moral, 81
Princípios
    empresariais, 11
    esquecimento dos, 43
    éticos, 35-37
    sobre o trabalho, 309-310
Princípios Globais de Manufatura da Mattel, 346
Problemas sociais da administração da empresa, 2
Procedimentos operacionais padrão (POE), 150
    definição de, 151
Processo
    da decisão, o, 14
    da reflexão ética, 18
Programas sociais, conceito de, 84
Propriedade, ordem da, 34
Protocolo de Kyoto, 75
Prova da ética, 124
Prudência dos dirigentes, princípio da, 37
Prudential Insurance, 116
Puritano, mito, 136

Q

Qualidades essenciais do líder, 143 -145

R

Racionais, 21

Raiz etimológica
    de axiologia, 8
    de caráter, 165
    de ética, 5
    de integridade, 166
    de moral, 6
Razões para não tomar decisões éticas, 19
Rede de Empresas do Pacto Global das Nações Unidas em Santo Domingo, 312
Reengenharia, era da, 4
Reestruturação organizacional, critérios utilizados nos processos de, 268
Reflexão ética, processo da, 18
Regras
    ética de, 137
    morais universais de Kant, 125
Relação, jogos de, 306
Relativos, valores, 12
Relatório social
    conceito de, 85
    seções, 86
Resistência à mudança, 150
Respeito, 12
Responsabilidade
    empresarial, 11
    ética da, 34
Responsabilidade social, 72, 303
    corporativa (RSC), 73
        definição de, 77
    dimensão externa da, 73
    dimensão interna da, 73
    empresarial, conceito de, 72
    gestão da, 72
Responsabilidades
    princípio de ordem de, 36
    sociais das empresas, 114
Responsividade, conceito de, 83
Resultados, lógica dos, 34
Ricorsi, teoria dos, 13
Rumsfeld, Donald, 170

S

Saber
    escutar, 41
    misterioso, mito do saber, 133

perdoar, 41
retificar, 41
Satisfatório, conceito de, 151
Seções do relatório social, 86
Segredo da liderança, 4
Segurança e saúde no trabalho, 73
Sendero Luminoso, 49
Sentido
    comum, conceito de, 13
    de valores compartilhados, 168
Ser, ordem do, 34
Silicon Valley, 226
Simbólico-analítico, trabalho, 31
Sociedade Americana de Psicologia, 254
Sociedade do conhecimento, 30
Sóciomoral, nível, 288
Solidariedade, princípio de, 36
Solução de conflitos, 152
Special-Aces Program, (SAP), 173
Stakeholders, 11, 188, 195
    conceito de, 83
    gestão de, 83
Suborno
    ações concretas para combater o, 204
    definição de, 203
Subsidiariedade, princípio de, 36
Subsistema
    de modos de ação e organização, 306
    de modos de expressão, 306
    de representação, 305
    de valores e normas, 306
Subsistemas de cultura organizacional, 305
Sustentável, desenvolvimento, 82

T

Tabela de Transparência Internacional, 161, 163
Tarefa da liderança, 142
Techba, 226
Técnica
    digital de televisão, 172
    era da, 4
Tensão emocional, 253
Teoria
    deontológica, 244
    do contrato social, 77, 128
    do interessado na empresa, 126
    do preço justo, 31
    dos ricorsi, 13
    feminista, 125
    X da liderança, 165
Ter, ordem do, 34
Terceiro setor da economia, 69
Tese décima-primeira sobre Feuerbach, 30
The Conference Board, 117
Tolerância à incerteza, 286
Tomada de decisão
    erros na, 21
    ética, 122
Tortura, definição de, 169
Trabalho
    princípios sobre o, 309-310
    segurança e saúde no, 73
    simbólico-analítico, 31
Tratado de Detroit, 153
Tratado de Livre Comércio de América do Norte, 300
Tribunal Penal Internacional, 172
Tyccon, 159

U

União de Trabalhadores Europeus, 254
União Européia, 3

V

Valor
    conceito de, 8-9
    econômico agregado, gerar, 225
Valores
    ambientais, 10
    bioéticos, 9
    características dos, 9
    compartilhados, sentido de, 168
    de qualidade humana, 10
    do conhecimento, 9
    eróticos, 9
    espirituais, 10
    estéticos, 9
    éticos, 9
    fundamentais em nossa cultura, 9
    hedonísticos, 10

místicos, 10
morais, 9
relativos, 12
religiosos, 9
vitais, 9
Vantagens da RSC, 79
Virtudes, ética de, 137
Vladivídeo, 53

W

Wal-Mart, 190, 273
Wal-Martirização, 275
Walton, Sam, 273
Washington Post, 160
Weber, Max, 34
Word Com, 159